U0576649

总主编　李红权　朱　宪
本卷主编　李红权　朱　宪

近代蒙古文献大系

军事卷

◇ 第三册 ◇

中华书局

目　录

日本侵略内蒙之真相

作者不详

外论社北平通讯：最近数月来，世人对于日本在华北的行动，极为注意；但是对于日本在内蒙所得到的实际上胜利，却少有人留心。据最近由内蒙回来的外人说，内蒙恐将很迅速的沦为第二个"满洲国"了。

日本人注意所在，并不限于察哈尔一省，更想扩张其势力于绥远。按察、绥二省的分界，是完全出于人工，并且是最近才完成的，居于两省边界的蒙古民族，对之向不措意，听以日人对之，似乎亦不知区分，而很敏捷的伸张其势力于绥远。

蒙人首领李守信，本是热河蒙人，现在张北设立司令总部，并自称其辖境为蒙古国。他的势力，已向西伸长到商都地方，离平绥铁路的平地泉车站，只有五十至六十英里之谱，其部下伪军约百名，现在确实驻于百灵庙。该地为内蒙自治委员会所在地，位于绥远的腹地之内。

各地日本军官及侨民等，人数甚众，他们进行的方法，有许多地方是抄袭他们从前在满洲老文章，张北地方现已办学校一所，各蒙古家族，皆被迫送其自十五岁至廿五岁之子弟前往就学。这种学校，名义上虽为寻常学校，但是按诸实际，则为一军事学校，训练人才，供成立蒙古军队之用。察北六县的中国农民，皆被迫种植鸦片。

日本取得该地后的第一步，就是攫取税关的管理，借此与"满洲国"发生密切关系。凡是向东经由多伦而输出的货物，概行免征，向南运至张家口的，则征税百分之百，皮毛的税赋则每张三角。运货汽车之由大连及多伦运来的，其售价往往较诸由天津方面运来，便宜至四五百元之多。

汽车运输业，本来操于华商之手，现在已为日人夺去。

日人已在多伦、张北、百灵庙及德王驻在地之滂江各处建造飞机场，皆有极大的蓄油设备。据云承德与多伦间的铁路工程已经开始。

日人的种种措施，其对于天津方面的贸易，有何影响，可不待言。据熟谙蒙古情形的说道，日本的侵入内蒙，主要是在军事，而商业次之。

外蒙对于日人侵入内蒙，极为关心，边境的驻军已经增加，至库伦汽车路，去冬因大雪阻塞，现已不准重感应付之为难，必须在短时期内打定主意，究竟依附何方也。

中国当内蒙发起自治运动之时，如能扶助鼓励，而不加以反对，则日本欲侵入上述各区域，决不能如今日之易，必将遭遇相当之困难。蒙古各领袖对于日本侵入内蒙，于彼等有何影响，并无若何印象。

最近某蒙古要人，在海勒〔拉〕尔被暗杀后，蒙人始恍然醒悟，对于日人又加上了一层恐惧，但蒙人自觉本身力量薄弱，不足以防护其国家领土之完整，故一般受有教育之蒙人，皆怀有失望之情绪，蒙古之前途，殊觉黑暗云。（《字林西报》）

《外论通信稿》（日刊）

上海外论编译社

1936 年 1459 期

（朱宪　整理）

日本侵略内蒙之秘密

外论社译《华北明星报》，原著者费歇氏

费歇　著

内蒙古百灵庙通讯：内蒙古最重要三分之二的领土，现在军事上、政治上及经济上，均已处于日本关东军的直接势力及管理之下。

这种种势的造成，乃是三年以来，日本、德王（其部下的蒙人，与其内蒙政委会），及中国（以绥省主席傅作义为代表）三角斗争的结果。

三年以前，经内蒙德王，及其所领导进步青年蒙古一派几年来主张，南京中央政府就批准了内蒙自治政治〔务〕委员会的设立。这个委员会，在事实上，是应该属于行政院的一部分，由中央接济经费，一切重要决议，皆须向南京请示，不遇〔过〕对于其他方面，则须以自治的精神，处理内蒙政事，最低限度，亦须与各省主席治理其辖境相等。

该委员会名义上所辖的区域，是历代相传的蒙古领土，原来由各蒙古各王公所统治的。约略的说起来，其辖境的范围，共占察省北部三分之二的土地，和绥远全省，所除外的，只有从平绥路线及黄河两旁约二百英里宽度之区域，更包括宁夏全省，只有黄河西岸极为狭窄的一片土地，不在其内而已。尤可重视的，就是与外蒙古交界的地方，达一千五百余英里之长，而其东边，又与"满洲国"接壤，计长五百余英里。

体格魁梧，常带笑容的德王及其所属，常希望能够一方面发展蒙古，使其成为自治的区域，而另一方面，却承认中国完全的主权。

他们所望于中央的，就是蒙人的教育及援助其发展境内的富源，蒙人预备效忠中国政府，以为合作之报酬，蒙人身强体壮，为极佳的军人，以之抵抗外蒙或"满洲国"方面的侵略，是颇有价值的。

但是南京中央政府，不知因为何故，竟不实践诺言，元〔原〕拨的教育及行政经费，除零星微额之外，并不照付，况且一切金钱的付给，又均须经过蒙人所痛恨的傅作义之手。绥远省政府，自数年前成立以来，就成为中国剥削及压迫蒙古人民的主要机关，因一切辅助经费，均须经过傅作义之手付给，是中央政府不啻把一种政治武器授给傅氏，该氏亦即加以使用。

这种局势，继续达数年之久，南京方面当蒙古派代表南下的时候，对于各种要求无不应允，但是又常时不能实践，傅作义更开始征收向归蒙人之水果税，沿途各税卡，均为绥远军队所强据，烟土之贩运，得畅行无阻。

日本对于内蒙的目的，并不难窥破，因为日、俄战事的可能性，长此存在，就〔尤〕其是苏俄与外蒙订立互助公约以后，外蒙南部的边境，遂成为军事上重要的地点。

日本国内对于牲畜及兽产，是很缺乏的，蒙古所产的羊毛、兽皮以及其他关于兽类的生产，皆为日本所欢迎，自然可以用日本的制造品来交换，每年的数额，颇为可观。

最后，日本对于中国政府，时常予以烦扰，更随时表现他援助文化落后民族的力量，又鼓厉〔励〕边陲的居民，否认中央政府的威权。

日本为实现其目的起见，常时使用其压迫手段，俾可使内蒙政委会，完全服从他的指挥，外面虽有种种传说，但是日本似乎还没有使内蒙政委会公开脱离南京，宣布完全独立，或合并于"满洲国"领土的企图，因为这一类的行动，立时将引起公论的反对的，这种情形，是日本从一二八战役以后，所竭力想避免的。

日本在一个月以前，设特别军事视察团于百灵庙，可见日本的目的，已实际上告成了。

日本完成其目的，亦经过不少的障碍，第一，德王的友人们，均知其本人是极愿效忠中国的，更加所得"满洲国"境内蒙人的种种消息，并使德王及其所属各王公，知道要在日人统治以下生存，是很不容易，万不及中国待遇的优容的，但是日人方面，却随时趁机挑拨，并竭力表示好感，以期达到其目的。

本年春间，中央政府见德王的态度，有接近日人的倾向，遂听傅作义氏之主张，宣布另外设立绥远政治〔务〕委员会，管理绥远省内的一切蒙古事宜，只剩下察省的一部分，由德王及原来内蒙政委会统治。蒙人认为傅氏此举，系欲分裂蒙古，巩固权力，限制德王在察省的行动，并抵抗日人之侵入。

同时百灵庙所驻蒙古兵士，发生哗变，照事后所得的证据，已可见此事实为傅氏所操纵，但是变兵们，被四百余名效忠的兵士所驱逐，没有达到目的，即行溃散，结果不过六百余名变兵，携抢〔枪〕出走，后来此项枪械，悉为傅氏所收缴。

以上两起对德王及蒙人含有敌意的事件，使德王等改变其原来之态度，对于日本之贡献，已由拒绝而化为接受矣。

所以现在的内蒙政委会，对于日人的言语，已有听从的表示，日本在其征服亚细亚大陆的过程中，又获得一个重要的进步了。

《外论通信稿》（日刊）

上海外论编译社

1936 年 1489 期

（朱宪　整理）

日本夺取内蒙计划

作者不详

外论社库伦通讯：日本代理人李守信部侵入绥远东部。另一日本代理人张海鹏部亦调往该处，同时纯粹之日军复向察哈尔北部及张家口区域调动，凡此一切行动造成日本向华北及内蒙侵略之一新阶段。

此次侵略之目标，不仅为继续掠夺中国之领土，且为准备反对苏联之"大战"阵地。现用李守信及张海鹏以事解决之日本侵略新阶段之最近任务，厥为包围外蒙。

外蒙之东部及南部边境，与习惯上称为内蒙之领土相衔接。该领土之居民，其民族关系已为混合。蒙古之游牧种族已与迁徙该处之汉族农民及城市平民脉脉相通。

日本军阀对该处之政策，长期以来即欲使此二种族互相争执，以"大蒙古主义"之口号为掩护，欲将蒙古王公拉拢，而于造成"华北诸省自治"之面具下，将中国半封建之军阀收买使之惟命是听，欲于此间建立事实上之日本政权。

自满洲伪国成立以来，此一政策正在坚决、有计划及以日本军阀所"成名"之凶暴而进行。于实行此一政策之事业中，一重大之实践步骤，厥为一九三三年三月间由满洲伪国东部各区划出三〇〇，〇〇〇平方公里之地面成立一兴安省，复将该省分为四道，而以蒙古大封建王公为其首脑。日人曾于该地域上恢复旧时蒙古统治制度，依赖蒙族上层王公，受命于满洲伪国之限度内表示"蒙人自治"。

然而此一"自治"之幻梦如何，可由一事见之。当该四道中最大之一蒙古上层分子（巴尔格道），小心翼翼欲图反对强迫征调蒙人入满洲伪国队伍时，反对日本地产投机商掠夺蒙人牧场时，该"蒙古政府"之领袖立即被日人掳去，并于一九三六年四月处以枪决。关东军参谋部之公报通告全世界，谓其"破获兴安省北部蒙古行政机关高级官员之阴谋，其目的在脱离满洲国而加入外蒙"（！）云云。

日人在满洲伪国境内此种对待蒙人之"民族政策"，自然必使日本势力侵入内蒙感受困难。日本之各个代办人早已进行积极工作，其目的或则使内蒙脱离中国而并入满洲伪国，或则将其形成"蒙古独立国"。一九三三年六月间，察哈尔及绥远之蒙古王公会议即为此种工作之结果，该会议曾要求南京政府予内蒙以"最高自治权"，并曾于包头哈尔喀组织政府，以日本之命官德王为首。

南京各部长企图说服、"感化"德王等人，未得若何实际结果。一九三四年及一九三五年，日人依赖德王，曾加强"归顺"内蒙之工作，凡属王公左右均置日本军事教官及顾问，开辟飞机降落场所，奠定燃料基础，建立军火藏库，挑拨蒙古王公卫队与中国军队间不断冲突。而一九三五年终，日本军阀从事巩固其对天津、北平、张家口之统制，则已峥然提出内蒙从中国割去之问题。其加诸德王之使命，则于包头哈尔喀重新召集蒙古王公会议，并宣布内蒙"独立"。

由是，包围外蒙及于外蒙与中国间成立缓冲地——如"白蒙国"（受日本统制任务之解决）乃成最近将来之事。

然此地意外发生重大之困难。南京各部长未能以说服完成之事，乃由日人自身完成之。日人近两年对察哈尔及绥远之"工作"

乃贴靠在蒙古王公颈上，而王公乃相信，倘现时同意宣布内蒙"独立"，则其对日本军阀将陷于不可开交及完全依赖之境。

内蒙部分王公之觉悟，一方面得力于日人枪杀巴尔格蒙古"自治"之首领，另方面得力于外蒙军队反攻日人犯界之胜利。此一反攻使若干年蒙古王公相信，其以前认为日军乃世界无敌之强猫为非是。

此事亦可解释如下事实：德王虽竭全力，犹未能号召蒙古王公聚会包头哈尔喀以宣布内蒙"独立"。德王自感孤立之后，乃于日人护卫之下私自逃至察甫西尔（百灵庙）。

包头哈尔兴〔喀〕政府事实上已告分裂，其一半军队已暴动，并已退往西部，于距离日本较远〈之〉归化，反对德王之其他王公已造成其政治中心。后者受南京之全权委托管理绥远蒙古各旗。

于是造成二竞争中心，一为日人勾结之察甫西尔（百灵庙），然于蒙古民众中已失影响，另一则为归化，力主与南京政府及绥远傅作义合作。后一中心之影响日有起色，因为其广大民众视之为抗日中心，虽其态度不能彻底而且动摇。

日本军部显已预知此种事件转变之可能，故以德王为砥石，同时重行自固，于内蒙再造一种力量作为侵略政策之工具。吾人所指者乃著名日本代办人李守信。此一土匪式之军阀早已取得可怜英名，其在热河及华北"战区"早著"勋绩"，专门用日本之金钱组织"暴动"。于一九三五年中，日人所武装李守信军曾调入察哈尔北部，且于该军队中曾成立"蒙军"，以一小王公赵第巴查伯为首。同时于张北复成立一"蒙古政府"，宣布其欲"实现统治察哈尔及绥远东部五县蒙族之政权"。

然而日本军部曾欲如何与绥远王公谈判，李守信加以隐藏，且其活动迟缓而慎重。包头哈尔喀政府之破裂，而其军队中之暴动复促成破裂，日本军阀将揭去其假面，并嗾使李守信（以张海鹏领率之满洲伪国军队及日本自身军队为之掩护）夺取绥远省。同时派遣部队至张家口，以巩固日本对平绥铁路之军事及政治统制，不许傅作义及与傅有关之归化蒙古中心予以援助，傅作义及归化现为保护绥远脱离日本侵略之力量。

当察哈尔被日本军阀"吞并"之后，现有之斗争一以绥远之命运为转移。（译自莫斯科《真理报》）

《外论通信稿》（日刊）

上海外论编译社

1936 年 1606 期

（朱宪　整理）

日本侵略内蒙之目的

作者不详

外论社云：法文《上海日报》十月十五日社评载：

在远东方面，忽有强盛红军之出现，以威临外蒙古，乃迫使日本不得不改变其军事计划，而令其在华北方面，不能不行使其新政策矣。

在创造"满洲国"之后，日本乃于一九三三年间，谋于华、"满"二国之间，建立有［有］利之现状而维持之，因《塘沽协定》之成立，而乃有滦东非武装区之设置，日本遂可以有效之压力，以临中国矣。

日本之所怖者，厥在于红军由外蒙方面之攻势；因此乃迫日本参谋本部，觅求对华合作之方法，以自由处置内蒙沿边之铁路焉。

日本为自由利用华北铁道计，乃于一九三五年之初，迫使中国对日敌对之军队，撤退河北及察哈尔，而于学忠乃以反日之罪名，而受免职撤兵之处分矣！

然而土肥原将军，以关东军为后盾，且迫使中国蒋系之军队，随何应钦之后，悉数撤退黄河以南，由是著名之《何梅协定》，遂以成立，而与日本以全部之满意。盖依此协定所载，则中央军永失去进驻冀、察之权，而此二省之防守军，仅余有对日好感之宋哲元及万福麟军队矣。抑且所谓非武装区域者，更已延长及于察东一带也!

　　丧权辱国之《何梅协定》,乃与日军在河北及察哈尔二省,以进出之大自由,盖以其无论对俄或对华作战,华北均成为日本之根据地也。

　　在日本对俄作战之场合,则日军尽可利用大沽、天津、北平、张家口之铁路,以为运兵之用,以入内蒙也。在日本对华作战之场合,则日军又大可利用津浦及平汉铁路之南段,以困华军。最近日本对于华北之增兵,即以供占守各铁路重要地点之用也。

　　惟《何梅协定》之内容,在日本参谋部观之,尚可认为未足者,则以此协定所含者,不及山西及绥远二省。而绥远固与察哈尔同其性质,均属于内蒙之一部,抑且平张铁路并不以张家口为止点,且进而延及山西,以达绥远,计程尚有一百二十公里至三百公里也!

　　查在《何梅协定》之时,晋、绥二省,系属于阎锡山之地盘,而阎氏对蒋,又素不怀好意者也。

　　职是之故,在一九三五年十一月间,土肥原乃发明有华北五省自治之计划,以利日本对俄之作战,但此计划却又为日本政府所拒用,而当时广田外相,乃有对华三原则之提出。

　　依广田之意,殆谋以友谊之手段,对华取得正规三条约,以利用华北铁路而共同抗俄也。且据当时日方之通讯,则此广田三原则,固已为中国所接受,然而若干月之后,中国外长张群又出而否认之,故今次中日之交涉,止以此三原则为基本谈判也。

　　因山西受共产军之"侵入",遂又与蒋介石以伸张其势力之机会,然而两广事起,万恶之内战,乃又使中央军自晋南迁,现闻国军之在山西者,殆仅四师耳!……今日之晋、绥当局,似已颇忠心于南京政府,故中日之"防共合作",其情境与去年广田提出之原则时，又已两样矣。

《外论通信稿》（日刊）

上海外论编译社

1936 年 1622 期

（朱宪　整理）

取缔察北、绥东匪祸

钟奇 撰

上海《大公报》西安十月二十九日电：记者昨夕谒蒋委员长于华清池，泛谈时事约一小时之久，兹撮记概略如下：

（一）对中日交涉，谓政府始终本既定方针，守必要限度，以竭诚周旋，而河北省内行政完整之恢复，察北、绥东匪祸之取缔，在我方尤为必要。总之，中国外交，决以自主精神拥护国家，此种立场，绝对不变，决不依赖人，亦决不受人束缚。

（二）对甘肃"剿匪"军事，谓"匪"势甚蹙，军事上易于处理，现一部分已窜河西。又谈政府决贯彻"勘乱"方针，因共党受国际指挥，不以中国民族利益为本位，不论其标榜若何，目的在以中国为试验品、牺牲品，凡有常识者，皆明了此点。政府在无碍国家统一，保持国法纲纪之范围内，可以取宽大政策，但断不能容许取国际操纵之势力，以武力破坏国家，毁弃中国民族之独立性。（下略）以和平奋斗的精神，行安内攘外的政策，这是蒋委员长一贯的表白。

《国本》（半月刊）

南京国本半月刊社

1936 年创刊号

（朱宪 整理）

暴日侵华背景与我国绥远抗战

受缨　撰

夫暴日自明治以来，富国强兵，日进千里，对于国内各种建设，亦复日异月新，政治一途，更不留遗余力，内政稳定，则对外无不具侵略之野心；且因日本地居三岛，土地狭小，火山滋多，而全土可耕面积，尚不及百分之二十，故粮食一项，已为日本之致命伤，他如国内之工业，因欧西各国之影响，亦如雨后春笋，反之则工业原料，益形缺乏，人口藩殖，国土容纳不下，是故暴日舍向外侵略，别无途径。然澳、非各州〔洲〕，久为先进列强所经营，而中日仅一海之遥，土地既大，物产又富；兼以我国年来内乱频仍，乏力以御外侮，此乃暴日侵华之一主因也。

暴日之处心积虑，已非今日，此从田中内阁之奏章略见一斑："欲征服支那，必先征服满蒙；欲征服世界，必先征服支那。倘支那被我征服，其他如中亚细亚及印度、南洋等异服之民〔民〕族，必畏我敬我而降于我，使世界知东亚为日本之东亚，永不敢向我侵犯。"观上所言，知暴日的阴谋，非仅华夏足以满其欲壑；盖其野心之大，在于世界也。今日之侵华系其梦想之第一步而已，其侵略手腕，尚属多端，兹就浅陋所及，略述梗概如下：

（一）武力侵略：甲午一战，我国败绩，台湾、琉球、朝鲜先后沦亡。然其野心尤炽，贪欲更甚，惜我国不知自强，而军阀猖乱，割地称雄，生灵涂炭，挺而走险者，比比皆然，内政不上轨道，安能对外。暴日有鉴于斯，竟于"九一八"驱其武装兽众，夺我辽沈，进而华北、内蒙，亦非我有，兹更策动无耻汉奸，进犯绥东，借口成都、北海、上海、汉口等事件，小题大做，调兵遣将，陈师鞠旅，在我国土，游行示威，任所欲为，以至平、津一带，日军演习，强占民房，掳劫官员，丧权辱国之事，层出不穷，甚而抗议置之不理，其视我国为何如乎！？

（二）政治侵略：我国年来，同室操戈，彼夺此割，风声鹤唳，草木含悲，弱者转死沟渠，强者相率走险，农村经济崩溃，工商业亦不可言喻，似此国内政治之良窳，可想而知矣！暴日更借"日租界""领事裁判权""亲善区""非武装区域"等，以我政治能力所不及，彼则收买汉奸、匪徒，到处活动，扰乱治安，另方面则威胁利诱，促我内部分化，破坏统一，迫我请用日籍〔籍〕顾问，任免官员须求日方同意，明夺暗据，我中华民族之国人作何感想欤！！！

（三）经济侵略：暴日系先兴之工商业国家，然其一切原料，多靠外国之接济，生产品则运销国外。惟自世界经济恐慌波及，暴日当不能幸免；兼以各帝国主义者，对外市场竞争之剧烈，形成供过于求，致以国内经济动摇，民生恐慌，工厂相率倒闭，失业大众，触目皆然。暴日为度此难关，故不得不向我物博人稀之老大中国，施其酷毒之经济侵略，如关税协定，破坏我海关堡垒；设立商埠，在我内地开设工厂、银行、商店，操纵我金融，他如铁路、采矿、渔业……等；甚至迩来之华北走私，一般浪民，在彼兽军庇护之下，拒绝检查，殴打职员，自由封用火车，依美国统计，我国损失达国库收入二分之一；概言之，暴日之用心，无一不欲置我民族于万劫不复之境。盖一国之经济，犹人之血液，血竭则枯亡，国家亦犹是也。是故欲若长此以往，则我中华不待敌人之灭，我已自灭矣！

（四）文化侵略：中日外交，溯自汉朝，因中国盛行之佛教，输入日本，迄至唐朝，益骤〔臻〕亲密。是时日本曾派学生留学我国，而日本得有今日之文化，乃我国古代之所赐与也。惟彼自鼎革以来，鉴于世界之大势，尽量吸收欧西文化，对我则反守为攻，取侵略之步骤，设教堂，开学校，在我内地自由传教，此外驻日之华侨学校，稍提及日本两字，即以排日为借口，没收课本，此野蛮手段，时有所闻。

综上所言，暴日侵华，事非偶然，乃有数十年于今。兹观我国内政治统一，国基奠定之际，重施"九一八"之旧投〔技〕，策动无耻汉奸，犯我绥东，幸我国军奋勇抗敌，在冰天雪地之下，沉着应战，加伪匪以重创，先后克复百灵庙、大庙，此实我中华民族复兴之第一步也。夫绥远战争，乃敌人完成大陆政策之最后阶段，亦敌人侵略东北而西北之必然过程。是故绥东抗战，而非塘沽口、淞沪之战，而是我民族争取生存之战。盖绥战为时虽不满一月，实有半载于兹，其所以至今爆发者，乃敌人对我大屠杀之加紧准备也。

今年七月到八月间，敌人利用王英、李守信等，向我绥远作试探战，进扰陶林、兴和两县，原因系敌人不知我方抵抗力量，彼以为我军仍如曩昔，抱不抵抗主义，彼可长驱直进。不料我傅主席作义，竟抱牺牲之决心，捍卫国土，率部抗敌，伪匪屡受重创，于是集中商都训练，以图死灰复燃。近乘成都、北海、汉口、上海等事件，中日外交紧张之时，彼又举兵侵犯。至于此次战事，已非往昔可比，且已由前哨战，陷入阵地主力战；虽敌人多方扰乱，飞机大炮猛攻轰炸，我国严守阵地，丝毫不懈，红格尔图之役，克复百灵庙、大庙，直捣伪匪司令部，此诚然我中华民族无限之光荣。

溯自绥东以来，敌人何故如此退败，追究根源，无非我民族为求生存而战，为自由平等而战，所谓"死里求生"。而敌人贪厌不足，既得辽沈，又窥华北、内蒙，譬如"冀东伪组织"、"冀察政务委员会"、"蒙古大源国"等，其背景如何，有目皆睹。是故我华夏唯抗争才足谋生存，唯奋斗才能谋独立，亦兵家所谓"哀兵必胜"。兹举重要数端，望国人急起图之。

停止内战团结对外：我国年来国难，与日俱深，帝国主义者，无不以我〈为〉鱼肉，彼此宰割，堂堂华国，形〔行〕将就木。探其原理，实因我国内乱频仍，自相残杀，致外国纷至踏〔沓〕来，蚕食鲸吞。时至今日，我国人犹沉睡不醒，莫若所闻，若此国家安望其不亡乎？故此后应立即停止内战，枪口一致对外，朝野上下，一心一德，在我领袖领导之下，努力迈进，走上复兴途径，此其一。

实行国民训练，集中民族力量：国际风云，日趋紧张，帝国主义者，明争暗斗，准备第二次大屠杀。意大利之占领阿比西尼亚；德意志之废除《凡尔赛和约》、《罗迦络公约》，驻兵莱茵河；日本之侵略我国，以及最近西班牙内战，无不是世界大战之火药库。是故第二次战争，将无幸免，我弱小民族只有集中力量，以作最后的抗争。但欲求抗争胜利，贵乎兵力，就目前吾国而论，虽有二百余万之陆军，然而后备车〔军〕为数甚少，一旦战事爆发，实不足应付事变，故在未战争之前夕，我国民须服从政府训练人民之苦衷，此其二。

总动员之准备：（一）政治方面，内政准备，如教育宣传，使国人充分明了我国家之地位，及其危险性；外交准备，利用现国际之形势，合纵连横，以夷制夷之政策。（二）军事方面，战略准备，战时之各种计划，及其他防御工程之建设；战术准备，军队之编制管理，战时采用游击战、阵地战等战术之训练；人员准备，使人人各司其职，战时不致紊乱，而减低战斗力；物质准备，战时军械、炮火、煤油等之各种武器，须充分准备，以免临战匆卒，致遭抬〔败〕绩。（三）经济方面，财政准备，储蓄现金，整理金融，于必要时，可向外国购买战器；交通准备，兵贵神速，否则不足以抗，是故铁道、船舶、航空、邮电，关于战斗力极大；工业准备，工业上所需之原料品、机械、工人，以及工厂之组织，战时可以自给，免赖外国之接济；农业准备，尤其屯积粮食，后方无虑，前敌使〔始〕可安心作战，此其三。总斯三端，言虽简陋，然命脉所系，敢不喋喋。国族危矣！同胞其共勉之。

《文虎》（刊期不详）

福建省立龙溪工业职业学校学生自治会

1936 年冬季

（李红权　整理）

绥远的剿匪守土战

良知　撰

在强盗帝国主义者向中国提出的"共同防共"与"华北特殊化"的"不战而胜"的"上策"，遇着暗礁后，便转而同时采取着"以华制华"的"中策"，役使大群匪军公开向绥远进攻，企图在匪军的名义下面，造成其所谓"既成事实"，作为其灭亡全中国的"根本大计"。现在满蒙匪军的侵绥，继续惨败，反而激起全中国民族救亡阵线之广大展开，而汇成着汹涌澎湃的抗战洪流。假使匪军更惨败至不可收拾地步，远东侵略者将必至放弃其所谓"上策"和"中策"，转而行驶其所谓"苦战求胜"的"下策"，是有其必然的，日德军事同盟的成立，正在告诉我们，她立即就要行使其"下策"的决心，这是每个不愿作亡国奴的中国人所应知道的。

在冀察，一切所谓"既成事实"及其与宋哲元间的种种协定所造成的现象，所谓"共同防共"与"特殊化"，可谓已属"既成事实"了！即使中国中央政府不肯签字，匪军的进攻绥远，侵略者的阴谋，一方面不但在绥远去造成那种"既成事实"，而且即由此可以把冀察的现状适应于晋、陕、甘、宁，渐至于青、新等省；另一方面，这不但把中国的民族阵线根本拆散，而且根本隔绝中苏间之一切可能的联系！中苏至少在对付远东侵略者这一点上，是有其共同之点的。从而便可以把中国民族陷于欲战不能的地步，同时她便可以垂手而亡中国了。

因此，已暴发的绥远战争，形式上虽属局部的，实质上，在我们实关系整个民族的存亡，在敌人亦关系其侵略试验的成败，这是不愿作亡国奴的每个中国人都应该觉悟到的。

不过从过去的经验考察，却使我们对问题发生最大的疑惧，我们从局部上去抵抗敌人全力的进攻，是绝对不能说有胜利的保障的；而且一方面在正式战争，一方面敌人仍能在我国家内利用种种特权在行使其破坏我国家的阴谋。这是政府和人民所应该严重考虑，而力图补救的。实在上，绥远的局部战争，实关系我整个民族的命运，中国若丧失绥远，便足陷全国民族于无法振作之境地；敌人对绥远的失败，犹不过其侵略主义的一次试验。

但在另一方面，在敌人之灭亡中国，是有其强盗的决心的；对绥远的战事，也是抱着最后的必胜之决心的。所以最后绝不是一个局部剿匪的问题可以解决，必须是一个正面抗战的形势去解决的。因此，中国的政府和民众，应立即从全面去决定我们的对策，不应只把绥战看作局部的问题。这时际已不容我们再有何种犹豫了。

《国华半月刊》
上海国华半月刊编辑部
1936 年 1 卷 1 期
（朱宪　整理）

绥远剿匪军事宜采攻势

冯庄持　撰

十一月二十五日报载傅作义将军攻百灵庙始末云："王英攻绥一旦失败后，某方侵绥主动人乃积极发动绥北攻击，二十三日由察北运到蒙伪军一百辆汽车于百灵庙，约二千余人，并定二十四日午后继到蒙伪军二百辆汽车，又约五千人。我军得报，乃于二十四日晨一时由某某等部，分别由固阳、武川进攻百灵庙，晨九时半始完全占领百灵庙。"

傅作义将军于绥乱发生之后尚扬言决死守绥远，但不进攻。上面的事实却明白表示，求死守而不进攻，是绝对不可能的。傅将军不在二十四日晨一时先发制人，进攻百灵庙，则蒙伪军必于是日下午进攻，陷我绥远军于不利地位。匪方果然存意侵略，守土便不能不进攻，不进攻便保不住土地。

这道理很简单：如果纯采守势，则匪方可用小量兵力延长阵线，而我方便须用二三倍以上的兵力来对付，此其一；匪方能随时改变进攻策略，先发制人，使我方穷于应付，此其二；匪方胜则长驱直入，败亦可以补充休养，徐图再起，此其三。

所以让敌方从容将阵线由绥东展至绥北，不能不说是我方的失策。幸喜有百灵庙一战，才把不利的形势多少挽救过来。但是对于百灵庙一战，我们固然感觉欣喜，也不能完全免于忧虑。所可喜者，傅将军由于认真守土，发现了进攻的必要。所可忧者，如果不因此彻底改变消极防御策略而实行积极进攻，则前途还未可乐观。

进攻不仅在守土的立场上是必要的，从遏止敌人的野心的立场上也是必要的。敌人并非真有力量和勇气和中国一战，其所以敢于再进逼者，无非是认定中国不会抵抗，即使抵抗，也只防御，不会进攻。不幸东北数省的失陷替他们证明了中国之不会抵抗，淞沪之战又替他们证明了中国虽然抵抗不会进攻，使得他们气焰日盛，进而图谋绥远。因此打击敌人的野心和气焰唯一的方法只有进攻。

有些报纸希望敌人会因百灵庙一战而对华让步，这显而易见是梦想。敌人五年来所养成的气焰决不会因受一次打击而消灭。我们必须再接再厉，继续进攻。任何见解，如果其影响足以防碍我们专心一志作进攻的打算，反使我们浸淫于永远不会实现的幻想之中，必为我们所坚决反对。

全国人民应以全力，督促政府确定进攻的战略。政府一旦确定新战略，全国人民即应一致拥护，我们相信全国人民也一定会一致拥护。傅将军标榜守土，尚且为国民所爱戴，若政府更积极采取攻势，则国民虽牺牲一切以响应这个策略，亦必在所不惜。

现在匪方威胁傅部退出百灵庙，关东军也在伪满宣言援助蒙伪军。我国政府对他们的挑战应坚决的以武力予以答覆。政府决不能站在歧路上，因为并无第二条路可供选择。进攻是唯一的一条生路，此外都是死路，不管是投降是防守。

政府于确定进攻战略后，应立调大军加入前线，全部飞机亦应飞前线助战。宋哲元应即出兵入察，以迅雷不及掩耳的手段攻敌之背，国民也要迅速组织北上抗敌义勇军以补政府军力之不足。

时机必须及早把握，否则一纵即逝，国民及政府千万注意！

十一月二十九日

《人民评论》（周刊）

上海人民评论周刊社

1936 年 1 卷 1 期

（马小勇　整理）

绥远问题之回顾

郝启芳　撰

一

西安事变爆发以来，全国的视线都集中在蒋委员长的安全，张学良的处分，和陕甘善后的问题上，而于不久以前，为全国热烈关怀的绥远问题，几乎再没有人提及。德王的服从中央，停止军事行为的宣言，防守绥东要隘集宁（平地泉）的中央第十三军的向陕北移动的传闻，一内一外的互相演映着，也着实像绥远问题已经解决，从此可告无虑的样子。其实××的阴谋和伪匪的野心，是不能因此而放弃的，这只要看近日来商都、多伦×伪匪军的积极补充与活动，田中首相的奏折和松室的秘密文件便可知道的。

田中说："要征服支那，必先征服满蒙。"松室则说："依帝国大陆政策的满蒙主义，则在占领满洲之后，应继续图蒙……我国对之势在必得，而且帝国已不断努力，以取得蒙古。"这是××如何怛〔坦〕白的供辞。

兴安省的建立，德王、卓什海等叛乱的唆使，内蒙一带特务机关的林立，都是××为了实现他们的满蒙主义而采取的步骤。敌人的阴谋是怎样的毒辣，现在他们会自动的停止他们的进攻吗？愿意把累年的经营放弃吗？虽是三尺童子，也绝不会相信他们的诡计的。

二

　　××在不战而占领东北后，本着他们既定的方针，积极侵略内蒙古。热河的沦士〔失〕和察北的失陷，已经把哲里木盟、卓索图盟、昭乌达盟、察哈尔部涂上了另一种颜色。现在留在中华民国版图内的只有绥境蒙古了。绥蒙内有乌兰察布盟、伊克昭盟、归化城土默特部及绥东右翼四旗。

　　绥东右翼四旗是：镶蓝旗、镶红旗、正红旗及正黄旗，在清代属于察哈尔十二旗群，为内蒙游牧部。民国以后，无分旗县，一概归察哈尔特别区管辖。民国十八年，改特别区为省，乃将右翼四旗内之丰镇、兴和、集宁（平地泉）、凉城、陶林五县，划到绥远境内。当时因右翼四旗与左翼四旗及四牧群统称察哈尔部，所以右翼四旗内之县治虽划归绥远省管理，而旗的系统则仍由察哈尔治理。自从察北变局，右翼四旗王公不愿附逆，乃划归绥远管辖，中央亦发表明令。所以一般人不称察哈尔部右翼四旗，而称绥东右翼四旗，这也便是伪匪军用以做进扰绥东的历史根据。但历史的事实告诉我们，绥东是中国的，察北是中国的，东四省是中国的。××果有何依据呢？

　　察北失陷后，×人为完成他们的满蒙政策，乃积极谋占我绥蒙，以做囊括中国进攻苏联的根据。所以二十五年七月以后，绥远问题便日渐严重。

　　绥远东界察哈尔，北邻外蒙古，西接宁夏，南与山西、陕西相连，西北干线的平包铁路横贯境内，是通西北的要道，敌人占领绥远，便可借此控制西北，威胁华北，完成其大陆政策的美梦。阴山山脉蔓延在本省的中部，为历代防守北方民族侵略的要塞。

大青山的脊名蜈蚣坝，是绥远南北交进〔通〕的孔道。山的北面便是后山的地方，地广人稀，再北便是荒沙千里，一望无际的未曾开辟的草原。

绥远在汉时属云中郡，隋时为定襄郡地，唐置大都护府，辽为西京道，元属大同路，在清时属内蒙古境，至民国三年划为特别区域，于十八年改建行省。全省面积约计一百七十万方里，人口约二百二十万。

三

××为实现满蒙政策，乃唆使一部分青年、王公要求自治。民国二十二年十一月遂有百灵庙会议。蒙古地方〈自〉治政〈务〉委员会因之出现。会址设于白吴〔百灵〕庙，从此绥远省政府与蒙政会之冲突，乃纷纷发生，迄无宁日。

绥远省府与蒙政会分裂之导因，实由于税务纠纷。其后西公旗事件发生，德王处置西公旗的不公平，更使乌、伊各旗王公不满德王而伤及两方之感情。去冬察北局面发生变化后，双方〔痕〕裂痕更深，百灵庙工作停顿，德王离庙返滂江。绥蒙各旗王公鉴于德王之阴谋和××的野心，为求自保起见，乃电请中央在绥远境内另设"蒙古自治委员会"。中央为顾虑内蒙之环境起见，于二十五年一月，明令沙克都尔扎布等组织绥境蒙古各盟旗地方自治政务委员会。绥境蒙政会成立后，百灵庙保安科长云继光〔先〕、政治科长苏鲁岱等，因德王离庙日久，谣言纷起，乃率官兵离开百灵庙，表示不与德王合作，并归附绥境蒙政会，此后德王遂公然在嘉卜寺另建新局，叛变民国了。

嘉卜寺"内蒙防共自治军政府"成立后，德王便派遣各匪首在热河及察东北招募匪军，编制军队，意欲于断送察北以后，再将绥远奉献给敌人。

伪匪军向绥边进犯，约可分为二期。第一期自察北失陷至去年八月底。察北本是绥东的屏障，因而察北失去之后，绥边的情势便日形恶化，起初还只是蒙古保安队的入寇，和少数伪军的盘据，后来日方又威迫德王招募匪兵，扩充实力。自从嘉卜寺伪组织成立以来，伪匪军乃积极活动，至去年七月察绥边境的伪匪军已超过一万人，并有飞机、坦克车等新式武器。××乃决定以土匪为前锋，伪匪军嘉〔夹〕居中，××则在最后督战。自七月三十日至八月十五日屡次侵犯绥东，每次终被我英勇之晋绥军击退。

第二期自八月下旬至十二月，八月中旬伪匪军倾全力进犯集宁被晋绥军击退后，××鉴于晋绥军抗战之坚决，乃知欲占领绥远，决不能沿用占领东北、热河之故智。所以自八月下旬后，锐意布置，准备卷土重来。至十月末，敌人准备已经妥当，一到十一月初，战争的序幕便揭开了，这次的进犯已和前次的大不相同了。上次的进犯是试探性的，所以在守军顽抗之后就退去了，而进犯的部队也只限于匪军和伪军，进犯的地点也只限于绥东一带。而造〔这〕次的伪匪军却有五万多人，并有飞机、坦克车助战，而进攻的范围也大为扩大。伪匪军竟分为三路，同时向绥远东部、中部、西部进袭。这三路匪军来势甚凶，因而与我军发生了极猛烈的战争。绥东方面，在红格尔图傅主席与赵司令督率锐师，痛剿匪伪，商都边境之战，我军又逐匪远窜，并剿袭匪首王英之巢穴。在绥北方面，匪伪军以百灵庙为根据地，向武川、固阳进犯，旋经晋绥军出奇袭剿百灵庙，开五年来守〔收〕复失土之始，使敌人的战略完全失败。百灵庙收复后，敌军乃以大庙为根据，进行反攻，终亦为我军击败，匪伪唯有用飞机抛掷炸弹而已。不久金宪章、石玉山等部队纷纷杀死监视他们的××人实行反正，重新回到他们祖国来。接着大庙亦被我军克服，至此绥境匪军已完全肃清，伪匪军乃退集察境，因反正军队纷起之故，顿呈土崩瓦解之势。适西安事件发生，××乃策动德王发表停战宣言，以谋重新准备，并欲促成我国内战，作混水捉鱼之企图。×方之用心真可算是阴毒了。

四

绥远的抗战，英勇的晋绥军击退了××操纵下的伪匪军，用壮烈的血竖起"守土抗战"的大旗，而百灵庙和大庙的克服，更开了收复失土的光荣先例。这一次的抗战，实是有极大的意义。

一、五年来，一般患着"恐日病"的人们，总以我们武器的不如人，因而说抗×是没有前途的。现在绥远的抗战，晋绥军并没有新式武器，但把具有坦克车、飞机的伪匪军打败了。这就足以证明他们的见解是错误了，要不然便是晋绥军做错了。记得在百灵庙收复后，见山西赵主席的时候，他说："许多人都以为抗战的第一个条件是兵工厂和新式武器，但我却以为是肯于牺牲，敢于牺牲。"我想赵主席的话是十分对的。

二、几年来由于国难的严重，"中国人不打中国人"已成为全国最有力的口号。虽然许多人还存着怀疑的心，但在前线上已经具体的表现出来了。

我随着"晋察绥抗战后援代表团"，从百灵庙返到绥远的归途中，曾遇见反正的部队，他们曾告我们说，他们早想反正，只是没有机会。更说匪军内的许多人是不愿打我们自己的同胞的，所以许多人都把枪口向天，放大炮时也只是让响起便算了。我们在百灵庙的战地上，曾得到敌军放射的炮弹，只是空筒，并未爆炸，可见他们的话是可靠的。怀疑这个口号的人们，可以把你们的疑云像冰雪一般的消释了吧！

　　三、绥远抗战，晋绥当局是在"守土抗战"的原则下进行的。在整个的意义上说，无疑的是不够的。但各地方长官，都能像阎主任和傅主席以死守晋、绥的决心守其他地方，那末，从现在起我们便再不会丧失一寸土地给敌人，而中央政府若以死守国家，则我们的失地，当有恢复的一天。

　　现在绥远的战争，已呈沉寂的状况，但××是会卷土重来的。忠诚的晋绥当局和英勇的抗战将士，要坚持着你们的决心，保守住我们的土地。负国家全局的执事们，应担起神圣的义务，使中华民族永远独立自主的生存在世界上。

《新知识》（月刊）

北平师范大学文学院新知识社

1936 年 1 卷 1 期

（朱宪　整理）

怎样援助绥远抗战

杨逸波　撰

当恫吓与威胁仍不能得到圆满目的的南京谈判搁浅时，××帝国主义者觉着单靠这条谈判路线，以收不战而胜的果实，是有些迂远了。于是用它鲜血淋沥的魔爪驱使蒙伪军大举进攻绥远，要迅速达到攫取华北、统治全中国的目的。但是防守前线的绥晋军，并不像以前热河汤玉麟统率的那些昏庸无耻的将士，未遇敌人即弃地逃亡，他们早具守土决心，一遇敌人进犯，便英勇的抗战，给敌人以严重的打击。最近百灵庙匪军巢穴的攻克，算是这次抗战中最光辉的胜利，这意义是非常重大的：第一它给敌人侵略势力以有力的摧毁，把所谓"大元帝国"的摇篮打破了；第二它提高了我们抗敌的情绪和民族的自信力；第三它展开了全国抗战的序幕；第四它指示出一个全国坚决抗战胜利的远景，只有采取攻势的抗战，才有胜利的可能。可是我们不能因这小胜而头昏，认为敌人会适可而止，匪军已无力再起，绥晋军可以独力支持，无须增加援兵，甚至说这是地方小问题（宋哲元、章士钊他们便是这样看法），不必大惊小怪。这都是目前最有害的宣传，客观上等于替敌人散布烟幕，解除自己的武装，一任敌人屠宰了。因此对目前这个抗战性质，有给以重估的必要。

（一）绥远为华北门户，西北锁钥，同时也是我们收复失地的一座桥梁，它的安全，也是全国安全的关键，我们保卫全国领土与主权的完整独立和收复失地的重大任务，也就寄托在它的上面了。相反的，绥远若不保，则华北和整个国家也就难保，而且收复失地的可能性和希望也就更辽远了。所以绥远的抗战，在我们本身，是含有全民族生存的战争。

（二）这次匪军犯绥，是在敌人组织与指挥下进行的，有强大的力量为后盾，有无限制的军火与给养之接济，其欲望甚大而手段亦特别毒辣，决不会因为小小的挫折而终止。最近关东军与华北驻屯军负责人露骨的表示，他们已经不能袖手旁观了，颇有弯弓盘马，亲自出战，不达目的誓不干休之概，规模更宏大的进攻战，就要在最近爆发了。就敌人的企图说，这是宰割我全国大试刀锋的战争，只会扩大与加强，绝对不会停止的。

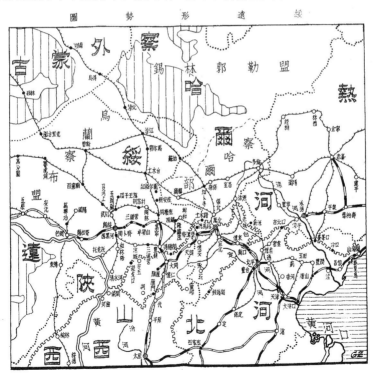

（三）这一次抗战，不是剿匪而抗敌，不是局部的抗战，而是含有全国性质的抗战，不是消极的防守战，而是积极的收复失地战，因此我们不仅要撕碎敌人的魔爪上的伪装，而且要根本砍断魔爪，挽救我们的生命，这是我们民族争生存与解放的神圣战争。

（四）这是全国上下一致觉醒，共同支持，再也不能忍耐和停滞的战争，换言之，是清算过去血债的战争。这抗战不仅要保卫绥远，而且要进一步收复失地，恢复我们原有的大好河山。因此这抗战就成为全国凡是不愿意作亡国奴的人们底切身问题了。他们起来，一致齐心来扑灭这一堆烧身的烈火，不让走卒佛兰哥领导的叛军重现于中国，而且要求根本捣毁它的巢穴，把东北及一切变相被占去的领土和主权都要收回来。这是全国大众一致要求的抗战，从抗战里讨回我们多年来的血债。因此这抗战不仅和任何一时期的内战无丝毫相似之点，而且比"一二八"和"喜峰口"的抗战要求得更要迫切具体和热烈了。

我们认识了这一次抗战的意义，如此重大，自然不能把全部抗战责任课之于绥晋军，使他们又踏过去孤军奋战，一任敌人各个击破的覆辙，这是绝对不能够让任何一个人出卖的。我们必须把四万万同胞的生命和前线将士的生命合在一块，才能够有救，现在全国人民，上自政府要人，下至贩夫走卒，都一致的起来参加缓〔援〕绥运动，有力的出力，有钱的出钱，情绪的热烈，真是令人可歌可泣。这表示了只有抗敌的战争，才能博得广大民众的拥护与支持，也只有建立在大众救亡意识与民族生存上的战争，才有胜利的保障。现在我们不只是应该提出"集中一切力量到绥远去"的口号，且而〔而且〕要提出切实而有效的办法来。

A、全国民众团体，一致起来要求政府履行过去的诺言，动员全国武装，为保卫领土主权及收复失地而战，配备主要兵力于国防要点，作全盘抗战的计划。外交应取强硬态度，拒绝并废除敌方一切无理要求，必要时拒绝南京谈判。

B、政府应调集中央军及新武器兵团，开赴绥远前方，参加作战，因为我们现时还只看到敌人飞机、坦克车在那里轰炸活动，没有看到我们飞机的踪影，全国大众节衣缩食买来的飞机，不在此时用，还要留到什么时候用呢？希望政府为解消人民的疑团，为鼓励前方作战士兵的勇气，都应该来接受这个合理的请求。至于目前第一步作战计划，应该在最短期间，消灭敌人凭借的匪伪实力，并收复察北及内蒙被占各地，然后再进而收复已失的领土。

C、政府应给绥晋军以充分军需接济。最近阎锡山向山西商会的借款，和财〔政〕部拨五十万元接济，都证明前方接济欠充分。我们相信政府早已注意及此了，但这很不够。应运用全国财政极力援助。此外开放民众援绥运动，组织广泛的民众阵线为抗战后援。停止消耗国力的内战，一齐把枪头掉向敌人，释放真诚救国的沈钧儒等七位领袖，使他们能遂行救国抗敌的任务，勿使敌人称快，勿令前方战士闻而寒心，这是援绥工作中最不能忽略的。

D、全国各地陆空军队应自动请缨抗敌。不久以前，杭州空军学生已有抗敌之请求，东北军早下"打回老家去"之决心，最近广东退职军官数百人自动北上，参加抗战，广西全省军队、民团抗敌援绥的要求，也是十分热烈的。全国有血性的军人，都在等待着国家报效的时机一到，就到前方杀敌，他们对内战毫无兴趣，但为民族争生存的战争，谁也迫切的等待着参加，这确是一个普遍的事实。我以为发动这一部工作，应由下而上，由局部而推及于全国。这里应注意的是不要只做到发一纸通电就算完了，那是自欺的办法。我们应该仿效北平学生深入到兵营去的办法，从下层发动起来，这样使上级将领抗敌的意志可以相当的坚定起来，把过去那种"恐日病"和"唯武器论"的心理完全扫除掉，那么抗战才易于推进到一个更新的阶段，而得到早日胜利的保证。据说某将军看到自己部下抗敌情绪之高涨，曾对兵士这样说："……现在坚决抗敌是我们唯一的出路，假若我在抗战过程中动摇或妥协了的话，那么枪头在你们手里，就对准我发射好了……"这是士兵情绪反映于上级将领的一个实例，过去十九路军的抗战英雄们，不都是有士兵壮胆后才干起来的吗？

E、组织地方义勇军及发动游击队。这个尤其以接近前线的绥、察一带最为需要，义勇军专门维持后方次〔秩〕序，并制止汉奸活动。游击队则用若干精干的小部队，深入到敌人驻扎区域，扰乱他的军心，破坏他的交通或电讯，袭击他的弱点，消耗他的战斗力，使敌人疲于奔命。现在敌人也采用这个办法了，我们自然更需要采用这个办法去对付。把这一种活动和大规模的抗战相配合，对于瓦解敌人力量，是可以发生很大效力的。

F、募捐运动更应该大为深入。除"一日援绥"与现金募集外，更应发动前方战时需用品之募集，如御寒具、卫生用品、防毒面具等，都需要大规模的有计划的按照前方需要分量来募集，北平和上海两方面都做出很好的成绩。不过抗战一扩大，需要也就无限量的扩大了，最好的各大城市里都要建立起一个中心组织才好，如绥战后绥〔援〕会之类，便去负担这一种工作了。此外关于现金募集后，必须考查是否真正送到前方兵士手里，或用于作战时的需要，都应加以考查的。现在傅作义将军已组织起捐款保管委员会，对于捐款的处理自然有很公正的办法，无须我们顾虑了。总之，战事是在扩大着，战地的需要也正在扩大着，募捐运动还需要扩大到全国及海外侨胞集中的地方去，募集越充足，则我们的抗战越有力量了。

G、募集战地服务团到前方工作。如看护队专门看护伤兵，慰劳队或歌咏队专门慰劳前方兵士，提高他们抗战的情绪。宣传队专门担任后方民众及兵士宣传工作。此外洗衣队等只要于前方作战及士兵生活有利益的都可以组织，对于抗战却〔确〕有很大的帮助。比如"一二八"抗战中，各种战地服务团起了很大的作用，这是一个实例。不过到绥远前方工作的人，以身体强健，能吃苦耐寒，能说北方话，过得惯北方生活的人参加，较为适合。

时机是万分紧迫了。生与死的路已摆在了我们前面，我们采取的办法，也只有战与降。抗战是达到生之路的唯一办法，历史已经给我们非选择一条路不可了。现在绥晋军已领着我们很英勇的走上这一条路了，我们必须坚决的走到终点，目前支持绥军抗战和扩大全国抗战，便是保证胜利的唯一有效办法，是我们奋斗牺牲的时候了！我们要为保卫绥远的领土与主权而战！为祖国的生存与自由而战！

《新知识》（月刊）

上海新知识社

1936 年 1 卷 1 期

（朱宪　整理）

从绥战中见到的民族意识

宝贤　撰

比〔此〕次匪伪扰乱，因有某国的策动，激起全国人士的奋发，英勇的国军"再接再厉"的向前，已证明我民族的民族意识之高昂，全国人士已深深地体验到"国家兴亡"责任之重大。健儿们牺牲生命去抗敌，学生们鼓起热血来宣传，一般民众"争先恐后"的捐资，救国的方式虽异，但爱护国家的赤忱则一。匪伪军经国军几次痛剿以后，已多溃不成军，百灵庙之役，尤可显见。现在要研究的，匪伪军原为我中华民族，难道甘心受某方之策动？果如某方所谓我民族的劣根性已深入而不可拔吗？但是，事实的证明，也有例外。据归绥六日电："此次匪伪袭攻百灵庙，曾带有大量毒瓦斯弹及烟幕弹，国军自俘虏手中，获得甚多，据俘匪称，我们系受人雇用，但念及国军系我同胞，故未忍放射云。"我们相信就在这一点"不忍"动机之上，中国永存于天地之间。

《国本》（半月刊）

南京国本半月刊社

1936 年 1 卷 2 期

（朱宪　整理）

绥远战争与内蒙问题

王人驹　撰

一

　　远东风云的变化，成为今日全世界人士谈论的中心。自民国二十年的沈阳事变以后，接连爆发的淞沪战争、热河战争、长城战争，以及东三省境内义勇军的抗战，就是五年来中国民族对外斗争的血迹。现在，绥远战争又开始了。这一次战争首先给予我们一个最大的兴奋，因为我们在战略上已经反守为攻，且于十一月二十四日占领了敌人的根据地——百灵庙。这种胜利自然不能算是剿匪或抗敌军的结束，却正相反，它乃是未来更大决斗的起点。我们应该知道日本一向是惯用着"以华制华"的政策，同时日本的阴谋亦已由部分的夺取进而为全中国的征服，察、绥匪伪军的行动，正是日本整个计划中的一环。但是就中国而言，也有很大的转变，经过五年来外力压迫的教训，中国内部已不复是往日的分崩离析，政权的统一，军实的扩充，都在急剧的进行之中，所以今日的绥远战争，亦将由局部的抵抗演为全国的总动员。

　　绥远原是内蒙的一部，民国十七年的〔时〕改为行省。包刮〔括〕十八县、局，乌兰察布、伊克昭两盟、土默特旗，以及绥东新划入之镶红、镶蓝、正红、正黄四旗，全部面积共计一百一十二万三千余方里，人口二百一十一万五千余人。在地域方面，已设县治的约占五十三万余方里，留于各盟、旗牧畜的约占五十八万余方里。在人口方面，汉人有一百九十六万五千余，蒙人仅有十五万余，即当汉人十三分之一。绥远的蒙古人虽然不多，但是蒙、汉之间的冲突则层出不穷。这种冲突在表面上的原因是开垦。从蒙古人的眼光看来，认为开垦是侵夺了他们的生计，然而在事实上，所谓开垦，只是限于极小的范围。例如："乌、伊两盟十三旗面积合共八十六万余方里，山地而外虽有一部分沙漠，但水草并不缺乏，约计可耕之地总在五十万方里左右。三十年来丈放的结果，不过开垦了十二万余顷地，合二万余方里，仅占全面积二十分之一。两盟蒙民不足十五万，谓此即足以防碍蒙人牧民生存，当非事实。"（见《国闻周报》第十二卷第四期）所以蒙、汉之间为开垦而冲突，实在还是出于蒙古人士的误解。至于最近冲突的原因，则是日本的挑拨。日本对于各王公极力拉拢，并高唱亲善论调，不过随亲善而至的却是日本的军事顾问和特务机关，同时飞机场、火药库，也在各盟、旗一一筑成。日本的军事家深切的明了，在内蒙一带没有打定坚实的战略形势，就难以控制华北，更不容易打通到西北的门户。如果我们回忆及十七世纪时满人征服中国的前例，就更能了解此种意义。所以，我们以前不争热、察已属失算，自然对于绥远要特别的重视。

　　匪伪军的进扰绥远，在本年八月初头即已开始。当时进扰的目标是绥东，人数也很少，合德王、卓什海、李守信三部分不过三四千人。这一次也许是试探性质，绥东既有准备，也就暂告停止。十一月的形势就不同了，进扰的目标已扩大为全部绥远，人数增至三万余人，还有飞机三十余架助战。进攻的路线分为三方面：第一路是由商都直取绥东的陶林、兴和以及集宁（平地泉），由此截断平绥铁路，控制晋、绥的交通；第二路是由绥北向南进攻，即以百灵庙为根据地进攻武川，再由此直取绥远的省城归绥；第三路是由百灵庙攻固阳，再由此下包头，占据平绥路的西端。从这种布置观察，可以看出百灵庙是占着非常重要的地位，可是却被我们很迅速的占领了。

这一地点的占领，不仅为绥远减少大半的威胁，就是对整个的西北也可以增加一层更大的保障。因为敌人之积极进攻绥远，一方面固是要完成其反苏联的大包围，还有一方面乃是企图侵占整个的西北；敌人的计划是要将察哈尔、绥远、山西、陕西、宁夏、甘肃、青海，一直到新疆，全部侵占下去。这个计划至二十四年底止只做到察哈尔，但是对于进攻绥、晋、陕、甘、宁、青以及新疆则早已开始布置。试观本年九月日本三相会议所决定的八项新计划有："（一）增加驻华大使馆特派员；（二）充实沪、汉、津、京、川、粤各地总领馆组织，扩张情报部；（三）充实张垣领馆，扩充特务组织；（四）在并设大使馆办事处；（五）在绥设领馆；（六）在大同、包头设总领馆办事处；（七）增设驻百灵庙、德王府、宁夏、兰州各地特派员；（八）增派留学生调查蒙古、新疆、西藏、青海各地情形。"八条中关于西北的占六条，可见日本的野心，是不达到新疆不止。现在绥远省当局完全洞悉此种野心，加以年来绥远省主席傅作义氏对于地方建设以及剿匪安民都有多方的成绩，守土卫边厥功尤伟，国府且有特令嘉奖。这样一来，自然给日本一个莫大的障碍。

绥远省当局鉴于自身是处于国防的最前线，所以许多重要地带的防御工程早已完成。绥东平地泉、绥北武川、绥西包头一带亦早驻重兵。在训练方面，那里有将近千人的乡村工作人员，分布于全省各乡从事民众训练的工作。复有自卫团的训练，如时间允许，打算训练二十万人做边防上的自卫工作。照现在的力量来对比，绥远的前途是比较乐观的。百灵庙收复以后，战线的重心将会转到绥东，但是平地泉高一千四百公尺，是绥东最高的地方，在这里，我们的军队可以凭险扼守，居高临下，以阻止敌人的前进。

过去国人对于绥远很是隔膜，察北失陷以后，曾引起人们短时的注意，过后又趋于冷淡了。绥远数年来蒙、汉之间发生的种种纠纷，都曾轰动一时，中央因为是鞭长莫及，也没有作一个圆满的解决。从自治运动开始，经过特税争执、西公旗事件以及百灵庙保安队的哗变、庙蒙会和绥蒙会的对立，都在绥远刻下了大裂痕。绥蒙会成立以后，与绥省府十分合作，因为横在绥远的当前是守土问题，站在守土的立场上，使绥远的蒙、汉人民不分上下全部团结起来。这自然是好现象，但是我们对于整个的内蒙问题还应该从各方面加以彻底的清算。

二

内蒙的疆域包有六盟、三十一部、五十三旗，此外尚有察哈尔部、归化土默特部之内属蒙古。因各盟早已编入辽宁、吉林、黑龙江、热河、绥远、察哈尔、宁夏等省，所以内蒙到现在不过是一个历史上的名词。兹将内蒙分布的状况，列表如下：

（一）东四盟

1. 哲里木盟四部十旗——在辽、吉、黑三省境内；

2. 卓索图盟三部七旗——在热、辽二省境内；

3. 昭乌达盟八部十三旗——在热河省境内；

4. 锡林格勒盟五部十旗——在察哈尔省境内。

（二）西二盟

1. 乌兰察布盟四部六旗——在绥远省境内；

2. 伊克昭盟一部七旗——在绥远省境内。

（三）内属蒙古

1. 察哈尔部（今已改盟）十二旗群——在察、绥二省境内；

2. 归化土默特部四旗——在绥、宁、黑三省境内。

自"九一八"事变起，日本依照田中奏折的"如欲征服中国，必先征服满蒙"的计划，实行其武力侵略，东三省、热河相继沦亡，东四盟的哲里木、卓索图、昭乌达三盟已成为伪满洲国的兴安省。日本在此区域中极力标榜蒙古民族的"自治"，但于本年四月有几个"自治区"内的王公为了反对强迫蒙人补充"满"军和日本军人强占蒙民的草原而遭枪决，正好说明所谓自治的真象。事后，关东军发表公报，宣布在"北兴安省蒙古政府"的高级官吏中曾发现许多阴谋，可是这种公报，毕竟难以掩饰其丑态。

民国二十二年秋天，西蒙的许多王公亦提出自治的要求，当时提倡自治运动最力的德王说："日本军人曾建议组织蒙古国，统制蒙古地域，蒙人为便于对付日本人，故要组织自治政府。"不过这一些话也只是一种借口，并没有什么正常理由。他们要求自治实在的原因，大概还是省、县政府和盟、旗时有恶感，绝对没有合作的可能。德王曾公开对新闻记者说："蒙古在前清的时候与中央很为接近，不管清廷的出发点如何，他们总还不曾把蒙古放在一边不理。可是，一到了民国，我们跟从中国也有二十多年了，什么利益没有得着，我们自己的土地，还被人家占去了好多。以前说的明明白白地开垦蒙古荒地给我们钱，可是竟一文不给，而土地的所有权后来也没有了。"蒙古人民实在是处于水深火热之中，这是我们应该承认的。然而民国二十几年以来，什么利益也没有得着，原因却并不很简单，因为我们整个的中华民族，在这二十几年当中都是同处于国外帝国主义与国内军阀的双重压迫之下。认清了这一点，才能明了我们民族解放正确的出路。

由于历年边官腐败、租税重重，使一部分蒙古青年走向狭隘的一面，憧憬着成吉思汗的伟绩。因之，在蒙人方面有许多对于汉人抱着极大的反感。他们以为蒙族之所以衰落，完全是受汉族的压迫。蒙民敝凋是由于放荒开垦，他们以为成吉思汗的伟业完全得力于游牧民族的特点。所以，他们要保持这些特点，他们要保持游牧生活的继续，并防止与汉族同化。这种见解都不免流于偏狭，我们自然不能否认蒙人受过汉人（还有满人）种种的压迫，但是这些问题根本的关键似乎不在自治，例如绥东一带的蒙、汉人民异常合作，彼此的感情极为融洽。受压迫一事决不是在蒙、汉之间有所差异，好像在内蒙方面，有些王公很是专横，其压迫蒙人更甚，也是事实。再就游牧生活而言，保持游牧生活的继续，并不见得就是蒙族之福。我们只要分析一下社会经济发展的历史，就可以断定游牧经济是必然会〈被〉抛落在时代后面的。二十世纪的新兴资本主义，穷源溯本，都是受产业革命之赐。如果我们的隔离政策有效，则自鸦片战争以后数十年悲惨的遭遇就不会发生了。

内蒙自治运动发生以后，当由各王公提出十一条办法，但是原文大半空洞广泛，充分暴露部落思想。简单的说，内蒙的王公是借此以巩固其封建势力的存在。到后来，因为中央的宽大为怀和多数蒙人的顾全大局，毕竟在中政会通过的八项原则之下成立了百灵庙的"蒙古地方自治政务委员会"。最后一次解决内蒙自治的办法八项，是在民国二十三年的二月通过的：

（一）在蒙古在适宜地点设一蒙古地方自治政务委员会，直隶于行政院，并受中央主管机关之指导，总理各盟、旗政务。其委员长、委员以用蒙古人员为原则，经费由中央发给，中央另派大员驻在该委员会所在地指导之，并就近调解盟、旗、省、县之争议。

（二）各盟公署改称为盟政府，旗公署改称为旗政府，其组织不变更，经费由中央补助之。

（三）察哈尔改称为盟，以昭一律，其系统组织照旧。

（四）各盟、旗管辖治理权一律照旧。

（五）各盟、旗现有牧地停止放垦以后，从〈事〉改良牧畜，并兴办附带工业方面，发展地方经济（但盟、旗自愿垦殖者听）。

（六）盟、旗原有租税及蒙民原有私租，一律予以保障。

（七）省、县在盟、旗地方所征之各项地方税收，须劈给盟、旗若干成，以为各项建设费，其劈税办法另定之。

（八）盟、旗地方以后不再增设县治或设治局（但遇必要设置时，亦须征得关系盟、旗之同意）。

百灵庙蒙政会并未有何成绩可言。在中央方面，原是根据民族平等原则，对内蒙给与范围内的自治，以冀其为蒙族谋利益，为国家多增加一分力量。可是在事实上，这种自治运动不过是一部分王公别有用心的幻想，对于蒙、汉双方只有增加更多的纠纷，指导长官公署从未成立，蒙民生活亦未见有所改善。迄二十三年末，日伪势力复着着向西进逼，所谓内蒙的地方自治政务委员会也就瓦解。历年来蕴藏的蒙、汉人民的隔阂、王公意见的分歧，以及蒙古青年派和保守派的斗争，一切的弱点都全盘暴露出来。至察北的沽源、宝昌、康保、张北、商都、德化（即加卜寺，德王改称德化县）等六县，于无声无臭〔息〕中被伪军李守信部占领，乃使硕果仅存的西蒙形势更趋严重。所谓青年派王公的领袖德王，既为日人所包围，察蒙旗的总管卓什海复在张北成立伪政府，因之，在本年的二月又有"绥境蒙古地方自治政务委员会"的成立。绥境蒙政会的成立，不用说是恐怕绥远再作察哈尔之续。同时，因为绥远蒙古的王公多数是属于保守的一面，对于察哈尔蒙古青年派的王公是极端反对的，所以绥远蒙古对于察北匪伪军凭借外力来侵犯他们，抱有抗战的最大决心。

三

如果我们要彻底的解决内蒙问题，似应做到四〔三〕点：第一是根据民族平等之原则，使蒙民在中国统一的中央政府之下，完成真正的自治，而这自治之完成还在〔第二是〕改善蒙民的生活，尤其是改变蒙民的经济生活。游牧经济对于一个民族高度的发展是有阻碍的。蒙民人口的减少，喇嘛教固是一种原因，然而与游牧经济的存在不无关系，这一点大概有识的蒙古青年都能明白。第三〔二〕是普及蒙民的教育，过去的蒙古王公都是实施愚民政策，内蒙人民的智识异常闭塞，即以自治运动而言，多数民众并不知悉，似此以言自治，何能为蒙民谋真正的幸福。第四〔三〕是发展内蒙的交通。边地的文化经济落后，都是受交通限制，故要建设新内蒙，首要发展内蒙的交通。除此三点以外，自然还有许多重要的问题，如盟、旗政治的腐败，王公制度的弊害，都是急〔亟〕待改进的。总之，我们对于边区的整个政策，似不应再循前清的旧路了。

多数的蒙古人士都反对日本的统治，就连现在察北所谓"蒙古军政府"的许多重要人物也是处于威迫之下。依近来匪伪军的厌战和酝酿反正的情形看来，则只要中央的力量能渐次达到边境的话，所有内〈蒙〉古的盟、旗当很不难回复到中央的统治之下。

当二十二年末内蒙要求自治时，曾经使全国人士的视线，转移到这个边远的地方来，中央也派了大员前往视察和宣慰，此次结果使蒙、汉关系有良好的进展。以往中央对于内蒙问题不能有彻底的解决，自然是无暇顾及，可是自此次绥远战争起，必将有一转变。我们看帝俄的经营蒙古，政府不惜花费巨资，数次派探险家到蒙古实地调查，搜集蒙古文籍史料，在大学设立蒙语专科。再看日本的经营蒙古，自并吞东蒙之后，便组织善邻会、蒙古教育辅导会、蒙古畜牧研究会、日蒙经济提携会，成立东蒙军事学校、蒙古青年军官训练团，派遣大批人员前往实地考察，关于蒙古问题的书籍不断的出版。别人是在如何的经营蒙古！别人是在如何的培置〔植〕蒙古青年！但是蒙、汉本是一家人，我们一向的漠视这一家人，彼此不能了解的地方已很多，我们研究蒙古问题反要在日文书籍中找材料，所以从现在起，我们应该设法纠正过去的错误，我们相信，惟有汉人才能真诚的帮助蒙人。同时，惟有蒙人的发展和蒙局的安全，才能阻止日本的西进，保障整个华北的安全。

二五，一二，五

《国本》（半月刊）

南京国本半月刊社

1936 年 1 卷 2 期

（朱宪　整理）

"收复百灵庙为民族复兴起点"

作者不详

蒋委员长上月廿九日到洛阳军分校纪念周训话谓："百灵庙之攻克，使全国人心振作，士气发扬，并使全国军民益知吾人只须全国统一，共同一致，决心奋斗到底，必无丧失寸土之理，故百灵庙之收复，实为我民族复兴之起点。"

中国必须首先完成统一，才能抗日。

红盖尔图及百灵庙之胜利，不但证明中央政府抗敌的决心，更证明中国军民已有抗敌的能力，不但证明多年来中央政府安内攘外这政策之大义，更证明此后有绝对统一指挥之必要。

《国本》（半月刊）

南京国本半月刊社

1936年1卷2期

（朱岩　整理）

以全国力量守绥远

陈毅　撰

谁还能否认，绥远在今天，已经成了国防的最前线。绥远如果再继东北四省之后而失陷，则西北数省亦必随以俱亡，进而将断绝整个中华民族的生机了。

数月以前，绥东事件曾经引起了国人严重的注意，后来因为两广事件发生，使国人的视线都集中到西南，但实际上绥东问题从那时起，就没有和缓过，相反的只是愈加严重起来。直到现在，根据近几天来报纸上的消息更是证实了这一点。

××帝国主义不光只是侵略绥东。它是想占据全部绥远甚至占据山西以至全中国。它为了侵绥的准备，投下了不少的金钱，他最初收编李守信，以及最近补充王英等匪，派遣与支持他们作为侵绥的先头部队，用以夷制夷的恶毒手段来对付绥远，像它过去对付东北三省、热河、察哈尔、华北一样。它是看清了许多连我们自己都没有看清的事实，所以它对于一切都是放大胆的在干。

它一边收编与补充王英等匪，派遣李守信接防王英等匪，同时还怂惠德王也脱离中央政府；而一边却以自己的大军压在后面。

在绥远重要的地方，它都设立特务机关，强迫修筑飞机场，凡是可以为它用的，它都努力去用了。

据十一月二日《大晚报》载，察匪械弹均积极补充，现已补充完毕，急图侵绥。同时《申报》十一月五日载，匪犯陶林，窥归绥，绥东形势紧张，并有某方部队和飞机二十四架开往商都。六日又载热河伪军开抵商都，飞机多架协同扰乱。七日又载察匪分二路侵绥，一路由壕堑，一路由大青沟，欲绕攻兴和南高庙子，摧毁防线。同时某方飞机五架经常飞过防线，并有蒙军先头部队在陶林与晋绥军接触。而八日又载伪匪变更计划，图由百灵庙进扰绥北，一俟防务完毕，即对绥取夹攻势，匪伪蒙各军窥绥北，热河匪军等分犯绥东、绥西。九日更载王英匪飞津与某军部秘密接洽。同日《大晚报》并载关于预定对绥之三项战略，十日《新闻报》更露骨的指出，王英匪确到津活动，并联络失意军人等作逆谋，同日《大晚报》则载绥北已发生严重的冲突。

这一连串的记载告诉我们，目前事变，确实已非单纯的绥东问题可比，而是整个的绥远问题，也可以说是西北与华北的问题了。

这次日伪匪军勾结侵绥，并不是偶然的，是××帝国主义有计划有步骤的进攻，而且是配合着目前正在南京谈判的中日外交的弛松来决定态度的。

我们不光看见在陶林等地发生遭遇战，最令我们注意的，是王英匪的飞津，与某军部秘密接洽。接洽的内容虽然无从知道，但无疑的，对于绥远的前途，是有极大关系的。果然，事变〔实〕证明当王英匪在津活动并联络失意军人等作逆谋的时候，绥北就已经发生冲突了。

现在再看看关东军对绥的三项战略，是怎样的呢？它是根据"估计伪匪军及绥晋军，若采取夹攻之游击作战式，则实力相当"，确定战略如次：

（一）中国冀察与绥晋军同时迎击之场合，则华北日驻屯军即为作战之主力，以伪军为辅，则战时中心，在冀、察、平、津为决死场。

（二）若仅有晋绥军迎战之场合，则华北驻屯军坐镇察冀，取监视宋哲元军之态度，以备匪军攻绥北、绥东，取包围之游击式作战方略，使晋绥军疲于应付，兵力散开，再集中猛攻。

（三）目前作战，以不引冀察战争为主，俟两月后形势顺利，再图发动，但今绥远之进击，仍为侦察性质，伪匪军作战，以严冬为得占时利，伪匪军之北方耐寒性取得军事供给上之优势。

这三项战略的决定，更加看出××帝国主义的谋我是无微不至的，军事上的所谓知己知彼，人家比我们自己看得特别清楚。它目前虽然决定作为一种军事的试探，然而它指出伪匪军的北方的耐寒性，大战的到来，恐怕已经是不远的事了吧！

然而反观我们自己怎末样？

我们的情形，目前正是予××帝国主义以有利的机会，冀察是正在日本所谓华北特殊化的口号之下，进行从中国领土的分裂运动。绥晋是正受着敌人的侵袭。事实上，华北的各自为政的情形，已经被敌人看得很清楚。所以它决定了这种战略。但就从这战略当中，依旧可以看出敌人始终还是怕我们团结的。

目前要想保持绥境战争的胜利，甚至还保有全国抗战的发生，当然不是一个简单的问题，而晋绥当局的态度，是特别值得注意与了解的。

我们十分钦佩傅作义将军守土的决心，同时更钦佩阎百川先生的开放民众运动，我们更相信市平君在《生活星期刊》上报告给我们的国防最前线的绥远的国防状况。深信绥远危机虽大，还有抵御这危机的方法。那就是晋绥军事首领对×抗战情绪有不同的转变。先是抗战之心犹豫不决，次是准备放弃绥远，退守雁门关，后来决定抵抗，决不屈服。

对×抗战情绪为什末有这个转变呢？

根据市平君在《生活星期刊》上的报告，先是因为全国虽加注意，而援助力量不强，次是因为大家不再注意绥远，该省当局无法守御，后是因为全国均注意绥远，无论政府人民，都与绥远精神或物质上的援助。

这种说法，当然是相信得过的。"一二八"淞沪的抗战，长城各口的抗战，这些都证明孤军抗战的危险。靠一个地方单独守土，至少在今天的实力派恐×分子，是觉得冒险的。但如果民众运动开展，中央政府除积极加以援助外，还统筹整个抗战计划，地方战的胜利是定有可能的。

在目前，在敌人进攻急迫的目前，地方的抗战实为各守土有责的官兵，首先应该负起的重任。同时，组织民众，武装民众，用一切有效的民众运动来作后盾，则胜利的前途，更有把握。据连日报载消息，绥军英勇的抗敌，使敌人屡攻不逞，实在值得夸耀他们卫国捍民的赤诚；同时，绥远同胞的积极后援，全国同胞的闻声响应，都是对于抗战前途，更能表示出莫大的帮助。所以在这里，有几件事，要特别提出来：

第一，晋绥当局，应该以最坚决的态度，抵抗到底。在这抵抗的过程中，迅速完成各种民众的后援组织。

第二，晋绥军应与华北军取得紧密的联络，采取联防问题，同时华北军应积极增援晋绥军。

第三，华北各军，均应与东北特别是热边义勇军取得联络。

第四，全国军队，应一致动员，开赴各要隘，目前，准备迅速援助绥军抗战。同时，政府应动员全国人力、物力、财力，发展各种救亡的组织，作大规模抗战的后盾。

这几点，仅就目前的情势说，而这几点，都还有许多地方没有做到。记起法国名将霞飞有句名言，积极的抵抗就是等于进攻。我们目前的情形虽然比不抵抗进了一步，但这种进步却还嫌缓慢的，因为目前的形势已经超过这种抵抗之上，必须用加速的抗战方法，才能粉碎关东军的战略计划了。

固然，从最近的形势看来，晋绥当局是在那里积极地准备防务，英勇抵抗着，但他们同时想到过去的教训，想到抗战的危险，所以他们才提出"以全国力量守绥远"的口号。

这口号当然是正确的，而且需要人们来拥护支持。首先对这口号响应的，应该是冀察，然而冀察截至今日为上〔止〕，还没有表示态度，但我们相信宋哲元将军在燕大教职员招待席上发表的决心守土的谈话，同时更证以廿九军下层将领与兵士抗战情绪的激昂，我们也可以相信冀察对绥远事件绝对不会是不关心的。两天来针对着×军的大操，多少可以看出一点反抗性来。

但是这里却有一个问题，就是冀察本身，也处于困难的境地。要打开这困难的境地，无疑的，要大量开展民众运动，准备抗战。不要再退让失去自己的一块土，特别是军事有关的地方，时时准备着战争。

这里必须要指出的，就是××帝国主义的谋我是一致的，而我们的抗×则至少在目前距一致还很远，这很远的距离，也使松室少将欢喜，同时也使中国民族的困难加大。

我们将怎样来缩短这距离呢？

这就是全国一致团结抗战的问题。

现在在南京进行的中日外交谈判，不管其结果如何，事实上只有两条路可走——不战即降。目前是敌人不管谈判搁浅不搁浅，它是在我们自己的国土上割民食，占民房，作大规模演习，并且大举进攻了，试问这一些，即使是外交谈判有利，是可以换得回来的吗？何况外交根本是处在被动的地位，根本就谈不到胜利呢？

所以今日的政府应该立即放弃容忍敌人铁蹄踏遍国土还抱可能亲善的幻想，应该马上对×抗战，用全国力量保守国防最全线的绥远。同时，应该进一步大量的开放民众运动，起码也要下令保护现在已经开展的民众运动。只有这样，政府才有可靠的后盾，才能使抗战有胜利的前途，也只有这样，才能打击××帝国主义的进攻。

这里我特别同意刘群先生在《从战略上观察绥东战争》一文里所说的，华北将领不光在国家民族利益一点上应该团结，就是在个人的军事上方便也是应该团结的。

目前的形势已经到了非团结不可的时候了。所以我们除了响应绥远当局的"以全国力量守绥远"的口号而外，我们一定要扩大抗战宣传，我们一定要使冀、察、晋、绥联成一起，增加××帝国主义在进攻上的困难。我们要绥远、冀、察及全中国的每一个地方都大量的开放民众运动，特别是希望山西军立即停止进攻红军，和他们携手抗×，因为我们一面说是在准备，一面却又是在消耗实力，这种准备是等于白费的。我们要绥远当局和热边义勇军联络，以增加敌人后方的忧虑，我们更要在各地开展救亡运动，给予绥远的守土将士精神上与物质上的援助，加强他们抗战的信心。还要用民众团结的力量，督促政府实力援助绥远，并在华北、西北各地增防，作积极抗战的准备。

目前已经到了蒋委员长所指示的最后关头了，我们决不要因为伪匪军屡次被迎头痛击来否定紧张的形势。本日报载，王英匪已由津飞回商都，还有某部武官同行；百灵庙、武川等地均到大批匪军和飞机，某方为了急图侵绥，王英等匪部均换上了新械，大战爆发在即，商都已闻炮声。×军万余、坦克车三百辆开抵商都，这已经不单独是伪匪军作战的问题了。这证明形势不惟一点没有减松，只是更加严重，到最后关头了。

在这最后的关头，我们唯一的希望就是蒋委员长实践他的诺言。但要保证这诺言的兑现，还有待于民众自身的努力的。我们更要提起晋绥当局注意检查他们的汉奸，只有在一面努力检查汉奸，一面开放民众运动坚决抗战之下，才会得到民众真正的援助，绥远当局所提出的"以全国力量守绥远"的口号才能从实际行动中得到回答。我们深信昨天在上海爆发的日商纱厂总罢工，在直接的意义上说来就是在救亡联合战线中的产业战，而间接的意义就是中国救亡的一支生力军给予××帝国主义侵绥的回答的先声。

我们最后切记，"以全国力量守绥远"不是空洞的口号，而是实际的行动。全中国不愿做亡国奴的人，都该赶快起来负起自己的一分责任，尽自己的一分义务。

一九三六，十一，十一

《时论》（半月刊）

上海时论社

1936 年 1 卷 2 期

（李红权　整理）

绥战与苏联

狄操诚　撰

对于绥战与苏联的关系，应当要克服两种的观点。一种观点是估价过高，认为日本的侵绥，是为了要包围外蒙，并进入西北，以便直驱〔趋〕新疆。最近德日同盟的消息，要给这批人一些理论上的支持。另一种理论是说，日本侵绥是完全为了侵略中国，并不是为了对付苏联。上述的两种理论，过高的估价与过低的估价，都犯着同样的错误。对于前一种估价，只要稍为体味着五年来所给与的侵略教训底人们，都会感觉到这种理论非特错误，而且是有毒的。自"九一八"以来，我们已能深深地理解到，××帝国主义的反苏联在现阶段上只是一种幌子，只是一种为了便于窃盗的"鸡鸣"，世界上所有的野心侵略国家，都在学唱着这种"鸡鸣"。德、日、意反布尔什维克底同盟，瑞典的资产阶级报纸很正确批评道：这不过是几个野心国家侵略的幌子！日德同盟对于中国的意义，较对苏联要大上数倍。不消说，××帝国主义的最可怕的敌人在远东只有苏联，然而苏联并不是日本的侵略对象。我们很难想象日本会将摆在面前的硕大无朋的肥美土地弃而不顾，而尽其所有的力量，远出寒旷的原野去与苏联一拼。绥远的侵略，从对苏的意义上讲，与其说他是预备包围外蒙而进攻苏联，毋宁说他想建立一个伪蒙的政权以与外蒙对抗，而在形势上，更建立一层日本与苏联的障壁。至于直入新疆的计划，在客观的情势上，不能说没有，然而在侵入新疆之前，还要先占领我们底西北各省，甚或还得如法泡〔炮〕制地再建立一个西部障壁的伪回政权！

对于后一种相反的理论，使人觉得太国粹一些，把问题太孤立地看了。日本进攻苏联的因素，并不是没有，而且非常凝固地存在着！不过这因素在未囊括华北和挟制华中、华南以前，是不会爆发为直接的行动的，日本在华北每一块土地的吞并，都多多少少包含有反苏联的意义存在着。察北六县的被占，张库公路是被截留了，这一方面割断了二十九军与外援可能的关系，以消灭其抗×的可能，同时亦对外蒙以东、南二面包围的情势。绥远的侵略，除其主要的企图在吞并华北并进窥西北而外，次要的意义确是在对外蒙造成三面包围的情势。日本对苏的战争，其主要的路线是在经过外蒙而入于后贝加尔湖区，以割断西伯利亚铁道，以使东部西伯利亚陷于孤立，同时另一方面则由新疆截断西土铁道，而进入乌拉尔山脉，牵制苏联西部调来的接济和援军。所以倘使上述的两条道路未安全地建立起来，日本对苏的战争是不可能的。所以侵略绥远，可以说是反苏计划的进一步实行，这与德日意三国同盟配合起来，至少可看作对苏战争预备期中的必经阶段。

由上述两种意见的综合，可以看出日本侵绥对苏联发生的意义，不大也不小。无疑的，内蒙傀儡国的建立，在中国固然觉得是切肤之痛，在苏联也要觉到唇亡齿寒，因此，在这一事件上，中苏间的关系，更有稍予论及的必要。

××帝国主义者很清楚，中国倘使要发动抗×战争，其最可能和最可怕的与国，就是苏联。正因为如此，所以日本的反苏计划会凝固不化，所以才会坚持其"中日共同防共"的要求。最近中国态度的稍趋强硬，与中苏关系的略行转好，这使得××帝国主义者极形忧虑。"中日防共协定"倘能缔结，则一方面可以消灭苏联在远东的活动，同时也就是根本消灭中国抗×的可能。然而，这个如意的计划，并没有能达到，于是攫取绥远以深入西北，作事实上的割断中苏两国的交通关系，以使中苏两国在地理上削减中苏两国共同行动的可能！

因此，死力保守绥远与中苏间建立坚强的联系，乃是中国民族生死存亡的关键。清楚地估计了对自己的影响，同时也估计一下对别人的影响，然而〔后〕才能正确把握自己的要求与别人的要求，而使这二者得一合理的配合。绥远的战争，业已非常可能成为中×战争的序幕，那末这战争对苏对中所发生的影响，都会一天一天地扩大深刻下去，若能急速地建立起一条联合友军的阵线，则目前是我们处于被包围的情势，而立刻就会变成使敌人处于被包围的情势，那末绥远伪匪敌不足驱除，我们的战线将在热河、满洲。

《世界文化》（半月刊）

上海世界文化社

1936 年 1 卷 2 期

（朱宪　整理）

侵夺绥远之阴谋

方秋苇　撰

自从绥东战争发生以来，国内一般舆论对于绥远问题的观察，有一个极大的错失，就是忽略了侵略者对于蒙古之阴谋。绥远与内蒙，无论在政治上、经济上，甚至军事上，都有不可分离的关系。再从地理形势观之，内蒙实为绥远之外户，甚而为中国西北部之屏障，国防重地。侵略者利用一贯的"以华制华"政策，嗾使伪满蒙军进攻绥东及绥北的目的，不仅欲囊括绥远全省，并欲攫取内蒙，以完成其大陆政策的"满蒙路线"。所以说，×伪军夺取绥远的开始，便是侵蚀内蒙的实现。

现在，我们且看×伪军怎样地沿着侵夺绥远的路线，而来吞蚀内蒙？

××势力的代理人——"满蒙军"，这次侵夺绥远战事的发动，是沿着两条路线而来的。一条路线是伪内蒙防共自治军政府的根据地嘉卜寺发源，从滂江进袭百灵庙，威胁绥北，以伪蒙军包悦卿、卓世海为主力。一条路线是以伪满军根据地商都，进袭陶林、兴和、平地泉（集宁）为其目标，以匪军王英、金甲三为主力，李守信、张海鹏等部助之，威胁绥东。所以说，匪伪军的最初目标，是在绥东与绥北。

依照××关东军的既定计划，假如绥东与绥北得手，整个绥远同内蒙便不攻自下，再进而控制西北，在战略上，这是极其便利的。

在这里，我想将绥东地理形势，及×伪军进攻绥东的策略，来加以分析。

所谓绥东，就是指绥东右翼四旗（镶蓝旗、正红旗、镶红旗、正黄旗）及丰镇、兴和、集宁、凉城、陶林五县而言。××帝国主义指挥为〔伪〕满蒙军进攻绥东的计略，就是要攫取平绥铁路。事情是很显然的，假如×伪军能够将绥东五县及右翼四旗取得，从北平至包头长约八七五公里的平绥铁路，必将完全被其控制。集宁、丰镇与张家口所形成之三角地带，对于占领内蒙与西北各省尤具有重大之战略意义。这样，张家口也会被×伪军取得，察、绥两省及内蒙境地，将因地理和战略的关系，完全会陷于×伪军掌握之中。

×伪军进攻绥东的意义，既有如此的严重，而绥北之进攻，又对于绥东战略上，发生着什么样的联系呢？

所谓绥北，即阴山（亦名大青山）以北，乌兰察布盟各旗地所属。阴山之后有固阳、武川两县，因阴山横亘县城，与绥东及归绥，自成天然界限。前岁内蒙要求自治，中央设蒙政会于百灵庙，就是因为百灵庙位于绥北腹心，衔接内蒙各旗，交通便利，地位重要。这次×伪军一方面进攻绥东，另一方面进攻绥北，实为"以蒙制蒙"的诡计。事情是这样的，伪蒙军占取得百灵庙，就是深入了乌兰察布盟的腹心，如果更进而袭击固阳、武川，沿阴山而下，历五原、安北、包头、萨拉齐诸县而达归绥，再与察北伪满军互相呼应，夹击绥东、晋北，那么绥远全境及乌兰察布、伊克昭两盟及土默特部，必席卷而得。

总之，×伪军进攻绥东、绥北的计略，是表示了以下的目的：

一、将绥远省全部夺取，以军事力量控制平绥铁路，截断太原经大同至北平之交通线。

二、席卷乌兰察布、伊克昭两盟及土默特部，将内蒙全盘陷于××势力控制之下。

三、进而夺取山西、陕西，控制同蒲、正太诸路，完成对中国西北部各省之包围线。

四、以绥远省为根据，侵略宁夏，越贺兰山，经阿拉善旗而至新疆，以包围外蒙，打击苏联。

五、加强对南京的威胁，使其屈服"华北特殊化"和"共同防共"的两项既成事实。

基于这个重大作用之下，伪满蒙军已开始积极的活动。虽然，这般乌合之众，不堪绥远守军及蒙古民团之一击，但站立在伪满蒙军后面的，却潜伏着重大的兵力。除非中国宁愿放弃绥远，甚至西北，否则中×两军正面战争的构成，是绝对不能避免的！

事实上，这一战争之到来，也是无可逃避的，并且这一战争发生，就是全盘战争的开始！说到这里，我想把××帝国主义对绥远问题的全盘计略完全暴露出来：

一、这次绥远的战事，背后的指挥者是××关东军，并且关东军同华北驻屯军有这样的决定：（A）如果宋哲元所统领之二十九军要参加绥远战争的话，华北驻屯军即占领平、津；（B）如果韩复渠〔榘〕同宋哲元参加中央领导之抗×战，则××海军即威胁青岛。

二、向中国政府表明，绥远问题为地方事件，绥东剿匪问题，为中国内政问题。××避免外交上之折冲。

三、如果中国政府援助绥远地方军队，则××当进占华北。

以上三点，决非我的杜撰，或个人的想像，实根据最近长春方面的情报而来。由这几点，我们可见绥远问题——决非一绥远问题，它底重要性及其发展，实有一个严重的局面出现！

事情已经是无可犹像，我们只有发动全国的抗战，才能保全绥远，保全内蒙，甚而我们的西北！

《世界文化》（半月刊）

上海世界文化社

1936 年 1 卷 2 期

（朱宪　整理）

从日德同盟说到绥远抗战

欧阳敏讷　撰

眼前，这世界，是几个战争的恶魔狂喊乱跳的污池。

东亚的××，西欧的德国，南欧的意大利，这三个侵略国头子国家，便是"打家劫舍"的帝国主义，便是战争的恶魔，便是世界大战的投弹兵，发火者。它们各自抱着一种希奇的幻想，企图分割世界，劫夺世界原料，统治世界人民，以遂其后台老板——军火大王和金融寡头的私欲，而维持其"予取予求"的统治地位，乃不惜以日、德、意三国人民的血去烫腥这地球，肉去腐臭这世界，把历史倒转一千年，重写上野蛮、暴虐、蹂躏、侵掠、残杀等等可耻的事迹，而毁坏人类的文化，阻碍人类的进步，绝灭人类的生存！

它们既然都是干抢劫勾当的强盗，则当反侵略线的巨流泛滥全世界，和平势力扩大到、深入到各国家各阶层，不论是民主主义者、社会主义者、和平主义者，或期望安宁的人们，都在设法防御强盗的掠取战争的时候，为了打击和平势力，为了便利侵掠行为，所谓"貌合神离"的同盟，"同床异梦"的合伙，自是人们所能意料的一套把戏。十月下旬，侵略者的老大哥墨索里尼的乘龙快婿，现任意大利外交部长齐亚诺拜访柏林，跟侵略者德国的头子密谈阴谋之后，听说意、德"合作"了。十一月中旬，齐诺亚〔齐亚诺〕在奥京维也纳，召集了本是对墨索里尼"唯命是从"的弱小的绵羊——奥大利及匈牙利，开了一个三国会议，虽说关于奥国内政问题，几乎又露出了意、德之间的矛盾，好在如同修补破烂的衣服一般弥缝下去，听说奥、匈也加入意、德的"合作"而"合作"了。剩下的"忠义堂上拜把"功夫，自然是将东亚的日本也拉进去，坐得一把交椅，以便计议和动手掠取土地，实行分赃。××正要加紧侵略中国，征服中国，苦于毫无声援，这一下简直是"求之不得"，"何乐不为"？何况希特勒的传声筒——德国《民族观察报》主笔卢塞堡早就说过这样的话："东亚的日本，我们得承认其在太平洋及中国的发展，与之联络，而进行共同攻取苏联。"也就是东亚侵略者要说出的"由衷之言"，即是"正中下怀"那句俗语，也不足表达××对卢塞堡允约××征服中国的主张的满意了。喧传一时的所谓日德同盟，最先由美国巴第摩《大〔太〕阳报》记者柏特森的暴露，继之伦敦方面的惊传，意大利官报的证实，无疑地已成不可否认的事实。尽管有一位叫张伯伦的所谓"远东政治专家"的记者，由日过沪的时候在《大陆报》大谈其"靠不住"的经，而替帝国主义的掠取阴谋和行为作辩护，以缓和爱好和平的人们对战争狂者厌恶与反抗的情绪，但德国本身既不否认，日本官方也只说并无"反苏"的意图，而为"反共"的"合作"，不是"昭然若揭"了吗？

实际上，所谓日德同盟的目标，至少在眼前决不是只有"反共"、"反苏"的简单的意义，而具有征服弱小民族，宰制邻近弱国的重大的内容。当然，只要稍微有世界知识的人，谁也晓得×德是东西两国〔个〕反苏的急先锋，早具欲摧毁社会主义的苏联而心甘的主意，以为借口侵略的好辞令。不过，这是×德侵略的远大目的，而近边〔时〕的要求，还是取得原料供给地，博取资本主义的其他的国家的同情，镇压国内的革命运动。

××××

德国四年来，在英国"如意算盘"的外交政策，间接地给以撑腰的便利下，照纳粹党徒的看法，是复兴了。从前要听人家的安排，现在却要安排人家了，重整军备，回收萨尔，进兵莱茵，增加兵役年限，都如愿以偿。有人说不应该，却也不过空话而已。一种了不得的气概，自然不可一世！只要希特勒喊叫一句，即无异向世界迸射战争的火花；只要希特勒动作一下，就仿佛给人类践成掠夺的血印。

这期间，以新姿态峙立世界的苏联，原来是被英、法所领导的"反苏"集团所包围，但由于诚心的和平外交打开了，法、苏订立军事防守同盟之外，素以法国主动而趋向的邻苏各国，也与苏联结成了非常的友谊关系。即在死硬派操权的英国，虽然仍不免做迷恋"反苏"的游魂的温梦，但为保持均势起见，而又怵于上次大战的残酷悲惨，殖民地解放运动的日甚一日的膨胀，如果苏联的和平政策不失败，她是不能一误再误的，老是"以肉饲虎"。观于张伯伦、丘吉尔、薛西尔等保守党要角，不但不赞成波伏蒲鲁克、罗士密尔、阿美里等的孤立的主张，更用力襄助和平势力的推展，可以想见几分。罗宾生在他的《安全论》里曾举出英国需要和平的三个理由，是颇有见地的，决非皮毛之谈。那三个理由是：（一）从战争，英国得不到什么，反而只有损失；（二）英国无论在空中或海上，都容易受攻击；（三）就算英国并不加入战争，也必承受战后市场损失、经济货币混乱的痛苦。——这，除开莫斯莱的一群法西斯蒂，恐怕是每个英国人的意见？老大的帝国主义究竟很难与意、德、日比长短了。故在扶持德国站起之后，却怕希特勒像老虎一般扑上莱茵河那边去。

希特勒眼见着苏联积极推动的和平势力，风驰一般伸张起来，自己倒成为孤立的了。为了但泽问题，在著名的亲德波兰外交部长柏克主持下的波兰外交，终于给军事独裁者里资史米格勒把波兰也拉回到法国方面去，只好向老大哥墨索里尼让步，暂时不唱德、奥合并的高调，而来演"反苏"双簧了！在希特勒想，这样做，一则可以威胁法国，恐吓中东欧各小国，一则又算向英国讨好，把世界弄得日夕不安，好乘机拆散法、苏的友谊。现在得顺利地在西班牙分得一杯羹（据我想，希特勒反苏的狂喊，实在是恐怕苏联正式援助西班牙合法的民主政府，对于意、德的分赃计划不利），将来则宰割中、南、东欧各个国家，再行实行攫取"世界的谷仓"——乌克兰，实现写在《我的奋斗》里的半夜发财的梦。

××的反苏，与德国不仅同一只鼻孔出气，而想头和看法也恰合得巧。"九一八"一夜工夫，侵占了我们的东北，就向英、法各国表示是进攻苏联的初步，这膏药卖得有力，英、法相信了，中国失去了偌大的土地。但英、法、美还以为所谓"满洲国"真的仍然会跟中国一样，"门户开放""机会均等"，哪知××一手把握，毫不放松，大家都得滚出去！不但如此，还得继续进攻关内，抓住华北，同时，又向华南着手。英国虽想与之平分中国的天下，××哪里会肯？这样一来，英国也好像"老羞成怒"了，给中国打起不平（？）来。××为了在西方要有人牵制英国及其他国家，在东方便于急激地占据华北，自必取得侵略同行者的声援和帮助。说不定"反苏"这一个资本主义大老板觉得可爱的名目，会打动英国这颗衰老的柔心？如此，××远东侵略者指挥伪匪军侵入绥北、绥东，攻取武川、陶林、集宁、兴和，也可说是"反苏"的行动了。当日德同盟传出之时，伦敦《泰晤士报》社论有曰："以坦克车和炸弹驱使李守信、王英辈侵掠绥远，这就叫做防俄。"这是一句很好的讽刺意味的话。可见人家也看到了日德同盟对于××侵略中国的加紧的作用。

×　×　×　×

把××的各种力量和苏联的一比，我们即以从报纸得来的常识，也能知道××是差得远。无论如何的嚣张，如何的挑衅，还是不敢跟苏联打起来。在××武装伪匪军，驱使伪军进攻绥远的紧急的时候，所谓"反苏"，又做一个幌子！征服华北，踏进西北的幌子！征服全中国，奴役全中国人民的恶毒的幌子！

绥远乃华北最富的一省，有人称为"中国的乌拉尔"，盛产粮食、皮毛、矿物，是一个建设工业的好地方。由此西下，可入甘、青、宁、新，西北进直向外蒙，南接山西、陕西，实为华北屏障，西北门户！××垂涎已久，早列于"欲征服中国，必先取满蒙"的侵略计划里面。盖绥远一入其手，西向囊括西北，晋、秦、甘、青、宁、新便容易掠取，北出伸入外蒙，则成包围之势，反攻黄河下游，可居"高屋建瓴"之奇。说得简截点，对苏联为一铁环，征华已操锁钥！故凡××必取之地，即为我国死守之区。

我们稍加考查××侵略绥远，进取西北，处心积虑，驱匪用兵，实不难发现如下两点重要的意义：

（一）绥远一失，西北不保，则××侵略者便能在中、苏两国边疆，毗连一万数千里之长之间，建立一座铁的墙壁，隔离两国的各种密切连系。××所最恐惧者，中、苏联合以对抗之！此不独自称"支那通"者松室孝良秘册所侃侃陈述，另一个"支那通"松冈洋右四年前就说过了："××并不怕中国，但恐俄国给以危害，尤其是中俄连合一起更甚。"（见爱塞敦、笛尔特曼同著《日本论》）——这是我们应该深切地注意的。

（二）××侵略者想以绥远及西北，为其征服全中国，并反苏战争的"理想区域"——军事根据地。爱、笛二氏说道："缓慢地而必然地，××在铸造围锁中国的铁炼〔链〕（按即指××进取西北），从此或直接地，或间接地能统制中国本部。"从此，才敢去进攻苏联了。

谁也知道，侵略者在未完全征服中国之前，并不敢轻与苏战。

所以征华亦即"反苏"的必要步骤,"反苏"必灭华,乃是××的逻辑!日德同盟,非眼前之所以对苏,实为××进攻绥远,侵夺西北,我们万不可忽视过去。须知强盗合伙,必是良家遭殃。处此"千钧一发""危如累卵"的紧急关头,我们的人民与政府应痛下决心,共国〔图〕存亡!政府必开放一切爱国言论和行动,呼召人民,澈〔激〕起人民;人民当竭诚推动政府,拥护政府,集结全国所有的防卫力量,作最大的牺牲,为全部的抗战!保守边疆,略不可忽,进而收复失地,在此一举,血尽体残,胜而后已!

人民决不容再做偷安之想,政府决不容再存忍让之心,个人利益急捐,派别观念急除,共救民族,同保国家。凡有血气,及时奋起!

奋起抗战!奋起杀贼!

用血去淹没敌人!用铁来支持国家!

(十一月二十一日)

《世界文化》(半月刊)
上海世界文化社
1936 年 1 卷 2 期
(朱宪　整理)

绥边剿匪战事的展望

戛夫　撰

自日本驻华川樾大使于九月间向我国当局提出七项要求的时候，是日本外交转变的第一阶段，是日本把内阁三省以及驻华使馆和海陆军间的一元化外交确立后，从抽象变更到具体的向中国提出了震动中外的要求，希冀中国一举承认。可是经过了张（群）、川（樾茂）三次谈判，没有得到丝毫解决的端绪，于是日本对华外交不得不转变到第二阶段，而由桑岛来华和川樾谒蒋行政院长以后，改变其策略，一面加紧其在华北威迫宋哲元接受其经济开发的提议，以求造成既成事实，一面又将具体的露骨的要求澈〔撤〕回，仍旧运用其抽象的原则，求中国政府承认。经张、川四、五、六次谈判，华北的特殊化问题和共同防共问题，仍然成为目下调整中日邦交最大的困难所在，所以日本驻京总领事兼使馆秘书须磨便匆匆返日请训，而在这时绥边蒙伪匪部便开始异动了。其后张、川七次会晤仍无结果后，绥边战事已在激烈进行，这无疑的可以肯定张、川八次谈判时，日本对华外交又要转变至另一阶段，或者中日外交方式的谈判，是要暂行停止，而俟绥边战事的演进来决定其步骤吧！

本来绥边战事的发生不过是迟早的问题，尤其当中日外交正在谈判中，是一个更不可免的事件。三年前日本势力逐渐由东三省西进的时候，察、绥蒙人王公便向中央要求自治，而德王所主持的蒙政会便是当时所产生的机关，从李守信侵占察北六县以后，"蒙人治蒙"的口号便在日人暗中策动的局势下，益发高唱入云了。这回中日谈判因中国态度强硬的结果，自然绥边战事是要提早发生了。

目下国军虽已克服百灵庙，瓦解了德王主持的蒙政会，可是察北六县没有收回，而日本的关东军及华北驻屯军都似乎在采取直接参战的方式，这明显地表白日本在机会没有成熟之先，不敢冒然地向华宣战，而仍承袭其一面外交谈判，一面武力侵扰华北，换言之就是以武力的捣乱，未〔来〕确定外交上华北特殊化的成立。

虽然绥边战事是表示中国不屈不挠的外交力量，是表示对破坏主权的侵略者的一种断然处置，然而这不过是中日战争的酝酿，中日战争的初步尝试。即算事变如何地演进，至其极度也不过是关东军之单纯助战而已。至于日本在华北驻屯军是否牵入漩涡，这在冀东伪助〔组〕织不发动的时候，是决不会有的。

《英士》（半月刊）

学生生活社长沙分社

1936 年 1 卷 2 期

（朱宪　整理）

绥边风云紧张和我们后方任务

祖鋆 撰

最先来将绥远形势及其重要性简括的介绍给诸位：

绥远的边境，是和五省交界：东与察哈尔省接壤，南与山西、陕西邻迎〔接〕，西与宁夏并界，北与外蒙古连接。目前与日伪军冲突的防线，就是绥东一带，沿大青山与察、绥边境的五百里阵地。而绥远全省最重要的军事地点就是集宁（土名平地泉），该处防御工程于今年五月间即开始工作，在傅作义主席领导的官民合作之下，种种防御设备，已至相当程度的坚固。傅主席抱着"有事不怕，无事不惹"的宗旨，在不声不响的埋头苦干。据谓：该处现有的军队及已作成防御工程，能够对付伪军、匪军、蒙军而有余，但若再加日本的正规军（源源不绝的优越军队）后，恐怕难以维持，遂有被逼败退的可虑。如果绥远失守，那么防线将由五百里展至七千里，换句话说，绥远失守，河北、察哈尔、山西、陕西、宁夏几省都受到严重威胁，造成散漫而不整个的防线，给敌方局部击灭的好机会。上述几省倘被动摇，中华民国指日可亡，所以我们决不能忽视这国防最前线，必须以全国力量守绥远。

回朔〔溯〕"一二八"之役，只限于淞沪一隅而引起全国民众奔走愤激，有财者不惜毁其家，有力者不惜捐其身，民气所致，终使敌人不得逞而罢。而此次匪、伪、日，相联侵绥，其严重性更十百倍于"一二八"，希望淞沪战役时之民气能加倍的复振于今日。

　　绥远将士，在冰天雪地中为国守土，以他们的头颅为我民族图存，将他们的热血洗我奇耻大辱，我们对这班不为个人地盘而为国家、人民的壮士，除在数千里外致万分敬意外，应当源源地给予精神及物质上的慰劳。居高堂大厦者，当念及前方将士之雪沟冰垒；享美味旨酒者，当念及前方将士之粗食不饱；处花香粉腻者，当念及前方将士之血肉搏战。愿各同学省一份虚靡奢侈之耗，输而作卫国卫民之需，以前种种爱国运动，惟为我辈学生最力，而现届此生死存亡之关头，能不有所表示乎！各地各界已纷纷捐款，慰劳前线将士。望我同学，在未行此举之地，为之倡导，已行此举之处，努力宣传，以冀收集掖〔腋〕〈成〉裘之效，作励策战士之用。不论捐款多少，运输前方，以表我后方人民对作战之兵士敬爱，而对卫国之将领拥护。

　　在这将趋于对外作战的时候，我们人民应当不分党派，不划阶级，只知至死底拥护抗敌的将领，从前误认为不抵抗的张学良将军，现在他抵抗了，他要打回他的老家去，未尝忘却失去的东北四省。张将军最近在西安的演说（见封面插图）①："东北军队，一定要站在国防上的最前线，历史告诉我们，收复失地，是我们最大的使命"，"假使吾个人的志气动摇了，枪是在你们手里，你们随时可以用来杀我"，"不要受惑于机械论的准备主义，吾们要集合全国军队，用长时间的游击战术来对付这个战争，吾们不是对地理都十分熟悉吗？"沉痛的演词，表出了他抗日的情绪。什么时候政府下令抗日，他愿立刻赴前线效死疆场，张将军现在已下了决心了。我们还记得去年十二月九日发创的学生救亡运动，东北学生，在军警的水龙、警棍袭击之下，有四十多个学生被捕，

---

　　①　图略。——整理者注

当局加以"共党"名义而监禁之后，是由张副司令个人的担保，把他们释放的。以上是张副司令的态度，我们可以看见了。这里我所以要标扬他，因为现在他变成了唯一的同情于学生的领袖。又有阎锡山将军倾其八十七万私产而作毁家纾难之壮举，这又是一个有力者的爱国榜样。其余四万万五千万男女同胞除少数利令智昏的汉奸外，都是热血同志！都等待着发挥我们民族的力量！由此敢问当局为何有可用之士气而不用，有可战之实力而不战？更不知数年间准备何为？数十万军队何用？政府的借口无非是"积极准备和保持实力"。唉！"不作为的实力"，保持着有什么用处呢？难道保全少数人的地位吗？但是请认清，只要谁能够领导着人民抵御外侮，谁即能得到更多数民众的拥护的；否则恐怕人心所激，后患方长也。

诸位同学！我们必须以全国力量守绥远，但事实未能允许我们全国人民完全站在火线上，我们只有负起后方的任务，是一方面劝导民众与自己，以物质努力地向前线资助，一面督促政府立刻以主力军开赴前方，要求使用以人民汗血金钱捐给政府的飞机来援助现有的边防军。非但急须抵抗，并且乘此可以全力进攻，迅速的解决这班有背景的"匪伪"，战事不让他延常〔长〕而陷西班牙战争的覆辙。须知成败荣辱在此一举，务希各自组织集款的团体向家属、亲戚和同学们募捐、宣传。虽然不能学绝食、毁家等壮举，但至少就各人经济情况为立场，来做我们能做的，干我们应干的，须知数十年来和以后的耻辱之增减完全在此一战，更视我们后方的努力为转移也。同学们！加紧我们责任上的工作。

《育友》(半月刊)

上海育才同学会

1936 年 1 卷 2 期

(朱宪 整理)

日苏备战紧急中与我华北和西蒙的前途

向夫　撰

一、引言

我们回忆东省被占，已是有五个年头了，在这时期当中，日本对东省的努力经营，倒也算是很急进。不过，这是依然照田中义一的奏折的第一步计划（占领满蒙）得到相当成功，继续下去，当然还有第二步（占领中国全部）、第三步（侵略全世界）的计划。在这一九三六年头，便是要实行第二步的起始程序了。

但是，我们一掀开世界地图，便看出东省的北部联接着是新兴的国家——苏联，她在一九三二年，完成了第一次五年计划之后，现在正在积极地继续第二次五年计划的工作，要是日本想接续地进行第二步计划，当然不得不顾虑到这一条大熊来操她的后路，这是日本极不安心的一件事，也是必然要先翻身向北去驱逐它跑到乌拉尔山西部去的急切计划。然而这件事，倒很不容易说，因为一方面这新兴的苏联，现在已是有了常备军一百二十万人，飞机四千架，坦克车一千辆以上的强厚兵力，一旦交战起来，日本未必会操胜算；还有可怕的，是在这几年来，被逐出不能再在东省染指的英、美，会来怂恿中国，发动讨回失地战争的可能。在这样的情势下，真是使日本感到不安的困难。

是的，华北和西蒙是和日本占领地——东省——的南部和西部□毗邻着，那在军事上、经济上，是日本对外作战的命脉，如果把这连〔些〕地夺取过去，不但她第二步工作很容易得到成功，就是第三步计划也可没有问题了，为了这原故，日本最近正是急切在进行着。

二、苏联的准备和日本的挑战

自从一九二九中苏一役之后，苏联眼看日本急激地进行侵略东省，即很着急地对远东区从事布置，到了"九一八"以后，更加努力地建设。她最注意的，要算是建设海滨省，和造成贝加尔湖区作为军事中心，在苏联革命后，海参威〔崴〕和伯力，都是同冷落到不像样，可是现在就大大的不同了，军事设备方面，有在□埠港口峙立着的俄罗斯岛的建筑，东海滨潜艇、水雷、兵舰的暗中增加，西伯利亚铁道，更加铺起长约一千三百七十五哩的双轨，此外又在伯力建筑一铁道至库苏□□斯克城，和费了十八个月的工夫，开辟伯力至海参威〔崴〕共二十支线的九百公里的公路；在军需工业上的建设，有伯力的大规模的炼油、炼钢、炼盐和制糖、修理汽车的大工厂，据统计在一九三四的一年，伯力的工业和铁路的建筑费，要花去十八万之卢布；贝加尔湖区方面的建设，有在色伦格河和昂格拉河的三千万匹马力的电流使用上建筑大规模的水电厂，和利用囚徒充当工人，连正当工人十万多名，在最近铺筑中的贝加尔阿穆尔铁路，此外又在西伯利亚铁道的乌丁斯克站，筑汽车路直到库伦，更在同一路线，加辟一航空线，还有沿外蒙西边的土尔克四布铁路；对外蒙又有种种的物质建设，和统制外蒙经济，调练蒙兵。无疑的，以上各种的设备，是在防预日本向海参威〔崴〕的包围，和去进攻她贝加尔湖以南，来截断通远东和外蒙的路线，在日本看来，却不啻是直对心腹的一柄利刃。所以自一九三二年到现在双方冲突的次数，〔却〕不下二百五十多次。在这种冲突，当然是日本向苏联挑战，实在也是试探苏联的备战态度。她俩冲突的地点，东部是在兴凯湖到图们江一带，西部便在哈尔哈庙和金厂沟两地。这些的争夺，日本当然是想在东部袭取她垂涎三尺所需要的有矿产、荒地、水产的海参威〔崴〕，在西部夺取贝加尔湖区，来断绝乌丁斯克通库伦和通远东区的西伯利亚铁路。因此，自始日本即以海拉尔作攻击苏联的军事中心。在政治方面，日本便利用排赤的宣传，和一月六日的日德同盟，来牵制苏联。此外，还用佛教来号召外蒙，想把外蒙脱离共党，更利用白俄，给他军火，来做战争的前导。苏联却因在欧洲给舆论不容的打击，和强邻的德国的虎视，在向日的宣传战，比较不敢露骨，但在从去年五月和赖伐尔缔结，而至今年二月始由法国国会批准的《法苏互助公约》后，更兼三月七日，德国占领莱茵区，和英、意的火并，也就不客气的起来反唇相稽，如史太林对美记者郝迟德的谈话，和三月十二日发表苏蒙的协定。而且，还以廿万兵，四百架的飞机，来做后盾。这样看来，当然一天的紧急一天，但是，两方还各在待机而发，在这样的情势下，日本便对华北和西蒙的布置，更加急进了。

三、华北、西蒙的重要和日本的野心

以上说过的，日本现要向外发展，必须依华北和西蒙做她的命脉，因为在经济上和军事上太重要了。华北五省，除山东半岛和河北省东北部的长城边缘附近，且近〔是丘〕陵地带以外，那通是平原和高原，地平上又肥沃，农产特别丰盛，产额是要占全国四分之一。又有矿产，如煤、铁，煤的储量达二四八，二八七兆吨，占全国百分之五十四，尤其百分之五十一全集中在山西，煤产也有三三兆吨，占全国百分之四十三，铁的储量有一，零零零兆吨，占全国百分之十四。此外更有盐产，量占全国三分之一，其他还有森林、渔业、生畜等产品，这样真使日本垂涎三尺。

所以日本在占东省后，就不断地向关内和西部推进。在华北方面，自廿一年起，就逐渐进行着，最初，是利用土匪在天津捣乱（这是她特长的惯技，先前利用凌印清在东省扰乱，得到相当的成功），后来，又要挟段芝泉起来组织华北国，在那年冬，段氏因南下，她计就不得逞。因此，又使她老羞成怒，在二十二年的一月，借故由榆关南下袭击，五月就成立了城下之盟的《塘沽协定》，此后，更不断的有军事代表飞到山西去。去年又利用白坚武在丰台作乱，又是不得逞，这样样更是使她着急，后来强迫在所谓战区的河北二十二县，组织傀儡"冀东防共自治委员会"，继续更威胁组织今年成立冀察政务委员会。经这样一翻确立了傀儡势力，便又大刀阔斧向经济侵略推展，投资统制方面，有扩充井陉煤矿厂，开发龙烟铁矿，扩大冀省棉植，破坏方面，封留平、津白银，纵容浪人走私，冀夺取海关权，利用汉奸批购大连红盐，迫盐运署认销，使官盐破产，谋取代我国盐政。在这样种种统制和破坏将到成功，又要来实力的维护，就是要图取伦〔沧〕石铁路权，和迫"防共协定"，最近又要在天津一带增兵，数目合原有的驻兵，据说是一万多人之谓。在西蒙方面，常常有日军事代表飞到滂江，向德王要求在滂江附近开辟机场，和设关东军务机关和无线电台，更进一步，迫德王独立，组织"蒙古大源国"，但因德王不肯受利用，又驱使李逆守信占领察东六县，同时，将军队易号，改为"蒙古保安队"，这些用意，路人皆知。今年更利用内蒙雪灾，拨款廿多万元，以做赈灾为名，实际便是运动。在百变〔般〕苦心，用威胁利诱的毒辣手段，受〔于〕是侵略到成熟的时期，一旦战事爆发，即可利用海军占青岛，或更连上海，在这样和库页岛沿日本到中国海岸，成一大弧形，把日本海当做内海，于是由华北和满州〔洲〕运输到三岛，毫不会被切断的危险；港〔陆〕战方面，南可威胁洛阳，西部更可包围晋、绥，控制我西北部，这样来应付苏联也算裕如，这就是日本的迷梦。

四、华北、西蒙的危机和今后政府应有的努力

华北和西蒙，既是这样的危险，而我国又因兵器窳劣，不敢和他一战，但是，又似未见有什么整个的计划，或作舍椓留船的决断，一任日本的恣掠。最感危险而咬牙切齿的，是汉奸的活动。我们在一月日本众院议员中野正刚等一行，来华视察后的中国报告谈座席上的一席谈话，可以看出。

〈中〉野正刚答室伏：

> 平、津一带，旧北洋系军阀、官僚的失业，有多数存在着，他们不像日本的失业政治家情形一样，他们还相当活动，还在财界具势力。当我们到那里视察时，他们很多来和我们谈话，说了种种好意的话，而况……若有伟大的人物前往，那么他们来访必更众多了。

这样潜伏的危机，要是不会好好的措置，还忍再想下去吗？

对蒙的政策呢？更是忽视，如从前蒙古的青学，屡想要参政权，冀在党国担任一部分工作，政府竟不以五族共和的看待和扶植，致引起此辈怀种族分别的刺戟。又自民国十七年起，热、察、绥、宁夏相继建省，以后主省政的，大都汲汲经营一省的饷源，对本来劝导蒙民垦荒的政策，变为强行开垦，如今年宁夏省和阿拉善旗的冲突，在这种情形之下，当然会引起一种自救的反感，德王就是其中地位较高和较有知识的青年领袖。他是极力主张蒙

古独立的一个，前年四月二十三日，在百灵庙宣告成立的蒙政会，也是他主动的。但是，虽说弄到这步田地，却有尽力修拾，或可挽回的，德王是个聪明的蒙古领袖，他知道被日本利用，是会被吞下去的，所以始终风传他独立，都未实现，如果今后给蒙人以便利，使其内部团结一致，日本虽要用武力威胁，也许怕已亡的东蒙三大盟，发生反感。要是利用得法，至少也可保我国西北一部的安全，这是我们老百姓极希望政府的。

《广闻半月刊》

国立广东法科学院新闻学研究会

1936 年 1 卷 3 期

（李红权　整理）

伪军西侵绥东边境

钱华　撰

几日前宋子文氏对于中日问题，曾在本报发表了一篇谈话，他说："最近华北在如此紧张压迫之下，予我国人以不能忍受，不堪忍受的痛苦……在两国关系未入正常轨道之际，亲善二字，余觉颇费解释。"在宋氏今日所处的地位，当然不容许他直率发言，但是这绕湾子的论调，足够我们去寻味了。冀察政委会的成立，一般人以为华北又可苟安一时，然而事实上察东、冀东等枝节事项，层出不穷，外交上疲于奔命，不胜其接洽谈判之烦，华北安定，在于何处？

察北沽源等六县既告失陷，而伪军李守信部已从商都继续向蒙绥边境推进，据十二日北平电："伪军李守信部进占商都后，有由察北转赴绥东四盟模样，李部少数伪军刻已由商都开始移动，绥东晋绥军已加戒备。"可知抱着蚕食主义的侵略国，其得寸进尺的一贯政策，是始终不变的，晋绥军的加紧戒备，是否仍以揖让为先为主旨，还是个疑问？

同时在"亲善之邦"的二重外交政策下，我们又听到新的口号："地方解决，局部和平"，换一句话说，那就是"造成既定的事实，实行讨价还价的交涉"。华北的苟安既绝不可能，领土完整亦在地方解决下等于将领土逐渐奉送。伪军西侵到什么地点为止，是要看看我们"亲善之邦"的领土扩张欲到如何程度就能满足。

然而四年来的教训，我们知道，我们"亲爱之邦"的目的，是不将整个的中国拿去，是不会停止她的侵略的。那末亲善乎？提携乎？调整乎？试问在什么基础上去亲善？去提携？去调整？

《申报每周增刊》

上海申报周刊社

1936 年 1 卷 3 期

（朱宪　整理）

关于绥远抗战

胡中道　撰

编者先生：

　　我从最近出版各种杂志上看到《上海杂志界发起全国读者以一日供献绥军抗战启事》，我除掉已经将一天的食用节省下来捐给我们的前线上英勇的士兵而外，现在我还想将我对于绥远抗战的感想写出。一方面和同胞们讨论讨论，一方面将稿费全部捐给前线抗敌将士，因为贵杂志的出版时期较之其他杂志要迟五天，想来稿子寄上该可以发表吧。

　　编者先生，我说话很零乱，但是总比不说为好，我现在分成一条一条的讲。

　　第一，关于捐款的事。单是上海一地，已经捐去很大的款项，这证明上海民众爱国的热忱和抗敌的决心。如果调查一下捐款人的成分，可说什么人都有，有许多款子是由很少数目集起的，这证明即使很贫困的人也热心捐款。特别值得注意的是舞女们过着很不合理的生活，也热心捐款救国，这是值得钦佩的。不过关于捐款，我有两个建议：第一，就是我们不仅限于捐钱，我们同时也欢迎人家捐衣服、捐药品、捐用具等，这样使募捐的范围更加扩大，而且非常之实际。第二，我建议在上海成立代替绥远将士购买必需品的委员会，由这个委员会负责替他们买好东西送去。因为我们晓得，钱寄了去，也是为买东西，不如在上海这个样样都有的商场买好送去，不是更方便吗？如果那边是个商业发达的地方，那末是寄钱去方便，可是那边是很荒凉的地方啊。

第二，是关于救济绥远居民的事。敌人用飞机、大炮向绥远各处轰炸，使得民房多数变成灰烬，难民流离失所，这种惨状是不难想象的。所以我们应该设法救济他们，在平静的地方设立战区难民救济所。我们知道，只有武装抗战，才能彻底使中国人民从民族敌人的羁绊下解脱出来，因此，血的搏斗、牺牲是不可避免的，是义不容辞的。但是对于妇女、小孩无力作战的人们，我们应该以尽力在前线抗敌的精神，同样重视保护妇女与儿童。而这一任务，必须我们后方政府和民众负担起来。

第三，是关于蒙、汉民族情感的事。这次敌人唆使一部分满蒙人来进犯绥远，后来德王在敌人压迫下也变成了傀儡，因此，我军为保卫领土和主权完整，不得不将所谓满蒙军击败并驱逐德王。但这决不会伤害蒙、汉民族间的情感，只有促使两民族更加联合的紧密，以图共同防御日本帝国主义的侵略。我们不是看到，当我军克复百灵庙时，云王立即派代表来见我军事当局，并说明此次一部分人的不法行动，与彼全无关系，并且他还说，他是十分服从中央的吗？我们要向中华民族与蒙古民族着重指出，只有帝国主义者才拼命挑拨民族间的仇恨，这样可以以敌攻敌的方法，来统治两者。我们蒙、汉民族间决没有冲突的地方，我们必须密切联合共同反对日本帝国主义，以谋两个民族的发展。因为在绥远民族问题的认识不清是对于抗战是有很大影响的，所以我特别提出来。

第四，是关于中央各实力派和民众团结抗敌的问题。绥远的抗战，现在只能说是将来大规模抗战的开端。敌人为了侵占整个华北，还计划关东军、华北驻屯军以及匪军如何合力进攻，我们中国要收复所有失地，也必须至少先将军事力量团结起来。报载中央军队已开赴前方，这是我们非常之高兴的。我们更希望宋明轩将军从早决定确实援助绥远，不要坐看绥远孤军作战。如果宋明轩将军将察哈尔境内敌人势力肃清，则中国的防线可以缩短很多（参看地图）。反之，类似最近一方面绥远前方正在节节前进，而另一方面敌人却由察哈尔、张北一带潜入，将平绥铁路炸毁的事是无法消除的，这对于绥远战争非常不利，当然也就是侵犯察土的事件。听说刘汝明先生已决心驱逐敌人势力到察哈尔以外去，宋明轩先生的决定，在全国民众的翘望中，为期也不会远了吧。再则就是和民众团结的问题。我们贤明的政府当然会知道，而且已经知道将来收复失地的战争，是一个长期艰苦的战争，那末，我们想政府也必然会知道，在这战争中不单要有纪律的军队，有好的军事装备，而且最重要的还要有民众的组织。那末为什么我们敬爱的贤明的救亡领袖忽遭逮捕呢？这是因为民族敌人对于我们救亡领袖的造谣，在中国当局面前挑拨离间所致。我们可恨的民族的敌人，在他们的报纸上不断的对于救国组织和领袖们造谣，这是谁都知道的事了。这次他们看到这几位救国领袖和中国当局团结的工作有了很大进步，他们恐惧起来，用毒辣的手段陷害我们的救国领袖。我们相信，政府如果真正要发动抗战，一定是会爱护民众和救亡组织的，所以现在政府必定在慎密的考虑中，同时我们相信，我们这几位领袖一向是非常坦白、诚恳和热忱的，他们的一切主张，非常之光明正大，也决非敌人造谣中伤所能掩盖得掉的。这几位救国领袖虽然现在身体不得自由，因而不能指导我们进行救亡工作，这是我们全国非常大的损失，但是，他们的救亡联合阵线的主张，仍为我们千千万万爱国同胞所遵守所努力，上下一致团结的日子一定会到来，我们救亡领袖即将获得自由，中华民族解放万岁！

　　　　　　　　　　　　　　　　　　读者胡中道敬上　　　卅日

胡先生短短的信，对于目前几个迫切的问题却有很中肯的意见，值得我们参考。——编者

《时论》（半月刊）

上海时论社

1936 年 1 卷 3 期

（丁冉　整理）

对绥远抗战的再认识

柳乃夫　撰

自日本帝国主义，唆使伪匪军进攻绥边以来，不仅我当地守土有责的将士，责无旁贷的奋起抵抗，而且全国的同胞，都非常沉痛、热烈地起来援助了，就在日本帝国主义的内部，也发生各种冲突的意见，甚至与远东有密切关系的许多国家，都抱着忧虑对这扰乱远东和平的祸首，毫不客气地予以严厉的批评了。

这些事实，给予我们的教训是何等深刻，给予我们的认识是何等清楚。就全国的舆论说，可谓一洗过去忍痛不言的耻辱，无论在报章上、杂志上，都大声疾呼地要求"以全国力量守绥远"，而且有人提议应该"全面地研究绥远抗战"了。的确，要能有效的保护绥远，以至保卫整个中华民国领土主权的完整，我们对于绥远的抗战，不作全面地研究，实在不能达到最后胜利的目的，而要能全面的去研究绥远抗战，首先又非对绥远抗战再予以正确的认识不可。

第一，从根本上说，绥远抗战之所以能激发全国同胞的热情，使全国都能在"一致对外"的目的下跳起来、吼起来、干起来，傅作义将军率领士兵同胞，对敌人报以"以牙还牙"和"以血还血"的英勇抗战，一洗五年来含垢忍辱的不抵抗主义的奇耻，自然是最大的原因，然而全国同胞自国难以来不惜日夜要求，朝夕呼号的"精诚团结"，主张"停止一切内战，一致抗日"，以挽救中华民族危亡的赤诚苦心，到今天才获得若干的实现，实在是我们一点也不能忽视的事实。正是靠着这一伟大的神圣的全国同胞至高的信念，才促成此次绥远将士表示抵抗到底，举国同胞，不惜节衣缩食，愿为后援的决心与行动。从这个事实，纠正了过去所谓造成中日问题严重性，而将责任完全委于日方的片面的曲论，更粉碎了"攘外必先安内"这种自杀的政策。事实最雄辩，自绥远抗战以来，全国同胞的踊跃输将，诚恳地仰望政府出兵援绥，坚决地誓愿在政府决心抗日、动员全国的领导下，与敌人作殊死战，不是已经证明了这一点吗？而当蒋委员长五十寿辰，全国民众在"购机祝寿"，以示捍卫国土的热情，蒋委员长以所购飞机转赠政府，以作抗敌之用的表示下，不是更充分的证明了这一点吗？所以绥远抗战能够使举国若狂，急起援助，实在不是偶然的。

　　第二，再就国际的关系说，绥远抗战之所以能引起世界各国的注意，不在于它们这时才了解日本帝国主义是着着进攻中国，而在于他们看到中国全国同胞，已有了翻身的觉悟，英、美维持中国领土主权完整，尊重《九国公约》的主张，决不是中国一味屈辱的退让政策所能发生效力的；苏联赞同弱小民族的独立解放运动，也决不是中国自甘被人侵略压迫所能获得援助的。然而这次的绥远抗战，却正以事实证明理论，证明中华民族的唯一生路，中华民国的自主独立，只有在抗战中才能获得，才能如孙中山先生所说的"永远生存于世界之上"；证明中国的国际地位，只有在抵抗日本帝国主义的侵略和进攻中才能提高，才能博得主张正义的"友邦"的同情的声援，才能使外交不陷于孤立状态，才能达到孙中山先生所说的"国际地位的平等"。

　　第三，绥远抗战的意义与价值，不仅表现在上述两点上，而且还证明了"唯武器论"与"准备不够论"的错误。自绥军抗战以来，迭据报上的消息，可以说是"捷报频传"。日本帝国主义尽管以军火、飞机助匪作战，尽管以大队人马增援，但是我军不仅阵地未被击破，反而将一向为日本帝国主义利用作进攻我华北、西北大本营的百灵庙，在抗战中夺取回来了。这难道还不足证明"唯武器论"是错误的吗？而在绥远抗战尚未发生之前，正是中日外交谈判争执华北五省独立问题，日本帝国主义要求"华北特殊化"，嗾使伪匪军进攻绥边以作要挟的时候，假使依然照过去"顾全大体"，敌来我退的对策，而不予以迎头痛击，谁还敢担保华北的局面，不直接置于日本帝国中〔主〕义铁蹄蹂躏之下，从而再向着西北诸省和华中进攻呢（详见本期《对于绥远抗战前途的一估计》）？这难道又不是证明"准备不够论"的危险吗？然而这些错误与危险的思想与理论，都被这次绥远抗战的事实击成粉碎了。

第四，不仅如此，绥远抗战，不仅使我们内部更加紧了团结，华北高级将领如宋哲元将军与阎锡山主席是一再的表示"与国土共存亡"，华北的长官、士兵以至全中国的将士，谁不愿意为国效忠，血战疆场？全国同胞，谁不愿各尽最低责任，集中全国的人力、财力联合成一条抗日的阵线，而且使敌人内部，也起了严重的分化。第一，我们根据最近报纸上的消息，已经知道日本帝国主义的内部，正酝酿着严重的政潮，日本财阀对军阀的过重负担，一再申言无力胜任，因此，对于侵略中国的步骤，在缓急上，各有着不同的争执意见，同时日本军阀企图造成法西政权以消灭政党政治，因而又激起日本政党的反对，假如我们能以抗战给日本帝国主义以极大的打击，不仅会愈加促成日本统治阶级内部的分化，更能激起日本大众一向反对侵华的革命斗争。第二，我们又从近日报上的消息，看到在日本帝国主义卵翼下的傀儡政府的内部的分化，例如冀东伪警在昌黎的哗变，已将日人二名掳去，赵雷、李海天同作反殷行动（《华美晚报》路透社十一月二十二日天津电）。又有伪军李守信之一部，已在嘉卜寺反正，李氏本人亦决归诚，而王英所统之蒙古杂军，已先在距商都北约二十哩之某地，归降华军等等传说（见三十日《华美晚报》），这些都是很有意义的报道，而这些报导，却又恰巧在我绥军抗战的时期中传出来，足证中国的抗战，无论在主观上和客观上，都是具着有利的条件和占着有利的地位的。

××××

然而我们对于这些教训的认识，是不是就认为够了呢？无疑是不够的。目前最大的缺点，还流行着一种可怕的见解，就是把绥远抗战，仍然当作局部的问题看待，仍然当作地方的问题处理，许多人还仅把视线只集中在"绥远"，而没有把绥远抗战的意义，当作整个中国问题，当作整个中日问题来求解决。也许有人还希望在绥远抗战的一些胜利中，可以打击日本帝国主义，可以借此在外交上获得若干便宜，以便和日本帝国主义讲条件，从而可以把中日问题的范围缩小。所以一直到今天还有负责的人，怕得罪日本帝国主义，怕正面揭穿日本帝国主义进攻绥远和灭亡中国的阴谋，而对于绥远抗战，只说是伪匪入寇，不把这一与中国有生死关系的关键把握住，立即发动全国大规模的抗日战争。这种足以自误的观念，如果不迅速克服过来，则将来的中日问题，更不知伊于胡底，至少过去局部抗战的经验，卒因孤军而失败的覆辙，恐终难免重要蹈的。

事实明白昭示我们，伪匪军侵绥的背后，有着狰狞可怕的日本帝国主义在牵线，这在日本驻沪武官喜多少将的谈话中，早已公开承认助匪（见十一月廿四日《华美晚报》），而自绥远事件爆发以来，日军向察、绥的移调，以大批军械供给伪匪军，甚至运到化学战品，已够证明，同时华北日驻屯军与关东军紧急军事会议的忙碌，关东军对侵绥的战略计划（详见本刊第二期《以全国力量守绥远》一文），并据快讯社长春三十日电：关东军部与华北日驻屯军，对绥远事件确已趋于一致。闻驻满之日军第一、四、七等师团业已奉令开拔，预料目的地不外察北及绥东一带（《华美晚报》）。这还有什么可说，日本帝国主义的进攻是多么清楚的事情啊！

绥远事件，既证明日本帝国主义，正在采取全面的进攻，那么我们对于绥远抗战，还能认为局部的或地方的遭遇战吗？我们实在不能再作半点犹豫，应该急速以全国的抗战，来抵抗这全面的进攻，而且只有以全国的抗战，才能保证绥远抗战有胜利的前途了。在这里，我们不是只以为"集中一切力量守绥远"就认为做的很够，而是要在"守绥远"之外，应该动员全国的抗战，从中国的各个角落里，发动抗日战争，驱逐日本帝国主义的势力，以牵制它"集中力量攻绥远"的策略。所以在这里，我们更要椎心泣血，要求贤明的政府当局，立刻根据日本帝国主义嗾使并援助伪匪军侵绥的事实，首先向日本提出严重的抗议；接着就该对日正式宣战，调遣军队配置在各要隘的地方，号召全国同胞，迅速在军事行动计划之下组织起来，武装起来。只有这样，才能分散敌人的军事力量，才能使日本帝国主义走头〔投〕无路，才能使绥军乃至将来站在前线的华北各军，获得胜利。

从军事上观察，基本的布置应该这样。同时，我们固然不能否认中国的武器不能和日本帝国主义的武器比，但是根据许多教训，如阿比西尼亚对意抗战的教训，半殖民地国家的游击战术，是能给强敌以致命的创伤的。前面所说全国一致动员对敌作战，就是使游击战术得了实际运用，何况，我们除了军事的抗战外，还可运用种种经济上的抗战方法，比方日本帝国主义倚靠吸收中国利益的在华的许多工厂，一旦在罢工的形势下，就能使得这以纺织业为生命的资本主义国家，受到致命的打击；而许多原料，特别是供军用化学的制造品，如盐之类，能够断绝它的供给；又如在战争时期中，在贸易上给予它的损失等等，无一不是帮助中国抗战的有利条件；而这些条件，在中国运用起来是非常容易，是千百倍能够补助军事上的不足的。事实很显明：最近上海、青岛日商纱厂的罢工，正表现出两个要点，第一是在罢工一开始，华商纱厂的出品，不仅销路增加，而且价格上涨，这对于中国的民族工业，不是千真万确的指示出一种发展的前途吗？第二，这次上海罢工的解决，是日厂资方，答应了工人要求条件的一部分，这是从来也没有过的"顺利"。而这次罢工事件，要不是发生在绥远抗战的形势中，决不会这样容易得到解决的。然而这胜利也太凄惨了，工人的损失和牺牲也太大了，不过给予我们的认识，给予我们对于将来全国抗战时的帮助，这一支生力军实在是不可放弃的。中国抗战前途胜利的条件实在多得很，问题不在能不能抗，而是要看有没有抗的"决心"，和善不善于"利用"各种有效的条件吧〔罢〕了！

假如我们硬要说"准备不够"，这也是事实。然而这里所谓"准备不够"决不是守着"十年生聚，十年教训"这几千的〔年〕前的"准备"信条，目前"准备不够"的地方，是至今没有全国总动员的计划，换句话说，是全国规模作战的"准备不够"。全国人民的要求，特别是最近以来，谁不坦白赤诚的把信仰寄托给我们的中央政府，谁不愿望全国各党各派，赶紧放弃一切成见，迅速实现一致抗×的统一战线，而从事救国爱国运动的各种团体，又哪一次不是竭力揭穿敌人阴险的奸谋，建议于中央政府，期望在抗敌的号召之下，把全国统一起来。然而不幸得很，在绥远抗战的时期中，救国会的七位领袖反而被捕了。硬要说"准备不够"，这才是准备不够的地方啊！

在目前，敌人的进攻是全面的，国人的要求抗战是全国的。绥远的抗战，只不过是抗战的开始。不要在全国精诚团结的唯一机会中，再中敌人破坏统一的奸计。这个时候，一切错误的理论应该清算清楚了；一切错误的处置，应该赶快的纠正了。趁此绥远抗战获得胜利的教训，发展为全中国的抗战，以求达到中华民族解放的目的，这是每个有良心的中国人都应该做到的责任，如果放弃了这千载一时的机会，或者有人再破坏全民的抗敌战争，那么，日本帝国主义并吞中国的大陆政策，一定会更容易的实现。目前，日德同盟、意大利承认伪满，这些勾当，正是证明东西方的侵略主义者，企图以大规模的侵略计划，来"打破现状"，而首先受到牺牲的不是苏联，而是那些最好能够作为进攻苏联的许多弱小国家。在东方，无疑的是中国首当其毒，所以中国如不以抗战来自救，其责任不在"日方"，而在于"自己"了。其责任不在于中国国民，而在于破坏或不执行全国抗战的负责者了。到那时，中国统一的问题，是会变成日本帝国主义统一中国的问题了。这是唯一抗战的时机了，错过这时机，谁都要做亡国奴了。我们对绥远抗战还能马虎地不再认识得更透彻一点吗？

《时论》（半月刊）

上海时论社

1936 年 1 卷 3 期

（刘哲　整理）

对于绥远战事严重性之一估计

万巨渊　撰

本月二十日，在报上我们读到一篇对绥远战事发表的重要意见，其中有一节如下：

> 吾人要知一个独立国家，其国家之主权，无论对内对外，必须有充分自由之行使，简言之，即对内必使其主权为绝对，对外必使其主权为独立……中国现已完成统一，政令普及全国，仅西北极小部分匪区内之同胞，尚未脱离水深火热之苦境。此种匪徒，其组织，其号召，其背境，已为国人所深刻认识，其为破坏国家统一与妨害民族生存，殆无疑义。而伪匪军又复内侵，其存心何在，背景何在，亦属有目共睹，而其为侵犯国家主权与危害政府威信，更无稍异。故不论其所居之名为匪为奸，为盗为寇，其为害同，其为吾人之敌亦同，站在国家与政府之立场，对此决不容稍事姑息，誓必尽力剿灭，盖已为今日之国是。

我所以不怕烦地将这段话全部引出来，其目的只是想平心静气地对这种意见讨论一下，将"内侵"绥远的伪匪军与西北的"匪"等量齐观，以及将伪匪军对绥远的侵略强调为一种"内侵"，到底是否妥当，作这样的观察对于民族前途又会发生何种影响。

第一，西北的"匪"从它过去和现在的"号召"以及行动看来，确与中央当局不同，这是无用多说的，不过直到现在为止，我们唯一的民族敌人××帝国主义总是把它当作死敌看待，××帝国主义所以要一次两次乃至七次地要求我们签订防共协定，做来做去就是怕它突出绥、晋来抗×。对于这是〔点〕，××帝国主义的御用言论机关是一再警告的，所以我们实在没有替它掩饰的必要，而且也无可能。然而"内侵"的伪匪军，××帝国主义会不会防之如敌呢？伪匪军对××帝国主义敢不敢说出半个"抗"字呢？为"匪"为"奸"之不能一视同仁，于此真属"有目共睹"。胡汉民先生平时曾坦直地说："置中国于太阳旗下，宁使置于红旗下。"这话是否妥当，容当别论，不过他确是见到匪、奸之非一物。

第二，这次"内侵"的伪匪军，不仅是"内"的〔地〕"侵犯国家主权与危害政府威信"，而且是"外"的〔地〕破坏"一个独立国家，对外必使其主权为独立"的信条，为什么呢？因为"内侵"的伪匪军决不像中国过去的独立军阀，向绥远进攻是为了扩大自己的地盘，而是替××帝国主义当傀儡、打头阵，以实现其内蒙计划和大陆政策。关于这点，纽约《泰晤士报》①已正式披露消息，说："驻华日本大使馆武官喜多诚一，对该报驻沪记者曾直言绥东伪匪军事，日本确曾参加协助并指挥，并宣布日本分化内蒙之计划。"其实这已是公开的秘密，用不着多加论证。从这里我们可以见到伪匪军对绥远的进攻，决非平常的"内侵"。

所以像上面发言人那样估计伪匪军及其对绥远的进攻，对民族前途是很危险的，因为没有分清友敌关系或者敌之主从关系，同时又低估了正面敌人的严重性，关于后面一点，我还要再加申述。

最近上自中央当局，下至每个百姓，对绥远战事都给予极大的关心和援助，这是"一二八"以后所不常见的大好现象。但是中央当局以及一般工商家无形中都认为援助绥远，是援助绥远剿匪，

---

① 似应为《纽约时报》（The New York Times）。——整理者注

而不是援助它抗敌或抗×，像上面发言人的谈话，就是充满这种意识，这是很成问题的。固然，在外交关系上我们明言自己是援助绥远抗敌或抗×，是很笨的，而且也不必要；但是站在领导民众的宣传立场上或实际行动上，却要硬生生地划出这个界限，实在是万万的不该！假使硬生生加以区别的目的，是为了使绥远战事地方化和内政化，减轻中央军所应负的责任，甚至将绥远战事的重担完全搁在傅作义将军身上，重蹈喜峰口一役的覆辙，那更是一百万万个不该！因为××帝国主义目下所朝夕盼望的，就是使绥远事件局部化，而它自己对伪匪军则加以全力的支持，这正和西方的侵略者德、意法西国家要挟英、法、苏等国必须严守中立，而他们自己则大输军火以帮助佛兰科将军攫取西班牙相像。所以我们至少必须在抗×的坚定意识之下，以全力来援助绥远英勇作战的将士；否则，就无以保绥远，亦无以保中国！

此外，中国朝野之间，还有不少人对于伪匪军跟××帝国主义的勾结，以及上下必须在抗×的意识或决心之下去援助等等，固

然不怀异见，但是他们却主张用不着大大地动干戈，而只要加以相当的援助就行了，用一句话来表示他们的见解，就是"小题何用大做"。其实，这种观察也是不够正确的。因为第一，他们不曾看清××帝国主义对于绥远目下已大有志在必得之势；第二，他们还不曾认识绥远失陷后的严重影响，今分述于后。

××帝国主义为了实现内蒙计划（即将察、绥、宁夏、甘肃、新疆与东北四省打成一片，以便包围苏联），对绥东、绥北的觊觎是长远了。当伪匪军自热边侵略察北六县的时候，它就将枪锋朝向绥东了。一年来，××帝国主义的特务机关遍设绥境，实际上就是侵略绥远的便衣队。最近日德军事同盟签订以后，它就更需要履行其反苏联的任务，但是不将绥远攻下，西取宁夏、甘肃与新疆是极其不便的，因而东方的反苏联长城也就不易完成，所以××帝国主义有以全力夺取绥远的必要。

至于绥远失陷后的影响，当然不仅西北的千万方里领土沦为××帝国主义的属地和进攻苏联的战场，就是整个华北乃至整个中国亦将不保。据军事专家推断，××帝国主义占领绥远以后，沿同蒲路南下取太原，真是易如反掌，山西被并以后，它以"一万兵力渡黄河，扰陕西，则甘、陕、宁、青之兵概受其牵制矣；以一万兵力出潼关，取洛阳，则两湖、两广之兵概受其牵制矣；以一万兵力取陇海，攻皖、豫，则苏、浙、皖、豫之兵概受其牵制矣；再以一万兵力扰河北、山东，则冀、鲁将自顾之不遑"（十月廿一日南京《新民报》社论）。所以绥远被占以后，敌人即可以寡制众，我们就用百万大军退守陇海防线亦不易易。绥远失陷以后的影响是如此严重！

所以我们不能小视绥远战争，我们必须在抗×的决心之下，动员全国力量来援助绥远将士抗战。最近报载，绥远将士在绥东已将伪匪军大败于红格尔图，在绥北已夺回百灵庙，军情非常顺利。

但是××帝国主义扶翼下的伪匪军之猛烈的反攻，必在眼前，我们要取得最后的胜利，非中央军长驱入绥不可！现在报载中央军已有策动，我们则更希望继续策动。我们各界民众前次献给蒋委员长的飞机，蒋委员长已转献给政府，现在我们更希望政府授权蒋委员长率领机队，飞往绥远前线与敌一战！

一九三六年，十一，廿五

《时论》（半月刊）

上海时论社

1936 年 1 卷 3 期

（朱宪　整理）

一位绥东战地记者的信

平　撰

××老友：

　　来到绥远后，实在因为太忙了，没有给你们报告经过，太觉抱歉了。今天比较工作少一点，所以决定来告诉你一点这里大略的情形，因为时间的匆忙，只能写一点片面的观察和经过；有些有关军事的情事，恕我不能详为告知。

　　星期日从清华车站动身，第二天上午四点到归绥，经过省政府的接洽，我们在慰劳及战地记者的双重名义下，得到了非常的欢迎和便利。在到达后的第二天早上，我和二位同学，以及中央摄影队、西北摄影队到百灵庙去调查战地实况，探访新闻。绥远的天气的确冷得非常，尤其过了大青山，寒风如箭，刺骨凝肌，手足稍停，就不能自由运动。好在我们一行十四人，挤在一辆军用汽车上，满怀的热望和思潮，似乎已把"冷"字忘却。

　　从归绥到百灵庙，一共有百多里的路程，除了山，便是草地，一片平原，人烟几无，这真是所谓塞外风光了。明〔汽〕车走了三个小时，才到武川，本来预备在这里住一夜，明天下午三点钟向百灵庙前进（白天恐怕敌人的飞机掷弹），可是到武川不到半小时，守百灵庙的孙旅长，要在这时从武川到前线去，因为听说这一段路时有王英匪部扰乱也，大家以为一样是危险，还是和旅长走比较稳些，于是也不顾县的设宴款待，当时就整装随旅长出发，并且带了一个号兵，以备敌机来时，鸣号一起停车，散开躲避。一路上风吹雪打，病了三位南方同志，直到晚上七点半到达百灵庙。这时狂风正厉，雪风分〔纷〕飞，平、津在南方人眼中，已是寒地，哪知这里又何止冷上几倍？这一带景色凄凉，动人魂魄，四野茫茫，好像是一座沙漠中的孤城，除了怒吼的风声，好像是来到了幽灵的世界。庙墙上，枪洞比连，里面都有我们的健儿在守着，虽然是那么冷，那么暗，那么凄凉，我们的健儿，好像为某种力量所趋使，毅然镇静乐观地守〈在〉他们的哨位上。单是棉袄、皮衣支持不住零度下卅度的严寒，他们，他们是被沸腾的热血，烈焰般的情绪所支持，要把最后的一丝丝地，每个仅有的一丝丝地幽魂织成国土的屏障！

当天的晚上，会见了各位建功的官长，畅谈了一点多钟，士气的旺盛已达到了最高峰，恨不能一直追击到底。据说，时要收回多伦，不是一件难事。可惜为了中国最高当局的一贯主张，以致坐失追攻的机会。这里还有很多难言之隐，恕我不能在信里告诉你。这一晚正是一个大风大雪的夜间，同时又听说在大庙方面的情报：匪方到了一百多辆汽车，准备反攻，我们身在火线，危险万分，这时只有准备牺牲，预备敌人来时，拼个死活，那兴奋的情绪，使我们消失了常态，大家未脱衣裳，等了一夜。第二天孙旅长因为摄影队的要求，又重演了一次我军攻占百灵庙的情形，以及进剿匪军特务机关，俘虏蒙人汉奸的情形。除了拍摄影外，我也照了很多像片，因为手的麻木不仁，这些相片成绩如何，还不可知，等回到北平，再择佳奉上。

十点多钟领队因怕飞机来轰炸，所以决定起程回武川，有些庙景，没有空照相，真是可惜！当天住在武川，晚上前线总指挥曾副军长来访，又畅谈了一点多钟，得到了很多消息，可惜很多全不让发表，所以这里也只好抱歉！第二天曾副军长又从后方调来一团骑兵，检阅和表演，以及壮丁训练等情形，我们又得了不少摄影的材料。下午回归绥，途中遇见大队运往前线的战士，一共有六十多辆车。每个人都高兴非常，非但一点也没有惶张怯战的样子，反而兴高彩烈，恨不能一步跳上战壕，枪先刃寇，这种勇敢自信的表示，怎不令人肃然起敬？当时我们停车立正，欢呼祝他们大胜归来，为民族增光！他们用欢呼答礼，这时情绪的紧张，内心的兴奋，简直令人疯狂失态，热泪不觉盈盈欲坠。回到归绥，我们才知道当我们离百灵庙不久，已发生剧烈战争，匪军五千多，反攻百灵庙，被我军痛击溃散，俘虏了五百多人。在归绥，我们遇见了清华同学的战地服务团，他们是救护队，傅主席因为恐怕遭到意外牺牲，所以只允许他们到武川，远不如我们战地记者可以通行无阻。所以我们预备在明天和中央摄影队，出发到平地泉、陶林、兴和、红格尔图、包头各前线去视察和采访新闻，这两个星期是不能回到北平了。

这次我们会见的除了军政长官，还有各报的名记者，像《大公报》的记者长江先生、林京先生，还有各报的编辑先生，每天开座谈会，或聚餐，出入省府，当地的报纸，也每天登载我们的行址〔止〕，我们简直成了当地的要人。塞外人民的生活，让我们知道了不少，尤可注意的就是民气的高张。各地的壮丁训练在战事前早有组织，所以事发后的几天，全是我们的壮丁自卫抗敌，正式军队，在后来才相机作战。壮丁训练的限期是三个月，全以抗敌为目标，战事无论如何紧张，后方民众，若有所备，戏院照旧开锣，这种精神，没有训练会表现出来吗？绥远是不会失的！假使当局领袖不认为局部地方的战争！

在百灵庙，我军护〔获〕得了大批机密文件，全是××对我国的阴谋的具体证据，什么地图啦，文件啦，汉奸啦，信件□，情报啦，中国各地的详细调查啦，中国军队组织及分布啦，武器箱的种类啦，一共十几箱，其他如面粉、汽油、子弹、机枪、钢炮……都有大量的获得。关于机密文件等，我们想带一点回来开一个展览会，让大家更清楚点认识××对我国的阴谋。还有很多事，拉杂写来，遗忘不少，下次再详告罢，祝你

　　健〈康〉！

　　　　　　　　　　　　你的老友平，十二月五日

　　这信是一位北平燕京大学新闻系同学实地视察战地的通讯，并未准备发表，记者见其有助读者更明了绥东情形处，因录之以飨〔飨〕本刊读者。钧〔谨〕注。

《育友》（半月刊）

上海育才同学会

1936 年 1 卷 3 期

（李红权　整理）

绥远的民众自卫训练问题

王元魁　撰

前　言

自去岁"共匪"扰晋以来，绥远间接已受"共匪"威胁，故此"防共自卫"，已成上下一致的呼声。的确，在此非常时期中，客观环境的需要迫切"防共自卫"，已成刻不容缓的事实。在此国际风云变换莫测的今日，绥远地处边防，形势之严重，已抵其极，当前急务，在唤起民众，组织民众，训练民众。

绥远对民众自卫训练，注意不为不切，但对民众自卫训练的几个迫切问题，我却以为有值得提出加以讨检的必要，不揣固陋，试一申之：

（一）唤起民众：绥远一般民众，对自卫观念，非常浅薄，换句话说，也就是对国家观念，民族意识，殊形冷漠，心理上就缺少建设，一向的保卫，即以军队作靠山，一种健全的民众力量，始终没有见诸发扬。欲以此种民众作自卫，势必困难横生，所以我们主张必须首先改造人民生活。如果人民生活得以改造，新的地方力量自会产生，地方力量产生，然后自卫的力量，亦不难发扬。进一步言之，站在复兴民族国家的立场上，亦须加紧改造人民生活，因为人民有了新生活，然后国家才有新力量；国家有了新力量，然后民族才有新生命。然以绥远民众的智识浅陋，非先由切实宣传，剀切晓谕，使全绥人民，家家户户，心诚悦服不可。

（二）组织民众：中国民众涣散不振之状态，已成无可讳言的事实。这样下去，欲求团结统一与力量集中，事实上已不可能。处今日边远省区的绥远，民众的涣散不振，太不能例外，以这样的民众，处目前的环境，欲使力量集中，实在是很困难的事。故此目前极需以军队组织来组织民众，因为大凡一种组织的保护，必须要靠纪律，可是军队是最重纪律的；因为大凡一种组织的维系，必须要靠服从与信仰，然而军队是最重服从的；因为大凡一种组织的保持，必须要依赖精神，但是军队是最重精神的。果能使民众导入军事化的组织之下，采取军队之组织和管理，使绥远民众变做守纪律的民众，能服从的民众，有精神的民众，那么民众力量是不难雄厚的。否则，杯水车薪，在自卫上是很小收效的，就是在复兴民族国家上，亦难有所表现！

（三）训练民众：民众的生活改造以后，民众的组织能够军事化，然后实施严格深刻之集团军事化训练；使人民之体格、人格、行动、思想、精神意志、纪律秩序、国家观念、民族意识，一一列入训练范畴。使人民之体格强健，人格高尚，行动一致，思想统一，精神意志振奋，纪律秩序严密，国家观念深刻，民族意识浓厚。能如是，民众自卫的力量，自然不难加强起来。中国民众缺乏训练，诚然是中国积弱的最大原因。人民的惰性已经养成，但是国家的险象环生，假若不能实施严格之训练，实无济于事也。

后　语

我们知识，在此非常时期声中，军队保卫的责任，自是义不容辞，但我以为目前主要的任务，除军队而外，还是将此艰巨的责任，付托民众本身，从扩大视线上说，当然是四万万民众，就是局部，也应是绥省全民。可是一盘散沙的民众，非得有切实的唤醒，坚强的组织，和严格的训练不能成功。愿全绥人士对自卫的民众训练，切实工作，努力苦干！中华民族的复兴，我们在期待着呢！

《长城》（季刊）

归绥绥远长城出版社

1936 年 1 卷 4 期

（丁冉　整理）

绥远抗战前途的展望

震升 撰

"经过我们血染的山河，一定永久为我们所有。民族的生存和荣誉，只有靠自己民族的头颅和鲜血才可以保持。……我们民族复兴的奇葩，正孕育在枯草黄沙的保〔堡〕垒中等候怒放。……不久更可以使世界认识我们中华男儿还是狮子，并非绵羊。我们全国同胞的热血，都愿意奔到塞外的战壕里，助各位〈消〉灭寒〈威〉，激励〔荡〕忠愤。……现在整个民族的命运抓在我们手里，我们大家都无所逃于天地之间，只有我们血染过的山河，更值得我们和后世的讴歌和爱护……"——《罗家伦氏致〔告〕绥远将士书》

敌人侵略绥远的战争，从十一月九日爆发以来，日益扩大。因为我们英勇战士决心坚守着国土，而且还时时给敌人以不小的打击，敌人屡攻未逞，直到现在还在继续发展着。

这次绥军在冰天雪地中的浴血抗战，不但煽起了每个不愿做亡国奴者的同仇敌忾，而且全国的大众都奋起踊跃输将加以应援。"一二八"时候民众悲壮鼓舞的情境，又重现于今日，可是这幕抗敌卫国的神圣战斗的前途如何，却很值得我们每个国人的严重注意。我以为绥远抗战的前途可能的约有三个：

（一）不战而降，或战败而降，前者如东北四省的失陷，后者如长城抗争的失败，但终归于屈服则一。

（二）敌军在屡试不得逞后，暂退而准备，等待将来再度进犯，这虽然可苟安于一时，然而终不免于恶战的，那时敌势更强，抗战的困难必更加大。

（三）由局部的抗战扩大为举国一致的抗战。

这三种前途，第一种为全国人民誓死反对的，现在已没有容许当局采取的可能；第三种前途虽是为全体国民所日夕期望的，然而当局似有所顾忌而尚在考虑，所以最可能的前途，说不定还是第二条路。

关于这三种前途，我们都愿加以一一估计，当然何者有利，我们就采取何者。第一种，无论是战而降，与不战而降，都是我们所应誓死反对的，除〔非〕忘廉鲜耻的汉奸外，谁也不敢作这样主张，所以这一层我们认为无庸考虑。

苟安的局面似乎很合于中庸之道，我们却不妨来讨论一下，究竟现在的境地是否再有容许我们苟安的可能？第一，敌人是否因我们苟安而不再向我们进攻。几年来血淋淋的事实早已昭示在眼前，尤其是日、伪、匪侵略中国铁般的事实，已给了我们明确的证明了，用不着我来再加说明。第二，我们继续的退让是否能够换取得一个苟安的局面。这我们可拿事实来作做见证：五年以来我们求谋苟安的结果，不但让去了东三省，让去了热河，而且还让去了冀、察和绥远的一部，可是欲壑难填的敌人，向我们继续不断的侵略进攻，我们仍无从得苟安的代价。这足见第二前途还是与第一个一样，仍然是死路一条。

因此，我们在这受敌人已迫到走头〔投〕无路、忍无可忍的生死关头，我们唯有迫切地奋起，团结一致，对敌人抗战，如果我们要求生存，就只有拼命，与我们唯一的敌人——日本——拼命！

所以目前绥远的抗战已不是局部的，而是整个民族生死存亡的关键。我们国家所忍受的屈辱已经是无以复加了，我们所受的损失，已经不能再增加，这已是最后关头应该牺牲的时候了，这已经是我们争回国格，谋民族自由解放的时候了！保卫绥远，发动全国抗战，用全国的力量保卫我们的国土，这是我们神圣的任务，这是争得最后胜利、收复失地的唯一办法！我们不能再期待了，我们只有同心合力地为世界和平而抗战，为人类正义而抗战，为中华民族自由解放而抗战，用我们的血与铁来报答敌人的侵略。

廿五，十二，十四，写于东舍灯下

《法声半月刊》

广州国广法学院学生自治会

1936 年 1 卷 4 期

（萨茹拉　整理）

绥远剿匪与日本

罗承烈　撰

在绥远战争正式发动之后，政府始终以"匪类"视蒙伪军，未尝以其责任归诸日本，盖所以为外交调整之道也。但事实上则背景显然，举世共知。今驻华日本大使〈馆〉武官喜多诚一对《泰晤士报》访员之谈话，竟公然承认日本策动匪军扰绥一事，吾人于悲愤之余，不能不略抒所怀，为日人告。

据国民社纽约二十三日电，谓：

> 喜多诚一最近在沪对该报访员声称：日本对内蒙现局确已参加，对于日本军官曾协助现时集中绥东之蒙伪匪军事，该武官亦直认不讳。并披露日本分化内蒙之计画，直拟将一万七千方里之中国领土置诸日本统制之下。据云："现日本军部后备军官，已在察北设立大规模军事学校，专训练蒙军，日本军官之薪给，系由蒙人担负，惟不参加战争。"至于日本曾以飞机售与内蒙之事，喜多少将谓，亦实有之，外传内蒙无力购买坦克车、铁甲车及军需品之说，殊为不确，盖内蒙鸦片收获丰富，购买军械即以鸦片偿付云云。（见廿四日各报）

此已证明日本系有计划的援助蒙伪军以进窥晋、绥，并非吾人之妄事揣测也。

查日本之策动匪军内犯，及其以实力援助情形，并不待喜多武官之"直认不讳"而始知，不过经此"直认不讳"之后，更以证实其态度之鲜明，行动之积极，俾举世各国，益以知绥远战争之责任所在耳。

在未说明责任问题之先，且历举其助匪情形，与其否认助匪之情形如次：

> 关于助匪之消息，据十一月十六日北平电，即称："十六日上午八时，伪军由某方军官指挥，再犯红格尔图，某方飞机掷弹百余，迄下午三时始退。"（十七日《中央日报》）

而该项飞机与炮弹之标识及厂造字样，皆明白可辨。同日且传"闻某方定十八日对绥总攻，已运到毒瓦斯弹多车"，及"绥东战事渐烈，某方运毒瓦斯若干到商都"等消息（俱见十七日《中央日报》）。是匪军飞机、大炮、坦克车、装甲汽车、毒瓦斯弹等之来源，非仅为日方所接济，且于军用品供给之外，益以军官之指挥，作战之策划，固未可诿为"系个人行动"也。我政府以事态之严重，遂拟"从事调查证据，以便提出交涉"（见十九日报载消息），十八日下午三时外交部亚洲司司长高宗武赴日使馆访川越大使，交涉绥远事件，即闻"日方否认日军有参与绥远事件之事"（见十九日报）。同时东京电讯，亦称：

> 日外务省正式发言人今日明白释明日本政府对于绥远战事之立场时，完全不承认日本政府对于蒙军进犯绥东担负任何责任。

> 该发言人谓：绥东战事，纯系中国国内事件，与日本无关，纵使有日本人民加参蒙军作战，亦应认为个人行动，与日本政府及日本军队渺不相涉。

> 该发言人又郑重称：按历史上外国人民参与他国内争之事例数端，并直承日政府对内蒙因反共而起之任何防御行动，表示同情。

> 该发言人最后负责申明，日政府对于绥远战事，绝未与

闻。并谓中国在其本国领土内，对于侵犯者，无论如何痛击，日本均无理由加以干涉，盖御寇之能力，为每一国家之基本要件也云云（十九日报）。

是知日本对于绥远战争，在表面上实不敢直接承认其有助匪行为，诚以"中国在其本国领土内，对于侵犯者，无论如何痛击，日本均无理由加以干涉。盖御寇之能力，为每一个国家之基本要件"故也。日本明知中国有"御寇之能力"，明知对侵犯中国领土者之加以迎头"痛击"，日本无"干涉之理由"，于是乃诿其过于"个人行动"，并举"历史上外国人民参与他国内争之事例数端"，以资搪塞，实则自欺欺人，彼之言行已尽"自相矛盾"之能事。如彼"直承日本政府对内蒙因反共而起之任何防御行动表示同情"一语，即显然悖于事理。盖第一绥远战争之发生，绥远守土军为被动，而蒙伪匪军为主动，当然不能谓为"防御行动"。第二蒙伪匪军之作乱，其目的在侵略晋、绥，何尝系"内蒙因反共而起"？绥东、绥西并无"共匪"踪迹，无的放矢，非设词诬赖而何？第三蒙伪匪军之无端内侵，既非防御共党之行动，则其公然"表示同情"，自系发纵指使、助桀为虐之铁证。故十八日东京电讯，即传"此间各报登载关东军之意见，称日本对于德王领导内蒙军进犯晋、绥抱绝对同情，并虔诚祝其成功"。吾人则认定此非仅"关东军之意见"，实乃整个日本国策之所在，不过为掩饰国际间耳目起见，不能不由"外务省发言人"故作否认之词，以便外务省与军部间，好扮演此一幕"双簧剧"耳。此种"双簧剧"之演出，本不自今日始，今之一面在南京进行"外交谈判"，殷殷以承认"华北特殊化"及"共同防共"为念，而一面复肯定绥东战争系"内蒙因反共而起之防御行动"，以为谈判"共同防共"地步；同时又大举助匪作战以相压迫，此真所谓"司马昭之心，路人皆知"也。

关于日本之助匪扰绥计划，复可于日本舆论中得一反证。如《朝日新闻》、《中外商业新闻》、《读卖新闻》等，其对绥东局势之评论，即认为与"满洲"、华北问题有不可分离之关系。如谓："吾人对于此事所以注意者，实因日本对满洲、华北均有重大利益，而对上述局势，均有密切不可分离之关系。如内蒙战事扩大，则欲避免满洲不直接卷入漩涡，极感困难。"（二十日各报）又谓："目前战事有牵连华北在内之必然倾向，甚为明显，因此吾人不得不认其为中日关系不祥之暗示。"及"晋、绥之纠纷，足以牵涉与日本特别有关之整个华北大局，同时内蒙之局势，亦将使满洲受有影响，是故日本对之自不能全然漠不关心"（见二十日各报）等语，即已知日本方面之目的，盖欲将绥蒙问题与满洲、华北问题打成一片也。故关东军参谋原田义四大佐、航空大队长饭岛一博，有相偕于十九日由长春飞津，与田代、桥本商"绥事意见"之事，及津东局子机场军用机十八、十九日飞包头，关东军参谋田中隆吉大佐十八日由长春飞商都等事（以上见廿日各报）。据二十一日报载，且传"日关东军首脑部二十日晨九时开会，讨论绥东情势，就关东军对蒙军表示满腔好意之观点，对此问题作缜密探讨"。其计划如何"助乱"情形，更可想见。且其"助乱"之方法，公然利用其在中国之特殊地位，以中国人（汉奸）杀中国人，以中国资源供其侵略中国，以中国铁路供其运济军实。如二十一日电，即传：

> 据平绥路确实消息：（一）连日以来某方由平绥路输送大批军火，直达绥远前方，担任此项运输者为万国转运公司，此公司大抵为某国人出资组织，不服检查，明知其为军火，亦须以物货记载。（二）某方连日由平绥路向前方输送大批军火，殊影响我方军事，绥当局特派稽查二人，随车查验车辆。（记者按：不知是否敢于查验军火？）（三）连日自绥东战事掀起

以来，某方已有士兵一团［军］加入前线作战，并派军官二百余名，分在各匪军内部担任指挥。

此即为日本以人力、物力明白"助匪"之证。彼一面在绥远作此"助匪作战"之"实际运动"，一面东京阁议案上，有田外相于述及绥远局势时，彼复发表意见，谓为绥东战争，"虽系中国内部问题，与日本无关，但乱事蔓延，苟直接影响于日本及满洲之权益，或日本在满洲维持和平秩序之任务时，则日政府不能袖手旁观"云云。夫绥东战事，何以会"直接影响于日本及满洲之权益"？何以会影响"日本在满洲维持和平秩序之任务"？其意义极含混，其解释极宽泛，要不外威胁恫吓，以遂其"绥东问题与满洲、华北问题，有不可分离之关系"而已。

在日本之大陆计划，在日本之国际阴谋，原欲使绥东问题与满洲、华北问题完全打成一片，故于策动绥远战争之责任问题一层，虽亟图规避而不可能。如廿日外务省发言人对各国新闻记者之表示，一面声称：

　　绥东战事，纯系中国在其领土内之国内事件，中国政府处置此种情势，有充分自由，即宋哲元参加防击内蒙军，日政府亦觉无反对之理由（见廿一日报）。

此何等光明磊落之谈话。但有人询以内蒙军之飞机、坦克车、大炮从何而来者，彼即逡巡其词曰：

　　彼等苟不能自己制造，此等军器，亦自可从国外输入，一如外蒙之由苏联输入军器者然。

言外之意，即谓苏联既以军火接济外蒙，吾日本自可以军火接济内蒙也。宜乎喜多诚一之公然承认"日本军部完备军官已在察北设立大规模之军事学校，专门训练蒙军"，及所有坦克车、铁甲车及军需品之"购置"，系由内蒙以"鸦片偿付"，且"披露日本分化内蒙之计划，直拟将一万七千里之中国领土，置诸日本统治之下"。是则外务省之"否认助绥",非所谓欲盖弥彰乎？

　　彼认为中国对绥蒙问题,有"充分处置之自由权",即宋哲元参加防击内蒙军,"日本亦不加以反对",但事实上若果宋哲元真出而参加绥、察战争,则彼宁不认为系"影响及于满洲、华北之权益","不能袖手旁观"乎？宁不认为有尽其"维持和平秩序任务"之必要乎？吾人数年来对于日政府之言行信义,已领教甚多,吃苦不少,此种"明否认","暗援助",一面声言恫吓,一面撤回声明之外交戏法,矛盾行为,虽三尺之童,恐亦失其欺瞒之作用也。故二十二日电,复传:"关东军竟声称断然助伪匪,现拨增派正规军三师援匪犯绥,并联络华北驻屯军监视冀察军行动。"可〔又〕称:"筱日商部〔都〕又到某方战斗机十二架,连前共二十架。""某方军一联队,筱日由赤峰开抵多伦。""某方派军官二百余人,组监军团,分赴张北、多伦、商都一带。"且传:"我军于十八日红格尔图一役大胜时,已获得关于某方助匪犯绥之人证、物证不少"云云。则日本虽欲巧辩,其如"人证、物证"之确凿可凭何？惟日本虽在事实上无法可以卸脱此"阴谋助乱"之责任,而表面上要不敢明白承认。如喜多诚一对《泰晤士报》访员之谈话,本已"直承不讳"矣,而驻京日本陆军武官雨宫巽,则又于廿四日否认其事,不过其所否认之内容,直等于不否认耳。其言曰:

　　　　彼不敢保证在蒙匪伪军中无日籍之指挥人,彼以为即或有之,亦不外浪人之流,可任凭中国正式军队自由处分。现在蒙伪匪军所用大部分锐利之武器,即使出自日本方面之供给,亦必为一部分贪利商人之私运,中国方面固可随意取缔之。

依雨宫武官之所言,已不啻明白承认蒙伪匪军中有"日籍指挥官",及蒙伪匪军所用大部分锐利武器,皆系"出诸日本方面之供给"。所可为文过饰非之词者,乃指挥官系"浪人之流",贩运军火，乃"奸商渔利"之所为耳。但按诸国际法惯例，浪人（假定果为浪人）之大规模助匪军以攻击友邦，军火商（俱系假定之词）之贩运军火以资别国，此岂为具有统制权力之日本政府所不能禁止与取缔？远事且不论，如意、阿之战，与西班牙之内争，美国一言"中立"，英、法声称"绝对不干涉"，于是"人"与"物"之足以"助长内乱"，或"破坏中立"者，皆无所施其技。今若日本果有诚意与中国谋亲善，安见其不能制止"浪人"与取缔"奸商"？日政府不此之务，反诿其责于"个人行动"，将谁欺？欺天乎？

吾人对于此事，认为绥东之战，其策动之主力，全在日方，日方若不助以军备，助以人力，其事绝难有成，亦绝不至是。今日方既承认中国有自由"防御痛击"之权，并承认宋哲元之协力助剿，与察哈尔地方之任由中国剿匪（雨宫谓察哈尔乃中国之土地，中国固有权可以随意剿匪，见廿五日报），则日本即不应斤斤于口头之声辩，而须彻底在事实上有所表现。苟事实上无以自见于人类社会，则往史昭垂，物证全在，虽欲委卸责任，其如难逃中外人士之公论何？

在日本之所以不敢明白承认者，固由于受良心之谴责，及恐受国际法上之公判。而就其声辨之经过情形观之，吾以为日本尚有三种作用在内：第一不欲以绥东问题关闭"外交谈判"之门，故一面尽管以全力助绥乱，一面则仍拟继续与南京折冲，希望在武力威胁下解决"华北特殊化"与"共同防共"两问题。第二为欲达到"共同防共"之目的起见，彼声言绥远战争系由"内蒙因反共而起之防御行动"（见十九日报，外务省发言人语，本文前已论及），即系有意淆乱听闻，将蒙匪或绥匪与"共匪"混为一起，预为解决"共同防共问题"一事留地步。第三欲划分蒙、满、汉之界限，以遂其分裂政策之阴谋。如称"蒙绥之冲突"、"德王领导之内蒙军侵犯绥、晋"，及"中蒙纠纷之结果"等语，其作用即在将外交问题转移为内政问题，将敌人指使下之少数蒙伪匪作乱问题认为整个"蒙绥""中蒙"之争。以上三端，乃为日本外务省人员一再发表声明之"政治作用"，但此种作用，并不能减轻"策动绥乱之法律的道义的重大责任"，则固不待吾人之再事缕述也。兹略述其援助绥乱之经过与矛盾情形如此，并举其阴谋作用所在，所以冀日本当局之能幡然省悟，勿冥行不顾，致遗种族历史上之无限后悔耳。幸贤者察之！

一九三六年，十一月，廿五日于南京

《青年公论》（旬刊）

南京青年公论社

1936 年 1 卷 4 期

（朱宪　整理）

绥远抗战的全面分析

于思　撰

一　国防第一线的绥远

伪匪军的进攻和绥军英勇的抵抗，把全国上下的视线集中到绥远省去——绥远已经是国防的第一线了。我们要透彻地了解绥远抗战的情势，不得不首先研究一下该省的情形。但是因为材料太少的关系，我们只能做一个简短的叙述。

绥远东邻察哈尔，北连外蒙古，西接宁夏，南部与山西、陕西二省接壤，俯瞰河北，形势险要，是我们西北的门户，是通达外蒙和新疆的要道。

绥远因为是清末绥远将军的驻节地才得此名。绥远的沿革是：在汉时属云中郡，隋为定襄郡地，唐置大都护府，辽为西京道，元属大同路。在清时属内蒙古境，至民国三年划为特别区域，于国民政府成立后在十七年九月才改建行省。全省面积约计一百七十万方里，比较江苏、浙江、安徽三省面积的总数还要大些。

绥远省人口约二百十二万，平均每方里二人不到。蒙人多居西北部，经营牧畜。蒙人分贵族（台吉）和平民（黑人）两个阶级。贵族握有一切权利，而平民除向王府纳税外，更须服役。汉人则多居东南部，经营商业、手工业及农业。河套一带农民尤多，近年来汉人至各蒙旗开垦的也不少。

阴山干脉横亘于本省的中央，峰峦很高，为内蒙地势之脊，山北是沙漠，属于蒙古高原，山南地势逐渐低落，河流很多，地土也颇肥沃，尤以河套一带为塞外上腴。

绥远的交通比内蒙其他二省都好。黄河自甘肃北部流入绥远境，环绕南部，至吉尔召分成两支，北流的叫北河，南流的叫南河。二河并流东行，相距约百里，其中河渠交错，田畴相望，称为后套；南河东流至托克托县，会大黑河折向南流，至河曲县入塞，成为一大湾曲，谓之河套。两旁土脉肥沃，灌溉便利，黄河两岸的地方没有比得上的，"黄河八〔百〕害，只富一套"，这句俗话便是指的此处。因此，绥远省的水路交通很为便利，上起甘肃的中卫，下达山西的碛口镇，当夏季增水时，可容三四万斤的民船航行。包头镇至石嘴子（在陕西境内）间更能航行小汽船。

至于陆路交通，陆道以归绥为中心。该地居平绥、绥包二路交叉点，西沿黄河可入陇，东沿平绥可入塞，又有驼运商道可通蒙古、新疆等地。铁路有平绥路由北平经万全（张家口）穿山西出长城，历丰镇、平地泉抵归绥，和绥包铁路（即平绥铁路之延长线）相接。长途汽车路则有平滂（平地泉至滂口〔江〕）、包兰（包头镇至兰州）等线，最近筑的公路更多，所以交通一天比一天发达了。

绥远省的出产是很丰富的。因为蒙人专恃牧畜为生，所以牛、羊、马、骆驼等家畜，均甚蕃殖。农产物多产生阴山南部，有高粱、小麦、胡麻、大豆、菜子等，在河套附近并产稻米。林木产于阴山两麓，有桦、杨、松、杉等。果品有山楂、葡萄、李、杏之类。药材有大黄、甘草、红花等。菌类出产极多，我们常吃的口蘑便是从绥远输入内地的。矿物也很富饶，尤以煤、铁两项为多。平泉之银是最著名的。工艺品虽然不多而且也不精，但是毛织物出品极多。

绥远可说是内蒙最富庶的一省，而且也是中国的富庶省份之一，可惜我们没有加以开发罢了。试以二等县份的临河县（在后套内）一县每年的出产而论，我们就可窥见该省富饶之一斑了：

甲、农产物

稷谷：二十万担（以斗岩为例）；小麦：十五万担；胡麻：五十余担；荞麦：三千余担；豆类：二千余担；西瓜籽：三千余担。

乙、渔猎：

野鸡：五千余只；鱼：五百万斤；狼：二百余只。

丙、牲畜输出：

骡马：二千余头；牛：三千余头；羊：四五千只；羊毛绒：十万斤；驼毛：二万余斤；羔皮：万余张；老羊皮：四万余张；羊肠：六千余付〔副〕。

这么丰富的出产不但是临河一县如此，就是河套其他各县也如此。只要我们看看该省重要的地方就可以知道。

绥远省会归绥位于阴山南麓，大黑河右岸；原名归化城，民国五年，和它东北的绥远城合并，所以称为归绥。东通张垣，南凭长城，西包河套，北阻大漠，又当平绥、绥包二铁路的联接点，贯串北区诸省，形势最为险要。附近地势开辟，土地肥沃，物产丰盛。民国三年我国自辟为商埠；凡蒙古的畜类、皮货输出外埠，或南部之布匹、茶叶运往国外的，大都以此转达中枢。所以商业繁盛，人烟稠密，成为漠南的一个大都会。

平地泉又称集宁，现在是绥东军事的中心地点。它居归绥、大同之间，为平绥路要站，是控制晋、绥交通的险要之地，又有汽车路通滂江。那里没有城郭，只有土壤环绕着。

包头镇在绥包铁路的终点，倚山面河，形势扼要。因地当水路要冲，铁路东达北平，民船西通宁夏，并有长途汽车直抵兰州，实扼西北交通的枢纽。以它的形势而论，不单本省依之为险要，而且也是山西、陕西诸省之屏障。至于商业，也极繁盛，平、津及西北诸地客商，多设行栈于此，专收牲畜、皮货，市肆之盛有凌驾归绥之势。包头实在是内外蒙古间第一个大市场。

丰镇位于长城之得胜口外，峰峦重重，形势险要，是塞外入长城之要冲，防守晋北的重地。杀虎口税关监督也已移驻于此。

五原土名兴旺，本内蒙乌喇特牧地。县境跨据后套，遥与宁夏之省城，陕西之榆林，成鼎足之势，又当塞外往来孔道，是西北一个重镇。附近一带赖黄河的灌溉，土质肥沃，故人烟稠密，产物丰富。其东南隆兴场是全邑贸易的中心，商业更为发达。

此外还有凉城（东南有杀虎口，为皮货贸易的一个中心）、临河、陶林、萨拉齐等大县，人口都很繁盛，出产也极丰富。

总之，绥远和别的已失和未失的省份一样，也有着广大的土地由祖先留给我们，更有着无限的富源正待我们去开发！那里埋藏着无限的矿产，养育着无数的牲畜，产生着丰富的五谷，建立着险要的重镇，聚集了繁荣的市场，更生息着我们伟大的汉、蒙人民。那儿的国土是广大的，那儿的人民是众多的，那儿的地势是扼要的，那儿的产物是丰富的。然而这一切都将要变化了。我们的土地已被敌骑践踏，我们险要的地势形〔行〕将被敌人夺去，作为进攻我西北、外蒙和新疆的根据地。我们的产物将被夺取资敌，而我们伟大的汉人、蒙人行将被杀，被奴役，——如果我们不快快起来抵抗，这个命运将不可避免了。

二　伪匪军进攻的情势

×、伪、匪军的侵犯绥远已不是一天了。××帝国主义垂涎这块广大的土地也不是一天了。尤其是为了贯彻它的侵略计划，更加要夺我绥远。它驱使伪匪军进犯，幸我驻军英勇抵抗，敌乃屡谋不逞。最近×方经过了一番周密的布置便大举进攻了。×、伪、匪的进攻绥远可分为四个时期：

第一个时期自去年十二月察北六县失陷以后至今年七月底为准备时期：察北是绥东的屏障，屏障既失，绥边的情势便日渐恶化。最初还只是蒙古保安队的入驻和少数伪军的盘踞，后来×方又威胁德王招募蒙兵，扩张势力以为前驱。自从绥蒙一部分王公勾结××宣布自治后，××的支配力量便一天比一天强大起来。百灵庙乃成为××侵绥阴谋活动的中心了。至今年七月察、绥边境的伪军和匪军总数已超过一万人，并有新式武器，计有大炮八尊，飞机两架，坦克车十余辆。同时×方在商都设飞机场业已完成。此外除有伪军司令李逆守信在商都调度一切外，张北方面又开到×军两联队。×方进犯的准备已紧张到极点。原来×方的军事计划是先占绥东，再进窥绥远省城，夺取晋北，更进而袭取西北，而冀、察不待攻取，即可成为囊中物了。×方更决定进犯的步队以土匪为前锋，伪蒙军居中，××军队则在最后督队。

第二时期自今年七月底至八月为试探时期：经过这一番周密的布置后，竟向中国的军队试一试锋头了。七月三十日有数百土匪打着伪边防共自卫军的旗帜，由察北窜进，攻扰绥远陶林县属的土木耳台。经该地民团猛烈抵抗，互击数小时后匪众不支，仍向商都方面退去。八月二日匪徒再度来扰，并参加伪军协进，人数由数百增至二千余人，进攻陶林县属红根〔格〕尔图，和驻守该地的赵承绶部骑兵发生激战，匪攻二日不下，赵承绶即派兵增援，同时内蒙正黄旗总管达密凌苏龙也率部前往协助，始将匪伪军击退。

匪伪军被击退后，仍准备再度来犯。绥东匪首王英和察北匪首颜东台在张北、典〔兴〕和、宝昌、康保等处设立招募处，以扩充匪军。伪满游击司令于八月初密往天津，殷汝耕也由通县赴津，密商将战区保安队张庆余、张砚田、李元声、赵雷各部一律改编为八个游击队，并准备派遣一部分人员赴察北协助作战。×方特务人员更往来于张北、百灵庙一带；热河张海鹏部伪军也全部开往察北增援，而德王前在伪国招募的蒙兵也已聚集起来，开赴张北、嘉卜寺一带受训练。敌方经过这一番布置后，便在八月十五日进窥绥东、集宁（即平地泉）与驻军傅作义部发生重大冲突，一时平绥路以东交通陷于停顿状态，可见战事的猛烈了。在这次接触后，虽然暂保平静，但是双方仍在对峙中。

第三个时期可说是新准备时期：伪匪军几次进攻均被击回，然而××决不甘心。它鉴于绥军军力之强大和抵抗之坚决，所以不得不加紧准备，以便进行一个新的更大规模的进攻。自八月下旬至十一月这一期间便是×方锐意布置的期间，同时也有不少次的冲突。这一时期×、伪、匪的活动我们不必缕述了，只要一看进攻之前×、伪、匪在冀、察、绥三省配置的军力，便可知道敌人"必欲得我而甘心"了。

就绥远以及包围绥远的察哈尔与热河说，×军在丰宁的约一联队，在承德的一联队，在赤峰的约一小队，在多伦的约一，七〇〇人，在沽源的约二〇〇人，兵额虽然不多，但在河北境内的驻屯军是随时可以调动的。现在河北的×军，在北平有九〇〇人，在通县有七〇〇人，在丰台有二，〇〇〇人，在天津有二，六五〇人，在塘沽有七〇〇人，在唐山有四〇〇人，在滦县有二〇〇人，在昌黎有二〇〇人，在留守营有八〇人，在秦皇岛有五〇〇人，在榆关有五〇〇人。把这些数字加起来，就很可惊了（注：两省合计一百零二万人，实际上察省×军决不止一九〇〇人，而河北省驻长辛店、滦镇等地×军尚未计算在内，故冀、察二省的×军军力尚要超过此数）。

然而×人制我们死命的还有所谓"特务机关"。姑且把河北境内的不谈，专就热、察、绥这一带而论，如林西，如西乌珠穆沁旗，如苏尼特王府（特长松井），如多伦（特长植山），如张家口（特长大本），如张北（特长桑原），如德化（特长田中久），如百灵庙（特长盛岛），如绥远（特长羽山），如包头（特长樋川），所有这些地方，都有敌人的侵略网。

我们再看×人指挥下的伪（匪）军吧！在这里，也把冀东一部分撇开。在苏尼特王府的有八〇〇人（西北内蒙古防共自治第二军军部，军长德王）；在宝昌的有七〇〇人（西北内蒙古防共自治第一军第三师，师长王振华）；在张北的计有六起：（一）属于西北内蒙古防共自治第一军军部的有二〇〇人（军长李守信），（二）属于西北内蒙防共自治第一军第一师的有一，〇〇〇人（师长刘继广），（三）属于西北内蒙古防共自治第一军炮兵团的有六〇〇人（团长丁其昌），（四）属于西北内蒙古防共自治第一军干部训练处的有四〇〇人（处长李守信），（五）属于西北内蒙古防共自治第三军的有一，四〇〇人（军长卓世海），（六）属于边防自治军的五〇〇人（军长于志谦）。此外，在公会镇的有二，〇〇〇人，西北内蒙古防共自治第二军第七师一，〇〇〇人（师长牟总管），有伪满热河第五军区五，〇〇〇人（司令王静麻〔修〕），而分驻在尚义、商都的另有两起：一是西北蒙汉防共自治军三，〇〇〇人（军长王英），一是西北边防自治军一，五〇〇人（军长王道—被枪决，现归王英指挥）；再加上在百灵庙的四〇〇人（西北内蒙古防共自治第二军，系德王队），总数在二〇，〇〇〇人以上。（《国防第一线绥东》，《世界知识》五卷三号）

在集合了这样强大的力量后，敌人已准备好疯狂的进攻，而这场恶战的鼓号终于吹响了。

第四时期就是新的进攻时期：最近一次新的进攻，由十一月初开始一直到现在仍有继续扩大之势。这次进攻和前一次进攻的情势是大不相同的。前一次进攻主要地还是试探性的土匪掠城战，所以在守军顽抗后敌军便退去了，而且进攻的部队也是匪军和伪军，进攻的地点也只限于绥东一带。然而这次进攻的意义是严重多了。伪匪军的军力共计有五万人，而且有×军督队，并有飞机、坦克车助战。而且进攻的范围也大为扩大，蒙匪、伪军竟分为三路，同时向绥远东部、中部、西部进袭。报载敌军分三路进攻：第一路李守信、张海鹏、王静麻〔修〕及热河伪匪军，由察哈尔进攻绥东平地泉及晋北之大同，这是为东路。第二路卓世海、包悦卿等蒙匪攻武川以进窥归绥而占领绥远的中心，这是为中路。第三路王英及蒙匪各军〈由〉百灵庙进攻包头，这是西路。这三路军马来势极为凶猛，因此便发生了猛烈的接触。

××帝国主义显然是这次进攻的主使者，这是三尺童子都可知道的事。但是，它为了不使中国军民的抗战扩大，一面用军火供给匪徒，一面更表示与××无涉。这种狡滑〔猾〕的辩解一点也不能掩盖它卑劣的侵略事实。

从以上四个时期内侵略行为的分析中，我们可以知道敌人谋我绥远已非一朝一夕，而是它一贯的灭亡中国的计划之一部。这一点是早为公认的了。不过敌人在这个时机特别疯狂地进攻，也自有其特殊重大的意义。

第一，伪匪进攻绥远的目的是使绥远、山西二省屈服。因为冀、察虽已名存实亡，但×方"华北五省自治"的计划始终没有实现。过去××曾派了许多信使往太原与阎、傅等接洽，然均不为所动。前次××又挑起强占民房的事件，然而又没有成功。因此它便拿出最后一着，以军力来威胁，使阎、傅等屈服，而扩大它的伪国。

第二，为了彻底征服冀、察，它实有必要进取绥、晋，因为这两省处于冀、察的背面，一旦得手，后二省即成囊中之物。现在×人在冀、察两省的力量虽然一天天强大，两省的政权也日见明朗化，但是二十九军的驻守和广大民众的反×势力总是它的大患，此刻它所以迟迟不解决的，就是因为害怕这两个力量。绥、晋失守，二十九军已成釜底之鱼，那么敌人便敢为所欲为了。我们现在要求保绥、晋即所以保冀、察，保冀、察也就是所以安绥、晋。

第三，由华北而西北是××侵略的途径，而绥远便是西北的门户。绥远一失，非特山西不保，陕西失去屏障，而宁夏也就因此危殆了。这几省又是新疆、外蒙、甘肃等省的屏障，如果再不防守，那么全中国将沦亡了。在东北失陷之后，我们听到开发西北的呼声，然而现在西北是在威胁之下了，我们开发西北的前驱在哪里呢？我们还不敢希望开发西北，我们只希望能够保得住绥远，就是保住了整个西北。

在××加紧西侵的时机，它更注意到亲自镇压并消灭西北的一切反×力量。敌人知道张学良的军队要求着打回老家去，也知道西北正在怎样地变化，因此它的决心西侵不单要占领我们的地方，更要消灭我们的力量。

第四，它的进攻当然也含有进攻外蒙和苏联的意思，因为最近日德同盟既已宣布，占领绥远实为进攻苏联的军事上必争之地，因此××乃于绥远用兵。但是这一点和前面的几点比较还是较为次要的。因为××如果急于进攻外蒙，可于张库与集库两路的会合点滂江入蒙，但它舍此而取绥远东、中、西，即显然是主要他在对付中国，所以我们决不能再把这事推到苏联和外蒙头上而自己不管，但是同时我们也应估计到苏联与外蒙同受威胁，这样我们才能接合强大的国际势力为奥援。

就在这样重大的意义下，敌人驱使它的爪牙向我们绥远杀过来了。于是在这塞外的旷野上展开了血的战斗，我英勇的绥军便个个成了龙城的虎〔口〕将，"不叫〔教〕胡马度阴山"了。

三　绥远抗战的前途

绥远的抗战是就此爆发了。战事自本月初起一直没有停过，绥军坚守着国土，而且时时给敌军不小的打击。因此敌人屡攻未逞，直到现在还在原有的战线上对峙着。

绥远的抗战的确煽起了每个不愿做亡国奴的人的热情，全国的人民都起来应援了，这是一个如何伟大的战斗，而且应该如何扩大为举国的抗战。

但是有些人却极力减轻它的意义，他们的无生是把这一战事局部化，而且愈快解决愈好。换句话说，就是缩小抗战因而消灭抗战。他们的办法，第一，便是过低估计敌人的力量，而且夸大自己的力量，说敌人决不敢来犯，即使来犯也不要紧，如宋哲元便说这是"一件小事"。第二，不许战争扩大，我军只采取防守，等敌人来攻时再抵抗，决不进攻。第三，便是采用军事败北主义，袭用"一二八"与"长城之战"的故智，用种种方法对抗战怠工，如不发军火（甚至发无用之军火）、不发粮饷等，使兵士无力战斗，因而陷于惨败。而最毒辣的办法便是根本否认这次抗战的反×意义，好像我们中国人不敢打××，而只应该打打为它利用的匪徒。这种方法便等于根本断送这一个战争。

这些人的计画便是根本消灭这一抗战。所谓"大事化小，小事化无"便是这个意思。

站在一个中国人的立场上，我们当然不能赞同此种主张的。因此我们对于这一次生死存亡的抗战，不能不提出几个问题，要求全国上下加以考虑：

（1）是局部的抗战呢，还是扩大为全国的抗战？

我们首先要求全国上下确定绥远的抗战应该是一个局部的抗战，还是扩大为举国之战的抗战。我们反对前一种意见，那并不是好战，而是根据中国的利害，不得不有此种主张。绥远抗战的前途可能有三个：（一）不战即降或战败即降，前一种如东北四省的失陷，后一种是长城战争的失败，但终于降则一；（二）敌军在屡试不逞后，暂退而准备，等待将来再度进犯，这虽然可苟安于一时，然而终不免于恶战的，那时敌势更强，抗战的困难，必更大了；（三）局部抗战扩大为举国的抗战。这三种前途，第一种全国人民誓死反对，当局也有所不能；第三种前途为人民所期望，然而当局似有所顾忌而尚在考虑；所以最可能的前途，说不定还是第二条路。

关于这三种前途，我们都愿加以一一估计，当然何者有利，我们就取何者。第一，无论战而降与不战而降，当然是全国上下所应该反对的，除非亡〔忘〕廉无耻的人，才敢这样主张，所以这一层我们认为无庸考虑。

苟安的局面很合乎中庸之道。我们很愿来讨论一下，究竟现在还可能有苟安之道没有？苟安之能否可得，第一，在于敌人之进攻与否。几年来的血淋淋的事实，尤其是×、伪、匪侵略中国的事实早已证明了此点，已不用我们再说明了。第二，苟安要依赖我们之退让。如果我们可能让步，也许可以此代价换得一个苟安的局面。但是我们既让了东三省，又让了热河，让了冀、察和绥远的一部，已经苟安了五年之久，而所化的代价是不可谓小了，但是敌人仍要进攻，我们仍不得苟安，足见第二个前途还是和第一个一样，仍然是一条死路。

因此，我们不是喜欢以举国之战来抗争，而是敌人迫得我们不得不走上这一条路，如果我们要生存，就只有拼命了。

（2）遭遇战，防守战，还是收复失地的积极战？

如果绥远一省的抗战要扩大为全国的抗战，那么我们必须首先改变我们的战略。在绥远抗战的开始我们还只看到遭遇战。这就是我们并没有充分的准备和决心，但是因为敌人已开始向我们进攻，我们乃不得不应战，因而发生了遭遇战。这种方式最初在绥东、绥中、绥北都曾有过。

但是随着战争的扩大，防守战渐渐占着优势了，一方面因为绥军抗敌情绪的提高，一方面更因为全国人民的推动。我方已有相当准备，在敌人侵犯的时机，我们便有准备地应战，而且给敌人不小的打击。防守战是必要的，然而也正是这种战术促使战争限于一个狭小的范围内，不能扩大为举国之战的抗争。简单说，防御战打一世，也是不能保全绥远省的。

因此要忠实进行抗战，我们要求绥军和其他愿意抗敌的部队执行积极打退敌人的策略。这就是一面消灭绥远省的伪匪军并且要进至察省，一面晋军由山西开出平汉路北上，直捣张北×伪匪窟，那样才能消灭伪匪之患，更可开展为胜利的全华北的抗战。

当然我们不能单单依赖绥军就能执行这样坚决的积极自卫的策略，还需要发动其他的部队应援才有可能。但是绥军既已做了光辉的榜样，我们很希望他们能百尺竿头进一步，杀出绥远省去，为收复失地之前驱。

（3）是剿匪还是抗敌？

抗战既然爆发了，然而有的人却故意要抹杀这个抗战，而称之曰剿匪。什么是剿匪呢？这当然是对于国内的非正规的武力而言。现在王英、李守信等确是十恶不赦的匪徒，他们的军队也的确是没有纪律专事掳掠的匪徒，但是他们不是普通的匪，因为他们是×伪部队而且在××指挥下由×方供给军火。这种部队决不是单纯的匪，说他们匪等于减轻他们的罪，因为匪的最大的罪状不过是掳掠烧杀，然而他们于此之外更有勾结外敌进扰国家的叛国罪，这是比一切罪都更为严重的。

现在绥军抗战的直接对象虽然是伪蒙匪军，但实际上却是反对那在后面操纵指挥的××帝国主义。因此他们的抗战是反×，是消灭侵略的爪牙，不是单纯的剿匪。

如果我们把绥军的抗战只叫做剿匪，我们等于取消了它的反×的意义，因此，我们要求此刻的抗战至少要打出抗敌的旗帜。如果中华民国的大军不敢反抗他们真正的敌人，而只敢打打它手下的毛贼，那真是我们大军的奇耻！

所以我们坚持抗敌是绥远抗战最低限度的标帜。当然我们也知道这不应斤斤于一个名字，而应该用实际行动来表示，所以目前要用全力扩大绥远的抗战，但是我们相信，只有"抗敌"二字才能更有效地号召全国上下，所以我们不能不为了实现团结御侮伟大使命起见，要求抗战的旗帜更加显明一点！

（4）继续过去的分裂，还是团结御侮？

绥远的警钟敲响后，全国人民都起来应援了。这是一个好现象，我们很希望绥远的抗战，能够达到实际团结全国上下一致御侮的目的。但是直到现在，我们政府当局总还没有完全接受举国民众的要求。在各部队中，除了绥军在抵抗外，其他部队都还没有积极地迅速动员起来。宋哲元将军甚至表示绥远不关重要，完全不管绥远丧失后他自己的命运，甚至晋军除了与绥军联防外，也还未派军队应援。……所以全国的团结还是很不够的。

我们主张在这个抗战的关头，正是政府与人民积极合作的良好时机，因此要求政府为了动员全国力量援助绥军抗战，必须首先扩大民众运动，准许言论、出版、集会、结社的自由，以期唤起民众而保证举国抗战的最后胜利。而人民方面也应顾及政府的困难，在这个非常时机不提一条过分的要求以促成政府与人民的团结。在抗战进行的地方，地方当局尤应首先展开民运，为全国之典范。

我们更主张全国各实力派的精诚团结。首先是华北与西北的部队要缔结抗×作战协定，阎、傅、宋、韩、张等应立刻开始谈判，商量互助办法。冀、察军队应同时发动抗战，西北各部队要应援绥军，山东部队要应援二十九军，那末抗战力量将立刻加强至数十倍，而整个华北的抗战发动了。中央的应援是刻不容缓的，但我们不希望重复长城抗战时的事实，此次应该产生一个新的联合抗战的局面来。而在真正的联合抗×没有实现之前，我们要求，各方首先给绥军以精神上的鼓励和经济上的支持。

在我们的眼中，绥远的抗战已经不是一省，而是全国的事了。我们国家所忍受的屈辱已经是无以复加了，我们所受的损失也已经不可以再增加了。这已经是我们做最后牺牲的时候，这已经是我们最后的争回我们的国格的时候了。防守绥远，用全国力量防守绥远，这是我们神圣的任务，这是我们的争得胜利、收复失地的唯一办法！我们不能再期待了，我们只有用全国的力量杀奔绥远应援！

最后我引证中央委员、中央大学校长罗家伦氏《致〔告〕绥远将士书》作为本文的结语：

经过我们血染的山河，一定永久为我们所有。民族的生存和荣誉，只有靠自己民族的头颅和鲜血才可保持。……我们民族复兴的奇葩，正孕育在枯草黄沙的堡垒中等候怒放。……不久更可以使世界认识我们中华男儿还是狮子，并非绵羊。我们全国同胞的热血，都愿意奔到塞外的战壕里，助各位〈消〉灭寒〈威〉，激励〔荡〕忠愤。……现在整个民族的命运抓在我们手里，我们大家都无所逃于天地之间。只有我们血染过的山河，更值得我们和后世的讴歌和爱护。……（十二夜）

　　（附注：因限于篇幅及缺乏资料，关于绥远的经济情形和民族问题不及讲到，容以后再和读者研究了。）

《新世纪》（月刊）

上海新知书店

1936 年 1 卷 4 期

（李红权　整理）

蒙古独立和保卫绥远

作者不详

关于内蒙独立的消息，近来传说很盛，但截止记者草此文时还没证实。据报纸上的电文和通讯总起来有下列几条材料，可供参考：

一、北平十七日电传：德王与卓什海在张北已宣布独立，脱离中央，张垣到库伦大道，已被"满兵"阻断。

二、同日北平电传：德王之宣布独立，系受某国的压迫。

三、中委兼蒙委尼玛鄂特索尔二十三日在张北被刺。

四、国民政府于二十五日明令公布组设"绥境蒙政会"。

日本吞并内蒙是他侵略整个中国中的既定步骤，"九一八"以后更无时无日不在积极进行着，这是人人早就明白的事，但为什么现在一有独立的谣传，就立刻引起国人深切的注意呢？当然是在冀、察未亡，或名存实亡时期中，最易令人有"国土日蹙"的感痛。姑不论德王确已正式宣布独立与否，但日本要内蒙脱离中国版图的企求，是毫无疑问的事情，所以现在我们应该注意他的既成事实，是不是已经有了傀儡组织的雏形？不然就是德王虽然否认通电独立，实质上他已成了瓮中之鳖，这点面子要他何用？！

绥境蒙政会虽然已经成立，但要不使绥境蒙旗有变，也决不是成立一个空洞的机关和褒奖几个王公而能办到的。现在的问题只是对外，不是对内；就有八个蒙政会，也不能阻止人家侵略疆土，所以我们虔诚希望政府并唤醒绥省军政当局傅作义将军，应该注意，如何用实力来阻止强邻的侵略，给侵略者一个打击！

热河早已丢了，察哈尔已等于亡了，现在绥远总算是"硕果仅存"的内蒙的一块土了，我们就眼睁睁地看着他也亡了吗？

《一般》（周刊）

汉口一般周刊社

1936 年 1 卷 4 期

（朱宪　整理）

论扩大绥远战争之必要

杨缤　撰

一

绥远战争爆发，不过一礼拜，我军已直捣九龙口，占领了匪伪活动的中心——百灵庙，使敌人气馁势泄，观望许久不敢动。此次军事进展的神速有效，不但敌人未曾料到，即我们自己，因为五年来历次的失望，也不敢存过奢的预想。正惟它是意外迅疾的成功，更使人鼓舞感奋！我们不能不承认傅作义将军这次大战，在民族解放上的成就，已经超越了他屡次表现的英勇和坚贞。

最近十日来，边上军事虽常有接触，表面上似乎归于消歇，匪伪军趑趄不前，且常有反正的消息。这些外形有时能使人情趋于松懈，以为国境大事有望解决，苟安岁月的局面似可继续下去，前途如何，暂不理会的样子。然而事实里面，正如傅将军电文所说"绥境军事，外弛内张"。无论匪伪反正是否别有作用，可是日军官在上海公然表示同情匪伪，且承认日本与之有关的狂言，也已将此次绥边战争的内质透得明显。实际上，不但匪伪军的灵魂、心脏，是某帝国主义者的特务机关和军事指导员，即伪蒙匪军中的兵士和下级将领，也有不少由某国人改充。匪伪发动时，王英、包瑞卿等曾驾着某国飞机飞往天津请示。匪伪一切新式军火，机关枪、大炮、毒瓦斯、坦克车，全由某方供给包办。并且，在战事期间，某方飞机竟不惜公然出发，轰炸我军后方。最近，敌人见奴才不足成事，显然颇有揭开假面具、自己挺身而出的意思。它一面拟派正规军队两师团出动，正面攻击，一面又用特种军队（不外是汉奸小丑），来破坏侧面阵线，毁坏电线、电网等。他们以为匪伪军不能取胜，是因为肚子太饿（其实是精神饥饿），于是发给饷糈七十万，利诱威胁，使群匪西进反攻，又使伪满军队由热河开出活动。"九一八"及"天津自治运动"的制造者×××也已奉了秘密使命，前往张北。

根据以上诸情形看去，很明白，绥远战争有两个要点大家应当记住。

第一，绥边事件名为剿匪，政府以之昭示民众，大小报纸这样登载，某国的外交官也妄言欺世，认为"绥东战事纯系中国政府在其领土内之国内事件……中国政府处置此种情势，有充分自由……"，实则整个事变彻头彻尾是民族解放战争的前哨战。我们的对手不是几千几万的汉、蒙人民，而是那裹在黄衣服、红肩章里面的国家仇敌的先遣队。我们所要驱逐的，与几个失意的、愚蒙的不肖匪徒不相干，而是那骑在飞机、跨在坦克车上冲下来的奴役和蹂躏，使我全中华民族从太阳光底下消灭的殖民地政策！绥远战争是歌唱民族解放的海燕，它为神圣的牺牲和创造发轫！

第二，正为绥远战争有这样崇伟的意义，正因敌人的开路先锋已为我们所击破，主力敌人对它必然始终不会放过的，它的血嘴迟早要吞噬绥远。综观它近来积极活动的情形，可见这外弛内张的表面决不能维持多久，眼前的沉寂是敌人准备配置的机会。

二

基于以上两点认识，故绥战一经爆发，立即全国崛起，捐款的捐款，劳军的劳军，救护服务的救护服务。全国人民虽受极端贫困的迫压，然而振臂一呼，不旬日捐款已集至五十几万，棉衣、用品在外。大小学生竟枵腹终日，至今还在吃窝窝头、咸菜，薄口腹以奉军需。自有民族以来，剿匪军事未尝有这么风靡全国的现象！这正表现出全国四万万人共有一双巨眼，共有一颗壮烈宏大的心，心和眼联而为一，指着一个共同大敌，论民族，论意志，我们可以支持十个绥远战争，而有得到最终胜利的把握！论国家所受的侮辱和危险，我们更不能不积极推动绥远战事，使之扩大为收复失地主权的民族解放战争！

扩大绥远战争在目前似乎有超乎一切的，坚急的必要。这意思可以分几层说。第一，某方自田中上奏后，抱有征服世界的雄心，而以我们为它的军事、经济准备库，其目的在夷灭中国。然兹事体大，即征服中国一事，也不容易咄嗟立办；虽夺来一部分土地，不得工夫经营开发，也仍然如获石田。加以他的猖野行为不但激起睡狮猛醒，并使国内怨嗟，国外侧目，财穷民困，进退两难。为日本计，此时最好莫如休兵息武，努力经营开发所得土地和富源，使它的十年煤油计划、种棉计划、移民计划、采铁计划、华北殖民地化计划步步实现。这短期的准备，于敌人不但有上列种种经济、军事乃至政治上的积极意义，它确可以暂时的安定诱导资本家来华发展，将国内不逞之徒的目光转而向外，缓和国内矛盾。第二，还有一个极大的作用，便是改造东北人民的心理，使伪满不但在政治上成已成事实，连心理上都不得不是。我因为很注意这一点，所以留心向新从东北来的朋友们打听，据说东北十五岁以下的儿童绝口不提中国，不知中国国旗是什么，十岁以下的儿童根本不知有中国这东西，二十以上的青年，有志者都逃亡在外，无志者多半自以是"满洲国"人为荣。他们在那儿也有"满洲国歌"，也有忠君爱国、食毛践土的一套教育改造人民。我们知道人不过是环境的产物，长期的环境薰陶，可以使猛狮失去攫拿的能力和意志。同时人们都有相当的自我自尊，他日日受着独立的"满洲国民观念"的食育，会不自觉的将自己与"满洲国"同一，以为"满洲国"的灭亡是他的耻辱，这种心理特别〈集〉中于十几岁以上的青年。所以若这局面延长至十年乃至五年，那班不知有中国国旗和中国的孩子们，本来都应是我们民族的骄子的，都会变成我们最积极的敌人！而事实上以世界现势，尤其是德、意、日的联盟推去，以我国这种英美式的延宕政策看去，这局面许可以延长得更久，而我们的孩子变为我们仇敌的也要更多！这是一种非常严重而可悲的前途。不但此也，"满洲国"初成之初，国际观听原非常震骇，非常反对，若我国当时一鼓而起，大张挞伐，即使不能立加扫平，国际上知道我们是为失土而战，东省人民知国家是为爱护他们而致死，虽然失土已如疮痍，但因有这种亲爱、固结、赞许的感情和思想在周围温煦，疮口不难平复不留痕迹。然时日一久，国际间或因事实不得已，或因野心家想利用以逞，又或因时间的醸培，把事实的萌芽养成了一棵树，因局面的愈久而愈加壮大，将来即使倾全力能将其铲除，也要留下深刻的疮痕。这疮痕若会因风湿寒热作痒作痛，乃至复发，将来的东北也就是如此，弄成如法德之间的萨尔、劳连乃至来因地带一样，或竟至弄成如但泽之类的永恒问题。谋国者为国家的发展和坚固，对于这种将来的问题不加打算，势必贻害子孙，祸害无穷，使我完整无缺的中华兄弟姊妹、父老子女凭空裂为两姓，判为仇敌，贻任何野心家以操纵羁勒我们的把柄，何堪痛惜?！第三，正为我们承认这种罪过之存在，且听其向前发展，致使本来并无民族问题的中华，现在也显得裂痕百见，敌人乘此以为挑拨离间和利用。往日的察北问题、德王问题，近日的绥东北问题，小之如去年的侮辱回民，大之如蒙人自治，无在不是敌人造孽的机会，无往不是敌人作恶的罪征。这是使民族心理不能团结，反滋分离者一。五年之中，失去土地一，二八五，〇六九，〇〇〇方公里，察北还在外，失去人民近一万万，耻辱协定重重复复，敌人的飞机、坦克车、大炮在国门之内横冲直闯，人人侧目，近郊都邑变为敌人驻屯守卫的禁地，无故拘捕虐辱人民，使一部分人困于恐×心理，以为中国缺少"坚甲利兵"，万不能轻率与×开衅；一部分人或困于饥寒，或因为缺少具体的民族行动，以刺激起他的国家情绪，而致流为汉奸或准汉奸。至一般急进热肠的人，则因为爱国感情和行动意志无整个积极的行为使之得到有效表现，对于上述"稳健派"乃至汉奸易存程度不齐的怀疑、愤恨或厌恶，使他们的热血精力在各种或强或弱的行为上遭受极可惜的牺牲。这类牺牲若果真有全国一致的对外行动是很可没有的。第四，我们已经说过，绥远事件决不会停止在目前的外表上，迟早敌人定要把它推进到横断西北，俯瞰陕、甘，将整个西北和华北置于它的大包围之下为止。以目前现状来说，敌人或许因为某些顾虑，不愿在绥远放手大干，怕激起引满待发的民族战争，可是相当时期一到，它那进占绥、宁，以平绥路为主干，将铁路展入宁夏，直达青海的大计划终必要图实现。若我们现在不扩大此次抗战，积极以整个计划来整个行动，若见敌人一松，就赶急也撒手，则我们此次战争的所得终将变为白费，兵士将领所流的汗血，后方人民所受的苦辛，不都枉然了吗？

　　因此，照以上情形看来，绥远战争的扩大，以情以势，都是绝不可避免的。我们不能给敌人有许多机会和时日来准备，我们不能假敌人以时日经营他所劫夺自我的土地和利源，即以我们自己的财富来铸成凌辱和蹂躏我们的工具！在东北，我们已经错误的，可耻的送给了它这种机会了！一误万万不可再误！有人也许说他有时准备，我们也有，因此延宕是于双方有利的。假定这话是对，假定我们真能彻底用这种时力来准备，而不浪耗于其他自残国本的事情上，可是我们的地位仍然处于不利方面。以飞机、枪炮、海空等军来说，我们的准备绝不能如敌人的迅速有效；以性质说，敌人的准备是进攻的，我们却止于防御；敌人是在我们领土内作殖民地的开发，我们则多半限之于简单表面军事上的准备，其余时力大部分用于无益有害的伤残纷争。况且，还有要紧的一点是：我们愈延宕对外战争，国内愈滋纷扰；敌人愈延宕战争，以时力经营既得利益，则国内问题愈减少而愈安静，两者利害显然。实际上，我们技术的准备虽有不如敌人处，而地理、情势、民气的准备则比敌人充足万倍。若大战爆发，经济、政治绝交，私货、公货不来，社会经济的解体作用，反而更易缓和，而人民为势为情所逼，也不能不出于节俭耐苦，不能不改用国货，这种副作用在精神和物质两方都不能说没有很大的意义。而且，若我们现在真能出察北，收复热河，直捣黄龙，则我们犹可以救回无数中华民族的子孙，销灭将来国际上的一个症结，使这次绥远军事的发展和胜利得到全国一致行动的积极实际支柱，以失地的收复，民族的解放和发展为这胜利的永久具体的保障。到那时候，绥远胜利才是真正的胜利，绥远战争才能真正动手，揭开民族发展史上最重要的一幕！

《大众知识》（半月刊）

北平通俗读物编刊社

1936 年 1 卷 5 期

（朱宪　整理）

国军攻占百灵庙以后

贾迪 撰

报载绥军已于昨午攻占匪伪巢穴的百灵庙了。这予全国救亡大众的欢忻鼓舞，将是不能为言语所可形容。

我们知道，自匪伪在绥东和我接触，旬日来我们只见有"我军沉着应战，匪未得逞"的善〔差〕堪告慰的消息；这即是说在战略上我军始终未放弃被动的防卫形势，一旦旷日持久，匪以游击战术疲劳我军，再择一弱点而猛攻之，我军仍有功亏一篑之虞。所幸最近前线守将已渐感长此防守之非计，已渐易守为攻，而终于在昨天大获全捷，这除了为前线将士深致敬意外，同时也不能不为绥远抗战前途额手称庆！

但是，倘这样就认为我们国防前线可以高枕无忧，这样就足够后方的我们偷安一时，那不但是错误而且同时也是非常危险的。事实，友邦利用匪伪西侵，仅属刺探性的前哨接触。胜固然是以华制华的成功，败亦未尝不可作考虑今后正面进攻（侵略）的前辙；何况东京报纸已正式透露出"倘战事蔓延至危及日本在'满'之安全时，日本自不能袖手旁观"这种即将主演绥东战事的空气，而喜多更明目张胆的承认日本参加匪伪犯绥的阴谋。总之，这次匪伪丑角的惨败，正是说明着支持这幕悲剧的后头主角即得〔将〕登场。那末，我们可能预计到苟安的存在吗？

他方面，我们更要知道，绥东的防卫固属全国救亡大众现阶段的迫切要求，而尤为我们所倾注的，则是由这一局部的抗战，而引燃全民族解放战争的爆发，须知我们的国防前线，并不在绥东而还在鸭绿江的彼岸，我们还有三千余万同胞在直接被兽军残〔践〕踏。因此，我们急盼"中央续派国军援绥"的电闻，要不是一时对民心的收罗，要不是有意地去和民众抗日武力对消。同时，还更希望中央不仅只在万分危险下才派一旅之师往援绥远，而在于趁此抗战声中，立即配备了整个民族解放战争的军事布置。即退一万步说，我们要保存西北门户的绥省疆土，也不是攻破百灵庙一个匪所可了息，而最低必须收复察北六县，绥省才可暂保小康，原来百灵库虽是匪伪蠢动的中心，而实际的支点却在察北，因此，我们可以说匪伪虽溃散于绥北，而终必再现于察西。连日伪满和友邦的援军，不正集结沽源、商都么？太阳牌的军火不正源源运往张北么？不过，在绥战还未急遽转化以前，友邦还在"察省是中国领土，中国自有剿匪之全权"这样打官腔，那么，我们就当捉住这一口实，以乘胜之师，直驱华北，根绝匪伪，否则不但抗战前途不易展开，即消极的图保绥省一隅，亦将不可能，因此，在全国腾欢之余，愿再接再厉地一致督责政府出兵收复失地，领导全国各抗日势力发动神圣的民族解放战争！

《文化周报》

西安文化周报社

1936 年 1 卷 5 期

（李红权　整理）

援绥运动是抗日联合战线的发条

向林 撰

一年来抗日联合战线虽然有惊人的进展，然而跟着客观形势的严重和急剧变化比较起来，还差得太多。

自日本提出新五项要求以来，中日关系，中华民族生死存亡的关头，已经达到了千钧一发的阶段。可是，我们回头看一看抗日联合战线是否能主动的应付了、左右了这最紧张最危险的局面呢？

当然我们不能抹煞联合战线的扩大与民众运动的高涨对于时局的影响。中日外交会议七次，始终不敢有什末公开宣布的结果，外交当局不得不勉强派遣专员赴绥远走一遭，应酬应酬百姓，都是民众抗日运动高涨的结果。然而中国外交向来是秘密的，中日外交表面上虽然沉寂，骨头里面我们谁能猜摸得透呢？同时，在"沉寂"和"停顿"这些好听字面上，我们也朦胧的看到了看风使舵的态度。

然而那种汉奸态度，却并不是中国大多数人民所持的态度。从几日以来，募捐与绝食运动的普遍和深入程度上看来，也充分表明了中国民众的态度和决心。

广大的民众和各党各派，以及各实力派下层的官兵的态度和决心，虽然那样坚定和显明，然而我们还没有把联合战线建立成足以左右中日关系的势力，尚不能够直接给侵略者一个迎头痛击，所以跟着客观形势比较起来，主观的能动力量相差的还太多。

难道我们怀疑抗日联合战线，不是应付国难解旅〔放〕民族的唯一路线吗？如果这样想，便充分表明了对于联合战线的认识不够。证之于过去孙中山先生领导的国民革命，证之于现今的法国和西班牙，毫无疑义的联合战线是拯救中国的唯一正确的路线，可是现在我们最急迫的问题，是如何扩大与巩固这个战线，使得它足以应付和左右目前这个迫切万状的时局，足以给侵略者一个迎头痛击！

联合战线虽然是唯一的正确救亡方策，然而机械的去了解和运用它，也会成为有害的东西。抗日联合战线是为抗日而联合，并非为联合而抗日，也即是说不能够等待和平的联合好了再去抗日。这不但客观情势不允许，即从联合战线的进行本身上讲来，也不可能。这样和"统一了中国而后，再谈抗日"者，其结局恐怕要成为难兄难弟。

我们既然认识到了在对外抗战中才能实现真正的统一，同时我们更应当认为在抗日实际的行动中，也才能确实的扩大和巩固抗日联合战线。

然而这并不是说联合战线一点基础也没有，便去轻举妄动，我只是说联合与行动不能机械的分开。在抗日的神圣行动中扩大与巩固联合战线，这样才不是对于联合战线机械的了解和运用。

法国与西班牙的人民战线，当刚在议会席上得到胜利时，并不很巩固，只有在后来的实际斗争中才真正扩大和巩固起来了。特别是西班牙人民战线在对法西叛军的抗战过程中，一方面抗敲〔敌〕，一方面巩固自己内部阵线的这段活生生的历史，可以作为我们运用联合战线的例证和非常好的指南针。

虽然侵略者那般疯狂的侵略，民族危机的空前，军民抗日情绪的昂抑〔扬〕，然而另有一部分疆〔僵〕尸却在企图和日本要价还价（用一句外交名词即是"折冲"），希望军民抗日热情消沉下去，或者暗中破坏抗日战线，而后好在割地求荣之下，求自己政权的维持。然而我们爱国民众却要冲破这种疆〔僵〕尸的出卖！

中国的抗日联合战线已经有了相当的基础，我们要利用这个基础，积极的发动军民直接援助绥远抗日战士，以提高全国军民的抗日热情。这时机，再无暇高谈阔论和平的建立联合战线了。我们要使全国军民的抗日火焰，烧化□尸的压制！

上海抗战、长城抗战后的结果是没有了，这次绥远抗战，若不是煽起了全国大规模的神圣的抗日战争，便要有同归于尽的危险。绥东抗日战争再被破坏了，出卖了，将来汉奸的毒气必定更要直升万丈，民气反倒一沉到底。以后，我们再谈什末抗战，再谈抗日联合战线也不会响亮了！这是抗日联合的生死关头，同时也定〔是〕中华民族的生死关头！

《文化周报》

西安西京民报社

1936 年 1 卷 5 期

（李红菊　整理）

日侵内蒙计划

作者不详

（外论社伦敦讯）《泰晤士报》驻平记〈者〉，不久以前，曾旅行察哈尔、绥远两省，关于日人在内蒙所行之军事秘密计划一节，言之极为详尽。该记者云，日人欲以此种计划，从高丽北境起〈至〉新疆省境止，沿苏联及外蒙边界，造成"防线"，日本并为此目的而向内蒙推进，察哈尔之一部分，已为日人侵占，绥远省之西部，现正岌岌可危，用以攻袭绥远之非正规军开战，乃为试探绥远防务之坚强性者也。该记者复称，冬季以前有发生更严重事件之可能。

日人于内蒙已造成若干根据地，该记者言，张家口已变成日人经济活动之根据地。数年以前，张家口之日本商店不上二十家，而现时其数目已达至百余家矣。设张家口之日本特务机构，其服务军官计十二人之多，日本领事馆，亦有空前大批职员。日人曾尤〔允〕若干察哈尔之外籍传教师离开该处，然不许其归去。据由察哈尔抵平之传教师言，彰〔张〕北已创设一蒙古军官学校，其教官为日人，蒙古青年皆被征入日人所组织之军队中。

归化亦设有日本特务机构，除此以外，尚有中国当局所不承认之日本领事馆，归化之工商业，已告停顿，查由内蒙之紧张状态所致也。

昔为蒙古德王立足地之百灵庙，现亦在伪国及日人统治之下，该处有一部分便衣日人，然若辈显系日本军官，内蒙事实上已变成一切人之禁地，而关东军之部属及日人，则属例外。日人于该区装设新电线并建筑飞机场，该处随时随地均可发现日本铁甲车及飞机。

该记者举出内蒙都会由百灵庙迁往嘉卜寺一事，作为日本控制内蒙之例证。此外，该记者复称，德王已领到日人军火，并被禁止与外人接见。平绥铁路之终点包头，现时亦设有日本特务机关，其中由日本军官六人主持，该特务机关有无线电台，用无线电与长春（伪国首都）建立来往联络。

七月中旬，有一外籍旅行家曾于绥远省西部遇见日本特务机关人员一队，兵车往宁夏方面进行，此事证明日人之侵略甚且入于内蒙西部矣。另有特务机关人员一队，已向接近新疆之省境之区域移动，据该记者云，日本军事布置之路线，正由高丽北境起沿伪国及外蒙边境而伸张新疆省境东部，该路线于伪国已由具备军事建筑及飞机场等之驻防军，加以巩固，日人于内蒙之若干区，已建防御工事。该记者称，于是日人行将造成由高丽北部起沿苏联及外蒙边境而抵新疆省界之一大军事布置路线矣。

《边疆》（半月刊）

南京边疆半月刊社

1936 年 1 卷 6 期

（李红权　整理）

绥远不是局部问题

作者不详

绥远方面已有了激烈战事。在这个时候，我们愿意大声疾呼，提醒国人这一点：绥远不是局部问题！

开宗明义，大家应认清，绥远目前的战事绝对不是内乱。如今进扰绥远的叛逆是李守信、王英等等，他们不止是土匪，不止是流寇，干干脆脆，他们是汉奸。所谓汉奸，乃勾引外人，进扰祖国的奸细。诚然，则绥远战事乃有复杂背景的战事，乃有外力操纵的战事。对这种战事，应以整个国家为单位，无所谓局部问题。绥远战事既不是局部问题，则目前国人所喊的"守绥远"、"保绥远"、"救绥远"这类口号，都是错误的口号。昨日我们在社论里已明明白白的说过，国家的领土是整个的，是不可分离的；国家的主权是整个的，是不可分离的。外人在任何方面侵犯我们的领土与主权，这就是侵犯我们的整个国家，这是对我们整个国家的挑战，我们应以整个国家做单位来应付。我们目前正当的口号是：守中国！保中国！救中国！

中国人对外，每把整个国家的问题，化整为零，使之成为地方局部问题，这是大错误。这个错误，有将近百年的历史了。从鸦片战争起，凡中国与外人有战事，战事发于中国某区域，即看作某区域的局部问题。鸦片战争、英法联军战事、八国联军战事，类皆如是。外人攻甲地，甲地起而防御；外人攻乙地，乙地起而防御。甲地有外战，甲地的地方长官负守战之责；乙地有战事，乙地的地方长官负守战之责。国家无通盘御侮的计划，地方有事不干己的旁观。对外战事，化整为零，这是中国近百年来的往事，亦是中国一百年来的丑史！

这种错误观念，至今未能革除。"九一八"以后的几次战事，类皆如此。淞沪战事、热河战事、长城战事，其实这一切战事，没有一次不是国际战争。中国的应付，却没有一次不是局部的方式。外人在某地进攻，我方即由某地应战，且由某地的地方官吏应战。其他地方采"事不干己，隔岸观火"态度，及其结束，又是局部结束，其他方面依然是"事不干己，隔岸观火"态度。凡此一切，即昨日本报所谓零赈〔账〕零算的方式。整个局面，又如昨日本报所比拟，同为一人，左手与人握手言欢，右手与人相击互斗，体与人相杀，头与人相吻，此虽滑稽，此虽矛盾，此虽不近人情，然而此却为事实。

我们要唤醒国人，对这次绥远方面的战事，应彻底革除那种滑稽、矛盾、不近人情的奇异现象。我们应彻底明了，国家是整个的，且是整个的有机体。一部受侵，全部受伤；一部丧失，全部灭亡。对外力的应付，须有全体一致的反应。所谓全体一致的反应，即全盘计划与整个精力以为应付的意义。今日的问题，不是"守绥远"、"保绥远"、"救绥远"的问题。今日国人的口号应是：守中国！保中国！救中国！

对外战事，化整为零，中国这种弱点，早为外人看透。五年以来，外人对付中国，可算步步针对这个弱点进攻。中国是整个的中国。外人对中央言调整，对冀察求合作，对绥蒙谋攻击，因地制宜，因人施计。外人在方策上，诚所谓得心应手，运用自如了。我方居然不识外人策略中的奥妙，在某区域之领土与主权受威胁压迫的时候，其他方面可以谈合作，可以谈调整。这是如何的滑稽，如何的矛盾，如何的不尽人情〔意〕？然而这是事实！

守吉黑！守淞沪！守锦州！守热河！守长城！守平津！守察哈尔！守内蒙古！五年以来，我们只听见这样的呼声。如今又听见"守绥远"的呼声，长此下去，必有守粤桂，守滇黔之日。整个中国哪里去了？亚洲果然只有这些区域，没有了整个的中国吗？果有整个的中国，对外事件，就应拿整个的国家做单位，整个国家，用整个计划，用整个精力，出来应付！对外，直捷了当，亲善是全局的亲善，破裂是全局的破裂，左手与人握手言欢，右手与人相击互斗，这是滑稽，这是矛盾，这是不近人情。立国之道，举国人若能共存共亡，或能存而不亡。须知同是一国之民，存亡关系，不是唇亡齿寒，却是唇亡齿落；不是兔死狐悲，而是兔死狐灭。绥远不是局部问题，今日我们的口号是：守中国！保中国！救中国！（天津《益世报》）

《福建县政》（半月刊）

福州福建省县政指导委员会

1936 年 1 卷 6、7 期合刊

（侯超 整理）

中央军入绥与绥远抗战的前途

作者不详

　　绥远抗战爆发了，全国民众都在狂热的起来援助，都在期望着扩大为全国的抗战，这时中央调大军入绥，的确引起人们的注意，北平各校学生为深切明了起见，举行了一次扩大座谈会，这是一篇简略的记录。

——华

一、中央军入绥的意义

　　自"九一八"五年来，全国民众，尤其在敌人铁蹄蹂躏下的东北同胞，无时不在期望着请求着政府，立即出兵与日本帝国主义作殊死战，使四万万不愿作亡国奴的民众，脱除奴隶的地位，全民族得到解放。但事实上使我们不敢想像，所见到的只是屈辱与妥协。上海、塘沽、何梅等协定不断的出现，和正在进行中的什么什么谈判，无时不在表示着一贯的退让。同时对内也无时不在准备着内战，进行着自己打自己的工作。绥远抗战爆发了。绥远在国防上的重要，这是谁都知道的。侵略绥远的敌人是决心要灭亡我全国，奴役我全国人民的，日本帝国主义者强迫满洲和蒙古的兵士，促使王英、李守信、德王等汉奸来作侵略的先锋，但绥远守土的将士开始抵抗了，这是不愿作亡国奴的人们保卫自己土地，脱离奴隶的地位而勇敢的起来兴〔与〕敌人斗争的。从抗战到现在，各地的民众热烈的去为战士募捐，派代表到前线慰劳，向各实力派呼吁，向政府请求，立即停止一切内战，全国集中力量去抗战，由此可以知道人民是如何在援助这次抗战，如何期望着扩大这次抗战，使不至于蹈过去"一二八"、"长城"诸役的覆辙，而来发动一个伟大的热烈的全民族解放斗争。

只要是中国人，只要他不愿做亡国奴，他就没理由不赞同这个主张。

中央就在这样的督促下，不得不调大军入绥了。

这是一个可喜的消息，我们对它抱了无上的希望，但从几日的情形看来，使我们不敢相信政府是有计划有决心的去抗战。

正在绥远发生问题的时候，上海的爱国领袖被捕了，相继而南京的爱国领袖被捕了，就连北平学生到政府去请愿的代表也押禁回平。听说京、沪最近又逮捕了爱国分子二三十人，同时对于平、津救亡运动也要来一次破坏和压迫，这即证明了政府还不接受民众的请求，不与民众亲诚的合作。如果政府要决心抗战，绝不放弃民众，也绝不压迫爱国运动，这是铁一般的真理。

听说中央军约二十万云集绥远一带，而未整个积极的去进攻伪匪军，虽然夺回了百灵庙，而最后仍不过是防守，而不乘势进攻收回察北，整个肃清伪匪军，只是"大事化小，小事化无"的一种态度，来应付民众。而且同时在这时仍在南京进行谈判什么"华北防共"、"华北特殊化"等屈辱外交。这都证明了抗战的不彻底，抗战的没有决心。

现在我们可把中央军入绥作下面几个单简的分析：

1. 因为人民联合战线的开展，以及全国不愿做亡国〈奴〉的大众的呼吁，政府不得不出兵绥远，一方面掩饰政府的妥协外交，另一方面作为欺骗大众的烟幕弹。

2. 又借抗敌来统制山西、绥远，以完成晋、绥中央化的计划。

3. 西北、东北军抗日情绪的高涨，"打回老家去"热血的沸腾，随时有北上抗日的可能，这对于中央是一个很大的威胁，因此出兵绥远，借以包围西北。

4. 监视晋、绥以及华北一切军队和民众爱国运动。

5. 受英帝国主义之阴谋，使中央军入绥给日本以威胁，促成英、日帝国主义的妥协，结果中国为牺牲品。

二、绥远抗战的转化

绥远抗战前途的转化，也不外下面两个前途：一是断送这次英勇的抗战与日妥协，转而进攻西北，变成残酷的内战，这是由半殖民地的中国转化为完全殖民地的中国一个前途；一是以全国救亡阵线竭力支持这个抗战而发动全民族的解放斗争，这是由半殖民地的中国转化为脱离资本帝国主义的压迫而成自由独立的国家的前途。所以证〔说〕绥远抗战前途的转化，是关系我们全民族的生死关头。

自绥远抗战爆发后，全国民众一致的要求，是大家尽力支持这个抗战，督促政府及各实力派发动全国的力量，扩大这抗战。我们不但要击败伪匪军，而且还要收复内蒙、察北，以及热河、东三省。可是，事实却正相反，政府第一个命令是把陕、宁、甘等省划为"剿匪区"，骨子里也就是说，我们决不收复失地，决不与日帝国主义宣战，很显明的把这抗战要转化成内战。我们想到当绥远英勇的弟兄们正在冰天雪地中与敌人苦战的时候，南京的日大使馆负责人说"绥远战事是中国内部的事，与日本无关"，这不是表示中日政府的双簧剧是什么？

但我们回头再来看另一方面的力量，在西北东北军"打回老家去"情绪的高涨，以及晋阎态度的转变，组织不分党派不分阶级的牺牲救国大同盟，广西李、白的请缨抗日，廿九军兵士反日情绪的扩大，以及中央政府的一部分领袖如冯玉祥、孙科、张继等诸委员的热切主张抗战，此外，我们更看到全国各地一切不愿做亡国奴的民众的团结和救亡联合阵线的开展，尤其自"一二九"以来，全国学生的艰苦奋斗，阵线的扩大与巩固，在最近上海、青岛日本工厂中国工人几万人的罢工，这显然是勤苦大众的觉醒，对敌人的一种有力反抗。更使我们想到兴奋的，是东北义勇军的坚苦斗争，使日本帝国主义在满洲受到严重的威胁。

我们如果看了伟大的而使我们兴奋的这一方面，我们知道中华民族是有希望的，这庞大汹涌的力量，在绥远抗战中，也绝不能否认它的更强作用。只要是站在这场合下的民众，能鼓起更英勇的姿态与更大的努力，我们绝不否认绥远抗战的前途有转化为全民族解放斗争的可能。

三、我们当前的任务

我们认识了客观的现事，民族的生路和死路，任务非常鲜明：为生去奋斗——为民族解放而斗争。

但我们目前最主要的任务可分下列数项：

（一）要求政府，要求现在入绥的中央军立刻动员加入抗战，不仅消极地去做防守战，而且积极地去进攻。

（二）我们应当及时发动各地军队请缨抗敌，要求全国各实力派精诚团结。如现在的东北军，曾请缨北上的李、白，以及其他要求抗敌的步〔部〕队，中央应该准许他们开赴前线作战。并且要求华北与西北的部队缔结抗日作战协定，阎、傅、张、宋、韩诸领袖马上开始谈判互助办法，整个发动华北的抗战，产生出新的伟大的抗战局面来。

（三）我们应该加紧援绥运动，仍旧积极地扩大募捐，劝有钱的出钱，有力的出力。扩大组织战区服务团，如看护队、洗衣队、缝衣队、运输队、宣传队等到战区服务。

（四）组织全国民众。我们知道，没有组织就没有力量，把千万万人组织起来，就不怕我们的敌人，我们就能得到最后胜利。组织是我们万分火急的要求，我们每一个人就担负了组织民众的任务，立即动员去组织广大的群众，同时我们现在更在这里加强的说：要求政府开放民众一切组织！

《热浪》（月刊）

北平中国大学热浪社

1936 年 1 卷 6 期

（李红菊　整理）

"满"蒙的武装冲突

作者不详

"满"蒙自发生哈尔哈事件以来，关系各方面曾协商数次，卒因"满"蒙两方的意见，各相背驰，而未得到解决之途径。上月下旬"满洲国"与外蒙古的军队部分的冲突，据日方电讯，外蒙古兵队屡次有意向边界上之日"满"兵挑衅，这是意味着武装冲突之罪名，应当外蒙负责。

满蒙之冲突（实际上便是日苏的武装冲突），谁都知道是不可避免的。主因是由于两方面在政体上根本相异，日本辅佐树立"满洲"政体乃是进攻苏联的第一步。苏联现正在实业建设之时，根本反对战争之爆发是无疑的，故于建设期间，对外一切总是取和平态度，中东路出卖给日本，是一个最好的例。日本恐惧苏联建设进一步的成功，故欲在苏联第二届五年计划前实施进攻苏联——冒险的进攻苏联。不过，总因帝国主义间不能协调，以及日本国内及"满洲"内部之矛盾，使日本军阀们的进攻苏联的计划，不能很痛快的、冒险的来施行了。

我们断定"满洲国"与外蒙古之冲突不致扩大的，因为日本军阀们，不论具怎样大的野心想进攻苏联，然因"满洲国"的政治、经济的客观条件，缓和了这种计划。据最近出版的西安《政治月刊》上载，据关东军给陆军省的报告，"满洲国"有共产军一二，〇〇〇人，这个众多的"满洲国"境内红军之数字，不但是日本进攻苏联之一大难题，而且今后还能直接影响到日本帝国主义在满洲之统治。

《向导》（半月刊）

北平向导半月刊社

1936 年 1 卷 6 期

（朱宪　整理）

从经济上来观察绥远抗战

汉夫　撰

纪元先生在《生活星期刊》第一卷第十二期上写了一篇《绥东问题与华北形势的分析》，结尾中很正确的说到日伪军进攻绥东的意义。他说：

> 我们再就绥东问题本身的意义上讲，也是非常值得注意的。某方对内蒙的处心积虑，已非一日。进攻绥东是占领绥远全省的开端，是成立所谓"大元傀儡国"的初步，假使此种特殊的组织一旦确立以后，便是对苏包围的优越的军事根据地的完成。其次，晋、绥、察、冀在军事上本来有犄角之势。华北五省的特殊组织所以迄今尚未实现，在某方的眼光中，晋、绥两省是主要的障碍物。这次某方发动绥东事件，无疑的是对绥远当局一种威胁，如果华北五省特殊组织不能实现，那末，像同样的事件，必然的会接连发生的。

纪元先生是从政治和军事的意义上来说明了绥东事件的严重。

我们现在从经济上来观察绥东、绥北事件和晋、绥的抗敌战。

绥远的面积八十二万方里，东为察哈尔，北接外蒙，东南是山西，西为宁夏，南为陕西。说到交通，绥远是平绥路的终点，铁路可直达包头，黄河横贯西东，和外蒙、察哈尔、宁夏和甘肃等省都有公路可通，在西北边疆的确是占极重要的地位的。该省蒙、汉共居，工业极不发达，最主要的还是农业和牧畜。商业是在西北边疆各省中很发达的一省了。

绥远的气候是高原气候，一年当中，只有五月到九月的一百多天的温度超过摄氏十五度以上。农作每年只有一次收成。农作物中，以攸〔莜〕麦为主。这是在春天播种的。而雨量稀少，常有旱灾，河套一带是肥沃之区了，可是，遇着旱灾也是不得了。水利方面，各县都多少有些水渠，但是也不能解决旱灾的损害问题。

一般的说来，绥远的农产，还算丰富。归绥一带的各县多种大麦、小麦、黍、谷、糜、薯。河套一带的农产，以麦、豆、高粱为多。高原处则种小麦、黄米、胡麻和马铃薯等。至于蒙民，是不营农业的，主要的是在水草丰盛的地方牧畜。绥远和西北各省的人民的食料，以攸〔莜〕麦、胡麻、马铃薯和土豆为大宗，肉食只有生活富裕的人才办得到。收成好的时候，粮食不但可以自足，还可以外输。

牧畜是很发达的。根据几年前的统计，绥省羊群有五十——六十万头，牛、马、驴和骆驼各有五六万四〔匹〕，鸡、猪也很丰富。所以羊毛的生产非常丰富，而且是出口的大宗。此外，驼毛、羊绒、猪毛、猪鬃、兽骨、牛羊角和猪羊肠，都有大宗的生产和出口。

绥省从粮食和毛类原料品以及肉类生产上说，的确是很值得注意的。在《田中奏折》中说："最后的胜利属于有粮食供给的国家；工业的繁盛属于有粮食供给的国家；工业的繁盛属于有原料的国民〔家〕；民族力量的完全发展属于有广大领土的国家。如果我们采取扩大在华在满的权利的积极政策，那末一个强国的一切先决条件都不成问题了。""在我国人民大批的移殖内外蒙以后，我们将以十分之一的价值购买土地，并开始在可种之地种植稻子，以补救粮食缺乏。在不适宜于种稻的地方，就发展牛马的牧畜，以应我们的军需。在其他地方则制造罐头食物，输出至欧美各国。

皮货和牛皮也是我们所需要的。一旦时机到来，内外蒙古便立刻成为我们的了。""得到我们军事上的帮助，我们即可实现我们的积极政策。""这样可以将满蒙的一切富源都归入我们手内。就是战争延长到十年，我们也不必怕供给的缺乏了。"所以，进攻绥远是日本获取满蒙军需原料的计划的更进一步的完成。

绥远不但是牧畜发达，粮食生产也还丰富，并且有极大的发展的可能，同时还是西北的交通枢纽和商业中心。集宁、归绥、包头是三个最重要的商业中心。西北各省的土产，都要集合到这些地方运出来，经平绥路运到平、津一带，以至于出口，或转往东北，沿黄河运入内地各省。同蒲路通车后，更可以经大同、太原而运到平汉、陇海、正太各路。从东北到西南，从沿海到西疆，几可以无往勿届。而洋货和各省货物，也都须经绥远运到西北边省去。

输出货中以羊毛、皮货及粮食等为最重要。

归绥地方有洋商的庄口十余家。他们采办羊毛、毛绒和牛马皮等等。他们以茶、绸、布、棉花、米面等等，分赴各盟、旗交换骆驼、马、牛、羊、皮革、绒毛等物。所以蒙古的畜类、皮货，输出外埠，或南部的布匹、茶叶，运往口外的都要以归绥为转运的中心地。

> 集宁县在已往并不怎样热闹，不过最近一二年来，市面已有迅速的发展。……原因是这里的农产物，受到外国工业家的收买，于是农产物市场立刻飞快的发达起来，专营买卖农产物的大粮栈就有六十多家。……外来的客商都先到这里的运输公司接洽，由运输公司再转代介绍粟店办货。这种运输公司，从前只有三家，现在则增至八家之多。其中有一家"万国公司"，是日商经营的，但是买卖很少，因为各粟店都不愿意和他来往。（《生活星期刊》第一卷第十三号登的小方：《从大同

到绥远》）

　　包头是平绥、绥包路的终点。铁路东达北平，民船西通宁夏，还可车行到兰州，凡黄河上游和内蒙的货物都集中在此。平、津和西北各地商人，多在此设行栈，专收牧畜、皮货。

　　如果将平绥路占领，将这几个商业重镇占领，日本就可以控制商业和农业、牧畜了。《田中奏折》中说："取得对满蒙的财政和商业的控制的第一步，就是取得那里的出产品的专卖。我们要得到满蒙出产品的专卖权以后，才能实现大陆政策和阻止美国资本的侵入和中国商人的势力的伸张。""为了取得满蒙贸易的垄断，我们必须控制整个交通运输的体系。只有这样，才能使中国商人受我们指挥。"

　　很明显的，进攻绥远，以商都为根据地进攻集宁以至于大同，以百灵庙为根据地进攻绥北，正是为了夺取商业重镇和控制平绥全路，以获取整个西北的商业和交通，实现大陆政策。

　　绥远的金融和一般的经济，是和山西有最密切的关系的。从地理上来说，山西雁门关以北的地方，与其说是山西的，倒还不如说是绥远的。大同是平绥路的重要站，在内外长城之间，是商业上的一个重镇。山西和绥远的关系是如此：在商业上，山西土货出口，要经绥远之西北。西北土货入口及转口，也要经过绥远。在绥远经商的，有不少是山西人。而在金融上，晋、绥是不能分开的。山西省银行及其他银号、票号，在绥远、宁夏、甘肃等省都有分号。晋绥地方铁路银号的二百万资本，也是两省当局共同负担的。它名为铁路银号，实际上的营业，并不限于铁路，它可以说是两省的共同金库。绥西垦业银号是以"活动金融，扶植绥西垦牧事业"的〔为〕宗旨的，可是它的资本五十万元，却是太原绥靖公署拨的。山西省银行、晋绥地方铁路银号和绥西垦业银号，以及其他银号所发行的钞票，是两省一致通用的。就以绥远的钱业来说，也是大多数是山西人的资本。以工业来说，晋绥军无线电机器制造厂，也是冠以晋绥的。所以，绥远的经济命脉在山西手内。绥远是山西的市场［和］也是原料产地，进攻绥远不论在金融上、商业上都是对山西的一个打击。从军事上说，绥远失守，山西失去了西北的屏障，敌人占领平绥路在绥远的一段，就容易直趋大同以达控制平绥全路。大同失去，山西的防线就要退到雁门关了。

所以，敌人在绥远如果能得胜，在经济上当然也是对山西的威胁。这种威胁对华北五省特殊组织的实现是有利的，如果晋绥军不及早进行积极的抗战的话。

单从经济上说，对敌抗战正所以打击日本以整个内蒙为军需、粮食、原料的根据地的迷梦，是保护西北的中国人——满、蒙人民的农业、牧畜和商业，是保护中国在抗战时所要的军需供给，也是保护山西的经济生命线，中国在西北的生命线。在经济上，如果中国在绥远能持久抗战，也正所以保卫内地。一旦绥远失守，敌人将西进而趋宁夏、甘肃、青海、新疆，南下而趋太原，进一步能控制正太、陇海、同蒲以至于平汉。如果我们还记得《田中奏折》中对控制运输体系的重视，我们真难以想像控制了这些铁路的结果了。

绥远是万万不能放弃的。我们不但要动员晋绥的军力、财力，还要动员全国的一切来保卫绥远。同时，为了绥远的抗战前线能有更充实的力量，更多的军需供给，也不能不对绥远的经济生活有若干的紧急改善办法。

为了提高人民的战斗力和增加粮食的供给，不能不立刻实行严厉的禁烟——禁种、禁卖、禁吸。"清水膏店"至少是可以与油盐店的数目相等，只有多，不会少的情形（见小方《从大同到绥远》），应该立即改革。没有健全的身体又如何能抗战？而且，烟膏店、白面行是敌人和汉奸最欢迎的东西。在这些地方最容易藏汉奸，出汉奸。"良田里都尽是鸦片烟苗"（同前）的情形，也应该立即消灭。应该良田里尽是小麦、胡麻。抗战而没有充分的军粮是不行的。同时，对于粮食外运也应加以限制或竟完全禁止。在抗战时而装粮食出口，甚至于准奸商收买运出，那是自杀啊！

为了提高人民的战斗力和增加粮食的供给，也不能不注意到人民生活的改善。我记得一本关于绥远的书里说：商人、地主、高利贷者和官僚，利〈用〉人民之贫困，就以土地以高的地租租给他们，并供给以农具和种子，佃户要将收成的六七十交地租，蒙民又呻吟于蒙古王公和喇嘛教的双重压迫之下，传统的赋税又很重，农家的副业——马鞍、皮革和毛毡等的生产，又被规模较大的工商业所破坏，所以不论汉民蒙民，生活都无法维持。我想为了抗敌卫土，一定要改善人民的生活，减轻赋税、地租，多给以切实帮助。同时也要特别致力于蒙民的经济生活，使他们也参加共同防土。

绥远当局应该认清借烟收款是不对的。抗敌的经济援助是有全国人民来担负。事实上，全国各地的人民已经有了若干的成绩表现。我们应该以大量的粮食、金钱、军器、用品来援助这有严重意义的绥远抗战。

《新认识》（月刊）

上海新认识社

1936 年 1 卷 6 期

（李红权　整理）

绥晋抗战与全国总动员

作者不详

一　大陆政策的发展

吞并绥远是"友邦"大陆政策的一部分。田中首相在他有名的奏折里，充分解释了"要征服支那必须先征服满蒙"的理由。关于怎样在满蒙进行秘密活动，怎样借移民的方法霸占土地，以至成立满蒙帝国等等，他在那里都有具体的详细指示。

这十年来，"友邦"的满蒙政策，方式尽管改变，总的路线是完全以田中奏折为根据的。伦敦《泰晤士报》驻北平的记者不久以前旅行察哈尔、绥远两省回来以后，曾发表谈话，说过：张家口的日本商店，已有五百多家，那里有×人领导下的蒙古军官学校，有无数公开的和秘密的特务人员，有医院，无线电台等等。其实不只张家口如此，我国北部及西北部几省，到处都有"友邦"经济的、军事的或文化的侵略细胞的活动。这是"友邦"长期的"苦心经营"的结果。

敌人在冀、察两省的侵略阵地，大体上说，到今天已经有了某种程度的巩固。不久以前，"友邦"军队的秋季演习，说明了他们已是平、津实际的主人。许多有名的汉奸环聚在冀察政权的周围。经济侵略，畅行无阻。敌人为了保障这些侵略的成果，并且开辟新的侵略的道路进攻绥远，只是事件发展中应有的逻辑结论。

进攻绥远的准备，"友邦"已经进行了很久，"友邦"前在北平定制了两万多套皮衣，运到张北；还运了六十多辆大坦克车和三百多辆装甲汽车。在嘉卜寺停留的某国飞机已有二三十架。同时某方正在重价收买粮食，充作军需，以致粮价飞涨，人民生活无法维持。

进攻绥远的作战计划，也早经决定，正在一步一步推进。察哈尔东部的多伦是运兵总站。一切军需器械、人马，不分昼夜开向绥远中部的百灵庙集中。伪匪军三四万人准备实行三路总攻：卓什海进攻绥远中部；王英进攻西部；张海鹏、李守信进攻绥东。

关东军并且决定：（一）若冀察军队和绥晋军队同时参加抗战，则华北日驻屯军，即为作战主力，战事中心便是平、津；（二）若只有绥晋军迎战，则华北驻屯军监视冀察军队，以伪匪军用游击战术进袭绥远；（三）目前战事以不引起冀察战争为主，等两月后天气寒冷，伪匪军给养优良，再来发动，当更便利。

十一月十三日，中央社电：伪匪军开始攻绥远，陶林战事颇烈，某方飞机参加作战。某国飞机三架在平地泉投掷炸弹；正式军队千名开抵百灵庙。这"不宣而战"的进攻绥远的军事行动已经正式开始了。

二　进攻绥远的全国意义

这个战争，不管从"友邦"的奴化中国的计划上说，或是从中华民族生死存亡的关键上说，都有万分严重的意义。

第一，"友邦"企图由朝鲜起，经过辽宁、热河、察哈尔、绥远、宁夏、甘肃，直达新疆，建立万里多长的进攻苏联的包围线。绥远正是这条包围线的中站。绥远以东的三省，辽宁、热河、察哈尔已入敌人掌握。所以，要继续向西推进，绥远就是第一个关口。因此，绥远的丧失就会促成我国北部及西北部整个边区的沦亡。

第二，绥远是山西、陕西的屏障。敌人向西发展，固然要争取绥远，就是向南蚕食，吞并中国本部，也一定要争取绥远。取得绥远之后，"友邦"不但可以在经济上支配晋、陕，而且平绥、同蒲、正太诸铁路，必然也要入其掌握。那样山西的大同和太原，要想不受敌人控制，是绝对不可能的。等到冀、察、绥、晋都受敌骑践踏的时候，山西、陕西和甘肃就绝对保守不住了。因此，绥远的丧失就会招致黄河以北全部中国领土的支解。

第三，进攻绥远是"华北特殊化"与"共同防共"两个要求事实上的强制的执行。关于在南京进行的外交谈判，我们是始终被蒙在鼓里。但无论谈判的内容和结果怎样，事实上是很明白的：大批的敌军从绥东、绥北到绥西，步步进袭，其目的自然是在于对准盘踞甘肃、宁夏的共军，直接开火。这不是强迫来替我们"防共"是什么？在我国的领土上，用武力筑成一道抵御苏联的包围线，这不是强迫我们执行"国土防共"是什么？冀、察已经在武力挟持之下，很够"特殊化"了，现在又要使绥远也和冀、察一样，使鲁、晋也和冀、察一样，这不是强迫执行"华北特殊化"的要求又是什么？

三　从绥远抗战到全国抗战

但"友邦"在绥远的进攻，倒不是毫无阻碍的。在那荒凉的边区，用血肉捍卫祖国疆土的，有死守涿州的英雄——傅作义将军，和忠勇节烈的三十五军全体将士。所以，几个月来，敌军虽然屡次进袭，都被我军击退。

　　抗敌战士们的生活是异常艰苦的。北地天寒，现在已经降雪结冰。但我们的英勇健儿们，衣衫还很单薄。敌人重价收买粮食，以致粮价飞涨，食品缺乏。现在绥远一元国币只能买到十三斤黑面。但我们的国防第一线上的军队，一等兵每月只有军饷六元。这些事实，说明了国防第一线上战士们生活的凄苦，同时也更表示他们在万分艰辛中抗战精神的可贵了。

　　这种精神，已经引起了全国民众热烈的援助运动。北平各校学生已经募集了捐款，遣派代表往绥远慰劳傅作义将军及其部下。他们电请行政院增援绥东，嘉奖傅氏。清华全体学生决议停止膳食五天，将省得的钱捐赠绥东军队，表示慰劳。绥远的旅平同乡，十一月十五日全体绝食一天，以所得慰劳守土将士，并制锦旗一面赠傅作义将军。绥远的旅京同乡，开会决议，除吁请政府援助绥省将士外，并且，按月薪多少，举行募捐。中华妇女社也给傅作义将军打了表示同情的电报："愿随公等，肩负救亡图存的重责，誓为后盾。"上海各界救国联合会，在九月间，已募得援助绥东将士的捐款四百余元，全数汇寄傅作义将军。

　　全国各地风起云涌的援助绥远抗敌战士的运动，绝不是偶然的。他们知道，绥远抗战顺利的进展，将会成为全国范围抗战的开始。五年屈辱所造成的全国人民心中的愤恨，救亡运动的洪潮，一部分当权者态度的转换，国际形势的移动，不但使这种全国范围的抗战，完全成为可能，而且使它充满着光辉灿烂的前途。

　　要使绥远抗战能够发展到全国抗战的前途，就必须全国上下的精力都在援助绥远这一点上，集中起来：四万万人的眼睛，都看着绥远，四万万人的耳朵，都听着绥远，四万万人的心灵，都为着绥远抗战而跳动，四万万人沸腾的血，都为着绥远抗战而奔流！

　　一切破坏或削弱绥远抗战援助运动的言论与行动，都必须给以坚决的无情的打击。宋哲元说："……绥东问题……是一件小事……"，章士钊说："……绥东方面……问题甚小……"，这都是歪曲事实粉饰太平的澜〔谰〕言。这是敌人恶毒的破坏援助运动的阴谋。不粉碎这种以及类似这种的阴谋，援助绥远战士的工作，是不能顺利地开展的。

要使援助绥远抗战成为全国人民的事业，必须纠正那种包办援助运动的错误见解。如果不放弃门户之见，如果还要想着只有自己的一派才配援助，别人参加援助工作，都有阴谋，都是破坏，那末，援助绥远抗战的运动，必然会成为一个空的口号。

在救亡运动中，参加者的思想和利益，是不一致的；成分也是良莠不齐的。但，现在是我们群策群力挽救祖国沦亡的时候，不是争执政治理论或党派问题的时候。我们在援助绥远抗战的工作中，应当"超越于一切政治理论或党派问题，即一切不论，专论卫国"（见《大公报》社论：《守绥远》）。

在援助绥远抗战工作的范围内，人民必须有最低限度的民主自由，即言论、结社、出版、集会诸权利。当一般人民手被捆着，口被钳着的时候，举国一致的援助绥远抗战的运动是不可能的。所以，给一般人民最低限度的民主自由，是顺利开展援助绥远抗战的运动最基本的条件。

四　怎样援助绥远抗敌战士

我们不揣愚陋，敬向全国同胞提出如下的援助绥远抗敌战士运动的轮廓的方案：

（一）成立绥远抗战后援会。

为了联络和领导全国民众援助绥远抗敌战士的运动，并且促进绥远抗战，使它成为全国抗战的开始，我们的民众组织、职业团体、学术文化机关、同乡会以及热心救国的个人，有自动发起进行联络工作，成立绥远抗敌后援会的必要。后援会的责任是督促政府出兵抗战，代表后方民众与绥远前线的抗敌战士保持经常的密切联系；并且指导、组织各地民众进行广泛的援助工作。后援会要普遍成立分会，组织各地援助工作，准备各地民众参加全国抗战后援会要和党政领导团体取得联系，并欢迎他们的指示。

（二）请求政府全面支持绥远抗战。

1. 向"友邦"提出严重抗议，并且在侵略行动未停以前，中止外交谈判。

2. 绥远全省宣布军事状态，严格检查出入行人，控制一切水陆空交通路线。

3. 往前方输送枪械、粮饷，援助绥省军队，并且，遣调大军，协助作战。

4. 召集华北——鲁、冀、察、绥、晋及西北——陕、甘、宁、新各军事长官及各军事集团领袖，讨论防守华北及西北的整个计划，成立统一的军事指挥机关。绥远和华北、西北各省是一个不能分离的整体，敌人的进攻计划是整个的，因此，我国华北及西北的一切武装部队，也要有计划的、协调的共同参加作战。

5. 允许民众在援助绥远抗敌战士的工作中，享有言论、集会、出版、结社等自由。

6. 取消检扣新闻（关于国防、军事、外交、财政的机密除外），开放言论，使一切报纸杂志都能正确报道绥远抗战真象，鼓励全国民众抗敌热情。

7. 开释全国各地监狱中的政治犯，遣派他们到绥远前线，参加武装抗敌工作。

（三）广泛展开"唤起民众"的工作。

1. 号召新闻界及杂志界，使他们拿绥远抗战，做报道评论的中心。

2．组织宣讲队，在弄堂、马路、茶馆、酒肆、学校、商店、工厂、作坊以及乡村、内地宣讲前敌战士抗战情形，并组织他们的援助运动。

3．领导各种戏剧、歌咏团体到各地进行宣传工作。

（四）大规模进行募捐运动。

1．组织大规模的援助绥远战士的"一日运动"，这里包含"绝食"、"减饭"和"扣薪"等等。

2．各团体所进行的"一日运动"已经收得的款项，全数汇到绥远，援助前敌战士。

3．各种营业性质的机关，将一日收入提取一部分作为援助基金。

4．组织募捐队，进行个别募捐。

5．在国外侨胞中进行募捐运动。

6．进行捐助皮衣的运动。北地寒冷，衣的问题对前敌将士有生死的重要。我们必须作到，使每个战士都有一套皮衣。因此，必须向皮货商店、衣庄、公馆、个人大规模的征集皮衣。此外，还要用募得的捐款购办大批皮衣，送到前方。

（五）后方和前方保持着经常的密切联系。经常遣派民众代表团，慰劳队，到前方进行慰劳工作。

（六）后方各级民众普遍成立义勇队、救护队等等，调赴绥远前线，参加作战。

（七）联络全国各地抗敌意识明显的军队如廿九军、东北军、广西军队等，用实际的帮助去响应和鼓励前方的抗敌战士。

一定会有人说：不必这样吧，那样会引起"友邦"的抗议，因而使外交谈判更加恶化。这种意见，我们认为完全是有害的，别具阴谋的。中华民族的前面，现在只有两条路：不是从抗战中求生就是从屈辱中等死，中间没有丝毫动摇犹豫的余地。

让每个有血性，有气节，不愿亡国的战士，都到保卫绥远的抗敌英雄们这边来！

让每个婢膝奴颜，甘愿认贼作父的汉奸，都到进攻绥远的国贼匪徒们那边去！

前方的健儿们正在喋血疆场，保卫祖国，我们必须用一切的力量，援助他们，把他们的英勇抗战，变成全民族抗敌战争胜利的开始。这是目前中华民族每个儿女的天职！

《新认识》（月刊）

上海新认识社

1936 年 1 卷 6 期

（李红权　整理）

华北战线与绥远问题

——介绍一篇曲解绥远战争发生原因之论文

［日］村田孜郎　著　　谢德风　译

本文载于本月份日文《外交时报》内，该报在日本社会中，极为流行，颇可代表舆论界政府方面的意见，现读其内容，对于绥远事件发生真确原因，牵强附会，淆乱听闻，与实际情况，完全不符。推其用心，无非为其作侵略我国内蒙土地的借口，以期达到再分割国土、建立第二傀儡国之企图。内蒙各地蒙民均为中华民族之一部分，更不应受其挑拨离间，混乱我国各民族整一对外之阵线。尤可怪者，该文内容视华北为另一组织，不知作者持何见解。华北各省与中国东南、西、中各省，隶属中央政府，管辖并无二致，华北各地方长官对中央之忠诚与捍卫国土之决心，为全国国民素所敬仰，此为事实所可证明，不知包围华北底作战何所而来，其中捏造中央驻军数目及防御情况，尤足可笑。值此绥事日紧之时，特赶译载出，以供国人明了日本社会中之谬误舆论，甚希读者对此问题加以新认识也。

编者附注

一

蒋介石氏的抗日战线，现在正以猛烈之势不断地向华北奔来，自东面山东至西北宁夏一带，蜿蜒一千余启罗，作包围华北底作战。最近派到西北去的中央军约计二十师，共三十万人左右，且以历来为"剿匪"而出动的中央军一齐算进去，在陕西、甘肃、宁夏、四川一带的，显然能够动员到四十师。这实在是雄厚底作战的准备。由是一方面，最先在山西北境及黄河沿线建筑无数的堡垒，另一方面，在河北省南境之大名府附近，举行半永久的筑城工事。这样大规模底作战准备，毕竟是为什么一种的行动呢？或则可以说是为着警备中国边疆地方绥远的危险罢！近来看见中国的报纸，随便哪个都在喊着绥远的危机。有谓"今后实际的问题，不是南京交涉的内容如何，而是目前绥东战争的状况"。像孙科氏公然发表"目前大局的重心在华北，而华北的重心在绥远"的言论。但是，所谓绥远的危机，究是何所指而云然？这恐怕就是指的日前杭州会议所讨论的"防止绥东亲'满'、'蒙'军的侵入"罢？虽然，我们不懂得这所谓亲"满"、"蒙"军种种的内情，无法随意乱揣，然而，仔细打听，这事是曾在去年夏天，牵连到绥远乌兰察布盟西公旗的石王问题，即为现在扩大着绥远事件的纠纷。西公旗的石王，曾因为争夺百灵庙蒙政会主席云王王位而被革职的一个地方扰乱的魁首。他固执着王位世袭的成见而不让，居然反抗云王的命令，乞援绥远的傅作义，傅作义那时还在表示碍难的情形，为的是顾全云王一派蒙政会原因，然而他们自行投奔而来，他乐得收容起来，把石王庇护在一边，同时出动部下王靖国的军队，调到蒙政会附近，拿出威吓的态度，致陷成战斗的情状。这事件传到南京方面，出任调停，结果是把石王给与八个月的停职处分，才算告了一个段落。

　　然而，石王经过了这八个月的时间，到了今年夏季，他从绥远城再度归返到西公旗，依仗傅作义的后援，拔〔跋〕扈起来，即将云王主管的蒙政会，表示反抗的态度。在此时，有个曾经敌视石王的依锡大喇嘛，是一位持着包头的西北门罗主义的活佛，共同策动驱逐石王，并集中部下的僧兵，包围石王。傅作义握住这次良机，先发制人，将依锡喇嘛为首领的门罗主义的守城僧兵，乘夜袭击，自本年夏季八月十三日至十四日两天的战斗时间，卒击退僧兵，攻破了门罗主义。喇嘛的僧兵们，原是勇敢善战，可是，出其不意，竟被击败了，加之武装缺乏，众寡悬殊，依锡大喇嘛阵亡，一部分逃入附近的山中，其余大半即被虐杀或俘虏。这回战斗，打得很凶，一言难尽，直至八月二十三日，内中有不及逃的附近一部分同伙，被虐杀者，三百余人以上，其中还有王妃的十一龄惟一王族底孩子，也混在里面而死去。这可激动起喇嘛僧兵，对其蒙古人非常愤慨了。所以使喇嘛僧兵企图为此而报复，故传檄全蒙，对绥军作战，因此我们不难想像百灵庙以南风云的起因。

由是，对于中国宣传绥远底危机，一如上面所指的情势，而发生出来的啊！

二

担当重大任务的中央军，出动西北，除防止绥远的危机外，更有其重要的意味，现在对于西北所采积极的态度，在杭州会议中，山东、山西表明拥护中央，而与中央的华北对策，是有重要的关系。究其所谓防御抗日的强硬底宣传，无非是想达到华北以至西北彻底地中央化的意味罢。以前共产军部队离江西而西迁的时候，"追剿匪军"，进至边陲，四川、云南、贵州一带的地方，也收复了回来，再于今年夏季，两广发生了事端，不多久两广中央化的目的，忽然得到了成功。乘这个热烈抗日的机会，借华北抗日战线的强硬、和日本背城一战的口实，企图霸占华北的事业一气完成。前在杭州开了重大会议，就是因为华北对策的协商。同时他还飞到西安，和西北将领一致鞭策着北方军事底强化。这样，预备霸图华北的工作，分明是在进展着的。

因此，当川越和张群在南京交涉，故意拖延中日的危局。成都事件发生，继之而起了北海、汉口、上海的抗日恐怖，因之引起日本极度的激昂。

由是，日本一面，专靠外交交涉以期获得问题的解决，同时另一方面，就必然捉着这个机会对华北决定怎样的行动罢？这是可以预想得到的。这里，他们关于华北问题，已取不变的对策了。那抗日战线的拓大与激变，先下手为强，西北与华北，已给中央同化了。韩复榘之南下，宣言服从中央，那是第一着。继之，召开了杭州会议，是决定现实的步骤。最近蒋氏还到西安去，把西北军权统一，充实华北包围底作战，向原定计划，不断地迈进。

以蒋介石为中心的西安军事会议的重要议题，可以说是对绥远省境地方的内蒙军与绥远军激烈抗战的紧急对策。这因为傅作义与阎锡山在太原相会，把共同作战，讨论具体的协议，认为华北问题并即绥远问题。华北问题当然以此地为爆发的导火线，是明显的观察。我们对于绥远问题，是否带着像他那样的严重性？到底怎样呢？照此看来，绥远问题，带有牵制中日交涉的重要性。

三

在南京的中日交涉中的华北与"防共"的问题，传说已到了停顿中，华北"防共"的问题，是中日交涉的主要点。如果这两个问题没有决定，则中日交涉，总是没有意义的。或者在这个机会上，将其他小问题同时可以得到了解决，至于其余都是应该放弃的。假使给人看透了，只是投降（指日本），那诚然是大日本的耻辱。这次的交涉，一开始已有主客颠倒的观念。特别是对方，对于交涉这件事，不作任何的期待。所谓还可以商量的意见，也许是没有了。依此，打算捞得一点什么东西的念头，全是缘木求鱼了！如此攀贪附骥的态度，不是大损国家的光荣吗？讨论了"防共"问题的场合，想到中国边疆的时候，大概是与我方根本的不同罢？"赤化"势力之东渐，或南下，企图取我，那是威胁东亚安定重大的问题。可是，在根本观念上全不相同。他们的观念，跟着所谓"赤化"势力以"扰乱"中国的共产军为中心，而不是威胁新疆、侵略外蒙的苏联底势力。现在对于共产军，与其说是渲染他们的思想，毋宁说是以对抗南京政权政敌，不过企图把他们排击而剿灭。然而，现在共产军又高唱联合抗日战线，从此以后"防共"诸事，却成为问题了。

据最近情报，曾经追至甘肃的共产军，现在开始继续北上，有经宁夏而入绥远的形势，同时，最近在绥远的抗日人民战线的活跃，突然高涨起来，特别以学生为中心的共产分子，正在不断地做这种大运动。

他们站在抗日人民战线的第一线而活动，这样，他们在中央军的援助之下，把共产军导入于绥远（注：捏造谣言），企图扰乱内蒙古，同时策划完成包围华北全部的阵线。日本对于"防共"，只是闹得怎样厉害，而他们一与我方谈到共同作战的意思，不但得不到同情，反而遭受了反对，感情用事，适作盲从，他们的意思是不愿屈服日本而受死，会错了意，真是朽〔朽〕木不可雕。徒以目前的感情，误了东亚百年的大计，遗憾就在这上头。

四

最后欲解决绥远问题纠纷，能够赞成我们在此所提倡华北五省联盟的名义。今日普遍所谓华北者，是指河北、山东、山西三省，尚包含察哈尔、绥远在内，然则所谓察哈尔及绥远，本是蒙古人居住的地区，历来划为特别区域的地方，至民国十七年才把绥、察和热河、宁夏一起改成了省份，而归并到中国本部去。现在，察哈尔的南部，在张家口附近，住有多数的汉人，还有绥远的南部，亦为汉人的居住地。可是察哈尔的北部，即察哈尔盟及锡林郭勒盟地方，纯粹是蒙古人的居住地，汉人差不多见不到影子。再者，观其民族，也有蒙古族与汉族分别。我们如果把历史一阅，你就可以知道这些地方汉族用武力归并来的，要想把种族的以及历史的全然相异的两个地方，包括在华北里面混为一谈，事实上恐怕很难得到恰当的。然则，内蒙古随着察哈尔、锡林郭勒、乌兰察布、伊克昭的四盟，已依民族自决而宣布了自治制度。从此之后，看内蒙古，也该与中国本部划然分离的。如果把察哈尔、绥远可叫作内蒙古，那末华北的名称，想必已是取销了。

《边疆》（半月刊）

南京边疆半月刊社

1936 年 1 卷 7、8 期合刊

（马小勇　整理）

肇因《田中奏折》之绥远战事（转载）

《大陆报》记者　撰

绥远政治天际之密云，终于中国国防前线展开，日本幕后之挑唆，与中国政治之纠结，不知将至何种程度。按绥远被侵，日本暗伏其后，凡注意时事者，当共知之。第战争之密云不雨，几达数月之久，而此际突然爆裂，其真相如何，须待吾人缜密之分析也。若探讨其根本原因，则向认为日本大陆政策或日本满蒙政策之田中奏折，颇有重提之必要。依照奏折中之计划，日本如欲攫得蒙、满，同时亦须占据察、绥两省。其计略方面，首应攫取平绥铁路，若平绥铁路收得，则绥远已可唾手而得。如此由绥而直捣山西之正太铁路，山西既受日本之军事压力，则欲言抵御，已不可能。晋、绥两省，既入其手，日本将向陕西、甘肃、宁夏、新疆等僻远之地，长驱直入，此种形势既成，则一面既可取得统治华北全部及西北之力量，一面又可完成其包围外蒙及西比利亚之计划。灾星之突然爆裂，谅由于南京方面中日谈判迁延不决之故。盖华方既抱不屈不辱态度，深觉"联合防共"及"华北特殊待遇"两大要求，已无如愿之望，大日本至此黔技已穷，惟有师其故智，在绥远进行造成事实，将来再压迫中国政府，予以默认。最近已往两月中，当大使川越与中国外长张群氏，在京之外交谈判若断若续之际，受某方直接援助及监视之伪满军队，在绥东、察北、绥北一带，即非常活跃。此等卑鄙龌龊之活动，例如军队、军火之运输，暨采取敌视态度，与南京方面之谈判，亦步亦趋。复据报，此次之突然急进，系在华外交、海、陆军三方面会议之结果云。此次伪军之由察西进，据称系关东军所扮演，其直接目的在占领绥远。间接方面，与胁迫冀察政委会之华北日本驻屯军以声援。此故际此蠢然欲动之际，日本华北驻屯军，于平、津两地举行其空前未有之军事大演习也。惟侵绥之伪军，突遇傅作义将军率领之山西军队顽固之抗御，一般军事专家预测，日本将变更其所定之计略，放弃总攻击，将令走狗李守信、王英等，采取分头散击，以突破山西军队防线。日本最近之军事计划中，至为显著不同者，厥为于侵袭中，绝不直接参加，而以混杂之伪军，驱补前锋。一般之解释，谓其用意在掩饰列国之注意。若其所图，居然得于此种掩蔽政策之下，达于完成，当然最妙。此际日本决令伪军应付山西军队，在平、津两地之驻屯军，则负责监视宋哲元氏之二十九军，若宋氏决定参加山西军队，与察哈尔、河北军队等，成立共同防御阵线，则日本驻屯军，颇有采取直接行动，与宋氏发生冲突之可能。此时称乱犯绥之混合匪队，包括李守信、王英、金甲山、包悦卿等各军，于两侧面皆采取攻阵势，其一集中于察西之商都，以陶林、兴和、平地泉为目标，其一集中绥北之百灵庙，以绥远省城归化为其目标。按绥东、兴和、丰镇、梁〔凉〕城、陶林及平地泉等五县中，以平地泉及丰镇两地，最为重要，因该两县适居平绥路，而为绥远军事、经济之中心。按绥远陶林、平地泉两地而外，大部分系坦平之地，故如山西军队能扼守陶林，归化即可安然无事。然如平地泉一失，则后方接济之路被断，则绥东失去，绥北亦将不保。在交通方面，平地泉实为山西、绥远间之交通要道。平地泉与山西大同之一线，实为此两省军事运输方面之惟一交通道路，若此线一旦被夺，则与绥远自此隔绝。若丰镇、陶林失守，则晋省亦将濒于危境。最近有强有力之揣测，谓如绥东失守，中国防线，将缩短至陇海路，易言之，华北大势已尽去矣。惟阎锡山、傅作义两氏，必将奋力抵御，惟冀察军事当局，是否将援手乎？苟再加中央军合力应付之下，绥远前途，或尚有一线曙光耳。

（转载《华美晚报》）

《边疆》（半月刊）

南京边疆半月刊社

1936年1卷7、8期合刊

（朱宪　整理）

莫斯科透视下的绥蒙战事

陈麟幻 撰

苏联政府对于日本策动下的绥远战事，异常关心，我们如浏览莫斯科发刊的报纸，那就明白他们的态度了。关于绥远的事件，表面上看来，似乎替中国讲话，实际上还是为其本国打算。现在我国的民众多半认为绥远一失，会危及晋、陕两省之安全，因为前面底屏障是撤去了，可是莫斯科方面，却认为绥远被侵，宁夏随之而危，日人可由东北四省，经察哈尔、绥远而至宁夏，形成一包围外蒙古的形势，外蒙古一失，西伯利亚侧面易受袭击，苏俄在东亚的领土，难以保全。这是两种相反的观察。外蒙古本是我国的领土，前已在苏俄策动下独立，和我国脱离了连系的关系，差不多有十多年了，这与伪满成立的事，同出一辙。我们对于苏俄的公正舆论固可表示同情，但对于它的野心也不可不提防。这是全国民众须加以注意的。

关于《莫斯科报》（Moscow Pravda）所载的原文译其意为《日本在绥蒙最近之活动》（英文报中已为译文），其中可分为号召的名义、引诱的方式、失败的原因、形成的结果，及侵略内蒙之内层义意等项，节译如左：

（1）号召的名义：俄人认为日本侵略蒙古是用"大蒙古主义"来号召，实际是推进其侵略计划。该报说："日本用大蒙古主义的口号作吸引各王公的同情与倾向，再用贿赂引诱的方式，使中国封建思想未除的军人，来发动的自治运动，实际上惟一的图谋，是在增进日本侵略计划之权力。"

（2）引诱的方式：日本一面在伪满境内建立有名无实的蒙古政权，一面怂恿德王要求中央政府给与自治权，以达到他们引诱目的。"在一九三三年三月间，开始在'满州〔洲〕国'东〔西〕部，建立新兴安省，内分四省，由蒙古王公作管理，在各省内，日本乃恢复古代蒙古政治制度，以迎合蒙古王公的欢心，拿这种情形向外面表示，就算蒙古民族在其境内得享有自治权了。"

并且驱使德王拉拢各王公，赞成自治："在一九三三年六月召集察哈尔与各蒙古王公开会议一次，议决要求南京政府给与蒙古人民最高度自治，并在百灵庙成立政府，以日本代理人德王执其政权，南京政府的各重要人对德王的劝告，完全失败，在一九三四年与一九三五年，日本方面得到德王帮助，对内蒙拉拢政策，得加强活动。"

（3）失败的原因：日人求得实惠的心，太积极了，终于把原形结〔给〕蒙人洞悉，故未能收到好效果。在该文中说："这种自治权所表现的事实，仍然属于一种幻想。此四区蒙古的王公，对于所属人民应征编入'满州〔洲〕国'军队内事咸表反对，并且〈对〉以地产事业谋利益、占有蒙古草原的日本亦颇不以为然，而日本军人不迟疑的立将与此事有关的蒙古政府领袖加以捕获，于一九三六年四月内与以枪决。关东军事当局所宣布的罪状，是发觉此北兴安最高长官有阴谋将此四区地域离脱'满州〔洲〕国'加入外蒙古共和国的企图。""自日人在察、绥两年对蒙古各王公尽力压迫的工作，反使各王公感觉结果的危险，他们以为纵使在内蒙取得独立，亦不过在日本军人铁蹄下求生存而已，所以多数的王公均已清醒，促其觉悟的第一原因，为的日本竟毫不客气枪决了四区的蒙古长官，第二原因，为的外蒙古共和国革命军人对日本侵入他的土地的抗拒获得胜利。在各蒙古王公眼中看来此次的抗拒的胜利，以前日军无敌的信念用以做增进蒙古活动的力量，乃是错误的。"

（4）形成的结果："自从以上的事件发生以后，蒙古王公倾向中央的心更切实，德王支持〈的〉蒙政会亦随之瓦解了，德王在百灵庙所召集各王公会议时，竭力怂恿各王宣布独立，但告失败。他感觉自身的孤立，就到嘉卜寺日本庇荫下求保护，百灵庙政府，实际已完全崩溃。其军队半数叛变归向蒙古西部盟旗，其中王公不愿住在接近日本势力区域内，多移至归化，并设立政府中心区，与德王成对抗之势，此中心区是受南京政府的统制，所辖范围，遍达绥境蒙古各旗，因此遂成了两个中心区了。一在嘉卜寺，为蒙古大半民众所鄙弃者；一在归化，得到南京政府与绥远省主席傅作义的支助者，而归化中心区因为站在反日的立场上面，反为蒙古群众所信戴。日本军事当局从未预测到他们的政策，是会向失败途径上去，在起初时候，有德王持支〔支持〕，本有可乘势对蒙古采取积极行动的好机会的，而现在呢？"

（5）侵略内蒙之内层意义：在俄人眼光中，认为日本侵略绥远之真正意义，却为对付苏俄，故述："日本军官及顾问趁机向蒙古各王公不住的接近，并广筑飞机场以及做原料并军器的储藏之准备，于是蒙古军队与中国军队不住有冲突发生。及至一九三五年日军人在天津、北平并张家口取到统制权后，内蒙分裂化的问题日渐明显。德王被受〔授〕意在百灵庙召集各蒙古王公会议，并宣布内蒙正式独立，脱离中国。关于包围外蒙古共和国的问题，在日人眼先〔光〕中亦不过在早晚事情。"

以上数段译意，现可看出，莫斯科政府对于此次侵绥的观察。他们认为这次日本所提的"防共"问题，对于该国有不好之影响，所以同样的在各报上宣传。如《真理报》又说："日本军阀要求中国共同反共之意思，莫非是想在中国境内得到任意增驻军队，如同在'满洲国'一样，冀东伪组织亦在反共之名义下成立。"他们意思绥远问题也是以"防共"名义爆发的，所以在结论上很希望中国应谋自身之权利，应发动自己能力奋勇抗战，以期脱离这种压迫。

《边疆》(半月刊)

南京边疆半月刊社

1936 年 1 卷 7、8 期合刊

(李红权　整理)

从绥远战争谈到西北国防之重要

何璟先生　讲　　高文远　笔述

一　绪论

自察北失陷后，绥远相继有事，今绥远战事已起，眼看西北又将继东北而成为国防第一线，以西北之形势地位，及敌人之阴谋，此时若不赶紧设法，则将来变局已成，那时欲加布置，而势亦不可能。吾人尝读我国各代历史，觉历代兴亡之际，其机微之点，全在若干有力有识之士，对当时若干重要问题之认识是否真确，与能否将其中真确认识付诸实行以为断。明珠以察之，果毅以行之，往往能打开阴霾之时局，若失其时机，而一代之安危大计，动与国家民族存亡有关。今绥事已起，则我西北骨干之甘、宁、青等省直接间接将受制于敌人势力控制之下。此时吾人认为绥远之藩篱，绝对不可再退，必须继续武装守土，与敌人相周旋。吾人为西北国防前途与夫整个国家之关系计，有急待提出讨论注意之点，与我国内人士共商榷焉。

二　绥远之形势与军事关系

绥远战争，业已正式爆发，我中华民族之前途，已至生死存亡之最后关头，决无再退之理。然战争结果，究竟如何，吾人不能无所预测，以目前情势，只以乌合之匪徒，图谋所得，实属不可能之事。我国军军力充实，歼灭此辈认贼作父之败类，自有余力，相信在最短期内，不难荡平。若日本假援匪为名而与我方正面冲突，则全盘战局实有考量之必要。查绥境以阴山山脉分为南北两部，北部已为匪徒活动之区，南部平原为我军根据之地。今敌人蹯踞阴山北麓，地势优越，居高临下，其势易攻难守（按今绥北之匪军根据地百灵庙已收复），若敌人越过阴山，则南部平原无险可守，所可恃者只有里长城耳。是以吾人认为除维持现有军事根据地之外，对里长城之军事设备，不可忽视。一旦日军挟新式武器，大举犯绥，我军为长期抵抗及减少损失计，不得不放弃里长城以北之地，而以里长城为最巩固之防线，与敌人持久抵抗。此消极的防御战之策略形势也。惟局面果演至此步，日本的西进更为便利，而整个的西北直接在敌人控制之下，则将来战局重心，必移至贺兰山左右与祁连山之南北，今依此略为说明其关系如次。

三　日本西进的目的

绥远在事实上是河套的长城，热河、察北相继不保后，绥远成了国防第一线。今绥事已起，则宁夏阿拉善及甘肃河西之门户洞开，无所屏障矣。且祁连山以东、贺兰山以北之地，为一茫茫无极之蒙古瀚海，在军事上更无险可守，在日本一贯之大陆政策上，无少许障碍，因此今后之甘、宁、青势必受敌人之控制，而西北之国防根据地完全动摇矣。今将日本西进之目的分述如次：

包围外蒙。日本在"九一八"以后，在国际间之宣传，谓日本之所以如此，是为列强在远东任"防共"先锋，以求博得国际资本主义国家之欢心。其实日本之西进，是一贯之大陆政策，所谓实现满蒙政策者是，以"防共"自任之口号，是侵略中国之烟幕弹，以蒙蔽帝国主义之视线而已。

苏联自行新经济政策以来，在斯达林领导之下，埋头于国内建设，以完成国家经济建设基础，对外则盛倡和平外交，与多数邻邦均定有互不侵犯条约。苏联之对日外交，何能例外，因此曾向日数度建议订立互不侵犯条约，而日本拒绝之。日本之所以不愿订此条约，恐成立是等条约后，在侵略人国之政策上必蒙不利，因现时日本之侵略我国，以"防共"为口实，若定立条约之后，则失其侵略之口实及烟幕弹矣。诚然，苏联自"九一八"以后，积极建设远东国防，然而纯系自卫性质，若日不侵犯苏联，则苏联更不欲与日本挑战，此由出售中东路及库页岛渔权之种种交涉事实，步步退让，不难证明。所以日本之包围外蒙，是形式上之防俄，而根本之内心，完全是侵略中国土地，以实现所谓满蒙政策者是。

截断东西交通。日本之西进，首当其冲者为甘、宁两省，尤其甘肃河西四郡。所谓河西，在一般人听来，是不大熟悉的地名，然而这块地方在我们中国历史上，曾经充任过非常重要的战争舞台。因为这地方是沟通东西交通的桥梁，无论从陕、晋、绥、冀西上，或自中亚及新疆东来，均以其地为必经的通路，所以河西在东西交通上占着非常重要的地位，其地的安危，实国家安危之所系。盖新疆为我国西北物产、对外交通之惟一门户，在我东北及东南沿海交通被人绝对控制之下，我们在西北方面将不得不另谋一条国际交通的出路，如果新疆的门户打通，则西北社会经济要起很大的变化，就军事和外交形势也异于往昔。若甘、宁为敌方所有，则东西桥梁已被截断，在此情况之下，我国将失一条重要国际交通之路线。

威胁最后西南国防之安全。我国在长期抵抗原则之下，沿海各地是不能持久的，所以在此时不能无一最后国防根据地的准备，但置于何处为宜？关于这个问题，实有详细考量的必要。以地势而论，当然首推西北陕、甘、青、宁、新五省，因为这一带地方在军事上占绝对的优势，为历代军事上必争之地，可是地瘠民贫，所有一切的物力、财力，无法自给自足，倘最后国防根据地设置于西北，恐不能胜任而受其困。因此除了西北之外，只有西南川、滇等省，可以胜任，其地形势虽不如西北地势之优越，而物力、财力可以自给自足，且能避敌机之威胁，因现时空军最大的飞行力，其全程设为三千里，而其航空半径只有全程之一半，即一千五百里，若敌机从沿海起飞，其航空半径绝不能达到西南国防的川、滇，沿海各地则均在敌舰势力威胁之下，到处可以扰挠，而敌人之空军更能横行无阻，所以不能置最后国防于此。若日本占有甘、宁等地，一方利用优越之地势，可沿长江上游顺流而下，以威胁我西南国防，一方敌人空军可由甘、宁起飞，随时可以达到西南腹地，因其地至西南的里程，在航空半径之范围以内，如此求最后西南国防的安宁，不可得也。总之，日本的西进，是在意料之中，且事实已放在吾人目前，如宁夏阿拉善特务机关之设立、额济纳旗之煽动，都是西进的先声，今后甘、宁的危机，若不即时设法挽救，前途实有不堪设想者。

四　甘、宁、青在西北国防上的重要

我国沿海各省，既已在外人炮舰威力控制之下，而长江腹地又早成外舰游弋的场所，而领空亦同时为外人空军自由飞行，是故每言国防，今后惟有亟事陆防，以发挥我广土众民的特质，建设军事根据地于西北国防总汇之甘、宁、青，期争民族生存于世界大战之中。且西北民性强悍，**体格壮健**，素质宜于兵役；西北多矿藏，五金俱备，而煤与煤油之产量尤为丰富，足供军事上器械战与化学战的需求。如果统筹各项生产企业于该地，以充实力，既非敌人炮舰破坏其毫末，亦非空军任意往还，在外交上无多大的顾忌，在内政上亦绝少牵掣，此为有识者公认的事实。是以吾人深信居今日而言西北的国防，应本总理昭示建陆都于皋兰的宏旨，以最大的决心，建设西北国防总枢纽之甘、凉、肃，以流通西北的血脉，及灵活西北的四肢，而为国家民族争生存的根据地。

自蒙、藏离贰，新疆名存实亡以后，中央无力兼顾，然犹能勉强通声气于西北关系各方，以维持残局者，仅赖我远祖辛勤开辟之河西四郡——张掖、武威、酒泉、敦煌——即今日甘、凉、肃、敦煌一线通衢以联系之耳。盖甘、凉、肃、敦煌的通衢，南屏祁连高山，北阻蒙古瀚海，为军军〔事〕上自然的屏障，西北出迪化、伊犁，直捣中亚细亚的腹心，南越青海，径扪川、康的项背，北走居延，得鞭挞科、乌、西蒙各地，而震撼全蒙，其地势之优越，实不可言喻。是以汉武帝置为河西四郡，以断匈奴的右臂，盛唐据此播其声教于中亚，因此河西之安危，有关国家政局的兴替，因是以这块地方无疑的形成了西北国防的核心。

自"赤祸"西侵，西北各地陷于危境，今后欲求西北国际外交的通路，非安定新省不为功。然而制新当先有巩固的制新孔道，此乃理势所必然。于是甘、凉、肃、敦煌的通衢在国防上的价值，更为显著。欲巩固此制新的孔道，又必须同时整治此孔道所依的宁夏额济纳旗与青海的东北部。盖宁夏的额济纳旗为甘、凉、肃、敦煌通道北面的屏障。由酒泉北出金塔、鼎新，顺弱水直下，经平树、威远两营而抵居延海，均为可耕可牧之区，就经济言，为富庶未辟之处女地；就军事言，乃北出外蒙，西指科布多必经之路，得之则可鞭策漠北，失之则西北孔道时有横断之虞，其关系之重大，至为显著。由河西南越祁连山脉，与青海东部密接，中有通路三条，与青海可以往还，就青海全省而言，此区在政治、经济上较得风气之先，若能及时经营，实可为河西之奥援。且由此南下，经香日得、玉树而直拊川、康项背，可与西南国防作辅车相依之势。总观上述，则河西为西北国防之枢纽，而甘、宁、青为河西之屏障与奥援，在形势上构成一贯的联系，而不可分，吾人欲巩固西北国防，必须就此通盘筹划，始克奏效。

五　结论

西北国防重要既如上述，可见这块地方操之在我则存，操之在人必亡，证以已往历代史迹，莫不皆然。今欲巩固其地，非从民族、交通、经济以及其他各方努力不可。因西北各族杂处，且教育落后，民族溶〔融〕洽，殊多困难，今后必须积极调合〔和〕各族情感，使之彼此信赖，共同致力国难之解除，为整个中华民族复兴运动而奋斗而努力。西北交通事业现尚在萌芽，离巩固西北国防之交通要求尚远，若一旦西北有事，则运输上不能供求相应，必致发生困难，是以最底〔低〕限度的交通要求，须能联络灵便，输送迅速，在战时不致发生呼应不灵之弊。抑近来西北荒旱连年，兵灾相寻，且经今岁"共匪之流窜"，民间财力损失奇重，人民逃亡，十室九空者有之，此辈无告之灾黎，若不即时设法拯救，使之各安其业，则其前途亦可为地方社会严重问题，是以经济的设施每为刻不容缓之事。以上诸端，系为对内对外最低限度的建设要求，值此绥东时局紧急时期，深望中央当局及地方人士注意及之。

《边疆》（半月刊）

南京边疆半月刊社

1936年1卷7、8期合刊

（赵红霞　整理）

吾人对于察绥匪乱应有之认识与决心

胡焕庸　撰

自上月中旬，察北匪军王英、李守信等部进犯绥东，一时形势紧张，全绥危急；幸经我军奋勇抵抗，一举收复百灵庙，匪军始纷纷溃退。惟牒〔谍〕报传来，匪军犹在积极准备反攻，绥事现状，未可视为定局。且也，匪军之后，有日人为之指使操纵，东北伪政府一日不能取销，即察、绥一日不能安宁，亦即吾民族之急难，一日不能解除。吾人试以察、绥匪乱，略申论之。

一、日人蚕食政策之猛进　自九一八事变迄今，屈指五载，日人进行其蚕食政策，夺取我国疆土，总计已达一百五十万方公里之巨，约当我全国面积之七分之一，日本全国面积之四倍，与英、法、德、意四国之合共面积约相当。其侵略之步骤，始则占我辽、吉、黑三省，继则夺我热河全境，三则侵我察北、冀东，今则复来谋我绥远，甚至竟有使我华北五省离我独立之要求。日人之谋我也，有计划，有步骤，依过去情形推算，则不出十年，我华夏全域，非尽数沦为日人之属土不可矣。

二、绥远为由东北通达西北之门户　绥远所处之地位，形势十分重要，其地北界蒙古，东界察省，西界宁夏，南界晋、陕。其交通路线，北经库伦，可通西伯利亚，东经察北，可通热河、辽宁，西经宁夏，可通新疆，西南溯河而上，可达甘肃、青海，南由平绥路，可通山西、河北，交通四达，形势险要。绥远如为日伪军所得，则南下晋、陕，西侵宁、新，任其所至，无可拦阻。数年以来，国人急盼开发之西北，将与东北同其命运，言念及此，不寒而栗！

三、过去无抵抗主义之失着　自九一八事件发生以来，国人震于日本之虚威，盛唱无抵抗主义，日人不折一兵，唾手而得东北四省之地，其侵我察北、冀东，更实行其渐移默化政策，使我国土地，丧失于无声无响之中。一二八淞沪战役，明示我国军力，未尝不可与日本相抗，惜不敢轻易一战，致大好河山，被人宰割以去。要知今日我国处境，战则不亡，不战则必亡，与其束手待毙，奚如挺身相抗，敌人不烦牺牲，可以多得土地，事之便宜如此，又何乐而不出此，彼唱无抵抗主义者，实诱敌以自亡者也。如我抗战不屈，敌人感于牺牲之巨，即不能稍敛其侵略之野心，至少亦当使其进占之步骤，不能如前此之横行无忌矣。

四、侵绥匪乱决不可视为地方事件　或者又谓此次侵绥匪乱，仅系少数蒙伪军之举动，日人既未公然出面，我方自亦不妨视为地方事件，由本省军队解决之，不必过分宣张，反启日人之借口。此种主张，实大谬不然。要知伪满政府之设立，既完全出于日人之摆布，今兹匪伪军之侵绥，亦无一不属日人之策划与资给。日人在宁夏蒙旗境内，久已设立特务机关，准备西图新疆，南下甘、青，徒以绥远位于中途要害，未敢贸然轻进。日人之图绥，非仅垂涎绥远本省之富源，实因其位于西进、南下之要道，不可不先取之也。吾人观于百灵庙克复以后，所获敌人积存粮秣之富，军械之多，即可知其计划之远大，与夫准备之充分。又见报载：百灵庙光复以后，日人在宁夏所设之特务，因其后路被截，亦即全部撤回。凡此种种，均见敌人对于绥远之重视，并可证明绥远对于西北大局关系之重要。

五、百灵庙先收复意义之重大　此次匪伪侵绥，其主力军集中商都，以绥东为目标，绥东得则平绥路断，绥西可不劳而获矣。惟同时匪军亦以百灵庙为根据，一方遣别动队，扰乱绥北、绥西，一方即出动向宁夏进取，今百灵庙既为我军所得，则敌人西进之路已断，我平绥路后顾之忧亦除，以后再有战事，将完全限于绥远东境，此中关键得失，甚为重大，于此不能不佩我塞北将士之智勇兼备，同时亦见匪伪乌合之众，实亦不值一击也。

六、察省现状　自百灵庙收复以后，绥境匪众，数已无多，其大本营，盖集中于察北一带。察哈尔全境，约可分为三部，一北部，为锡林郭勒盟旗地，二中部，为口外各县，三南部，为口内各县。锡盟向归盟长德王管辖，自德王附逆以来，其地与察省省府，已完全脱离关系。中部口外各县，自去冬为伪军所占，政治统属，形同瓯脱，已不啻为伪满之附庸。今察省省府所辖之地，仅南部口内平绥路沿线各县之地，其面积已不足察省全面积之十分之一，且万全与张北相邻，张北为匪伪军后方之根据地，其军需粮秣，且多由平绥路经万全以达张北。反之，我方对于绥北之运输，乃仅赖山西一道，同蒲路北段，既未完成，而太原、大同间公路，复须经过雁门险隘，往来殊艰。冀、察军力，既不能为绥远之接应，而平绥铁路反只供敌人之运输，兴言及此，悲痛曷极！

七、今后应付　连日以来，报载察北匪伪，积极筹备反攻，其前线重心，南为商都，北为滂江，战线西北、东南延长，尚约四五百里。我军不习严寒，又加后方给运困难，敌人倾国而来，我方仅以局部应战，将来胜负谁属，亦殊难以逆料。窃意中、日战争，迟早必须破裂，今兹之事，决不可以视为绥境一省之事，而冀、察可以袖手旁观，敌人狡计多端，又惯使其各个击破政策，我国人如再不认清此点，集中全国力量，以坚守我全国人所共有之土地，则敌人之野心无穷，我国之疆土有限，长此蚕食不已，非致我于亡国灭种、万劫不复之境，将永无休止之日。愿我国人，其速醒！

《边疆》（半月刊）
南京边疆半月刊社
1936 年 1 卷 7、8 期合刊
（朱宪　整理）

绥远战争之内层意义

孙慕迦　撰

自从绥远问题愈趋严重以来，传说伪匪军将分三路犯绥，一路由商都直取绥东，一路由绥北百灵庙为根据地，进攻武川窥归绥，另一路由百灵庙攻固阳，趋包头，攻绥远之西部，而绥匪军所有的武器都属近代化，飞机、大炮、坦克车一应俱全，以他人的利器来做屠杀我们捍卫国土勇士的工具。同时日本当局有两段矛盾的声明，日本外务发言人的谈话，则说"绥事与日本无关，匪军里面或有浪人参加，但中国政府自有全权处置"；再据喜多武官对美国记者之谈话，又说"日本对内蒙现局确已参加，并直拟将一万七十方里之中国领土，收归日本统治之下，还打算组织包括绥远全省暨察北两部在内之'蒙古独立政体'"。

我们一方面根据报纸事实的记载，一方面研究矛盾的谈话的内容，我们可以明白这一次伪匪攻绥，其中含有重大的意义。他们有充实的准备，有整个的计划，以所谓个别击破的手段，来蚕食我国西北各省的领土。它〔他〕们这样鬼崇的技俩，我们不得不加以新的认识和注意。绥远关系西北，甚至关系于全国的存亡之重要，非常显著，只要从它的地理上、经济上和整个民族关系上看，我们便应当认识守绥即是保卫我们北方最后的防线！

敌人为什么要侵绥远？

　　自本年初，察北六县被占去后，接着便是内蒙德王的独立，改元，宣布自治。绥远本是他们急需要的一块野食，无如绥、晋的将领守土的决心很坚，威吓利诱的政策无法施其技俩，故改变原来的手段，用实力来侵略，但不愿作过大的牺牲，所以积极援助一般爪牙，供其驱使。几个月以来他们不断地招募土匪，在绥东、绥北左近一带筑飞机场，设无线电台，成立特务机关，作种种军事准备，这种活动甚至深入包头、宁夏和新疆的边境，许多外国记者来此游历过的，无不预言着敌人先侵绥远，继占宁夏乃是必然的结果。到了本月初，匪军首领李守信、王英和德王的代表包悦卿，公然底飞到北平转往天津，向田代详商发动战事问题，居然待其回去以后，进攻绥远的战事爆发了。

　　我们仔细研究这次发动原因，绝不是最近的事，它是有固定的计划，而这计划的造因，可远溯至田中时代，完全本着所谓大陆政策第一段落的第二步骤罢！不过因受对俄之影响加强其行动，它的积极先图绥远之原因，却有四点：

　　（1）包围外蒙　绥远、宁夏如果由它得到了，再施人工设备，如修铁路、公路，普筑飞机场、兵营以及种种军事布置，由黑龙江起，经热河、察哈尔、绥远而至宁夏，可形成一包围外蒙之形势，现在苏俄所布置的包围东北四省、高丽及其本土的一层马蹄阵线，可为突破了（见注一），它在对俄战略上之计划，是很负重要性的。

　　（2）进攻新疆　新疆土地肥沃，蕴藏丰富，居民甚为稀少，其价值可等于第二个东北四省，日人唾〔垂〕涎已久，无如路途太远，无法进取，假设绥、宁为其夺取，它的势力马上即可达到新境，图新的希望，即可实现了。新疆一旦到手，它还可以突出俄属中亚细亚土地，以它的理想，按照前预定计划，可把西伯利亚拿过来，还可进攻俄在亚细亚洲全部土地区，苏俄势力会整个退出亚洲乌拉岭之西，预期的东亚大帝国之幻梦也可实现了。

（3）窥取晋、陕　绥远为晋、陕之屏障，人所共知，绥远若果不保，山西即失其屏障，陕西也频〔濒〕于危境。晋省与陕西联系之关系，乃是地势必有之结果。某国人士最近感觉晋省不易就范，以〔为〕便完成华北"冀察化"，以及什么"特殊化"、"缓冲区"那些圈套，所以必需借重武力来威胁恐吓，使晋省不能自存，达到迫其就范的梦想。

（4）威胁中原　在他们的揣想中，中国什么抗×前线在河南，最后的根据地在四川，假如山西和甘、青等省在它的掌握中，就可捣毁中国的堪察加，使我国军事力量，不能发挥出来，如此可以从容的完成并吞全华预期计划。

所以不惜预备四万万元的巨款为这一次战争的费用，据说现在已经用去了六千万，作为利用一批无耻的伪匪军分三路向绥远进攻，最近关东军与华北驻屯军使者往返，所讨论的事情，大概也不外于此罢？最近东京外、陆、海三相，议定在绥设领馆，增派留学生调查蒙古、新疆、西藏、青海各地情形，增设百灵庙德王府、宁夏、兰州各地特派员，并且在阿拉善旗、额济纳旗设飞机场，以及派日本军事教官训〔通〕练该地蒙兵种种的处施，由此可见它们的用心了。但是大规范的侵略，恐怕还要等待绥远到手之后。

绥远是我们国防生命线

绥省北通外蒙，南屏晋、陕，西界宁夏，东连察哈尔，同居内蒙古中心地位，也是通西北各省之要道，为我西北各省国防上之门户。阴山脉在省之中部，蜿蜒如游蛇（察、绥之阴山又名大青山），阴山南部，是河套地带，为丰肥的农区，阴山之北为一片沙漠。省境内的乌兰察布盟现在德王手中，已脱离中央之统治，伊克昭盟、土默特旗、绥东右翼四旗对中央忠诚，与驻绥军队取一致抗敌行动。绥省已成立县区的地方，在绥东者计有兴和、陶林、丰镇、集宁、凉城，在绥中有归绥（省会所在地）、清水河、托克托、萨拉齐、和林格兰〔尔〕等县；在绥西者计有包头、五原、临河等县；在绥北者计有武川、固阳等县；在绥南者有东胜一县。该省并设安北、沃野两〈设〉治局。该省教育不甚发达，全省高等及中小学校不过三十余所。居住为蒙、汉两族，人口总数约二百余万。

　　绥远在地图上看来，不过是长城以外内蒙古的一省而已，但是自"九一八"事变以后，伪满洲国成立，外蒙在苏俄策动以〔之〕下在漠北独立，察北为伪蒙军占据以后，它的地理上之重要性与往日不同了。在过去的时候，中国的东北、西北国防形势之优越，可以说是全世界无可比拟，北部从阿尔泰山、喀勒湖、外兴安岭山脉，直达靼鞑海峡，东部沿海，包括库页岛、朝鲜半岛，以达东、西沙群岛，形成一道很安全的国防线。及至清末民初，外蒙古的广漠及东北的内兴安岭，还可以作我们的国防线。可是自"九一八"以后，东北四省沦亡，这种次一等优越形势已不复有，现在仅存者，唯有阴山山脉，向西南接贺兰山脉，直向西北接祈〔祁〕连山脉，正好作我国西北的国防线，而绥远为此防线东段要地，绥远一失，这最后防垒，因此为之摇动，西北危，中国亦危了。绥东五县为东部之门户，百灵庙为北部沟通西北、东北孔道中心点，我们如果能扼住绥东五县，进而取察北六县，可有恢复察省土地完整之可能性，进攻百灵庙可断敌人屡扰乱宁、甘、青、新后方之危机（按百灵庙已被我军取得，足为敌人野心之打击）。

绥远与西北各省经济之关系

绥远在西北各省经济地位，非常重要。平绥路是我国北部的外廓铁路，该路现在的终点是包头，所以那地步〔方〕已成为西北物产总汇之区，凡是华北各省的货物向内输入，或者西北各省的货物向外输出，必经这条铁路。长城内的陇海路未达陇境，故不能担当西北及华北大量货物运输之责任，按照总理《建国方略》铁路计划中，有一条铁路从北方大港起至北平，沿平绥铁路，横度内外蒙古之平原及内漠，以至哈密，与东方大港〈至〉塔城线相联络，直通新疆省府迪化，其中大部分走于可耕地以〔之〕上，完成以后，其价值当可想见。现在没有建筑铁路，只有绥新公路，负沟通内地到新疆唯一的大道，除了绕道西伯利亚，没有别的简便公路可通，其余的公路，如绥远至百灵庙、包头至乌拉河、集宁至陶林、丰镇至兴和、清水河至和林、托克托至归绥等路，对于西北各省连系的关系，至为重大。因有上述之铁路及公路的关系，绥远已成为西北各省枢纽了。平绥铁路之终点，绥新公路之起点，都在包头，值此开发西北的时候，一切需要，须包头供给，将来出产，也仰赖包头输出，万一该省现有的交通阻断，在陇海线建筑未展至兰州以前，不仅是西北的商业出口问题发生了困难，恐怕西北各地连系的关系也会受中断了。

绥远占黄河上游，俗语说"黄河惟富一套"，又说"南京北京都不收，黄河两岸报春秋"，由此可见该地适宜农垦，所以近来屯垦事业进展颇速，将来可为寓兵于农最好的地方，可负捍卫西北国防重责。现在官办大干渠有十，大都长约百五十里，工程均甚伟大，由内地移去的人民颇多，然至今全套的人口不及十万人，平均每人可得地两顷，若与世界任何地方比较起来，其比例无有超过此数的。牲畜事业也很发达，以丰镇县以北，归化城、包头为羊毛之名产地，由归化城输出额年有七千余万斤，皮革五百余万张，包头输出额，羊花〔毛〕约二千万斤，皮革约四十万张，家畜约十万头，故包头也为西〈北〉皮毛集中地点。

绥远所产之马，体高大，可供战时运输及作战之用，若能再加以科学方法来畜牧，其前途之发展当可想见。在今各国竞争军备状态之下，铁与煤几成为利器，盖煤为主要燃料，铁乃重工业及军器之基础。依实业部地质调查所第四次《矿业纪要》所载，绥省煤之蕴藏量为四一七百万吨，固阳铁矿蕴藏约数百万吨，此数与全国总蕴藏量比较，为数虽不多，但对于开发西北的工业工用上都有相当之补助。总之，绥省交通、农牧、商务、矿产等富源与西北各省均有密切关系。

有绥远便有中华民族

中华民族是合汉、满、蒙、回、藏、苗六族而形成的，现在常有些野心家用"民族自决"的口号以分化我整个民族之阵线，淆乱世界各国之听闻。现在遥〔谣〕传的"大蒙古帝国"、"大元帝国"的组织，就根据这个错误的解释而来，最近常听到有许多蒙古通在内蒙各地做这种工作，派了一批无聊的浪人到各盟、旗挑拨离间，捏造种种事实以挑拨蒙、汉之感情，提倡什么"新蒙古思潮"麻醉一般青年，使其发生独立运动，并且在内蒙设施诊所，为蒙人医病，唱"救济蒙民"的口号，对蒙民贷以少数款项，以期得到一般蒙民之欢迎。而对于各旗总管王公，进一步予以物质和军实之援助，希其独立。

他们对于这种运动已超出绥境，西向宁夏阿拉善旗及额济纳旗方面活动，甚至在青海有时也寻到他们的纵〔踪〕迹。

边疆的人们过去对于这种问题甚少注意，故中其计者不少，而蒙民因受交通阻隔的关系，被其诱惑者当然难免，然而对于我国西陲疆土及整一民族阵线关系匪浅。

不仅如此，他们还挑拨宁夏境内蒙民对回民加强敌视的态度。在西北各省，各种民族向混合住在一起，平时屡有相互纠纷的事件发生，站在中华民族整一性的立场上观察，本为不幸之事，但绝不能再有意外事件发生，而分化御侮的力量。最近宁夏省额济纳旗土著之土耳扈特人和邻近甘省回民感情不睦，处处都埋伏着危机。

这〔达〕旗图王的亲信苏剑啸（满族），近以事被酒泉所驻回军逮捕，怀抱怨望很深，如此种情形，设为人从中一挑拨，马上就会发生意外事件。

绥远一失，西北屏障除去，满回、蒙回及蒙汉间的纷争，会不断的发生，从事于此种挑拨工作的人们，大可施其技俩，来破坏我整个民族之阵线了。

结论

作者将完此稿之时，阅本日晚报，我军占领百灵庙，匪伤亡七八百，俘虏三百余，夺军用品、粮秣无算，此不能不称赞晋绥将士之奋勇杀敌，素负盛名的傅将军，督同着部下勇敢善战的将士，为了祖国，在那冰天雪地的塞外，来转变我国历史的运命。而人民的踊跃募捐和前方人民应征为前线将士服务之精神，在在都足表示全国人民爱国情绪之热烈了。

这一次，我们以全国的力量守绥远，其意义是非常重大的，今日国民之心理，已认识绥远为西北数省共同之门户，北方最后之壁垒，万一失去，就有遭灭亡的危险啊。据报纸所载，红格尔图之役，民团助守，蒙人导攻，又攻百灵庙之际，达尔罕旗官兵欢悦，争来慰劳，此足可证明汉、蒙同站在中华整一民族战线捍卫国土，这不能〔是〕由他人挑拨离间所能有效的。

（注一）见东京《朝日新闻》所出版之《东亚危机地图》。

《边疆》（半月刊）

南京边疆半月刊社

1936 年 1 卷 7、8 期合刊

（李红权　整理）

察北日伪军最近活动情况

作者不详

察北六县（察哈尔省北部，计包括张北、沽源、宝昌、康保、商都、化德、多伦等县，因多伦已于日军进占热河时即被侵占，故通称六县），自去岁六月为日伪蒙军强占后，地方情况混乱异常，土匪、汉奸、浪人、蒙匪麇集活动，均由日关东军主持，企图侵略绥远，囊括西北，完成其建设"满蒙帝国"之迷梦。本年以来，着着进逼，军事上则招编土匪，扩充"蒙古保安队"为三军，成立"边防自治军"，同时派遣大批汉奸、浪人，活跃于沿平绥线上之城镇，刺探军息。五月间，日胁德王成立"蒙古军政府"，变态乃日益显著。迨七月下旬，伪边防自治军及所招编之匪军，纷纷向商都边境（邻接绥东）集中，关东军复派友田少将住张北指挥，其计划指派小部匪军以土匪行动，向兴和、集宁、丰镇等县进扰，预定八月至九月间占据绥远，最低限度必占绥东一部，业于上月底发生小冲突，为当地驻军击退。八月二日，绥东保安司令曾延毅（司令部驻平地泉）莅绥，当日午后即偕绥主席傅作义至绥东视察，其严重情形，概可想见。兹将察北日伪军分布状况调查如下。

甲　日　军

一、张北、沽源一带，约驻有日军两联队，其行动往来无定，为日驻热河铃本部队所辖。

二、张北、商都建有日军飞机场，面积广大，筑有格纳式藏机库，但未储藏飞机，盖恐为匪军所乘，每日均有日军用机三五架往来。

三、日军坦克车一队，不时游动察北各县，惟坦克车并非完全真实坦克车，大部为载重汽车装以薄铁板改造者，仅是形式，意在壮声势，镇压匪军。

四、驻张北日特务机关长浅海久雄指派助理官河中、广清两人分驻绥远、包头，负责指挥浪人、汉奸积极活动。浅海现养病承德，职务由关东军参谋因〔田〕中三郎暂代。

五、驻张垣日特务机关长大本派中泽喜达往来大同一带活动，关东军派真野正三协助指挥浪人、汉奸于天镇、阳高、大同等处为非法营业，扰乱金融，窥探驻军动作，收买下级士兵。

六、关东军特务部对察、绥蒙工作，业经重新分配，指定范围。计沿平绥线南口起至荣沟堡，由张垣日特务机关长大本指挥；荣沟堡至平地泉及察北六县，由张北日特务机关长浅海久雄指挥；平地泉至包头段，由绥远特务机关长羽山指挥。西蒙各旗，由百露袖日特务机关长胜岛指挥。并于绥东兴和县设立兴元公司，丰镇县设立丰裕公司，凉城设立大有公司，平地泉设立万国运输公司，陶林设立日新洋行为收集情报之机关。

七、日驻张家口总领事馆，积极向西北伸张势力，沿平绥线各重要村镇，如大同、丰镇、集宁等处，均先派遣浪人前往售货，试探当地当局之态度。如当局仅取监视态度而不干涉行动，则进一步利诱居民，强占房屋，开设洋行为非法营业，继由警署派一二警务人员前往，当交涉保护之责。如是逐步进行，无形中伸张警权于当地。现驻张垣总领事馆警察署准备扩充，已得命令许可，由天津日警署署长田中根直接指挥。

八、百灵庙日特务机关，因积极策划侵略，事务繁剧，增设助理官五人，驻有日军千余。

九、热河丰宁、滦平一带，驻有日军约万人，兵种齐备。

十、伪满第五军管区司令官王静修抽调所部，集中准备向察北移动。

乙　伪军

一、卓世海所率之"蒙古保安队"，自"蒙古军政府"成立后，扩为三军，积极征募。包悦卿秘密赴满，向关东军当局接洽该军之械弹、服装、经济，并协商展开策略。但招编辽热边（阜新、开鲁、朝阳一带）之土匪，亦为主要任务之一。七月下旬活跃于热河边境内朝阳、北票等处之靠山飞（何崇山）、复兴（朱兴田）两部匪军，共约三千余人，业已陆续到达张北县境公会一带屯驻，曾令进驻商都，仍以土匪行动向绥东进扰，为该部不满，以其与原订条件不符，未予同意，必俟全部集中完毕，补充服装、弹药，正式编制后出动。张北日特务机关乃派员训话，候到达完毕即予补充编制。

二、伪保安队系于伪冀东自治政府成立后，日方拟于察、绥造成同一局面，以编制保安队号召，将冀东及热河匪部，率向察北移动。当时刘桂棠残部，及赵大中、王道一匪部，纷纷开入冀、察、热边境。赤城、独石口、永宁等地，仅王道一部为张垣日特务机关所收编，任王道一为队长，驻永宁城内，极无纪律。本年四月间，发生内哄，为部下罗东初逼走，罗自任队长，有众千人，大枪七百余枝，轻重机关枪各两架，乃〔仍〕驻永宁城内。

三、王道一在永宁与部属罗东初争斗，失败遁走，于丰宁陆续集中，连同招集其他小帮匪部，有五六百人，经日人说项，归李守信收编成旅，任王为旅长，进驻沽源县属白庙滩地方。惟所部复杂，时起内哄，伪蒙政府乃调王道一充伪蒙政府军政部顾问，另派部属金其祥统率该军，现已奉令向绥东移动。

四、前战区保安队冯寿彭部，暗中为张北日特务机关所收买，于今春开驻永宁城外，意图收缴伪保安队枪械。积极联络四乡民众，于五月间实行发动包围永宁县城，两部相持一月有余，城内外民众逃避一空，究其内幕，实为张北、张垣两特务机关，互争势力邀功所致。迨七月初，日特务机关议定切实联络办法后，彭〔冯〕部即开往张北，驻张北北门外实业学校，改编为伪边防自治军第一军（军长于志谦，绥远兴和县人）第二师，冯任师长，部众一千余人，枪械齐全，准备补充，向绥东移动。

五、伪边防自治军，于去岁末冀东变动时即有组织。当时日方尚不需要，未派人参加主持，故仅为汉奸假此名称撞骗而已。本年五月间，关东军决定向绥远进展，视为可以利用，遂派市川大召、河边村野为代表，联络于志谦、马子桢（即马子荣，绥远旧警务人员）等，勾结游匪，陆续收编，成立伪边防自治军第×军，约三千余人，由张北日特务机关委任于为军长，马为副军长，市川、河边为参事官，军部设张北南壕地方。所部分驻附近之宝沟一带村堡，或就原活动地给与名义，日方并未予以接济，其给养，均由当地自筹，故地方上支应困难，人民逃避一空，为就食计，已于七月廿日，开驻商都县属大兴庄（商都与集宁交界处），故一时风声鹤唳，有伪军进攻绥远之谣。

六、伪蒙政府近颁发各伪军及匪部大批炊具。

七、察北各县征调大车，并颁布车夫潜逃处置令，极为严厉。

八、察北各县，近限令民户并居，以五人一屋为标准，腾让民房，准备为招编土匪之住屋。

九、张北至兴和，商都至集宁二条大道，日方现正积极改筑汽车路。

十、察北各县栽植电杆，准备挂线，并于大村堡中，选择民房，改建临时仓库，囤积食粮。

总计日伪向绥远侵略之实力，估计数量如次：

1. 热河日军铃木部队（分驻锦州、沿长城各口，及热河内部）万余人，防守华北及镇压地方外，丰宁、滦平约万人，番号不详。

2. 伪满第五军管区，可以抽调数千人。

以上为接替"蒙古军"及"自治军"、匪军等防地，督促进攻，非直接进攻之部队。

3. 伪蒙古军约二千余人（陆续招集而未编制者不计）。

4. 李守信部，号称六千余人，实际连同热河伪第四旅吴觐庭部，约三千余人。

5. "边防自治"第一军约三千余人。

6. 伪保安队及杂牌匪军，约二千余人（有改编自治第二军之说）。

总以上伪军匪部，约在万人，为进扰前锋，虽实力未必充分，但日方既具侵略野心，自必逐步加紧援助，嗾使土匪、伪军以漫无纪律之野战方式，进攻绥东，造成严重局面。同时百灵庙方面之日蒙军，随时均可发动，自在意中，实足予绥军以其大打击也。

《边讯》（月刊）

上海中国边讯社

1936年1卷7期

（朱宪　整理）

陶林的夜战

——报告文学

魏精忠　撰

塞外的北风吼吼地长啸着，卷起地上新下的雪，打在人脸上，真像无数针尖一齐刺着一样。

在冷清的黑夜里，弟兄们穿着灰棉花袄，蹲在战壕里偎着稻草，受着绵绵的风雪的侵袭。唯一冲破空气的清脆的枪炮声，连珠般的在四周响着。可是敌人几次来冲这陶林口的防线，都被弟兄们杀了回去。

蹲在战壕里的弟兄们，彼此不时的发出轻微的笑骂声。有的在说："妈的！刚才有一个是小鬼……冲上来端着盒子炮，瞪着两只夜猫子眼，妈的！叫我一刀把脑袋给分了家！"

"哈！管他三七二十一；他上来咱就给王八旦连削带切！"

另一个在附和着。

黑夜遮罩了大地，除了近几步的白雪外，远处就什么也分辨不出。大家耳朵里尽管听着霹雳般的炮声，和嗖嗖地飞着的极快的子弹；同时却注意地望着敌人火力是否要往前进，望着那仿佛鬼火般一闪一闪的团火烟幕，顷刻落地消散在荒野。

"快天亮了吧！奶奶的，土匪们的火怎不像以前那样红了？"

"哼！死守着吧，陶林总是这样吗？咱他妈不上前打，好像是搪差使！看着天亮，就莫闯过鬼门关啦！"

"唉！你们别说啦，从前我们对××军做战，总是下攻击令，吃的是大米洋面，关双饷，军需子弹充足极了。如今剿他妈××雇的土匪吧，却是死守！像他妈以前不得已被围困在×州似的守，你说他妈的怪不怪？"

"听说报上有人们捐钱叫咱好好地守绥远……"

"你们别说啦！刚才哨兵报告，敌人又要来冲锋！打，预备着点，哥们！要是败了在这，真对不起中国人啦！"

"哼！我这回和杂毛土匪们拼命，远了叫他吃黑枣！近了叫他妈的看老子的刀……"

"你这样，才够上中国人，英雄好汉……呀……你看那边黑影颤动啦！近些了……"

"别说话了！"一个排长讷着声说，"注意描〔瞄〕准，叫他奶奶勾什项的上西天玩去！这些卖国的畜生……"

于是战壕里的弟兄们，屏着气，把住了实弹待发的机关枪、野炮、步枪、手溜弹……顺着壕边刨好的枪窝炮眼向外望着，发现了敌人便放。

敌人上来了。火团般的大炮不断的开着。机关枪也应和地响起来，个拉个拉地，掩护着敌人的进攻。弟兄们虽也在放着机关枪、野炮，但仍然沉毅地握紧了战器，似乎要待匪军临近，才一鼓去歼灭他们。可是，掩护他们的炮弹、机关枪、坦克车和钢甲车越发来的猛烈了。可惜我们无辜的百姓们同那些村庄、山丘、田林，都在敌人强烈的炮火下被牺牲了，被踩躏了。

过一阵猛烈的轰炸，和英勇的抵抗，进攻的敌人丧失了许多生命，怕死的××军官终于指挥着无意战斗的汉奸们狼狈地退却了。

但天将发亮时，匪军又借着飞机的掩护卷土重来。纸鸢似的飞机，在苍茫的云雾里，唔唔地飞着，徘徊着，并掷下炸弹。砰！砰！一声声的巨响，使得战线上到处飞起了土石，把我们的战壕炸成一个个的大孔。同时飞起的土石纷纷地打到我们弟兄的脸上。这样，有着飞机掩护的敌人的进攻，使得大家都显出不安的样子。有的说：

"奶奶的，这玩艺可不是玩的，咱们这营连一架高射炮都没有，打仗了，他妈的国家还不给咱预备！"

"呵呀！那边王得胜炸死了，还伤了几个呢！真他妈的！咱们国家的飞机，怎不来几架，和它在空中斗斗！"

"嘿！朋友！你不要妄想！什么剿匪抗敌的，你看要是我们国家自个儿争地盘抢权力的时候，有飞机！好像咱们的飞机专为那样用的！要它对付敌人，那可慢着。红格尔图、陶林、平地泉的战事，要是有飞机帮助，咱们还怕他妈的小鬼！"

这是一个学生出身的弟兄，带着哭声愤慨地说出的，同时其他弟兄们都感动了。大家都骂着不发飞机的长官，并要拼命冲出战壕去追杀敌人。

轰轰的炮声又响个不住，带翅似的枪弹，也并不因天亮了，就不嗖嗖的在头上横着飞过，不过比较稀稀拉拉地就是了。弟兄们在战壕里，正忿恨的讲着每人不平的事，追究谁个误了国家的时候，敌人的炮火像回光反照似地又猛烈起来了。弟兄们沉着气，整个身体都平放在地上，握紧了刀和手溜弹，瞪着眼看着小鬼参杂在匪类中指挥着匪军前进。弟兄们便泄愤似的个个都在骂："它娘个狗肏的！老子们被你欺负得都喘不过气来了，我恨你牙根八丈长！来，狗肏的！叫你尝尝老子的枪刀！"

又是一阵怕人的肉搏，后来敌人终于退去了。天大明大亮了，鬼门关也莫闯过来一道。四野里像有雾，枪炮声渐渐稀少了。塞外的北风吼吼地长啸着，挟着血腥的沙土和冰雪，远远地飘扬着，好像要飘扬到平、津，到京、沪，甚至全中国似的。

《中流》（半月刊）

上海杂志公司

1936 年 1 卷 7 期

（李红权　整理）

妇女界应当怎样援助绥远抗敌将士

力平　撰

我们的敌人为加紧制造新的侵略事实，图谋在最近期内侵占绥远，以完成它并吞内蒙的计划，所以利用伪蒙匪军，并在它的大批飞机与战车的掩护之下，大举攻绥；幸而我前方将士，认清已到"最后关头"，抱了不失寸土，不丧国权的决心，奋勇地抗战，使敌匪在绥东红格尔图、陶林、兴和一带的战事既未能获得胜利；而且绥北方面，二十四日，我军连续进攻七次占领了百灵庙。消息传来，全国上下，一切不愿做亡国奴和不坚持抗敌须有整个计划的人，没有不热血沸腾，感到极大的兴奋。因此，上自政府官员，下至苦力囚犯，都纷纷起来毁家纾难，节约绝食，捐款援助抗敌将士，以表示他们一片爱国的热忱。

这几天塞外的天气，已经冷到零下十七度，百灵庙的积雪有三尺深，前方将士在风雪中辗转作战，他们身上的衣服不能御寒，粮食不足，战地民食很成问题。军器和各项军需品也很缺乏。在物质方面，固然是极端需要我们的援助，就是精神方面，也需要我们的鼓励，我们要使前方的士气振奋，使抗敌的将士们格外认清我们的敌人，明了他们的抗战是为了整个民族的生存，知道全国的人士对于他们是何等的殷望。尤其是妇女界更应该负起这种援助和鼓励的责任来，才能够算是与男子同尽抗敌保国的义务。

欧战的时候，美国基督教妇女对于战地难民的救济事业，曾有很大的贡献。九一八的时候，日本妇女缝制很多的慰劳袋，并由下女组织慰劳队到东北来慰劳；意阿战争的时候，意大利皇后将她的订婚戒指捐赠前方将士，全国的妇女都响应她这种举动，侵略国的妇女，对于该国无人道，无廉耻的侵略行为，尚且如此的赞助。至于意阿战争时的阿国皇后，她更亲往前敌慰问伤兵。西班牙的战争发生以后，全国妇女，不但负担起援助救护等工作，她们更进一步的拿了枪杆到前线去歼杀她们的敌人。苏联的妇女为援助西班牙的人民大众，踊跃的参加募捐的工作，并且督促她们的孩子，都要节省他们的糖果费，贮存起来援助西班牙，国际间的援助，还这样的热烈。

绥远的战事发生以后，我国妇女界也有热烈援助的举动，山西绥靖主任阎锡山的太夫人，以国难严重，且阎为晋绥长官，尤应毁家抒〔纾〕难，所以命阎锡山将他父亲子明的遗产八十七万扫数捐作救国之用，阎已遵命将该款拨交山西财政厅接收。上海女青年会已征集会员多人，每日下午二时至六时，为绥远士兵缝制丝棉背心，编织毛线衫，并制备伤兵、难民应用各物，现已制就大批，不久就可送往前方。二十六日《立报》载，上海爵禄舞厅将二十二日营业所得，舞女概不拆账，尽数捐助。二十六日各报登载，厦门有一女子，在厦门《江声》报馆门前读报，后被爱国心所冲动，立刻脱下金戒指捐称："以慰零下十五度绥远将士"，不告姓名。上海各妇女团体更联合组织"上海妇女界绥远剿匪慰劳会"，及"上海妇女绥远抗敌将士后援会"，进行宣传，劝募各种有组织的援助运动。北平的女学生停止煤火，改吃窝窝头，将节省下来的钱，捐到前方去，还有一班闺秀及妇女界的名人并发起援绥游艺会，为前敌将士募款。

但是，我们觉得这样的援助还不够普遍。每天沉迷于赌场中，消金如土的妇女，还不知有多少；醉心于一九三七年式的冬季新装的妇女，也不知有多少；出入在交际场中，专以博得虚荣的妇女，又不知有多少。这些妇女，她们似乎觉得除了个人的享受而外，天地〔底〕下再没有更重要的事情了，她们除了把金钱消耗在享受上面，也没有更正当的用钱的途径了。此外有更众多更广泛的妇女是浑浑噩噩，不闻不知，完全不知道绥远的将士正在和我们的敌人拼命。即使很模糊的听到一点，她们也弄不清楚这件事情有多么重大，对于这件事情应该怎样表示？所以第一件我们要尽量的在妇女方面宣传，使每一个妇女都严重的注意到绥远的战事，使每一个妇女都明白自己对于绥远战争发生后的任务。

我们觉得目前的援助工作还不够精密。现在各界妇女不应该再在援绥工作上来分派别，争夺领导权，在每个地方应该联合各方面的妇女，各个妇女团体来共同组织一个后援会，这后援会里面应该包括各种职业不同、地位不同、信仰不同的妇女的代表，将当地的援助工作统一起来，按照整个的计划，作通盘的分配，谁担任宣传，谁担任募捐，谁担任缝制衣物，谁担任交际。举行宣传和募捐的时候，可以召集各校的女学生分编为宣传队、募捐队，预先规定好各队的区域，分头去进行。缝制衣物，可以征求多数的家庭妇女，分为采购组、编织组、缝衣组、保管组、运输组，分别去工作。交际方面最好是请当地重要行政长官的夫人及妇女界的名人出来担任。如此可以集中多数人的力量在一起，工作方面也绝对不会零碎与重复。一班热心的女学生和青年妇女，更不至因为自动进行援助工作而受到种种阻难，使她们感到灰心。

我们还觉得目前的援助工作除了物质的接济，还要多多进行精神的鼓励，和士兵文化生活需要的供给。我们要把后方各种慷慨输将，热烈援助的情形，编成通讯，印成画报，夹在衣服和应用物品里面寄到前方去。各个捐款人，或为援助工作服务的人，以她们个人的立场，将她们捐助的动机和服务的情形，写成信寄去。

还有在衣服上，和应用物品，如洋铁碗、毛巾、热水袋的上面，绣上或写上许多爱国的警句。另外再编选各种短篇、短幅关于各国民族英雄抵抗强暴的故事，印成小册寄往前线，供给士兵阅读，使他们加强抗敌的意识。此外更要就绥远临近战区以外的地方，设法安顿并保护抗敌将士的家眷，使他们无后顾之忧，在前线安心作战。

最后我们要尽力推动"妇女援绥节约运动"，或"妇女援绥一日运动"。只要少碰一次牌，少看一次电影，少做一件冬季大衣，少买一双鞋，少买一盒脂纷，少置一种首饰，少请一次客，少喝一回咖啡，甚至出门少坐一次车子，在家少吃一天荤菜，就不知救济了几多在冰天雪地中，忍受着饥寒的将士了。监狱里的犯人，尚且将他们每日仅有的极粗劣的食物的代价，换取前敌将士的温饱，难道我们连囚犯都不如吗？

《现世界》（半月刊）

上海现世界社

1936 年 1 卷 8 期

（丁冉　整理）

绥远战事之严重性

胡焕庸　撰

绥远战报，日趋紧张；未来结果，莫可预测。今先述绥远地理，次述绥远现况，最后指明今次绥远战事，对于全国大局之关系。

绥远为我塞北四省之一，东界察哈尔，西界宁夏，北界蒙古，南界山西、陕西，全省面积三十万方公里，约达江苏省之三倍。全省人口，据民国二十四年之调查，为二百三十万零，仅当江苏人口百分之七。

绥远全境，约可分为三部。北部阴山以北属乌兰察布盟蒙旗牧地。南部河套以内，属伊克昭盟牧地，即所谓鄂尔多斯高原是也。惟中部黄河沿岸，地形低陷，渠道纵横，灌溉便利，农作繁兴，居民稠密，所谓"黄河百害，惟富一套"之河套是也。

绥远全境，现有一市（包头市）、十六县、二设治局，其位置都在河套附近，其余为蒙旗辖境。前者面积不足全省总面积之三分之一，而其人口乃达二百万人，其余三分之二之蒙旗地域，总人口仅三十万，内汉人约占半数，计十五万。县、局辖境，十九皆为汉人，蒙人殊少。

绥远纬度，约介于北纬三十八度至四十四度之间，其地气候寒冷，雨量稀少，大半属草原性地带，少数为不毛之沙漠。如归绥一月平均温度，为摄氏零下十二度（南京一月平均温度为二·七度，从来未有之奇寒为零下十三度），全年温度在零下者，计有三个月，各月温度在十度以上者，计有五个月，七月平均温度高达二十四度，较南京仅低三度，故塞北夏季之热，不减于南方，而冬季之寒与长，则远甚于南方也。归绥雨量平均全年约四百公厘，约当南京雨量之百分之四十，北平雨量之百分之六十。

绥远物产，农、牧、矿并著，农业以河套附近为最盛，产物以小麦、莜〔莜〕麦、胡麻为著，蒙旗牧地盛产牛、羊、皮毛，矿产以煤为著，如归绥、萨拉齐、包头均以产煤著称。

以上略述绥远之地理概况，至于绥远之重要，尤在于其军事之形势，与交通之地位。绥远之北，隔戈壁沙漠乃与蒙古相接。蒙古自独立以来，久为我国政权所不及，俄人势力，操纵其间，故绥远者，已不啻为我国北边国防之前线。绥远之东，为察省，察北六县，已于去年随热河陷于匪伪之手，故今日之绥远，已不啻为中、日、俄三国实力相会之点。又因绥远为平绥路所经，东南行一昼夜可达北平，南下经大同，可通太原，过榆林可抵陕北，西南溯河而上，可通宁夏、甘肃，直西行可通新疆，再加后套之富，绥、包之繁盛，真所谓南北东西四达之重镇也。

民国二十二年热河失陷以后，察、绥蒙人，受日人之怂恿，曾一度要求自治，以锡林郭勒盟副盟长德王态度最为倔强，当时曾经内政部黄绍雄部长前往宣慰，几经波折，乃成立所谓"蒙古地方自治政务委员会"，设会址于绥远北境之百灵庙，时二十三年四月间事也。

自二十四年年底，察北六县陷于匪伪之手，德王对于中央之关系，表面上已若即若离，实则已与敌方相勾结，锡、乌两盟，已无形入于日人之手。我政府不得已，乃另组"绥远省境内蒙古各盟旗地方自治政务委员会"，以伊克昭盟正副盟长沙王、阿王等主之，因沙王深明大义，并知本旗所处之危境，而向附中央者也。

今日之绥远，盖已处于四面楚歌之地位。当八月中，匪伪军曾一度内犯，嗣经驻军坚守击退。近则自察西来者，集中于商都，目的在于绥东、陶林、兴和、集宁（平地泉）各县，自绥北来者，以百灵庙为根据，目的在武川、归绥，其潜赴绥西者，更欲进占五原、临河，直下宁夏。绥远北境，地旷人稀，日伪军队往来其间，真所谓如入无人之境，据最近消息，宁夏、甘肃、青海，均已有日本特务机关，长驻工作。日人借口为防俄起见，欲夺取我塞北各地，实则因我腹地人烟稠密，消息灵通，遇有军事行动，易于引起我全国人民与世界各国之注意。侵略边地，因人烟稀少，消息隔绝之故，奏效速而阻力少，且也边省汉、蒙杂居，因有民族之歧异，易受奸人之挑拨，敌人处心之险，设计之狡，可谓无微不至者矣。

最近，日本在两月之前，向我中央政府提出要求，其尤重要者，为"联合防共"与"华北特殊地位"两条。前者欲利用"联合防共"之名，遍布武力于我全国各地，后者欲使冀、察乃至绥、晋、鲁五省，脱离中央，成立自治政府。日人之本意，原欲利其积威，希望不折一兵，陷我于万劫不复之境，我全国上下烛知其奸，万众一心，誓不承认，经我外交当局，历次折冲，坚决拒绝。日人知其计不得逞，乃改弦更张，欲利用武力压迫，实行其蚕食野心，又复纵使匪伪叛徒，充当先锋，使行其以华制华之办法，万一绥远陷落，则由此而西略宁、甘，南下晋、陕，如探囊中之物矣。

今我国国民，当认清此次事态之严重，要知日人由辽、吉、黑而热河，而冀东，而察北，而绥北，今乃更欲夺取绥南，进而图我晋、陕、宁、甘。时已至此，万不容一误再误，我全国上下，当以整个力量，保我未失疆土，否则如再视为地方事件，而任其沦陷，则我国之疆土有限，敌人之欲壑无穷，彼进我退，人夺我与，结果非至亡国灭种，任听神州全境，沦为异族人之领土不止也。

十一月二十一日

《地理教育》（月刊）

南京中国地理教育研究会

1936 年 1 卷 9 期

（朱宪　整理）

百灵庙攻下了即刻进兵收复察北

琴南 撰

伪匪军四路进攻，两方俱败

绥东和绥北的战争，我军都占优胜势，伪匪军的实力究竟有多大，是怎样布置着的呢？

据可靠的消息，这次进攻绥远的伪匪军及蒙军，主要的是李守信、张海鹏、王英、德王等四部；李部共约五六千人，张部开到察北的只有二三千人，王英匪部有四五千人，德王和卓什海所率领的蒙军，不过二三千人——合计起来，不过一万五六千人。在军事的布置上，察北的商都和绥北的百灵庙是他们的两个根据地；张北是一切军需用品集中的地方。李守信、王英两部都集中在商都和南壕堑两处，德王的部下集中在百灵庙，张海鹏所率伪军驻在张北。

至于他们进攻的方略，是由商都及百灵庙两处，分四路进攻：第一路由商都进攻红格尔图，如果能把这里攻下，往南便可以进攻平地泉，往西也可以进攻陶林以威胁平地泉的侧面。得到平地泉以后，便将平绥铁路切断了，往西可以进攻归绥和包头，东向可以和张北连成一气。第二路由商都的南壕堑进攻兴和，如果将兴和夺到手里，往南可以进攻丰镇以威胁大同，切断绥军后方的联络，西向可与由红格尔图南下的军队合攻平地泉。第三路由百灵庙进攻武川以威胁归绥，牵制我绥东的作战的部队。第四路由百灵庙进攻固阳以威胁包头，进攻绥西。就实力说，以由第一路进攻的匪部为最强；夺取平地泉，是敌方第一个目的。因为此处是我方绥东军事的重心所在，把这里攻下以后，便可以摇动我军整个的阵线。

就过去十天的战况来说，敌人进攻绥东的企图，先遭了挫折，紧接着进攻绥北的企图也失败了。更就这两方面战争的情况作个比较，那么绥东的战争尚不如绥北战争的激烈。因为进攻绥东的敌军，仅是少数部队，大部队还没有加入前线；不过因有飞机和大炮助战，看起来声势浩大些。在这方面，我方迎敌的部队，追击敌人也限于绥远境域以内，没有能趁势攻入察北，把南壕堑和商都的敌人都扫清，把敌军最大的一个根地摧毁它。在绥北的战争却不然，不但击退了进攻的敌军，而且一直乘胜追击敌人，步骑部队连夜猛攻，在二十四晨九点多钟夺回了百灵庙，摧毁了伪匪蒙军在绥北的唯一根据地。

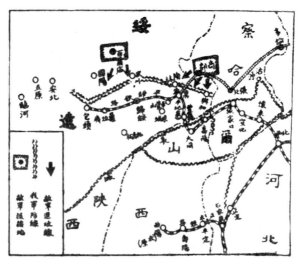

察北敌方力量集中，绥东将有大战

战争将怎样演变呢？将要暂时告个结束么？还是将更要扩大呢？

就目前情形看，敌方既在绥北失了一个重要的根据地，当下再从这里进攻，自然是不很容易的。因为在这一带有许多天然的阻碍，除百灵庙以外，要在这里另找一个能驻扎成千上万军队的地方，就很不容易；再加上交通不便，运输军火和给养都很困难，就地不要说征集粮食，连燃料也不容易弄到。所以，百灵庙攻下以后，绥北的危险，确已减轻了许多。可是，绥东的情形并不是这样的，敌军在绥东所受的损失很轻；并且由百灵庙败退了的敌军也都结集在这里，后方的接济，也比绥北便利的多，现在，大批的伪军正由热河往察北开，并且热河正在那里积极修筑公路和铁路，以便利军事的运输。

如果仅就近来的战况便认为"敌方将要暂且收束，必须再准备一个时期，才会有新的动作"，这个估计未免太乐观些。事实上敌方这次的损失并不很大，接济又容易，站在背后指挥的人，也不肯在这个时候就"善罢干休"的；恐怕将要督促伪匪军再作一次更大的尝试。那么，摆在眼前的，便是绥东最近将有一次更激烈的战争。我军在目前必须有更进一步的准备，才能应付行将到来的威胁。

趁时进兵察北，根本消灭对绥远的威胁

如果伪匪军在绥东再遭一次挫折，情势更将如何变化呢？

现在敌方在前线作战的，还只是伪匪军，某方除了有一部分军

官在里面指挥督战以外，某方的军队，还没有直接加入前线作战。如果伪匪军更遭到一次大的失败，某方还不肯罢休，不但驱策热河的伪军开到前方作战，并且驻热河一带的某军也直接加入作战，那么，战争便要扩大了。这是一。再则，如果我方的军队，只以保守绥远为止，不进攻商都、张北，不即图除去察、绥直接的威胁，并更进而收复失地，那么战争亦可暂告个结束。局势的变化，将决定于这两点。

现在我方究竟应该怎么办呢？

在事实上，进攻绥远，只是"友邦"完成其"满蒙政策"的一个重要步骤，是并吞整个华北的一个必然过程；无论采取什么形式，无论一时缓和或一时紧张，实质上却是要夺取绥远。王英匪部上一次进扰败退回去后，经了某方的帮助与补充，不是又有这一次的进攻么？这一次再败了回去，如果我方不及时"犁穴扫庭"，把敌方在察北的根据地完全摧毁，那么不管伪匪军失败得如何惨重，绥远的危险，却并没有除掉，不过是暂时又和缓点罢了。

因此，我们在目前绝不能因为眼前暂时的胜利，便忘掉了将来的大患。对绥远的战争，不能以打退了进攻的伪匪军便算满足，必须要摧毁伪匪军进攻绥远的根据地——进兵收复察北。收复察北不仅是晋绥军的责任，驻在冀、察的军队，应该同时出动，扫清在察北的伪匪军，推倒冀东伪组织，并进而收复东北四省失地。"以攻为守"才是防守的上策，"闭关自守"是守不住的；只留给敌人以从容准备的机会罢了，也就是自取灭亡的道路。

大家担起这个重大的担子吧

要期望战争能由防守转变成进攻，由局部的冲突变成全面的决战，并且使这决战能够胜利，这全要靠民众能发挥自己强大的力量。我们应该积极的组织自己，武装自己，勇敢的担负起民族解放的重担子呵！

《民众周报》
北平通俗读物编刊社民众周报组
1936 年 1 卷 9 期
（丁冉　整理）

绥远抗敌的面面观——从战略上观察绥远抗战

金则人　撰

据华联社十一月九日长春电讯：关东军对绥战略，决定采取如下的步骤：（一）中国冀察军与绥晋军同时迎击场合，则华北日驻屯军即为作战之主力，以伪匪军为辅，则战时中心在察、冀、平、津成为决死场；（二）若仅有晋绥军作战之场合，则华北驻屯军坐镇冀察，取监视宋哲元军之态度，以伪匪军攻绥北，绥东取包围之游击式作战方略，晋绥军疲于应付，兵力散开，再集中猛攻；（三）目前作战，以不引起冀察战争为主，俟两月后形势顺利，再图发动。但今绥远之进击，仍为侦察性质，伪匪军作战，以严冬时为得占时利，以充厚之给养，伪匪军之北方耐寒性，取得军事供给上之优势。

看了这个电讯，我们就想起了今年五月间日本增兵华北的作用以及最近日军不久以前在平津一带大演习的意义。这两件事早就替今日进攻绥远安下了一支伏笔。从这个我们可以看出如下几点：

第一，敌人进攻以蒙伪军打前锋，尚系侦察性质，以游击式作战方略使我军疲于应付，然后再大举进攻，期能一鼓而下。

第二，以华北驻屯军监视我二十九军，使不能对绥军加以应援，而令绥晋孤军作战，易于攻克。

第三，预料中央军不会应援。

这三点中，第一、三两点，敌人是失算了的，以蒙伪军作侦察，已迭次遭受惨败，使蒙伪军心涣散，不堪再战；中央军已有陈诚、汤恩伯、门炳岳等部开赴前线，并曾有空军飞机七架在前线上空助战，这该是出乎敌人意料以外的事。至于第二点，敌人的设计是相当成功了的。

这么说，敌人的战略计画是碰了壁的，我军可以稳操胜算了，是不是？然而又不然。敌人正在深谋远虑，毫不畏缩。在目前的形势之下，我还应该指出的有这样几点：

一、敌人见蒙伪军屡犯不利，已有恼羞成怒，亲自出马之势。这经我军收复百灵庙后，关东东〔军〕与伪满于十一月二十七日会同发表了一个公告上可以看得明白。该公告称："如绥远局势危及'满洲国'安宁秩序，则日本与'满洲国'当局不得不取适当办法，以防患于未然。"同时日方军队出动的消息也已频传，本月二日张北电：某方军队开抵张北六县者甚多，占用民房，驱逐居民。三日北平电：据探报，多伦、康保、商都间，伪匪军日来调动极忙，备战甚急。闻某方正规军两师团已由热境出动。四日集宁电：热某方驻军第×师团之一部，二日下动员令。以载重汽车及雪车联络，向百灵庙正面输送。这就是说，今后之战恐将与敌人正面冲突。

二、敌人不仅在绥东北积极布置反攻，并且还正采取着庞大的规模，进行多方面进攻的步骤。这里应该指出的便是青岛事件。青岛日商纱厂继上海工人而罢工，但是青岛的日商资本家并没有以像对付上海工人罢工的态度对付青岛工人的罢工。上海工人罢工，日商资本家要求我方协助调解，但青岛日商资本家则以停业相威胁，继之日海军陆战队便达〔违〕法登陆，搜查党部，逮捕华人。同时日海军军舰成群结队地集中青岛，各舰陆战队纷纷登陆者不下二千人。又据某报载，日军颇有占据胶济路之势，这也决不是局部的事件，而是和绥远战事互有关联的，据前说关东军战略以华北驻屯军牵制宋哲元军，则日军进占脐济路，显为牵制韩复渠〔榘〕军，盖敌方深知：倘绥战扩大，则二十九军难免不动，二十九军一动，则韩复渠〔榘〕军便势难坐视了。牵制韩军者，亦即牵制宋军。

此外，可能推测的，说不定日本海军将沿我海岸一带窥探，或将有乘机掠取之势。在这形势下，值得注意的便是陇海路终点之连云港与上海。最近日本驻沪海军陆战队连日又从事布岗放哨。而在虹口一带还有所谓在电柱之上，以〇×▲等作暗记之事。这都无非是在找机会而已。

根据敌方这一战略及其未来的远大企图，我们的战略该是怎样，那是显而易见的。就我个人的愚见，我以为，在单是对绥战略上：

一、敌人的进攻绥远虽分东、北两路，却以东路为主，北路为辅。这从他在军力的配备上，在绥东、察北共约三万人之数，可知其主力是在此。其所以分一部分军力进扰察北者，无非是声东击西之计。因此，我们对绥北固不应松懈，而必须进展，期将敌众肃清，以免后患，但对绥东却应作为主力战的所在。

二、敌人明明以蒙伪军作侦察，大举进攻还在后面，故今日之战还不过是前哨战而已，主力战还在后面。因此，我们不能以今日之胜利为满足，应该更集中火力在主力战上。

三、我们必须以此次的战争为抗敌之战，不能视为通常的"剿匪"。倘使视为"剿匪"，那就正中敌人的奸计。

四、我们必须有与敌直接冲突的觉悟。倘使欲避免与敌直接冲突，则强敌大举进犯之际，我将无所措手足。

五、敌方明明以游击式的作战疲劳我军，我军应以配置更多兵力，以资防御。

六、最重要的是以进攻来保障防御的胜利，否则胜利是难以保证的。正像以收复百灵庙和大庙来保证绥北的胜利一样，在绥东方面，也应以进攻商都，尤以收复察北为主要的保障。因为敌人的根据地是在察北。倘使察北不能收复，则敌人的进攻是难期阻止的。

然而一说到收复察北，那就势必与敌军直接冲突。一旦与敌军直接冲突，那么未来之战就不似今日与"匪伪"战的容易获胜了。但是我们坚信：在我军士气如此旺盛，全国一致拥护抗战的形势之下，胜利的条件是具备了的，但在军事上，我以为若能与二十九军采取东西夹攻，则不仅事半功倍，而且胜利的前途更有把握。在这里，我特别强调地说，要收复察北就非二十九军出动不可，所以二十九路军的出战是收复察北的必要条件，否则胜利道路上是很多困难的。

但是一说到二十九军出战，那就非牵动大局不可。按照关东军所定的战略计划，一旦二十九军出动，则日本华北驻屯军将变为作战之主力，而平、津将为决死场，换句话说，日本华北驻屯军将自二十九军的后方予以袭击。但是我们为了察北胜利的收复，却不能不令二十九军出动，也不能恐惧日本华北驻屯军的袭击，而让我们拥有三师之众的二十九军，不能在守土为国上尽它的职责。我们必须设法克服这一困难。克服的方法，就是令韩复渠〔榘〕自山东北上，二十九军再拨一部分军力连同韩军与华北驻屯军以会攻。但是前面说过，日军正企图进占脐济路以牵制韩军，那么韩军将如何出动呢？这也就和宋军的出动是一样，必须从苏北与河南甚至安徽方面与韩军以应援才行。

这么说起来，那不是要酿成全国抗战的局面了么？我的回答是当然的。理由很明显，第一，不发动全国的抗战，休谈整个民族的解放。第二，要说收复失地，自然不仅是察北，东北四省当然也须收复。不仅要收复失地，还须把日本帝国主义在华的所有驻军，都驱逐出境。这样，不发动全国的抗战，可能吗？第三，即令只收复察北而不及其他，我们不发动全国力量，设法多方面地打击敌军，让敌军可以从容地源源而来，可能吗？最后我们退一万步说，就单是保卫绥远一省，若不以全国的力量来与敌周旋，胜利也是不易保障的。我们不妨打一个比方来说吧，成群的强盗来枪〔抢〕劫我们，我们一面和一部分强盗作战，我们还能同时和另一部分强盗在家里客气吗？

不争取整个民族的解放则已，或者说，不图收复失地则已，甚至于可以说，不保卫绥远则已，要保卫绥远就必须发动全国的抗战。或许有人说，我说这话是唱高调，但是我们要反问敌人在未进攻绥远以前，早就布置了对我全国牵制的步骤了。为什么呢？为的就是怕我们会发动全国起来抗战，使他进攻绥远不能顺利地得手，甚至于不可能得手。我们不以相对的战略来应付敌人的战略，如何能够制服敌人呢？敌人惟恐我们的抗战扩大，我们就希望抗战缩小，那不是正中了敌人的心怀吗？

最后，我还想提出一件有关于作战效果上的事，同时也是敌人用以对待我们的，即敌人之所以唆使蒙伪军为前锋进犯绥远，固系侦察性质，但也如关东军在预定的战略上所说的"伪匪军以严冬时为得占时利"，因为"伪匪军具有北方之耐寒性"。固然，我军为了争取国家民族的光荣，身家性命都可以牺牲，区区刺骨的寒风，当然也是应该忍受的，何况我军军中并不是没有耐寒的，比方我们东北的健儿，都是出生于冰天雪地之中，他们的耐寒性自然十分强烈。我并不是说其他地方出身的英勇卫国的兵士们不能在寒地作战，但是因为东北的健儿耐寒性更强，则他们在寒地作战，将更有效果。所以为了作战的效果计，我以为把东北军调往前线作战，更为相宜。又因为他们失去了家乡有五年之久，由于他们的思乡心切的原故，要他们打回老家去，他们的情绪会更高，他们是会更积极，更勇敢作战的。

军事的秘密，不容许我们揣测，而且也无法揣测。不过就常识配合着现势看来，目上这一战争的发展是可能有我所分析的这样一个前途的。至于是否将依照上述的前途发展，那是另外一个问题了。

《现世界》（半月刊）

上海现世界社

1936 年 1 卷 9 期

（李红权　整理）

绥远抗敌的面面观——从政治上观察绥远抗敌

柳乃夫　撰

日本帝国主义的大陆政策，谁都知道它是进行所谓先征服满蒙，再进而征服全中国并同时进攻苏联的阴谋诡计。根据过去五年来的事实，一方面证明这是千真万确的真理，一方面我们又明白地看出它所采取的策略，是在军事侵攻的后盾下，不断地施用"以华灭华"的种种政治手段，以期造成中国自相残杀，达到它不劳而获的目的。同时，它为了要达到夺取整个中国以进攻苏联这一心愿，随时都在设法破坏中苏关系，实行隔断中苏两大民族的携手。这在日本帝国主义屡次倡言"共同防共"破坏中国全国上下统一抗日，鼓动中国国内战争的种种事实上，表现得再明白没有的了。

绥远事件发生后，我们很显然地看到几个要点：

第一，就事件的本身说，迭据电传消息，都是把这次伪蒙军的侵绥，当作"匪"看。固然，伪蒙军的这种行动，谁也不能否认是"大逆不道"的，然而仅把它当作"匪"论，仅把它当作中国的内部问题看，可能产生很大的误解。因为这样，我们便很容易中敌人"以华灭华"的奸计。事实很明白，这次绥远事件，日本帝国主义事前既有嗾使伪匪入寇的军事侵略计划，事后复有实际助匪作战的具体事实，只要翻开每天的报纸一看，检查中央社所发的电讯，虽三尺童子，也会知道这次事件，不是单纯的"匪"

患，而是日本帝国主义巧妙的阴谋，所以，我们如果只把伪蒙军入寇，当作"匪"而主张应该"剿"；不把这事件当作"敌人"完成征服满蒙的一贯进攻政策，而立即主张应该"抗"，应该集中并发动全国的力量从各方面正式"抗战"的话，那么，敌人将如何庆幸它们"以华灭华"的毒计又告成功，中华民族又将如何能保持领土主权的完整？

第二，就国际的关系说，日本帝国主义掠夺满蒙的野心，一方面是建立侵略全中国的基楚〔础〕；一方面也是建立进攻苏联的根据地。只要打开地图一看，绥远一经攫得，则整个内蒙，即完全置于敌人铁蹄之下，南下夺取中国的西北、华北，易如反掌；而北上即可进攻外蒙古，如此，便可割断中苏关系，使这两大民族不能在共同反抗东方的侵略主义者的目标下，携手合作。如果不把这一点认识清楚，以为日本口头的进攻苏联是和中国没有关系，甚至有一部分人还以为有利于中国，那么，敌人将如何窃喜它"一箭双雕"政策的出奇制胜，中华民族又将如何能避免不再"失地千里"？

第三，就内蒙本身说，我们知道，蒙古民族，对整个中国，固然是一个少数民族，可是在今天它和中国其他各个民族，都同样受着日本最严重的压迫。在日本帝国主义方面，造成"满蒙帝国"以控制中国的计划，早在田中奏折之前，即已着手进行，这就是利用中华汉、满、蒙、回、藏各个民族的偏见，利用少数民族的不满，企图达到它"以夷制夷"的目的。自九一八事变后，东三省傀儡政府树立以来，满洲伪国的幽梦，算是做成功了，所以接着又利用德王，首先怂恿他称孤道寡（据报载日方时刻都在进行所谓"大元帝国"的把戏），然后又明目张胆地嗾使其进攻绥远。所以如果不看清楚这一点，只把这次绥远事件当作"匪"军进扰，不知道和蒙古民族合作抗敌，由此而彻底解决民族问题，就不能击破日本帝国主义与满蒙间的暂时的勾结，也就是正上了敌人"坐收渔利"的暗算！

第四，就中国本身说，敌人早已考虑周到，它最怕中国不分民族，不分党派和阶层，一致精诚团结起来抗日，所以它一向是破坏中国的统一，和离间中苏关系。过去的事实证明：它说中国当局"剿匪"不力，它说西南并不服从中央，这样，一方面可以分化中国整个抗敌的力量，一方面就是便于它自己的种种进攻。我们看得很明白，日本帝国主义并不是害怕中国统一，而是害怕中国"统一的抗战"。假如我们仍然从事内争以求统一，那么，敌人将快活得手舞足蹈！

以上四点，无非仅就敌人对于侵绥的几个政治上的要点说，尽管敌人的阴谋是这般毒辣，但一切黑幕都被这次绥远抗敌战揭穿了，击破了，否定了。这里，我们很自然地看到两个要点：

第一是所谓"伪匪军"进扰，被全国一致"抗敌"的英勇斗争，击得头破血流，暴露出下面几种丑态：（一）日本帝国主义，在中国抗战胜利形势之下，不得不由幕后的教唆，进而为正面的出马。迭据报载，日本华北屯驻军与关东军，已忙于开赴察、绥前线助战；（二）日德军事同盟，忽然在这个时候，具体实现，证明日本企图借西方共同进攻苏联的势力，来隐蔽和帮助它掠夺内蒙，以遂其占领中国北部的野心；（三）被日本帝国主义利用的伪匪军，已经在中国抗敌战中觉悟过来。据各报消息，自蒋委员长与阎锡山主席发表告匪军书，申言"中国人不打中国人"后，投诚的报道，真是骆驿不绝；前有王英匪部纷纷反正的事实，即据《华美晚报》天津九日电称："匪伪军得悉某方此后各线反攻不许战败之消息后，反正之心因益坚而普遍，王英之骑兵旅长石玉山率部二三千人，于前日向绥军投诚，石友山数高级将领，于昨日来绥谒傅作义等，商改编、给养及今后驻地诸事宜……驻绥北伪匪军，昨有大批反正，阎锡山已在并设所收容。"同时，我们又知道，内蒙德王虽受愚弄，而其他各盟旗首长，则抗敌心颇坚决，如阿王及其夫人、公子，俱能勇敢参战。从这些事实中，给予我们深刻的教训。内蒙因地处边陲，文化教育素称落后，以致对于政治上的认识显然不够，加以五年来中国一贯的消极不抵抗政策，使他们所处的地位，愈加困难，因而很容易受敌人利用。但是自经我绥军抗敌以来，一方面表现出中国正踏上复兴解放之路，同时攻克百灵庙的胜利，又证明收复失地很有可能，从而对于我国北方人民，更能增加保障；一方面自然促成蒙古民族的反省，和启发他们的信心，使他们觉悟到蒙古民族的生存与解放，决不是在帝国主义卵翼下，能够苟延残喘；必得与中华民族的整个抗敌战联系起来，才是正当的出路。所以我们对于绥远的抗战，就不应当认为是"剿匪"，必须正确地了解那是"抗敌"。一定要这样，才能感化和唤起落后的中华民族，才能直接分化敌人的力量，间接增强自己抗战的实力。

第二是绥远抗敌战，更证明中国当局所要求的"统一"，除了"一致对外"以达到中华民族解放的行动外，是没有办法实现的。事实摆在我们面前，绥战爆发后，全国同胞是如何兴高采烈地踊跃输将，如何悲壮地鼓励前方战士和准备后援，更如何热诚地仰望政府援助绥军，并发动全国大规模的抗战。这时候，我们只看见拥护政府的四万万五千万颗赤心，在"一致抗敌"的血轮下跳动，我们只看见增强前方的一切努力，决没有看见任何破坏后方的捣乱。只有敌人才利用汉奸，捏词诬害，以期破坏这"神圣的民族解放的战争"。要说中国能够统一，只有靠"抗敌战"才能达到目的，而绥远"抗敌战"，即已开始证明了这一点。

敌人的一切阴谋，虽然已被绥远抗战暴露出来，但是敌人的进攻却变本加厉。这时候，中国的对策，不再是应该不应该抗战的问题，而是如何展开和加强抗战的问题。这时候，只有认清谁是敌人，谁是朋友，对内迅速团结被压迫的一切中华民族（包括汉、满、蒙、回、藏），对外赶紧联合以"平等待我之民族"（包括苏联、日本帝国主义的殖民地以及同情中国解放的列强），共同奋斗。

十二月十日，上海

《现世界》（半月刊）

上海现世界社

1936 年 1 卷 9 期

（李红权　整理）

绥远抗敌的面面观——从经济上观察绥远抗敌

石西民　撰

绥远国防健儿在阴山以北的原野上喋血杀敌以来，保卫绥远的呼声响彻全国的乡村和城市。一般人都这样说：绥远是燕冀的锁钥，秦、晋、甘、新的屏藩，绥远若被敌人占据，整个华北和西北势必在敌骑控制底下，中华民族将陷入万劫不复的境地。不久以前，冯玉祥将军从军略上曾经这样说过：目前和伪匪军冲突的防线是沿着大青山和察、绥边境的五百里阵地，假若绥远一旦失守，防线要由五百里延到七千里，国土便处处有被匪类侵略的可能。过去许多人从地势上、军略上慨慷号呼的目的，是告诉我们要"守住绥远"！

其实绥远不仅在地势上为我国绝对不能放弃的领土，从经济上看来，更显得应以全民族的热血、头颅的防卫。绥远真是得天独厚的地方，岗峦起伏的大青山、乌拉山屏障在它的后方，玉带一般的黄河、大黑河贯流在它的前面。在那里是沃野千里，荒凉着无人垦殖，在那里有无尽的宝藏，待人发掘，在那里更有丰富的物产，使觊觎的敌人垂涎欲滴。处女地的绥远是中华民族的生命线，是决不能让胡骑纵横驰骋的。

首先我们说一说绥远的物产。绥远的土壤非常肥沃，宜于植物的培植。因为黄河自宁夏境沿贺兰山北流入绥，碰到阴山的阻梗而折回南流，所以阴山以南的土壤，大部分含有黄河上游带来的黄土及沙壤，又带淤积的黏土，土质自然肥沃了。有了这样肥沃的土质，物产自然是很丰富的。绥远出产，谷、小麦、胡麻最出名，其它高粱〔粱〕、荞麦、豆类也应有尽有。绥东的集宁，是绥远粮食集中地点，每年出口至少要在七八十万石以上。小小的一个集宁城，粮店竟有四十家之多，可见粮食贸易之盛了。绥远不仅粮食丰富，且因境内多山，森林也很繁盛，白杨、榆树为出产的大宗，大青山、乌拉山一带满布着一望无垠的天然森林。河套的特产山川柳尤为名贵。

绥远的广大原野，水草极为鲜美，畜牧业特别发达，一切家畜走兽，出产极巨。西公旗的良马，是与世界最著名的阿剌伯种、英国纯血种鼎足而三，大青山的青山羊，后山（大青山后）、河西、河套一带所产狐、狼、黄羊、野兔等野兽以及山羊、绵羊之类都很繁盛。据塞北关的统计，绥省自民国十八年到二十二年二月底止，共输出各色羊皮三，八五八，〇二四张，羔羊皮一，二三八，五七一张，青羊皮二二，一二三张，价值总在三千万元以上。最值得我们重视的是绥省每年绒毛的产额，绥省绒毛以羊毛产量占最多，年产一八，一四〇，七〇〇斤，驼毛次之，年产六，八七一，三〇〇斤。羊绒毛是呢绒、羽纱等织物的唯一原料，正是我们的敌人国内所最缺乏的原料之一。近年来日本向澳洲每年总要输入一万八千万元以上的羊毛，今年日澳贸易战愈趋白热，日本对于将来羊毛的供给地，目的早已注射到绥远来了。

绥远地下无尽的宝藏，是富甲全国的。可惜因为过去国人、政府都少注意和调查，更因蒙人知识浅陋，蒙旗区域阻梗特多，使调查无从着手，所以至今绥省究竟有多少矿量的蕴蓄，尚难求得一近似的统计。不过就已发现的来说，也可证明绥远矿产之富。煤、铁、铜、银、铅、宝石、水晶、自然碱、石棉、矾、云母、煨炭、石墨、石膏、石粉、皮硝等等皆有发现。其中最重要的矿产为煤、铁、自然碱、石棉四种。绥省采煤普遍全省，归绥、萨拉齐、包头一带产量最为丰富，俗称西路炭，武川产肥煤、臭煤，集宁产泥煤，陶林、清水河也产煤，河西达、准各旗产褐煤。

铁是生产工业及军需工业最基本的材料，绥远的铁矿埋藏量，除萨拉齐县、包头、陶林已有发现外，西北科学考察团前曾在茂明安旗的白云鄂博发现巨大的铁矿床。照该团团员丁道衡氏的估计，产量足足有十三万六千九百余万吨之多。我国是铁矿贫乏的国家，自东北沦陷以来，仅有的铁矿，大部分已在日人掌握之中。绥远有这样巨额的铁矿，而且与煤矿相距极近，正是我国将来发展国民经济的钢铁工业中心。绥远是中华民族的乌拉尔、堪察加，是中华民族起死回生的摇篮地，中华民族要生存，要发展，就决不能放弃！

碱是化学工业最重要的原素，绥远自然碱的产区包括西经七度至二十度，北纬三十九度至四十一度之间，其中以伊克昭盟鄂托克旗和杭锦旗内所产品质最优。石棉产区以萨拉齐、包头、固阳、武川、归绥及乌拉特旗为主。其它次要矿产现在为节省篇幅计从略。这样丰富的矿藏，过去我们不努力开发，货弃于地，已是万分的不是，现在更能忍看着被虎视眈眈的敌人乘机抢走吗？

从整个国民经济的联系上说来，绥远是中国国民经济上最重要而不可分割的一环节。绥远各县的面积共计五十八万余方里，乌、伊两盟十三旗面积约达八十六万方里，合计达一百四十九万余方里，幅圆比起国内各行省不算不大。但是绥省人口据民国二十一年的调查，全省只有二百二十七万五千零七十二口，以全省的面积来说，每平方里所占不到二人，比起内地各省每平方里有七十人以上的情形，真不能同日而语。绥远有这样广大的领土而人口稀少，亟待国人的垦殖开发。据统计，绥远全省一百四十九万余方里的面积，除去百分之六十五的山河道路，尚余五十二万余平方里，倘若每平方里按五顷四十亩计算，全省应该有地二百八十余万顷，现在已经丈放土地只有二十余万顷，蒙荒未报者，当在二百五十万顷左右，其中再除去十分之三的盐城〔碱〕等地，可垦而未垦的荒地至少还有一百七十余万顷之多。近年来华北各省苦力出关被阻，流离失所，情状极惨，使我们油然想起这河渠交错沃野无涯的绥远，正是中华民族移民垦殖最好的场所。

在另一方面说，绥远水道有黄河的蜿蜒流过，陆道更有平绥铁道的直达包头，贯通平、津，它总扼西北各省对外贸易的咽喉。历来青、甘、陕、宁各地物产，大部分顺黄河而下，直达包头换平绥车运天津出口，所以绥远是西北各省对外贸易的孔道，从国民经济的关联上看，绥远万不能有丝毫差池。

在现在，我们要动员全民族的力量来保卫绥远的时候，我们必须注意与绥远的抗战全局最有深切关系的地方：

第一是绥远的民族问题，在绥远二百二十七万多人口中，汉人占百分之七十，蒙人占百分之十五，回人占百分之十五，所以是汉、蒙、回杂居所在。在中国的历史上，民族问题传统的用着二种方式来解决，一是武力的镇压，一是勾结少数民族的王公领袖。历来汉人与蒙、回人间，因为生活习惯的不同，轻视观念的存在，民族感情愈弄愈坏，现在敌人正趁此而大施其挑拨和离间的阴谋，组织所谓傀儡"大元国"。在这个时候我们要保卫绥远，必须下大决心，痛改过去的民族政策，真正与蒙、回民族平等的联合起来，一致抗敌。

第二是绥远天主教潜势力的浩大，像绥西临河一带，目下简直可称为天主国，神父既系大地主，又是操该地行政、司法、公安大权的唯一领袖，官厅力量毫无效力。这种在一般居民间得到极深刻信仰的宗教势力，在全民抗敌战的过程中，应该很好的去利用它。我们认为在现阶段，一切宗教决不能截然认为是民族解放的仇敌，问题是在如何做法。

第三我们应该郑重的说明，绥远一百万以上农民生活的悲惨。

绥远农民生活的困苦，比起内地各省不知道要超过多少倍。绥远农民口头流行着一种传说叫做"官害"：据调查所得，绥省农民平均种了一亩地的鸦片，收获不足四十两，照现在市价只值二十余元，但是政府的烟亩罚款（即是田赋的别名）却要负担在三十元以上，每当烟田收割的时候，政府所派催款员警如狼似虎的不绝而来，乡镇公所变成临时监狱，大批榨不出钱的农民，都要饱尝铁窗风味。而且除了官府的苛税之外，地方派款及兵差，更难计数，在这样恶劣的环境中挣扎的农民，怎能燃烧起他们爱民族爱国家爱乡土的热情！

绥远的土地集中现象，比别省尤为惊人，像绥西的临河，统计可耕地为一万亩，蒙人所占土地占去百分之五十，大地主所占土地又在百分之四十以上，自耕农所占土地仅有百分之八，地主因为他一手握着数千百顷的土地，所以便可为所欲为，一切官府苛征，统统可以转嫁到农民身上去，农民生活的悲惨，是可想而知的。由于土地的大量集中，河套区域的农民对大地主自称奴才，十足形成封建时代地主和奴才两大阶级。在全民抗敌的过程中，这种生产关系的存在是极大的抗敌阻力，尤须迅即消灭的。所以改善绥远农民的生活待遇，也是今日保卫绥远迫切的问题。

绥远是我们祖宗百战的河山，是我们民族最大的富藏，先烈的血决不能让他白流，民族发展的生命线决不能让敌人攫取，这灿烂的山河永远该是我们的，全国的军人，全国的同胞，请一齐奋勇起来，以最后的决心扫清敌氛，保卫绥远，保卫绥远！

一九三六，一二，一〇

《现世界》（半月刊）

上海现世界社

1936 年 1 卷 9 期

（李红权　整理）

绥远剿匪御侮的胜利

作者不详

绥远的剿匪战争已经爆发了！这伟大的民族自卫战争在政府与民众坚固的团结之下，已经展开了光荣的第一页。

首先我们应当注意的，是政府的决心御侮，已在事实上表演出来，这可以给批评政府为不抵抗或说政府是空言御侮者以致命的打击！自从蒙伪匪军在某方指使之下大举犯境以来，守土将士阎锡山、傅作义等即决心御侮，保卫国土，阎氏并奉慈命，以其私产八十七万元捐助国家，继起者有赵丕廉等多人，傅作义并亲赴前线督战，前方将士，无不感奋，愿为国家民族而效死！中央方面，自从前方发动自卫战争以来，立即调派十三军汤恩伯及骑兵第七师门炳岳等部开赴前线增援，并调派飞机加入作战，中央与地方，完全打成一片，为民族自卫而奋斗！同时，我外交部更发表强硬谈话："此次蒙伪匪军大举犯绥，政府负有保卫疆土、戡乱安民之责，不问其背景与作用如何，自应予以痛剿，此为任何主权国家应有之行为，第三者无可得而非议。"此次谈话，对内是表示政府决心御侮，对外是警告侵略者，宣示我光明正大之态度。

这是政府在军事、外交方面的动员，同时，为了鼓励前方的士气，及筹集国防的经费，中央方面更发起了募捐运动，各党政机关，各院、部、会，以及地方党部、地方政府等公务人员，或倡导一日运动，以一日所得捐助援绥，或募集物品，以慰劳前方将士；上海方面，情况表现得更为热烈，市党部方面首先起来领导各人民团体作援绥运动，社会局同人及全市市立学校及社教机关，均以一日之收入捐助，文化界方面更由文化建设协会等倡导组织文华界绥远剿匪后援会，上海市地方协会等特派王晓籁、黄任之、陆京士、庞京周等八人，携带巨款，乘机飞赴绥远慰劳，并在洛阳谒见蒋委员长，"蒋委员长表示谢意，对于绥远剿匪前途，已有决心与准备"，一般民众，听到最高领袖发表此种负责谈话，莫不兴奋万分！

在国防前线的北平，对于援绥运动的热烈，更使我们感奋得快要下泪。北平现在已是严冬的气候了，但各学校为了节款援绥，竟不惜停火。下面有一段故事：

北平某校教授，年已七十有余，他坐在冷冰冰的休息室里颤栗不能自已，某记者向他安慰，他勃然作色道："这是爱国的事，大家都能挨，我为什么不行？"又有一北平记者记载北平各校学生绝食援绥之实况：各校学生，大半来自中产以上家庭，平素丰衣足食，一旦绝食，则生理与心理上，呈何状态，为一极值注意之问题。记者曾遍赴各校查访，并与参与绝食者谈话，就大多数情形而论，绝食之第一顿，不过觉肚饿而已，至第二顿，即觉腹内空空，浑身乏力，至第三顿，则身体疲软，苦水时时泛溢喉头，欲呕而不出，此时如多喝白水或茶汤，则饥饿更甚，如不喝，则又腹内太形空虚，异常难受，其甚者，当夜至不能入睡。据一十岁之女生云："当大家举行绝食至第二顿时，彼因饥饿难忍，曾数次拟背人以己蓄铜元二十枚，购零食果腹，但终于咬紧牙关，并此铜元二十枚，亦捐进校内援绥会中。"记者闻竟，为之感动不置，睹其一付天真烂漫状态，则又不免苦笑。在心理方面，因此系激于爱国心所致，凡参加者，起始均莫不兴奋万状，至第二顿时，则入于沉着状态，直至第三顿，悲抑之情，乃油然而起。故俟第二日复食时，此种印象，乃特别深刻，永留心头。

我们仅仅举出上面二个例子，就知道一般民众爱国心的热烈与深刻，凡是中国人，除了汉奸之外，看了没有不感动的。

终于在政府与民众的一致剿匪援绥运动中，蒙伪的重要根据地百灵庙为我军克复了，这一次的胜利，可以说是我国上下团结一致的血肉的结晶！蒋委员长在洛阳军分校总理纪念周时训话云："百灵庙之攻克，足使全国人心振作，士气发扬，并使全国军民确知，吾人只须全国统一，共同一致，决心奋斗到底，必无丧失寸土之理；故百灵庙之收复，实为吾民族复兴之起点，亦即为我国家安危最大之关键。"由此我们深信：要抗战的得到胜利，须在统一步骤之下，须在中央政府及最高领袖统一指挥之下，方能完成光荣的伟大使命，而此次绥远自卫战争的胜利，已经得到事实的证明了！

《读书青年》（半月刊）

上海读书青年社

1936 年 1 卷 11 期

（朱宪　整理）

绥远战事形势

作者不详

自我军攻克百灵庙后，绥远战事，暂告沉寂，但形势则因时间的持久而愈趋严重，其经过有足述者。

克百灵庙意义　百灵庙一役，我军出奇兵，以先发制人获胜，综合战报如下：该处原驻有蒙伪军第七师二千余人，廿三日由察北运到蒙伪军约二千余人，分装一百辆汽车，德王、郭王被某方以飞机由嘉卜寺载赴前方，并定廿四日将续有五千人开到，此项调动，被我军谍报探知，即于廿四日晨一时在寒风凛冽中由曾廷〔延〕毅指挥各部，实行夜袭，激战九小时，匪军不支，始完全占领。查百灵庙在武川境内，东经四子部落为滂江，在匪方战略上，与商都、张北联成一线，以为进攻绥远后路的根据地，而某方经营内蒙，亦以百灵庙为其布置的中心点，故我军攻克百灵庙的意义，实不仅在获得若干粮秣、若干枪械等战利品而已也。

西进线已截断　某方在侵华防共的一贯政策之下，企图以绥东五县，与察北、翼〔冀〕东、热河打成一片，进而囊括整个内蒙；更企图打通西进活动路线，伸展其势力至甘肃、新疆，故一方面在张北、百灵庙、萨拉齐、包头一直到宁夏的阿拉善、额济纳等地，遍设特务机关，联络一气，互通消息；一方面唆使伪拉〔军〕进犯绥远，并挟制德王，借以号召。但匪军进攻绥东，迭次失利。自百灵庙败后，德王已不愿作傀儡，为人利用，且对某方轰炸百灵庙亦十分痛心，跟〔愧〕疚之上〔下〕，率部数千人不返嘉卜寺，而是〔至〕西苏尼特［其］旗，郭王则已被匪众杀害。同时，某方在阿拉善旗所强设之无线电台及持〔特〕务大员，即〔既〕借百灵庙为与察北交通之一环，此后在阿旗工作，与其西进活动已受重大打击，故阿拉善特务机关已撤回包头，俟机东飞，额济纳特务机关，亦在撤回中矣。

今后战事形势　匪军现在商都赶筑防御下〔工〕事，一部即在滂江集中，多伦、张北方面后援络续推进，图再度大举攻绥。其所余实力如下：李逆守信所部集中张北，共五千余人，王英刻在商都，残部仅三千人，蒙匪军残部亦不逾五千。某方在多伦至张北间，有飞机两中队，炮兵一团，装甲汽车队、坦克车队各一队，多伦有步兵一联队。热境冒〔丰〕宁、大阁间，有伪军张海鹏、李海青等部步兵两师，某方军队大部尚在承德，商都、张北伪军，仍在整理解〔补〕充中。闻驻赤峰、承德间某军，已有紧急出动准备，闻关外某军直接参加绥战，将以驻热河第七、驻满洲里第一两师团，及骑兵混成旅团为主力，一旬后可调集终了。又据确悉，各匪伪首领连日与某方在加卜寺秘密会商，并宣言决即整理兵力，反攻百灵庙。某方军官百余，廿六日由多伦乘汽车往加卜寺，携有表册、地图甚多。以上均为匪方布置之一斑。现我军对于剿匪已具决心，指日可由陶林、百灵庙，向滂江、商都方面进剿，战事颇有扩大之势。

《读书青年》（半月刊）

上海读书青年社

1936 年 1 卷 11 期

（李红权　整理）

国人急宜注意绥东问题

别士 撰

西南问题的不见解决，全国的眼光只注意到广西事件的演变，而求一和平解决的应付策略，于是绥东两次被伪军的进袭，在这缓和的几日，以为没有多大的作用了。

我们始终拥护中央和平统一的早日成功，集合全国的力量，共同御侮。同时我们希望中央维持二中全会闭幕的宣言，以全力守土，不要再以尺土寸地与人。广西虽不服从中央命令，而地方长官，毕竟是中国人，在那里的领土主权，仍在中国人的手中。绥东一失，其领土主权，便属于有国际作用的某方，而非中国任何人所有，反作为进攻中国领土的根据地了。

在过去社会中曾有这样的两句话："宁与外人，不给家奴。"若然，我们这些阿斗的民众，只好效金人的三缄其口。否则，我们还希望政府的要员以及各省的封疆大吏，将广西与绥东的事件，作一对比的客观的研究，究竟哪一件事较为重要，然后分别轻重缓急，应当从家有三件事，先将紧的做着手，所以我们希望全国的人急宜注意绥东问题。

《人人周报》

北平人人周报社

1936 年 1 卷 11 期

（丁冉 整理）

给绥远将士们的一封信

长沙省立女子师范　持洁　撰

亲爱的兄弟们：

　　我不知要对你们说些什么，你们是何等伟大的，我是何等的渺小，你们的人生是何等有意义，以我这样渺小的人来对你们说话，怎么能达到你们的耳鼓呢？唉！我恨我自己，这样没有用处的人，生在世界上究竟是作甚么的；我整天的苦闷，精神上真感觉到无限的痛苦，恨不得奔驰到战场上来，在你们休息的那联〔期〕间，我要来安慰你们那斗争的巨掌。但是，亲爱的弟兄们：我如何能够？有人会叫我做狂人呢，我的情感常是被理智屈服的！

　　在那样清凉沉寂的晚上，我常仿佛听到你们的放枪声，擒敌声……和那悲壮雄伟的歌唱，那"……醉卧沙场君莫笑，古来征战几人回……"那些声音是何等的使我兴奋？我不觉要从床上跳起，拖开那沉重的压着我的棉被，在你们的面前舞着，仿佛你们还在继续地："今夜搭棚在那老地方，让我们来歌唱……许多的心都倾向正义和真理，快睹和平曙光……"然而，然而我的英雄梦终归是幻灭的，这样渺小的人怎能达到他的目的？我只能大声的喊你们，亲爱的兄弟们：你们拿我的血去磨锐你们的刀罢！你们的刀，伟大的刀，是很锋利，能够杀敌人的头颅的！兄弟们：你们哪里知道我这种"铁马冰河入梦来"的情境呵！这种情境是多么痛楚的，我甚么时候才能跳出这个火坑！

　　我记得，我曾见过你们的那魁梧奇伟的雄姿，个个都是胸膛挺得高而且直，一致的步伏〔伐〕，是多么高越而勇武的战士呀！我不禁高声的喊着："斗争的战士，我们的天使呀！"我一看到你们，简直把自己忘记了，我想你们的生活、行为，都是这样的纯朴整齐，你们的心一定也是一样的，因为生活和行为是表示人的心境的，所以我想把我的心和你们融合起来，用你们那种真诚划一的心来鞭笞我，使我努力走向大众化的途径吧！我恶劣的心境被你们所感动了，我要发出千万个不愿做奴隶的吼声！

　　在这天寒地冻塞北的河边，扎着你们那巍峨的营帐，黄沙飞扬在青天白日满地红的旗上，北风呼呼地吹着你们深红而强健的面孔，那儿，是充分地表示着你们的抗敌精神，你们的生活力，你们的伟大生命，伟大的中华民族，中华民国，这是未来的——最近的将来——世界的主人翁，你们是在扫自己生命途中的荆棘，更进一层是在卫护我们，亲爱的兄弟们，你们是何等勇敢！何等幸福！何等伟大！我真快乐呀！我可以在你们高举的青天白日旗杆下，向敌人狞笑，你们知道的，那些匪军的后面，是站着我们永远势不两立的敌人，那些帝国主义所驱使的凉血动物呀！他们简直不是人，是禽兽，是恶魔，我们决不要再像从前一样的怕它了，我们已看透恶魔的内心，用我们的枪剑，射穿那些恶魔的心肝罢！虽然他们很凶狠，可是我们有雄壮的体魄，有热烘烘的血，我们的心是一致的，御侮的精神是一致的，并且我们民族是世界上绝顶刚强的，用正义和平的自卫战争来扫除这些侵略的是易于摧枯拉朽！兄弟们：我知道你们是英武，不怕死的，没有甚么阻碍可停留在我们民族生命的前途上的；但是你们所忧虑的，一定是后防的问题，怕后防的人民不长进，那你们尽管放心，现在我们可不比从前了，我们大家都知道"总动员"的重要，凡我们每一个人所有的每一滴血，每一分力，每一点思想，一个金钱，都是费到和你们一样有益于保卫祖国的上面，你们绝没有所顾虑，有所牵挂，而摇动你们伟大的抗敌心；你们是大中华巨轮的推动机，我们便是煤炭……水，那些原料，我们知道，原料和推动机是何等的有关系呵！希望这个推动机在一致的轨道上，做着勇猛的前进工作，原料永远增加，力量永远是伟大的，负有重大责任的推动机的兄弟们：我们大中华的巨轮，一定是如我所盼望的前进着的！

我们心里正燃着热火，嘴里正唱着祷告词，手里正做着你们要用的东西，我虽然在无聊的环境中，我还是不忘你们的，不忘我自己的责任的，我要努力的挣扎，努力的工作，与你们所有的朋友们，合着你们的步伐，使你们能显示你们英勇的行动，显示中华民族伟大的生命。

现在不能多写了，会耽误你们的时间，我替你们祝福罢！艰苦的斗争给你们以这样英勇健壮的精神和体魄，它更会给你们以伟大的成功！我相信！亲爱的弟兄们，希望你们每个人都带回敌人的头颅，留着血迹的刀归来吧！永远的光荣在准备你们拥抱！

《读书青年》（半月刊）

上海读书青年社

1936 年 1 卷 12 期

（丁冉　整理）

绥东问题与华北形势的分析

纪元　撰

自从粤局解决以来，华北形势表面上虽呈现安定的状态，可是实际上却时时刻刻严重地在变动着。华北政权中央化的风传，引起了某方严密的注意，认为须采取戒备的手段，以保持他们的所谓"华北明朗化"的局面，冀察筹备国民大会选举的进行，引起了某方对宋哲元的警告，同时，松室又衔命赴鲁策动某种计划。在这种种事件酝酿之中，就发生了绥东问题，某方以土匪为前锋，由李逆守信所率伪蒙军居中指挥，以某国军队为最后督队，"浩浩荡荡"地杀奔绥东来，企图首先占据绥东，再进窥绥远省城，夺取晋北。

经过了一度冲突以后，因绥军的防守严密，伪军未能得逞。据十四日中央社北平消息，察、绥边境麇集土匪及伪军，总数约七八千人，号称蒙古边防自治军，以商都七河子一带聚集尤多，李守信本人现在商都，招抚以前被我击溃的匪众，企图再举。同时，据北平外人所传消息，关于绥东近况谣传仍炽，李部与傅军，现仍在对峙中，闻承德日军二千，近来全部开驻察北，多伦日机二十余架，忽举行演习，不时飞察、绥边境视察。

这些消息告诉我们，目前绥东形势是一天天复杂化了，其前途如何，全要看操纵者的态度如何而定。

在这次绥东事件中，有几点是值得我们注意的：第一，照过去的例子看来，每一事件发生的时候，某方操纵者，总故意构造许多架空的事实，陷害我地方当局，迫使接受某方所提出的要求条件。可是这一次绥东事件发生，某方的态度，似乎特别显示得客气些，日武官今井口口声声表示绥东事件与日无关，并说目下察哈尔境内并无日驻军，日本对中国无论绥东以及其他区域，认为都是中国的领土，一切当本中日"亲善提携"的意旨进行。这些天花乱坠的谈话，虽然只有充分暴露了侵略者的真相，然而，他的不愿把这件事情骤然扩大，恐怕影响到华北整个问题谈判，却是一个事实。第二，绥东事件发生以后，华北情形似乎又有进一步的发展了，中日要人在青岛的会晤，外间讳莫如深，而其所讨论的，似与华北的"提携"问题有关，与冀、察、鲁三省的特殊组织问题，亦不无关系。宋哲元返平后发表谈话，说"冀、察、平、津对国民大会选举，以环境特殊，一切应兼顾地方环境，以不影响大局为前提"。这无异顺从某方所要求的造成理想区域的原则。第三，自绥东问题发生后，日驻华武官及外交人员即忙着召集会议，川越大使于十三日由沪过济南、青岛北上。主持华北外交及经济提携会议。参加的人员，有满铁理事石本菟冶，兴中公司社长十河信二，陆军省前军务局第一课长影佐及海军省军务局课员中村等。这一会议的真正意义，是从华北经济的见地来决定对华北问题的对策，熟审利害关系，审察西进政策的缓急程序，以免关东军一部军人单独行动。除了华北经济、外交会议以外，以川越、田代为中心的时局重要会议，也于十七日在津召开了，这是日军部幕僚与外部幕僚的一个重要联席会议。由外、海、陆三省代表影佐、中村、太田作中心，分别报告东京三省的意旨，讨论中国时局变幻后外交、政治的意见，并决定对非常时期的应付方法。这二个会议开完以后，接着就开华北日领事会议和华北日武官会议，这四个会议的讨论方案虽有不同，而其中心问题却只有一个，便是：绥东问题，究竟应该扩大呢，还是应该缓和？第四、蒙伪军的进攻绥东，是日本关东军因不满日外务省所决定的北守南进政策而发生的反响，所以，在侵华的整个程序上，却是违反外交一元化的原则的。我们知道日本自广田内阁成立以来，虽然确立了北守南进政策，然而因为英日合作声浪的激荡，使有田的外交政策仍徘徊于十字街头。南进吗？难免要招英国的恶感。北攻吗？在各帝国主义反苏空气和缓的时候，日本是不愿亦不敢孤注一掷，率先向苏联挑战的。而且，粤局的解决，中央统一政策的成功，使日驻华军及舆论界对外相有田一致的加以冷嘲热讽，这也是促成此次绥东突然发生变化的一主要原因。

我们再就绥东问题本身的意义上讲，也是非常值得注意的。某方对内蒙的处心积虑，已非一日。进攻绥东，是占领绥远全省的开端，是成立所谓"大元傀儡国"的初步，假使此种特殊的组织一旦确立以后，便是对苏包围的优越的军事根据地的完成。其次，晋、绥、察、冀在军事上本来有犄角之势。华北五省的特殊组织所以迄今尚未实现，在某方的眼光中，晋、绥两省是主要的障碍物。这次某方发动绥东事件，无疑地是对绥远当局一种威胁，如果华北五省特殊组织不能实现，那末，像同样的事件，必然地会接连发生的。

《生活星期刊》

上海生活书店

1936 年 1 卷 12 期

（丁冉　整理）

华北内蒙告急

作者不详

六月一日英国自由党《新闻纪事报》评论华北情势，略称："北宁路发生炸弹案，竟与一九三一年沈阳附近路轨被炸一事，如出一辙；前此炸案结果，满洲大部分土地即为日军所占领，而傀儡国亦以告成。此次炸案，适发生于华北日本增点计划完成之日，而同时向在华北驻扎之日军，亦方不动声色，调往长城一带占领各要隘，事之巧合，有如是者！"

上面英方的推测，我们希望其不是事实，然而近来铁般的事实，却又证明其不幸而言中。三年以前的《塘沽协定》，断送了冀东各县，去年签订的《何梅协定》，断送了整个华北的军事驻扎权和行政权，而最近日方和华北当局签订的《防共协定》，就更进一步提供日方军事占领华北以法理上的根据。

到现在，日本的中国驻屯军（！）非但扩充到三万（一说五万），分驻北宁、平汉两路要冲和战区各地，而且采取了战时的编制了。日本的海军也要步陆军的后尘，由旅顺派遣驱逐舰和巡洋舰，常驻塘沽了。最近日方又压迫宋哲元，迅将二十九军扫数开驻沧石线以南地点，而"宋无允意"。同时"宋哲元部下第二十九军上级军官，在日本继续不断的压力之下，闻渐不宁静"。

路透社三十一日电，日方又要求天津市长萧振瀛辞职，以齐燮元继，而二十九军却拒绝这种要求。于是华北风声鹤唳，大有一触即发之势。

内蒙情势的危急更甚于华北。日方要挟德王,签订《防共协定》,成立新的傀儡政权,这已是大家熟知的事了。五月十三日德王在嘉卜寺召集锡盟王公开会,决议成立蒙古军总司令部,由德王任总司令,日方补助经费和枪械。同时察省旗群总管卓什海,早在张北成立察哈尔盟政府,改年号为成吉思汗纪元七三〇年。最近日方还想扩大察盟政府,改为十部,一面乘机攫取绥东五县。察、绥的危机已到空前严重的地步。

华北和内蒙的局面已经危急到这般田地,我们为要保卫华北和内蒙,为要保卫我全中国,我们除了执行下列任务外,就没有别的办法:

第一,全国民众应当要求有光荣历史的二十九军将士,立刻发动对敌作战,华北当局应当以立即发动和领导神圣的抗战,来洗刷最近一年来国人的诟病,来恢复过去的光荣。你们要知道抗敌是唯一的生路,屈服的结果,以往是由察而平、津,以后是由平、津而冀南,以至于完全消灭。内蒙的当局应当立刻掉转头来,接受全国人民的呼吁和援助,开展反×的英勇斗争。你们要知道,在帝国主义者的膝前,只能当驯服的奴才,只有反×抗争的胜利,才能保证蒙古民族真正的独立。

第二,全国其他各地的当局,应当立刻动员全部的海陆空军武装,保卫华北和内蒙,驱逐敌人出境。把艰难的外交责任拼命转嫁到华北和内蒙当局身上,固然是迹近无耻,如果坐令地方部队孤军抗战,而在背后坐收"借刀杀人"之利,那更是千古的民族罪人。全国的同胞们,我们要起来督促全国军事和政治力量,执行一致对外,一致保卫华北和内蒙的神圣任务。

《永生》(周刊)

上海永生周刊社

1936 年 1 卷 14 期

(朱岩 整理)

暴敌犯绥与全国一致对外

吴觉先　撰

东邻本其"欲征服世界，先征服支那；欲征服支那，先征服满蒙"之一贯计划，五年来在我不抵抗或变相不抵抗政策之下，已不费一兵，未耗一弹，攘夺了我半壁锦绣河山。去冬华北五省傀儡政权之酝酿，因平、津学生及全国民众之愤慨，奸谋一时未得全部实现。今夏又以轻骑进扰绥东，平市学生及若干人士即大声疾呼，并吁请政府迅即停止内战，动员全国军队，对敌作战。无奈政府正以"敦睦邦交"的精神，调动三四十万大军，制止两广抗×行动，无暇顾及企图"征服支那"之民族敌人；而若干所谓代表舆论之大报，更散布和平消息，以迷惑全国视听，敌人遂得继续强化其控制冀、察之实力，在察北、绥西、宁夏各地，从从容作占据绥远之军事布置。

敌人既以飞机、大炮、唐克车、毒瓦斯、新式步枪及充分军火，把伪军装备齐全，现在遂亲自策动李守信、王英、张万庆、胡玉山、李振铭、德王、张海鹏等汉奸将领，以三万大军，取商都及百灵庙两路犯绥。局势危急，即素以"忍辱含垢"责勉国人，国难当前，犹优游于嵩、华上的政府最高领袖，亦不复能否认"绥东蒙伪匪军扰乱问题之性质与关系，至为重大"。

第一，敌军兵多械精，复〔后〕援源源不绝。我守绥傅军，饷械不充。中央军队持"坚固宁静之态度"（蒋委员长语，见十九日中央社电），按兵不动。我华北军之一部，已于事前被迫放弃平、津，调往冀南。甘、陕中央精锐，仍汲汲于"围剿"，作阋墙之争。西北共产军道途隔阻，无加入抗敌之可能。似此局势，守土将士，即有必死之心，亦决难持久。绥远如失，敌可南下晋、陕，东控察、冀，西进直捣宁、甘、新疆。势居建瓴，黄河流域即非我有。

其次，中山先生弥留时，谆谆以中苏二国通力协作为言。两国在争取世界被压迫民族自由之大战中，携手并进，方能取得胜利，才能建立强盛独立的中国。但与法西斯德国缔结反共同盟之友邦，如果占有绥远，即可进而断中苏两国地理上之连系，隔离中山先生及中国民众反帝国主义制度之解放工作的良友及盟国（见孙中山先生遗书），恣意胁持中国偏安局面，加入反苏集团，直接镇压中国民众任何反×运动，以实现其所谓"共同防共"的毒计。

第三，如果仍不动员全国军民，一致抗战，即令绥晋士兵坚衣鏖战，杀敌致果，绥远一时不致失陷，结果也只能重蹈淞沪、长城之役的覆辙：英勇士兵的光荣胜利，换来两纸辱国丧权的《上海停战协定》和《何梅协定》。固然或可因此暂时打开南京中日会议的僵局，但绥远和整个华北岂不也像冀东和内蒙自治政府，依然名存实亡！

敌人大举来袭，已使和平早经绝望，关头已至最后，再说什么"实甚安全，无须惊异"的话，不能不说是别具只眼。还望政府将"已有之充分准备与整个计划"，在事实上（不仅在口头上）昭示我们只知爱国不知其他的小百姓，即刻：

调集中央大军援绥，尤应派遣大批飞机飞绥助战；命令二十九军开赴察北断敌人后路；停止西北"围剿"军事，使中国双方敌视军队得以北上直出宁夏、绥西，予敌军以迎头痛击；开放民众运动及一切民主自由，使民众有积极爱国之可能。

这是全国民众最低的共同要求，也是有了充分准备的政府应该很容易表现的。能够这样，能够摆脱五年来"自侮，自伐"的政策，才配说"统一团结，自强自立"以及"任何外患直不足惧"的壮语。

全国一致对外——是救亡图存的唯一前提！现在的暴敌犯绥——是任何自爱爱国的政府昭示大信于民众的最后机会！

《人人周报》

北平人人周报社

1936 年 1 卷 20 期

（李红菊　整理）

北平妇女怎样援助绥东战事

张晓梅　撰

　　敌人积极进攻中国，企图利用"以华制华"的汉奸路线，达到她的侵略目的。绥东前方在一两月以来伪匪军就时常不断的与我军有小的接触，各报纸亦曾再三再四的唤醒各界和政府当局的注意。一般人们似乎以为是敌人一般的恐吓，没有加以重视。现在事事证明敌人收买的汉奸军队在绥东已正式与驻绥军队冲突起来了，现在我们还能当做一般的进攻看吗？不，事实决不允许了。

　　我们要认清，敌人曾屡次说过"华北的资源为其重工业所需要"，"华北是她们的国际前线"，"华北是她们的生命线"，这是敌人灭亡我国最毒辣的主要论据。但是华北在我国的地位怎样呢？华北的资源是中国民族工业所需要，华北同样是中国的国防最前线，华北是中国的生命线，华北如果不保，全国将为之震动！这种极端帝国主义的政策，真是中国民族之生存发展的死敌。我们必须正告敌人，我们中国人民决不允许"华北特殊化"，换句话说，决不允许敌人再侵占华北寸土尺地。对敌人的答覆，是抗敌守土。

　　绥东是我们的大门，我们必须拒敌于大门之外，然后门内才可以安。绥东英勇的将士在傅作义将军领导着，与敌人冒雪作殊死战。据报载，卫国健儿衣单被薄，在冰天雪地与朔北寒风之中，卫国守土。十五日伪匪猛攻红格尔图六次，卒被我英勇将士击退，前方卫国守土的将士精神非常盛旺，我们在后方的全国民众当然责无旁贷地要速起应援，有钱的出钱，有力的出力，各尽自己的力量。

全国各地学生界、文化界对于绥东抗战军士，都已纷纷捐款慰劳了。例如沪市小学生已节省了糖果钱来捐助，还有江都同胞为国绝食等之消息，这是多么令人惊喜，而足以鼓励全国民众和前方的战士。这表明"投降"、"亲善"、"提携"并不是我们整个民众的意见。不过只各学校学生起来组织募捐队、慰劳队，还是不够的。应当全国上自政府，下至工、农、商、学、妇女各界，一致联合起来，组织大规模的绥战后援会，实际的在物质、精神两方面来援助前方战士。

现在抗敌救亡的前哨战已开始了，我们妇女在救国阵线上的责任当然亦更加重大了。除了和各界一致参加援助绥战的工作之外，更应坚固地将自己组织起来，只有坚强的组织是我们唯一的力量。

我们北平的妇女应火速的组织妇女绥东抗战后援会。一切妇女团体以及一切的妇女分子如自由职业者、女律师、教员、记者、医生、商店女职员、劳动妇女等等，凡是不愿当亡国奴的，都应该组织起来，行动起来，进行以下的工作。

一、组织大规模的妇女募捐队，出发向各处募捐、集款与前方在风天雪地卫国守土的英勇战士，买皮衣、棉被，以及各种慰劳品，以壮士气。

二、立即组织宣传队、救护队、准备随时开往前方。

三、派代表往前方慰问，并考察实际的抗战情形，报告国人。

四、立即公开普遍组织看护训练班，最好在各区、各学校、各胡同，都能普遍的设立，在可能范围内，使每个妇女都参加，把战时救急、裹伤、防毒、解毒等救护常识，尽量的灌输于妇女中，最好能作到实地练习，使在作战时充分的发挥此种种工作效能。

所施的教材，务求其简单化和实用化。

时间是太紧迫了，不容许我们再有甚么踌躇，或沉溺在"世适的"家庭生活中，我们妇女也应该勇敢地负起国民一份的职责，积极援助绥东的抗战，参与救亡的一切工作！

《人人周报》

北平人人周报社

1936 年 1 卷 20 期

（朱宪　整理）

怎样解除绥远的紧张

张方　撰

×方吞并中国的野心，不断地有许多的事实来证明。这次有计划的扰害绥远，更是其预定步骤之一。起初是由李守信、王英向绥东进袭，继之伪蒙军包悦卿、卓什海又向绥北滋扰，×方不但用军火协助，飞机轰炸，而且组织所谓"监军团"，一方面监视中国人去杀中国人，一方面等待中国人不想杀中国人的时候，也会死在他们的手里。

×方导演绥远匪乱，本为不可掩护的事实，起初尚躲躲藏藏，不肯露面，这次驻华×使馆武官喜多诚一，在沪对《泰晤士报》访员，居然透出本不足惊人的消息，说明×方确曾参与绥远事件，不但仅仅用飞机、大炮之协助，而且为一主动者，打算把内蒙一万七千方里的中国领土，归×方统治。

由此我们可以看到，真正的敌人是谁？所以自从这次绥远事件发生后，各地民气焕发，加紧救亡，已经成为一个普及的现象，比较一二八上海战争的时代，确是有过之而无不及！

不过绥远是中国的领土，决不是局部的问题，不能仅仅固守，不能仅仅歼匪，必定要有整个的军事计划，我们应当直捣匪巢，永灭后患！匪机侦察掷弹，红格尔图已成焦土，我们自己的飞机又躲到哪里去了！就不会跑到匪巢去轰炸吗？在今日不能退让，该是牺牲的时候了！

不但军事上要有整个的计划，民众救亡亦当有一个整个计划，民众的职务，在绥远吃紧的时候，固然是需要精神与物质援助，而且要想到纵然等到绥远匪乱平靖后，仍要加紧救亡工作，哪一天国耻消灭，哪一天杀退敌人，哪一天收复失地，才算完结救亡工作的一部分。所以说救亡比任何事件都要紧，需要一个整盘计划。

现在不是唱高调的时候，怎样救亡，应该由理论而到实践了！究竟怎样去实践，不是盲人瞎马信口评定的，是要有组织有计划，使得每个人民都站在救亡图存的战线上，作有力量事情，有计划的工作。

根据许多过去救亡的理论，去实践工作，（一）精神救亡〔（二）物质救亡〕，精神救亡就是人人有救亡的心理，对敌人要有入骨三分的痛恨，不卖仇货，不通国交，不相贸易；（三〔二〕）物质救亡，个个人要有毁家纾难的精神，个个人成勇敢的战士。

可怜的中国人，不是忍痛的时候了，我们要唤起各阶级的民众，作强有力而有计划的救亡工作，这样不独绥远的紧张不会发生，就是中国也变为强盛的国家了。

《人人周报》

北平人人周报社

1936 年 1 卷 21 期

（朱宪　整理）

绥远战火的演变

伍义　撰

自从十一月五日绥东的兴和与陶林的炮火爆发以来，全国朝野人士是多末的注意与兴奋啊。在这全国朝野人士的注意与兴奋中，我们的军队进占了红格尔图，收复了百灵庙，更使全国朝野人士生无上的鼓舞与雀跃。但是，我们在鼓舞与雀跃的当中，仍须要冷静的看看这个事态的演变。

自绥东战火爆发后，接着绥北的战火也爆发了，绥西的情形也紧张了，友方也正式声明已经参预绥事了，中央的军队和飞机也正式宣露开到绥远协剿了，中日谈判也无形停顿了。这个事态在表面上已经恶化起来，已经扩大起来，如此下去，这个局面〔部〕战争，似乎会马上演变成一个全面的战争。其实，这个看法是错误了。

这一次中日外交谈判，友方的态度是多末的凶悍与强硬，似乎中国政府如不能接受她的要求，不幸的兵火就会马上爆发起来。但是这个外交谈判，在中国政府迎头强硬与迁延之下，友方至今也还是无可奈何。并且在中×谈判开始进行的时候，友方曾对英国声称她的立场纯系外交上讨价还价的意想，请求英国的谅解，其原意很可看出。在这绥战紧急声中，友方发言已经参预的时候，友方外交人员仍在南京候听着继续谈判，其用意也可看出。本来友方原计在外交上想以威吓而成功，在绥事上想一进〔进〕举而得手，但是出意料的中国政府在外交上的强硬，出意料的中央部队与飞机的协剿，使友方至今无可如何，不能在进一步有所强硬的表示。这些方面都可证明友方现在没有作全面战争的准备。

回头看看我们中国方面：在中×谈判里友方那种无理取闹的要求，我们政府始终没有严厉的根本的拒绝，只是模模糊糊的软性的不承认。在绥远炮火紧急声中，友方公然承认参与绥事的现在，我们的外交部亚洲司长高宗武尚在侧面的与友方接洽，遭〔这〕些很可看出中国方面现在的熊〔态〕度。并且根本上我们的政府，直到现在仍然没有完全放弃了那个一贯的"攘外必先安内"或"治内"的政策，直到现在仍然没有完全打破了"新武器"的迷信，消除了"恐日"的病根，而彻底相信了民众抗敌图生的联合战线与游击战术，甚至直到现在仍然有高唱"等待论"及"五十年准备论"及"三日亡国论"的人，在政府要员里存留着。更进而说到现在绥远战争的事态中，我们的政府始终宣扬着是"匪伪"的进扰而成立剿匪总部，对友方的阴谋与连系，始终回避出口，并且在战略上，果能冀、察军队北出抗战，可以解决侵绥部队的窝巢，而我们政府至今尚未命令出动。这些巧妙用意，也可以表明我们政府现在的动向。这些方面，可以证明中国方面是没有全面冲突的准备。

现阶段虽然绥远战火在表面上已经针锋相对的扩大起来，恶化起来，而骨子里却还没有放弃和平解决的途径。因此，绥远战争将来是或胜或败，总会产生一个巧妙的和平的妥协，纵然这个妥协是暂时的，是不可靠的。

《人人周报》

北平人人周报社

1936 年 1 卷 22 期

（朱宪 整理）

国防最前线的绥远

示平　撰

一月来最震撼人心的绥东事件，最近竟寂静了许多时候；根据历史上的经验，大动荡中的安静，实在包含着更重要的因素，因此，这一番寂静，使一般人更加心慌，每个人心里都存着一个问题：绥远究竟怎样？

由于这个问题的怂恿，我们一共六个人，就组织一个调查团，到绥远去实地调查，打算能得到问题的答案。我们旅途的日期有九天，自十月二日至十一日，到的地方有四处：归绥、包头、集宁（平地泉），及大同。

我们去的时候，抱有两个大目的：一是要明了绥远各地各种情形；二是要特别注意该地的抗日行动。十月二日下午六时一刻，我们由北平乘平绥通车出发。

从形势和种族说起

在火车未开之先，请大家打开祖国的地图，注视那西北角上标着"绥远"二字的一部分。大家想必都看见那条由北平经张家口、大同、集宁、归绥，最终达到包头的平绥铁路罢。这条铁路，在最近通车的粤汉路未完成以前，是唯一国人自建的铁路，无论在建筑工程上，或是管理方法上，都没有掺杂过外力。建筑时的困难，是想像不到的，沿途一带，没有一处是平原，都是荒山丛岭，遍地沙漠。惟其困难，所以在全路完成后，获得国际间的赞许，为国人造成一条西北交通唯一的干线。在铁路的北边，那绵延绥远全省的山脉，就是阴山山脉，又名大青山。在南边，靠近包头，就是黄河。大青山之北，是所谓的蒙古地，地势很高，山南是平原，地势低。所以假如在山北的人，和山南人开战，无论攻守，都占地理上的优势；反之，如果山南想攻山北，却是由下仰上，形势很吃亏，就是守御也是不容易。过了这一带山头，向南都是一片平原，更是难守。绥远大部分土地，尤其是东部的，极少有可耕之地。但是在省的西部，河套的区域内，却是一大片肥沃土地，所谓"黄河百害，惟富一套"，就是指此处而言。在那里所能出产的物品，如果经过努力的经营，是足供全省应用而有余。可是事实，这一大块美土，有许多还荒芜着，无人置问。就绥远各城市而言，归绥是省城，当然是全省人力、财力集中的地点。包头是西部的都会，从黄河西头淌下来的货物，都在此齐集。此外重要的有平地泉，是绥远军事上防御工作的中心区域；还有萨拉齐，也是平绥路上一个大站。离开铁路线，在平地泉北边是陶林，那里是国防最前线。在河套区内的，有五原、临河，那都是因为垦区发达才设治的。

绥远的边境，与五省交界：东与察哈尔接壤，南与山西、陕西邻迎〔接〕，西与宁夏并界，北与外蒙古连接。目前与日伪军冲突的防线，就是绥东一带，沿大青山与察、绥边境的五百里阵地；如果绥远失守，那么防线将由五百里展至七千里，换句话说，绥远失守，河北、察哈尔、山西、陕西、宁夏几省与外蒙都要受到严重威胁。

在归绥的街上，我们常看到许多穿红衣黄的蒙古人，也有回人，不过服装不特别。蒙、回人在绥远，是件值得注意的事。在以前，汉人常欺凌蒙、回人，实行利益侵占，卖买上沾便宜，致使种族间时生纠纷，纠纷的结果，多半是蒙、回人吃亏，所以彼此的感情上，实在算不得融洽。近来政府实行种族间平等政策，把他族视为一体同仁，情形就转好一点。可是根本的症结，终究没有解决，将来的纠纷，一定是免不掉。

绥远省都市里的蒙、回人，受汉化太深，一切生活行动都与汉人无异。这些人，人数既少，并缺乏反抗的意识，前途是不足道的。所要注意的，是那些没有深受汉族洗礼的蒙、回人，他们是不甘受汉人无端的欺假〔侮〕，而企图反抗的。在反抗行动的过程中，他们极易受敌人的离间利诱，投到他们的怀抱里，与汉人作对，假使真是如此，西北的前途，就是没有敌人的各方面进攻，也未容乐观。

下层的汉、蒙、回民族，虽然有着这不可调和的矛盾，可是他们的上层领袖，彼此的感情，却很浓厚；由于这点，绥远的种族问题大致状况，在表面上算是平静无事。

不但汉、蒙间有矛盾，就是蒙族自己内部，也互相倾轧。那石王和曼头因争权而冲突，弄到彼此以武力相见；那蒙古王公因压迫蒙民过甚，竟使蒙民发生所谓"督贵"的民众请愿运动；还有那由中央特加训练成功的蒙古青年，在蒙旗内掌权，引起王公极度的不安。凡此种种，都是未来的隐忧。

归绥市上，有一二所为蒙人专设的学校，学生虽然是蒙人，可是都受着海〔汉〕化教育。

关于回人的材料，我们得到太少，不过我们知道回人的团结力是很强的。

官场中新旧两气象

绥远的官长，可说是很革命化，无论在衙门里，或是在应酬的局面上，他们一无官僚习气，态度谦和，谈吐自然，大有国民革命刚开始时一班革命青年长官的风味。这个，我们不能不归功于他们的领导长官傅作义氏。我们在绥远各处旅行，也见了不少的省府直属机关和地方上的长官，他们对于傅主席，没有一个不表示钦佩的。傅氏一无嗜好，生活朴素，打起精神办事，终日不得休闲，上行下效，当然各方面办事得力。起初，我们因为有事要拜见官府，去会见的时候，终〔总〕以为要在会客室里等上半个钟头，岂知每次总弄不到十分钟就见着。谈起事来，大多数是很诚恳，有甚么就说甚么，听了叫人爽快。这是一个实例。

在许多行政机关内，我们发现有一件事实：就是许多办事人员，都是一班新青年，大都是平、津一带大学里的毕业生。他们具有新的头脑，办事肯努力吃苦，认识也清楚，对于一般民众，产生不少良好的现〔印〕象。

可是这只是一方面的印象，在另一方面，当然也有许多人依然过着吞云吐雾，左拥右抱的官僚腐化生活。像这些人，在办公桌上，官话连篇，实际事情一样也不办，反而在妓院里的烟榻上，大谈其国家兴亡大事，好像不胜其感慨者！说起来令人哭笑不得。

这些话，绝对不是凭空捏造的。我们确实到机关里去见到这些新青年，也特地到烟馆、窑子里去拜访这些旧长官。

至于官民间的感情，大体上可说不错，可是"十人种树，一人拔树"，破坏有余，而建设不足，真正要说官民一致，也难得出口。

绥远的烟毒，是非常厉害的。但是每年烟税收入全省共抽三百余万元；要禁止吧，无法填补军政用费。假如这样再迁延十年，恐怕不必等敌人来杀我们，就是这三两清膏也足以灭族而有余。

南京政府对于绥省烟苗，曾有分期禁绝办法，打算四五年后，绥远全省没有一棵烟苗，今年是第一期，先在各县划定若干绝对禁烟区域，又恐怕县长不照办，派了许多"密查员"赴各县调查，察看有无弊病。此外，又恐怕"密查员"出岔子，特地再秘密派了些"密查密查员"去加紧真正调查工作。据一位"密查密查员"告诉我们，他调查所得的，是各县的绝对禁烟区，都是不毛之地，根本不能种烟，又有些地方是天主教堂势力范围之内，他们是绝对禁止种烟的。像这种应付公文的办法，真是再技巧不过。另外再有件事，更要特别注意，就是官府逼迫民众种烟。有许多地方，农民本身不愿种烟，自愿将烟苗铲除，可是官府却勒令不许。这是因为种烟，对于官府的利益很大，可以多加税收，多括几文。若是种了普通粮食，那只能赚点小利。照这种情形看来，究竟烟土在绥省盛行的责任，是官府担负？还是民众担负？

日人在绥还〔远〕的活动

整个中国局势的严重，是日本活动的结果；绥东事件的爆发，也是日本人活动的结果。撇开这些大事件不谈，让我们来说说在绥远各重要城市日人活动的情形：在归绥，日本人没〔设〕有特务机关，名义上称为"羽山公馆"，羽山是机关长的名字，这是活动的总机关。在包头也有特务机关，不过没有名目，那些日本人，就住在该地的包头饭店内，已经好几个月了，大概他们已经把这饭店看作他们自己的机关了。在平地泉，只有两个日本人。其他的地方不知道有无日人，因为没有亲自去看。在特务机关做事的人，天天在外面跑，公共场所如戏院、窑子、酒楼、烟馆等处，都有他们的足迹。他们很和所谓的下等人拉拢，收买流氓。在包头饭店时，我们亲眼看见一个日本人拉着手和茶役说话，态度和气得可以说是谦卑了。他们常到各地去游历、测量、摄影，和民众接近，不幸的，这些日本人，因为成日和下层社会接触，自然而然地染上许多恶习惯，如宿娼、抽鸦片等。

虽然日本人的行动如此积极，可是他们总不敢有轨外的举动。他们不敢胡生是非，也不敢耀武扬威，因为地方当局对于他们的态度非常严肃，毫不容情，一生事就依法办理。

前些日子，包头飞机场事件，曾传闻一时，引起全国的注意。我们对于这件事，单独做了一个调查，自问消息还靠得住。事件的经过是这样：在包头城外车站的南边，有一大片平地，是无人顾问的荒地。日本人就搬了许多材料，召了许多华工，在那里搭起飞机库的架子来，并且存贮许多汽油。包头地方当局知道了，就请示省府，省府当回电应立即制止。于是县长就派人把华工都捕来，要他们不做工，日人交涉，就放还了。后来当局想了一个办法，暗令一百多个兵士，把制服除去，换上便装，带了武器，到飞机场把日人包围。日人起初态度凶横，要动武，岂知中国老总来得干脆，把他们一个个缚上，送在营盘里休息，日本人后来交涉，官方推说，民气强悍，无法制止，欲求无事，请停作飞机场。日本人当时势弱，就吃了这个暗亏，将被捕人领回完事。可是他们依然不肯甘休，自己动手，继续工作。我方乃另出主意，令当地驻军至飞机场一带演习，晚上在那里露营，四周怖〔布〕上警戒线，禁止一切人等往来通行，把日本人都赶出飞机场境界。日人没有办法，只得和几个守在警戒线周围的警察发脾气。后来，日本人知道如此下去，对于他们是不利的，所以就开始谈判，结果是此案暂搁，俟中日间在南京的交涉解决后再谈。我们曾到出事地点去看过，场上有一个飞机库的钢骨架子，尚未建筑完成，旁边堆着许多汽油箱子，附近有几个警察守着。我们去的时候，他们还一直向我们提到因劝阻而受日本人气的事。

有事不怕无事不惹

日本侵华的政策，现在已由"以日制华"变为"以华制华"，或者应用一点中国人的"恐日病"，虚张声势，利诱威胁，以达到他们的目的。他们最怕的，是不顾一切的抗战；因为中日间一有战事，在日本方面，一定也遭受相当损失，引起国民的不满，或者甚至于会产生社会经济崩溃的现象，使国内发生革命；中国方面，政府也一定会领导全国民众作战，放弃那以前一贯的妥协不抵抗政策，认为这是我们最后的关头，我们不能再退让了。

日本的新政策，在绥远总是行不通。绥省的当局，既能维持统一，又使内部没有汉奸产生，并能认识清楚，不罹"恐日病"。绥省的军队，在傅作义领导之下，确有不顾一切抵抗的决心。

傅主席的态度很简单："有事不怕事，无事不惹事。"敌人侵犯我们，我们要抵抗，这是不怕事；中央对日没有既定方针，敌人不进犯，我们不能去打敌人，那是不惹事。有甚么事件发生，必得按理办理，决不推诿，决不屈服。像包头事件，如果当局态度不坚决，恐怕飞机场早已筑成了。

绥省军政当局上下的表示，是决不轻易放弃一寸国土，假使战事发生，那就得打，需战至最后一人，流最后一滴血，下级军官及士兵的态度尤其坚决。据一位当地的负责人告诉我们：某次有个日本人强要进一个碉堡去视察，守碉兵士阻止他，他想拔手枪打士兵，那兵士不等他把手枪拔出，猛地给他一枪托，那日人还不知趣，兵士随即放了一枪，子弹从日人头上飞过，嘴里骂道："要不是长官命令，早把你打死，过几天开战了，再和你们算个总账，那时候再要你的命。"还有在平地泉，有几个日本人冒充华人，想参观当地的工事，被兵士缚起来打一顿，经交涉承认为日本人后方放回。

当局的态度既然如此坚决，何以外界一无所闻呢？这是因为傅主席不愿无事惹事，怕宣传过度，引起敌人无意义的交涉，多增麻烦。他主张一切埋头苦干，甚么都不说。他不愿做宣传工作，认为这是与敌人有利，而与自己有损的事情。他曾收到各方面许多捐款，可是他不宣扬，悄悄地把款项用原有捐款人名义存在银行里，由银行出一收据，等到后来真要动用，他才正式接受这笔款子。因为他不愿意平白耗费国民的钱金，而不能做出一点实际效果的行动。

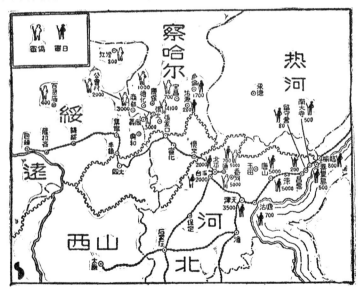

巩固国防线的设施

敌人兵临城下，然后再想法抵抗，那是太晚了。一定要事先有准备才成。绥省的防御工程,从今年五月间,就开始工作。他们建筑了二道坚固的防御线,一条是沿大青山筑成的,预备守绥远用;一条是沿雁门关一带修筑,预备绥远被占后,退守该处。此外在各城市城内近郊,都筑有防御工程,如包头,城墙上圈城作了一道碉堡线,城内已经挖好防空的军事工程,城外有一条既深且阔的外壕,外壕外又有一道护城的碉堡线。这种国防工事的建筑经费,山西和中央方面都有补助,全数大约有三百万元。

绥远全省现在最重要的交通线是平绥铁路,可是将来战事发生,该路随时有被切断的可能,军事交通,将大受影响。为补救起见,绥远已经造好许多公路,通到山西、陕西、宁夏各处,预备将来运输军火,便利行军。这种交通线,因为事关军事秘密,详情不知。

在以前,绥省因为防御共党军队的活动,曾在各县、乡、镇成立民间的武装自卫团体,叫做"防共自卫团"。这种组织,在名义上是防共,事实上是民众抗×的武装部队。上次伪匪军犯陶林,就是被该地的自卫团所击退的。

绥远还有一个省政府主办的"乡村训练班"。现在毕业生已有四期,第五期最近也要举行毕业典礼了。每期有一千人左右,都分散在各乡村服务。绥远的学生,在暑假里也受到集中军事训练。

绥远全省最重要的军事地点是平地泉,即集宁。该地驻军多少,我们不知道,不过至少有二师以上的人数。平地泉市集分桥东、桥西二处,相距很近,地面很小,市面不见好,大部分是粮食的买卖。新近,在市镇的四周,筑了一圈新土城;城外挖了内壕,内壕之外有外壕,是防止铁甲坦克车等用的。在平地泉的周围,有许多山头,都筑有炮台,山里几乎是挖空了,为的是要造地下的交通线,预备战争爆发时,一切军事交通,将不受地面上敌人威力的威胁。这种工事,由驻扎该地的团长领导,我们都去看过，简直是太困难了。一条条的地下交通线，都是从山石中开出来的，山石的成分，过于复杂，炸药不能使用，只得用人力拿铁锹慢慢凿，又因为工作范围过小，同时不能有许多人工作。从开工到现在，已经有五六个月，那些兵士的铁锹，都短了半截，都是凿山石磨擦掉的。山上炮台，都是用洋灰、铁筋筑成，坚固非常，极不易攻破。在平原上，大概每隔一千公尺就有一座用洋灰、铁筋造的碉堡。样式是半椭圆形，覆在地下，上面都堆上土，远望过去像一座坟墓。里面可置机关枪六架，容士兵十余人。据那团长说，如果计划工事全部完成，那足足可以和敌人打一仗。

作工的兵士，每月的饷依然是六块钱，并不因为工作太苦而增加。可是兵士们没有一个叫怨，并且工作特别努力，这真是一种令人可喜的现象，我们看见了心里异常兴奋。

平地泉的工事，进行得很紧张。在最吃紧的时候，工作人夫，除军队不计外，征有民夫一万多人，日夜赶工。现在因为农忙，民夫减至三四千人。参加工作的民夫，每天有三毛钱的收入，可是现在正当农忙，他们不愿意挣这三毛线，宁愿回田地去工作。当地为了时势紧急，也顾不得许多，只得用强征的方法，民众方面，因此表示相当不满。

亟待训练的民众

处在边塞的绥远民众，因为社会制度的限制，智识的低落，对于国家大事，日伪军的侵略，缺乏认识。这些事好像与他们没有关系，不需要认识，更无所谓态度。简括地说："是不懂这些事。"在归绥的时候，我们想见见当地真正的农民，所以就去拜访了一家离归绥不远的农户。主人是一位老太太，有十多间土房，有牛、马、车辆，称得起是一家乡村大户人家。当我们随便和她交谈的时候，我们极容易看到她所注意的，是她的生活经济状态。她只知道生活的艰难，一家的收入和支出，其他一无所知。当我们问她："你是中国人吗？"她回答说："我是庄稼人。"再三地问，回答还是一样，经过解释也是无用。在我们起初去的时候，她以为是官府里来人要钱米、粮食、牲口；后来知道是来同她随便谈话的，她惊奇得再也不信。据和我们同去引路的本地人说，只要你是个官，不管大小，问她要东西，只要她有就会给。

还有，在平地泉的地方，有许多筑工事的农民，曾因傅主席到彼处视察，召集他们好几千人训话，当主席问他们："你们是为谁做工？"他们回答说："我们是为您做官人做工！"后来主席详加解释，旁边人又加以指导，答案方改为："为大家自己而做工。"在最前线的人民这样缺乏认识，亟须训练是很显然的。

智识分子多想做官

绥远全省的文盲，占人口百分之九十七以上，就是学龄儿童得受教育的，也不过是百分之四或五。在绥远，如果有一家的子弟进了学校，那就看为与在前清时入考场应试一样，十分重大。假使毕业了，那更了不得，和中举相等。家里要贴报条，请客贺喜。因为一个中学毕业生在绥远就是一位绅士，到处受人尊敬，他们念书的目标很单纯，就是要做官，做官捞钱，替祖宗增辉。

他们的目标既然如此，对于在绥远做官的一般外省人，往往有存排外心理的，以为是抢他们的饭碗。这些人看不起外省人，因为在才能方面，自己比不过别人。明目张胆地驱逐外省人，当然是违法的，他们也不会这样，不过有些人存有这种偏见，却是不幸的现象。

由于做官、排外的二个要求，绥远的智识阶级，就产生了一种很不良的现象：对于国家民族的前途，缺乏认识，更不能有实际的救亡行动。他们只顾着本身的飞黄腾达，升官发财；凡与此志愿相抵触的，就置之不理。救亡工作在目前只是一种牺牲，必须放弃私人利益方能有所成就，这在他们是非有很严格的督促，是不易办到的。

以全国力量守绥远

关于局面，可以分两方面来申述：一是关于敌人的，二是关于我方的。前者的情形，并不是我们亲自到伪区视察得来，而是由绥远各方面得来的。据他们说：现在日本人正在以全力策动一"大元帝国"的建国运动，以金钱辅助及武装配置向蒙古人利诱，想叫他们在日人保护之下，成立一伪独立国。该国地域，将包括内蒙古一带，成立后可以与外蒙古对抗，也可以破坏中国的主权。他们受日人的指示和领导，编了一万多人的蒙古军队，武器配置都是最新式的，战斗力很强，这是犯绥的第一种势力。其次是匪军，拿匪首王英作号召。王英是河套垦区功臣王同春的儿子，为官府所逼为匪，在绥远的潜势力很大。近来被傅主席大加剿灭，旧有匪部，已溃不成军。这次匪军的队伍，都是由冀、察二省，平、津一带招募流氓编制成的。这一二个月来，每天总有许多应募的流民，由平、津到张家口，转商都一带去受编，到现在匪军人数只有几千，不到一万人。武器配置方面，因为日本人不敢太信任这些人，发给的枪枝都很窳败，这一军的力量薄弱，不堪一击。第三是伪军，人数、武力和以上二军差不多，不过编制方面比较完善些。第四是日本的正规军，该军可源源不绝而来，无论人数、武力，都占着很优越的地位。最近如果战事爆发，这四种势力，必定同时进攻。

我方防御军力，当然以傅作义的绥军为主干。该军人数不详，不过最近是扩充编制了。其次是晋军，布防在绥西一带，和集中在绥、晋边境，待命发动。再次是民众的武装部队："防共自卫团"。现在散在最前线的，在平原上，如接近察北区域，是骑兵；在绥北山地，是步、炮兵。敌我双方相距极近，常常发生步哨战。

观察一般情形，和当局明白的表示，我军的力量，足以对付蒙军、伪军、匪军三者而有余。假如日本正规军不正式参加作战，而只是局部的帮助，那么我们的军力，也可以应付。可是如果日本正式参加作战，那我们的力量是不够的。所谓我们的力量，大部分是指晋绥军，中央的实力，还没有计算在内。

绥东事件，本来是很严重，全国人士都注意；后来两广事件发生，国内骚乱，大家的目光都移到西南去了；最近西南问题解决，于是一般人的注意力，又移到西北边塞。在这注意力来回移动的过程中，绥省当局，对于抗×的情绪，有不同的转变：先是抗战之心，犹豫不决；次是准备放弃绥远，退守雁门关；后来是决定抵抗，绝不屈服。这种转变，都具有理由：先是因为全国虽加注意，而援助力量不强；次是因为大家不再注意绥远，该省当局，单独无法守御；后是因为全国均注意绥事，无论政府人民，都与绥远以物质上或精神上的援助。

以上所说的，可以说是历史的经验，拿这点经验以及最近的局势的变动作根据，我们对于绥远的前途，有如下的推测：绥远在最近，大概不至于发生大规模的战争。理由是：（一）绥远有抵抗决心，敌人不敢轻于尝试；（二）怕因此引起中国全民族的抗日行动，与敌人作持久的斗争；（三）怕引起国际间的注意，在外交上发生困难；（四）敌人于武力直接占领而外，可以其他手段，获取绥远。所谓其他手段，就是敌人设法将国人的注意力移到别处，对于绥省，不再加以援助，使绥省当局，陷于绝对孤立地位，无法守御，自动放弃。

绥远当局对于这种未来情形，知道得很清楚，为抵御起见，他们提出一个中心口号："以全国力量守绥远"，这句口号，有两重意义：一能破坏敌人的阴谋；二能借此唤起全国的注意。

看到这许多情形，再经过详密的分析，我们认为目前国民的任务，是要用实际的行动，响应绥远当局提出来的口号："以全国力量守绥远！"

《生活星期刊》

上海生活书店

1936 年 1 卷 22、23 期

（李红权　整理）

绥东战争开始了

金仲华　撰

绥东战争开始了！这不是局部的战争，而是两个国家的战争，这不是所谓"伪匪军"向绥省的侵袭，而是表示敌人又向我国开战了。

实际上，战争的状态早已存在着的。东北的武装占领，华北的强暴压迫，内蒙的不断受到狗军和敌探的侵入，没有一样不是战争的具体表现。但是，因为在邦交上我们非但是使节未断，而且在杯酒言欢，所以我们把侵略者称作"友邦"，我们等待着一次次的外交谈话把一笔笔的血债算清来。然而，这样所谓"外交途径"上的算账，究竟有了什么结果呢？没有！非但没有，新的侵略，新的血债，又在加给我们的身上了。

这就是现在敌人对于绥远的侵略。

这侵略是经过了多时的准备布置的。当我国在口头上喊着"一面交涉，一面抵抗"的时候，他们也正好利用机会，一面施用外交的威吓，一面进行军事的布置。在本年初，察北六县（多伦、沽源、张北、宝昌、康保、商都）被占去了，表面上，那是伪军李守信部占去的，实际上，这是敌人所派遣的爪牙，谁都会明白的。接着便是内蒙德王的独立，宣布伪自治，这是敌人威吓利诱的政策，也是谁都明白的。这以后，无孔不入的侵略活动，便在绥东和绥北开始了，筑飞机场，设无线电站，成立特务机关，兵车直驶到各地探察，这种活动一直由商都伸展到滂江，到百灵庙，到包头，甚至深入宁夏和新疆边境。许多外国旅行者见到这些，他们早就预言着敌人的侵夺绥远，是必然的。但是敌人却等待着，他们一面"循着外交途径"在谈判，一面继续把伪满的狗军推向察北，在绥北收买傀儡德王的蒙军，作为侵略的前锋。这种准备逐渐完成，绥远边境的危机也愈益严重，到了本月初，所谓"伪匪军"的首领李守信和王英，跟着傀儡德王的代表包悦卿公然由察北坐飞机到北平，转往天津，和华北驻屯军司令田代详商了七天（从一日到七日，关于这事，路透社曾有详细的电讯），在他们接受了训令，回去察北以后，在九日绥东的战事立刻爆发了。

这样发动了的绥〔绥〕东侵略战，谁是侵略的主体，显然可以明白的。我们不承认是什么"伪匪军"进攻绥远，那是敌人对于我们的侵略战，又正式开始了！

这场战争的形势，是非常严重的。第一，敌人已经准备布置了多时；第二，敌人仍应用了一向的策略，把全国的力量来向我们一省进攻；第三，虽然在策略上它是进攻我们的一省，在目的上，它却在兼并我们全国，至少，最直接的一步，占领了绥远，它就可以控制山西、宁夏、甘肃等省，把整个的华北及西北很快收在它的掌握之中。

进攻绥远的军事布置，敌人也已计划下三面围攻的阵势，一面由商都直取绥东，第一个目标是陶林及兴和。第二个目标是集宁（平地泉）和卓资山，由此可以截断平绥铁路，控制晋、绥的交通。一面由绥北向南进攻，即以百灵庙为根据地，进攻武川，再由此直取绥远的省城归绥。第三路是由百灵庙攻固阳，再由此下包头，把持平绥路的西端。

截至上月底为止，据我们所知道，敌人在绥边所布置下的"伪匪军"约有三四万人，包括李守信、王英、张海鹏及德王所属的包悦卿和卓世海等蒙军部队。李守信的伪军，会合张海鹏和王静修等的热河匪军，由张北、商都进攻绥东的陶林、兴和、丰镇一带。包悦卿、卓世海等的伪蒙军，由滂江向西集中于百灵庙，从绥北向南攻武川和归绥。王英的蒙匪军则也以百灵庙为根据地，沿阴山北面，进取固阳，再前攻包头。这三路作为前锋的狗军，实力上是很薄弱的，但他们却由日军的飞机掩护，坦克压阵，最近几天来，所谓"某国"飞机常有八九架侦察助战，而且，除了坦克以外，据说还要用毒瓦斯助战。敌人军官在这些"伪匪军"后方督战的，照可靠消息，约有百余人。

就现在力量的对比说，傅作义将军所率领的绥省将士，凭着爱国的赤诚与勇气，是可以和敌人对抗的，但是敌军若由赤峰、多伦、张北源源而来，则我军必须也有大量的接济，方能作坚强的支持。绥省最重要的阵地，是绥东的从陶林到平地泉一带，绥省全境大都平坦，敌军坦克便于行驶，但平地泉高一千四百公尺，是平绥路最高一带，可以凭险扼守，居高临下，阻止敌人的前进的。从滂江到百灵庙的一段，究竟行军不便，敌人非有大批粮食、辎重，就不能在这方面以大军进攻，只能以一部分军力，压迫绥军的后方，同时以飞机作破坏扰乱而已。

绥省的统兵将领，如傅作义主席，一百二十八旅旅长曾延毅，绥东四旗达密凌苏龙总管，大同骑兵司令赵承绶，都是善战的勇将。绥省士兵对于陆地的防御战，有过非常的训练，他们的能够坚决抗敌，是没有疑问的。现在绥东、绥北前线的英勇抗敌战争，已经在猛烈进行了。

不过，对于这个刚爆发起来的绥东大战，我们单就现在的军力比较来估计，固然不对，而单把它当作一省和一国的战争来看，更是不对的。

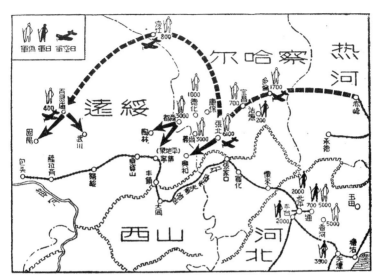

　　敌人有着飞机、坦克的助战，我们的飞机、坦克到哪里去了呢？假使尽让敌人用着攻击的利器，我们却没有应用；假使尽让敌人取积极的攻势，我们只有消极的防御，那即使我军万分英勇，等到敌军增加到越过我们力量的对比时，那我们的防御就立刻要崩溃的。

　　敌人动员了全国的力量进攻我们一省，我们全国的力量怎样应用呢？这里有两个要点必须注意：第一，单用资力去接济绥省的抗敌军，是不够的，主要的是用军力去接济。第二，用全国的力量去支持绥省一面的战争，在军略上也是不够的，我们必须以全面的战斗，使敌人的力量分散，我们可以长期的延续战斗，促使敌人失败。

　　就整个的国力讲，现在除了海军以外，我们的陆军力无疑的超过了敌人，空军的实力也必然在敌人之上。我们不怕海口的封锁，却擅长原野上的大战，而且，我们要在敌人的轻便军事运输线没有完全建成之前，用突击的战术，使敌人在无法获得充分接济的情形下，败退下去；我们要趁敌人没有在我们领土上布成空军联络网的现在，利用空军的优势，把敌人赶走出去。

就绥东战争的本身讲，我们发动全面的战争，也有特殊的优点。据英文《字林西报》所载一篇通讯的分析，现在绥东的战争，敌人绕着多伦到张北、商都、滂江、百灵庙这样一条路数百里的困难的运输线，而没有从北平沿平绥路线，直取绥省的后背，认为是一个可疑点。我们对于这个疑问的解释，就是二十九军在北平附近及冀省西部的存在，使敌人不敢在这方面轻举妄动，怕引起我们全面的攻击。然而，我们要考虑到在目前冀、察迅速地趋于"满洲化"的状态下，敌人在绥省后方及侧面的军事控制，将要积极增强，现在若不趁早采取战略的攻势，将来机会错失，绥省陷于背腹受敌之势，要坚守也是不可能了。

这样我们认清了绥东战争的严重意义，整个华北的存亡，是决定在这里！整个的中国抗敌救亡的前途，将以这次的战争为一个转折点。

全国赤诚的将士，握紧你们的武器，起来吧！抗敌救亡的飞机，发动你们的引擎，向前冲吧！在你们的后面，将有亿万民众以无穷的物力和人力，支持着你们，为民族的解放而战斗！

《生活星期刊》

上海生活书店

1936 年 1 卷 25 期

（朱宪　整理）

援助绥远前线将士

韬奋　撰

一

绥远前线战士已开始为国血战了！我们全国的同胞应该动员整个国家的力量，发动整个民族的解放抗战！

自绥远战事爆发以来，最可兴奋的是全国各方的同仇敌忾，纷纷发起援助绥远前线战士的广大运动，一致踊跃输将，各处学校多实行绝食一天，集款慰军。上海三十余团体电慰矢志报国的傅作义主席和誓死守土的前方将士，并电请中央迅派大军协剿，乃至首都"天主教堂同人"也将一日的教士的生活费和员工薪金汇往归绥公医院救护队应用。这是全国联合阵线的端倪，是每一个救国同胞看了都要欢欣鼓舞、喜出眼泪来的良好的现象！我们要积极扩大这个救国抗敌的联合阵线！我们要积极提倡并努力实行"一日贡献"来援助正在前线英勇抗战的将士！

谁都知道，这不是什么"匪伪"攻绥远，实在是整个侵略国来攻绥远，倘若让一省抗战一国，那是我们陷害为国守土的将士！谁也都知道，敌人不是仅仅攻一省，实在是更进一步沦亡整个中国的步骤，倘若我们只是立于旁观的援助地位，不深刻地认识我们不仅是援助绥远，实在是拯救整个中国的沦亡，那也是很大的错误！

因为这个缘故，我们从种种方面努力援助绥远前线将士，固然是所谓义不容辞，但是同时还要努力发动整个民族的解放抗战。必须发动整个民族的解放抗战，绥远前线将士的血战才能获得最后的胜利。

二

这次攻绥的敌军虽号称"匪伪"，但是日本帝国主义已派飞机督战，投弹轰炸，驾驶员与机关枪手都由日人充任，这明明是侵略国明目张胆压迫"匪伪"来残杀中国人，我们绝对不能掩耳盗铃，认为是本国的土匪问题。据我们所得的东北传来的确息，所谓"匪伪"不过受我们民族敌人的压迫，倘中国果然发动整个的抗战，他们都仍要反过来帮助中国的。所以在这样危急存亡的紧要关头，我们立于国民的地位，要竭诚要求政府第一件事是动员全国抗敌救亡！

我们的民族敌人已在绥远发动军事的残酷侵略，而在绥远不远的区域，还继续着中国人残杀中国人的内战，这是很痛心的事情！我们主张凡是有决心共同参加抗敌救国的都联合起来一致对外，不要再消耗中国的力量来残杀中国人，应增强中国所有的力量来对付我们的民族敌人。毅然停止一切内战，这是我们立于国民的地位，要竭诚向政府要求的第二件事。

敌人已在军事上用飞机、大炮压迫"匪伪"侵略中国的领土，残杀中国的人民，蹂躏中国的主权，而同时还进行着所谓"外交谈判"，这实在是天地间最不可思议的可痛心的现象！我们主张政府应对日本提出强硬的抗议，限制在日本威胁下的"匪伪"于廿四小时内退出绥、察，否则立即公布停止交涉，乃至绝交。这是我们立于国民的地位，竭诚向政府要求的第三件事。

我们觉得政府对这三件事能毅然实行，便是政府下决心和全国民众共同抗敌的事实上的表现，必能获得全国民众的一致的精诚拥护。我们决不可听任绥远的抗战再蹈已往察哈尔的覆辙，这是要靠全国民众的推动的力量，要靠政府毅然采纳全国民众的一致要求！

《生活星期刊》

上海生活书店

1936 年 1 卷 25 期

（朱宪　整理）

伪蒙匪军攻绥的地理上观察

作者不详

北平已下了雪了，绥远境内，雪更大了，据报上说，伪蒙的匪军，因着雪的关系，对于攻绥，不能不延缓了。

以战论战，我们中国方面的晋绥军队，在地理上是占优胜的，就说阵线的前面罢，武川方面，从归绥出发，不过六小时汽车路程，接济是很便利的。归绥是绥远省城，乃极北的一个大城市，也有比较合乎时代化的新式设备，至少在给养方面，是占了优胜了。反之，攻武川一路的伪蒙军队，是在百灵庙，离开武川且有一百八九十公里，汽车便须一日时间，而且百灵庙从归绥、武川前往，尚称便利，若从滂江来接济，那真不便极了，因为滂江到百灵庙间交通，除了飞机外，汽车也要一日一夜有余，比滂江再近的大场化，是没有的了。至于从滂江到商都，那更不便了，大约估计，也须二日路程。可是除了商都，再近的场化，又是没有的，实在因为那方面荒僻极了，所以从百灵庙出发以攻武川，若说集结有一万以上的兵力，这句话是不可靠的。试问百灵庙弹丸之地，如何可以供养如许兵士，所以用常识来判断，在那方面，匪伪最多以一二千兵力，前来骚扰骚扰，目的在于牵制东线的军事，因为要从那方面攻武川而取归绥，是非常吃力的，一则是绥远省方〔乃〕兵力集中之区，二则在武川附近有阴山、大青山之险，伪蒙孤军深入，后方接济不易，纵有飞机、汽车供给，然亦大费周折。在此可以断言，伪蒙对于此路，必非主力攻击之区。

第二路军队，他是以攻取陶林为目的，攻陶林的军队，是从商都来的，从商都到陶林，比较的近了，而且有公路可通。商都在今日，可以说是伪蒙匪军集结之区，有飞机场等新式建筑，给养亦屯聚相当充足，那里是一座小小城市，距离后方康保、宝昌以及张北，交通都很便利，处处都有公路可通，所以在后方接济上，比百灵庙方面，要便利得多了；但是我们晋绥军方面到陶林去的交通，也是很便的，从集宁出发，不过七八小时的路程罢。集宁就是平地泉，其地位是非常优胜的。平绥铁路，在此地是一个大站，商业的繁荣，在绥远仅次于归绥而已。我们这里有铁路交通，给养与接济，当然都不生问题，所以双方比较起来，也是我们占优胜的。

现在再说伪蒙的第三路匪军，其目的是攻取兴和。攻兴和的匪军，一部分从商都出发，一部分从南壕堑出发。南壕堑虽然仅是一个部落，但他人口的众多与地方的繁华，比商都还要高出一着，是在商都之南，距离兴和，也大约有六七小时的汽车路程。这一路与攻陶林一路，都是伪蒙此次攻绥的主力所在，目下非常吃紧。我们晋绥军队前往，有二条路，一条是从集宁出发，比较距离近一些，还有一条路，是由丰镇出发，那比较远一些；但一则五六小时可达，一则七八小时可达，所以十分说不便利呢，也还不至于，比起伪蒙匪军前来，还算我们来得便。经过上面那样一个分析，对于战事形势，是我方占优胜，这是很明显的了。

《星华》（周刊）

上海大晶每周汇刊社

1936 年 1 卷 26 期

（朱宪　整理）

三周以来的绥远抗敌战争

金仲华　撰

敌人侵略绥远的战争，从上月九日爆发到月底为止，可以划分做几个阶段。最初的阶段是从九日到十七日，这是敌人发动进攻的时期，一般〔股〕伪匪走狗军在敌人飞机的掩护下，由商都趋向陶林，由百灵庙趋向武川，声势似乎雄大得很。但是从十八日到二十四日，绥军开始由消极的防御转变为积极的反攻：十八日，在陶林前方的红格尔图，绥军赵承绶部以英勇的进击，杀败了王英与李守信两部联合的伪匪军，造成绥东前线上的优势；二十四日，绥军曾延毅部以突击的战术，收复百灵庙，使绥北的伪蒙军无从立足，这是第二个阶段。这以后，德王逃回滂江，懊丧不堪，伪匪军收拾残部，也狼狈万状。然而，在绥边战况沉寂中，从热河到察北一带，却有大批敌军及军火出动，集中承德和张北两个重心点，准备大举的进攻。

无疑的，不要多少时候，敌人的大进攻就会开始的。那将以满洲新运来的更多走狗军作前锋，那时敌人自己的军队也许不免要完全露脸了，那样的战争当然要比第一次的更来得险恶。那么，在敌人的再度来攻之前，我们要怎样准备下应付的战略呢？

这我们当以第一次抗敌获胜的经验，作为最重要的参考。

过去二十几天来的抗战，证明了几个军事上的重要的教训。第一，我们不能坐待敌人来攻，而必须自己进击，换言之，我们不能采取纯粹消极的防御的战略，而必须应用积极的攻击的战略。第二，我们不能以孤军作战取胜，而必须以集合的力量，把敌人攻破。在这次绥远的应战中，不但绥省与晋省的军队合作得非常密切，连中央军也已有一部分开到，可见在对付侵略者的战术上"联合战线"实在有最大的功效。第三，绥远的抗敌战争一经发动，全国各界立刻聚精会神，注意在这一点，金钱与物品的捐输，像河流一样汇送到前方，可见目前全国只有一个要求，就是抗敌，而这种全国一致的精神，乃是促成前方胜利的一个重要基础。

根据这三种教训，我们可以规定当前的战略。

第一，不要等到第二度的敌人大举进攻发动之前，我们就应该认定敌人的弱点，作迅速的进攻。我们要知道，敌人的从东北三省而至热河，从热河再进取察北，从察北再进取绥东、绥北，原是有着一贯的战略的，他们的主要目的是要一直西进，把绥远、宁夏和新疆完全囊括在掌握中，然后南下并吞河北、山东、山西以至甘、陕等省。不过，为了西进侵略的军事公路没有完全筑成，他们便以伪匪狗军作先锋，实行逐步的侵扰。从去年冬到今年春，察北六县便在伪军李守信部的侵扰中，完全占据了去。到现在，敌人的后方根据稍稍巩固，向前侵略的野心便又复发，于是侵扰绥东的战争，就跟着开始了。

上面所说敌人后方的稍稍巩固，是有证据的。在今年六月中，敌人在热河敷设的西进铁路，有两段已告成了，一段是由锦州直达承德的承锦路，那是主要的军事干路；一段是由承锦路中央的叶柏寿西北上，通达赤峰的叶峰路，那也是很重要的军事支路。这两段军事铁道完成后，且〔日〕军由东三省运往热河，已经非常便捷；再由热河推进，向察北集中，也比前方便。这样，侵略者一面要再伸展军事交通线，从赤峰达到多伦、张北和商都，一面也就急于把侵略的前锋推进到绥远了。

这样一贯的侵略计划，不会一碰到挫折就缩回的。敌人已经公然替伪蒙军标榜了"大元帝国"，把成吉思汗的牌子重新张挂起来，甚至"太阳"徽号的飞机被绥军击下了，也会厚颜来向傅作义司令抗议。据日来消息，在承德与赤峰间的日军，已经大队出动西进，由张海鹏的大批伪军作先锋；日军高级参谋原田、航空队长饭岛、参谋本部作战课长石原，不停地往来于长春、天津、承德之间，又在张北及嘉卜寺开会，策划再举进攻的战略。在上月廿九日，伪国外交部与关东军居然发表共同公告，说："绥远局势假如危及'满洲国'之安宁秩序，则日本与'满洲国'当局不得不取适当办法，以防患于未然。"对于这样无耻的"公告"，我们不能以为无耻得可笑，就置之不理。我们要认清这是敌人大举进攻的预告。那么，我们除了迅速进击，使敌人不能占得优势，实在没有其他取胜的办法。

但是，我们应该怎样的迅速进击呢？这要应用到第二种教训了，就是从各方面联合的进攻。单就从绥军讲，百灵庙进攻漷江，可以使日人傀儡的德王，在绥北失去他最后的根据地；从陶林、红格尔图进攻察西的商都，可以减轻绥东所受敌人的威胁；再从兴和进攻察边的尚义，直达张北，这一路的攻势如能顺利，则平绥路可以毫无危险，敌伪军对于张家口的威胁，也完全不存在了。

在这里，我们就想到了宋哲元将军及其二十九军。察哈尔本来是宋将军的守地，但是在去冬到今年初敌伪军来犯时，他们竟把察北六县放弃了。这一步的退让，给敌人造成了威胁绥远与山西的最好根据地。现在绥战已经爆发，我们以为唯一击破敌人的战略，乃是由宋将军部立刻收复察北，使敌人失去这块侵略的根据地。不过，这里我们有一个疑点，不能不提出来向宋将军及二十九军全体将士质询一下的。据上月二十四日上海英文《字林西报》所载的一段新闻，说日本驻上海武官喜多，对《纽约时报》记者发表了一篇谈话，其中说到日军和宋哲元将军所订的协定，曾有这样的一条，即伪蒙军以不侵入张家口区域为条件，交换宋哲元的保守善意的中立，不以冀察军的力量，攻击伪蒙军的侧面，以救援绥边所受的压迫。这消息是很可惊怪的。牺牲了对于本国军队的应援，以换取敌人的不进迫，这不应当是保有喜峰口血战光荣的宋将军所愿意干的勾当吧！不过，绥军已经苦斗两旬，冀察军居然寂无声息，真使我们要怀疑莫释了。我们除了要求宋将军及二十九军的英勇将士立刻以事实来答覆外，实在没有别的解释的办法。

我们希望站在最前线的二十九军，立刻和绥军联合行动，同时希望中央军以及西北的其他一切抗敌军，都联合在这个民族解放的英勇战斗之中。据报载消息，中央军汤恩伯、陈诚、门炳岳等将士，都已到了绥东前方，这里面已有我们高射炮队五百余名，那显然是准备敌人飞机来攻时的防御了。不过，在我们的防空力量之外，现在大家一致呼喊着〔的〕是我们抗敌飞机的出现。假使在这次抗战中，我们的所有各种军事力量不能完全联合发动，我们的空军不能替陆军做一个好帮手，那我们要取胜，还是不容易的。《新闻报》记者顾执中先生在前线视察后所写的通讯中，说："全绥军事，已完全获得胜利，但万一匪军幕后正式之敌，鉴于匪伪之不足恃，正式来犯，与我军直接冲突，则决非晋绥一隅之军足以胜任。"这观察当是我们最好的参考。

从上述的情形，我们更可以看到第三个教训的重要，即不但我们要以全部军力的联合，应付这次的抗敌战，而且还要以全国民众的联合，作为坚实的后盾。赵承绥司令对往访的记者说，前线士兵在极冷的气候中作战，所需的不单是金钱，最好是医药品及鞋袜。现在全国各地除了热烈募捐之外，为前线将士征药品、制寒衣的工作，都在广大的发动了。我们相信后方民众的热烈应援，是和前方将士的浴血苦斗，一样地可贵的。

几年来，敌人的压迫，已经把我国军民联合成最坚实的一块。这次敌人的向绥远进攻，把我们全国抗敌的热情都燃烧起来了。我们不以绥边的一两处战胜为满足。我们向前望去，有察北六县、热河全省以至东北的无边无际的沃野，那里有着数不清的我们的同胞，在敌人的铁蹄下炮火下哀号，希望祖国的同胞立刻去救援他们。

我们可以把这样哀号当作不听见吗？我们可以把敌人的进逼当作局部的事情吗？不！我们要发动全面的抗敌，争取整个中华民族的解放！

十二月一日，上海

《生活星期刊》

上海生活书店

1936 年 1 卷 27 号

（朱宪　整理）

绥远战事的幕后牵线者

大荣 撰

绥远的战事，自国军克复百灵庙后，已转入另一阶段，现在的战幕，一点点的揭开，从前在幕后操纵的，仅露半面，现在快到露出全身的时候了。事实上也可测定，这幕后的人，不久会走到台上，直接表演一出武剧。所以是福是祸，在这几天内就可分晓。假定幕后人停止试探前进的计划，绥东的残匪，最大限度，不过成为流寇，窜扰窜扰而已。假定幕后人打通内蒙道路的决心仍然不死，并因日德同盟新近缔结，要在我们土地内造起一道防共战线，那末，则战事定规要扩大，战期也必然要延长。操纵此种缓急轻重的关键，不在于我们，而在关东与华北两驻军司令部。我们要测断未来的绥事怎样，自然先得明白两军部最近的动态。这篇文章发表的时节，也许绥远战事已经扩大起来。现在为供一般研究本问题，和关心未来趋势的人士参考起见，爰本所知，撮要报告如下：

华北驻屯军部的态度

我们假使没有忘记本年八月廿八日，关东、华北两驻军部在天津海光寺司令部召集的"高级干部会议"结果，也就会想起来那次会议，经田代司令官、板垣关东军参谋长、桥本驻屯军参谋长共同的决案，是将两军部的权限，划分一下，张北以南，长城各口以内，无论是发生了什么重要事件，都归华北驻屯军部来担负，关东军部只是从旁协助，反过来说，长城以外，张北以北，无论发生了什么事，那要归关东军部来担负，华北驻屯军部仅处在协助地位。绥东的事呢？也在这项决案里，划为关东军部应负的责任（参阅本刊卅六期《华北的新动态》），不过事实上虽这样划分，然其中也不无伸缩性。最近在关东军部方面所需华北军部协助即办的有三宗事：（一）是促成华北地带特殊化，完成理想中的明朗政权，他们以为这样做是上策。（二）压迫华北当局与中央脱离密切的关系，在绥远方面发生任何事变时，确守中立，而不致牵掣该方面的日伪军事动作，如能做到这样，他们以为是中策。（三）万不得已，须得监视华北各拥兵者的行动，如能消极阻止它停止援绥固好，不然也将设法使其发生障碍，难达预期的目的。这是引伸八月廿八日会议意义而言。我们若回想一下，可以明白自那次会议到现在，华北驻屯军部所工作的目标，无一不是照这几点进行着的。到十一月中旬，绥远的事件，刚有发动消息，华北驻屯军部参谋长桥本即偕第二课长和知、部附塚田、高级副官河田前往济南。去到济南的意思，是因为韩复榘新由京、杭归来，曾在杭州谒见蒋委员长。华北驻屯军部所得的报告，说是蒋、韩那次会见，关于华北未来的问题，有很多的商量。军部要从正面探询一下，为遂行日后监视计划的准备。会晤的结果如何，我们不知，但观察桥本等回津后，山东方面并没什么动静，可以想到，成绩定是不佳。稍后又有宋哲元、韩复榘十一月十六日在南宫的会见。等到宋回到北平后，华北驻屯军部赶即令松室驻平特务机关长访宋询问，宋迫不得已，于是在报上发了一篇谈话，声明和韩会见，并没有什么密议可言。而目前当蒋委员长赴太原归途到济南，先后和阎、韩等要人会见后，军部又嗾令《大阪朝日》驻津记者高桥、《满洲日日》驻津记者田村，乘飞机去济南，以报人的资格访韩，向韩详细的询问了一番，蒋过济时会谈经过。以这几件事来说，也正是华北驻屯军部确守八月廿八日津会议案的精神，来实行他那监视华北当局行动的中策。虽然关东军部在绥事发动前，前后派遣森田部附、原田参谋、饭岛航空队长到津谒见田代传达意见，并参加华北驻屯军部的幕僚会议，然而军部所守的策划，并没多大变更。只是平、津学生和各界募集慰劳绥远守土将士捐款，为华北驻屯军部所知，认作监视责任内一件重要的事。在平由松室、滨田两武官，在津由专田参谋、茂川特务机关长屡次询问我们当局，要求取缔，或是设法制止，起初抗议很为严厉，但这种爱国举动，不是政令所禁止得住的，故爱国募捐的进行，仍然如故，驻屯军部虽然眼红气忿，然也终觉无计遏止，其监视的正理，遂也冷淡下去。现在最重要的工作，要算是监视冀、察、鲁境内的军事行动了。

关东驻屯军部的态度

关东军部对绥远方面的企图，正如司马昭的心，"路人皆知"，一年来所下的苦工，实在不鲜，其所欲收获的，当然是打通内蒙道路，砌成一堵"防共"的壁垒，同时为伪满洲国筑成一道新的防线。不过因为绥、晋方面早知其用心，一年来也积极准备着防御工作，在关东军部，以对俄蓄力的关系，不肯遽行直接发动；既不愿直接发动，自然须借重一些匪伪势力，用华人自相残杀的政策，俾日方不出一兵，不流滴血，达到目的。所以王英、李守信、德王、包悦卿等伪部得以先后编成。在百灵庙、红格尔图两次大战前，日方未尝没有自信的把握。以已往热河、多伦和长城战事的事例推测，只要有空军协助投弹联络，虽不敢百分九十九操"必胜之券"，然最低也可收各个击破的功效，在他们预料中我们中央军也绝不会北进援助。岂意近一星期中的事实，已告诉了关东军部，它那测断是不对的，是错误的。尤其中央军开进绥远，通国上下的激昂兴奋，在在皆足使关东军部后悔以前观察未能透彻，而在在又使它不能不变易以前轻视中国军队的心理，而认为是它一个够得上现代资格国家的劲敌。现今呢？绥事已竟弄得"势成骑虎"，继续进行，坚决以求达到目的，单靠着伪军、蒙军是绝望的了。然而由关东军直接来参加，揭开障幕，和中国正面冲突，似乎在国际颜面上和舆论上，都觉有些不好看，并兼以中国目前的气势来讲，也不似"九一八"前那样的容易对付，这种算盘，关东军部，大概已看得很清楚，所以关东军参谋长板垣征四郎，于十一月廿四日特偕军部第二课长武藤章、第三课长竹下义晴、参谋小野寺少佐，飞到天津，和田代共同召开了一次两驻军部高级干部会议，商量怎样去做。在会议以后，板垣本拟飞往绥东视察一番，后因预定启程的日期（廿六日），天降大雪，并且在这时忽又接到苏、日军队在伪满边境绥芬河左近，发生激烈冲突，情形紧张，遂不得不赶快回返长春处理，绥东的视察责任，只好由那武藤课长、小野寺参谋担当，约定在廿八日前返回长春报告，关东军部根据这宗调查，再约定直接参加各行动的计划。

　　前节所述，是关东军部求达成它那"目的"的手段，至于它最近的主张，可由十一月廿四日天津会议中的结果推知其动向。廿四日的会议，是下午一时，在海光寺华北驻屯军司令部里举行，参加人员，关东军部方面是板垣、武藤、竹下、小野寺、细木（驻通州关东军特务机关长）、横山（驻山海关关东军特务机关长），华北驻屯军部方面，是田代、桥本、饭田、池田、和知、安达、浅井、铃木、茂川、甲斐、塚田、河田，共总两军部出席的约卅余人。先由桥本报告冀、察、鲁、晋四省当局的最近行动；

和知继续报告宋、韩在南宫会见的经过，并蒋委员长赴太原、济南的内幕；茂川继续报告平、津华方对绥事的民间动态，和人民抗日阵线的活动情形；武藤最后报告绥东战事情况，和匪伪军现在的实力，绥远境内傅作义军队与我中央军的配备。报告完毕，方起始会议，经过三小时长时间的讨论，才本着八月廿八日决议案，重新划清权限范围，另行决定一下。具体的决议是：（一）对于冀、察、鲁三省当局的行动，应予以严重监视，并压迫其守中立，不为直接援绥举动；对中央军的北移，注意其调动的方向，和军队的素质。（二）对绥东战事，直接参加的具体办法。（三）对国防间宣传的唤起，和正确其对内蒙民族自决运动的观念。这三项决议，仅是纲要，内里决定的子目很多，大半是关于军事直接发动的机密，还是遵照绥东事件属于关东军部权责范围的决案，归板垣携去，呈与植田谦吉司令官审核，而后依照着施行。

在这次会议，华北驻屯军部虽然没负担积极的责任，但因为所持政策不同，和关东军部颇有争议。华北军部的主张是"现在正是经济开发计划进行的时际，日本自己无力凑集许多资本，为启发华人兴办经济事业欲计算，应当努力使华北地方安静，各方如肯投资，所有事业达到中日合办鹄的，则日方出以技术援助，即可在一二年内获到真实利益。如今绥远事件发生，华人皆疑惑日方必将实行侵占华北土地，遂均趑趄不前，现在一切经济事项，全为停顿。日方对绥事，应抱'适可而止'之旨，如能避免直接参加行动，总以避免为上，免得经济开发计划受影响"。但是关东军部也有它的主张。依照它的意见是日德同盟，业已缔结，世界各国，大多数同情于反共阵线的结成，日本不能不利用这口号，错过机会，容中国对西北有办法，等到中央军的势力，在绥蒙立下根基，将来日方再想动摇，或是打通内蒙道路，必定困难，到那时就悔之已晚了。现在完成这种重大责任，不是专靠蒙古军和李守信、王英的部队所能成功的，必须日本自行动手，迟早皆得自行出马，与其容中国立下基础再去撼动，莫若乘现在还未巩固，一举将其荡破，华北驻屯军部，应"两利相权取其重"，不应只顾"种因过早收果太迟"的经济开发，忽视这打通内蒙、完成"日满国防"的百年大计。换一句话讲，关东军部在此次会议的主张，乃是事到如今，不必藏头藏尾，要干就干去，不必有何顾忌，也不必再具有利用匪伪军侥幸成功的心理。天津驻在的海军武官室，虽未直接参加此次会议，但有书面建议，支持关东军部的主张，会商的结果，遂以关东军部的意见作为定议。所以今后绥远的气氛，定然要在那关东军支配下为雨为云了。

　　不过，他们的议决尽管是议决，只要我们全国对外的力量是整个的，一致的，则对方一定还要审度一番，再作主张，而不敢轻视我们哩。

《申报每周增刊》

上海申报周刊社

1936 年 1 卷 48 期

（朱宪　整理）

百灵庙的攻克

翔九　撰

中国国难之严重，显然已进入生死存亡的阶段。环境的恶化，致使我政府及人民深刻觉悟：匪统一不足以御侮；匪御侮不足以图存；救亡的要义，绝不容再丧失国家寸土，凡危害我民族，希图破坏我国家土地之完整者，不论为"赤匪"、伪匪以及任何恶势力，均应决心准备加以彻底的排除。故对这次蒙伪匪军的大举犯绥，我国军毅然予以迎头痛击。

本月二十四日晨九时我军在白刃肉搏中，卒将百灵庙攻克，蒙伪匪军狼狈迅窜，我方掳获实多。消息一经披露，举国欢腾，上下忭欣！凡我国民莫不对我前方忠勇之守土将士，在冰天雪地中，浴血鏖战，且能迅速的歼彼小丑，复我失地，同深感佩！

百灵庙为绥远要地，蒙伪匪军侵犯我西北内地，实以此为根据地。数月经营，煞费苦心。今者值绥北紧张之际，我军竟出奇夜袭，于最短期间捣彼窠穴，收复该地，此不仅表现我国军奋斗牺牲之忠勇，实足以振奋士气，安定人心，更使我边防得以巩固，民族复兴之基得以奠立，尤令吾人确信：中华民族果能精诚团结，和平奋斗，则一切企图毁灭我之任何恶努〔势〕力，均不足惧，自会有其光明灿烂之前选〔途〕，愿我全国上下共同奋勉！

《时代青年》（月刊）

山东济南时代青年社

1936 年 2 卷 1 期

（朱宪　整理）

绥远的内忧外患与国防

培新　撰

　　绥东问题发生，使国内外人士从半睡眠状态中惊醒。近来，事实在不断的发展演变，事件的严重性随之一天天的加强，而绥省地处边隅，文化落后，关于一般情形，国人以往多不甚注意。当此绥东情势严重之际，每人必会发生一些疑问：绥远的兵力怎么样？防御准备怎么样？人民的供给能力怎么样？将来前途又怎么样？

　　就地理讲，绥远最缺乏山林。自西至东，全省只有一道阴山山脉。阴山以南，地势极为平坦，归绥以西属河套平原，归绥以东系丘陵地带；阴山以北，除武川、固阳而外，皆属未开辟之蒙古草地。绥省因地势关系，以往屡次内战，图谋防守者极感困难。交通运输方面，西部虽有黄河可供利用，惟以旧式船只，行驶不易，对交通上之效能，实属有限。自包头起，东至归绥、凉城、集宁、丰镇，有平绥铁路可通，交通比较便利，其他船只、铁道不能通达的地方，现在仍以骆驼和极笨重的车辆为主要的运输工具。

　　军事准备工作，绥省确有值的我们赞许的地方。东北四省在五年前拱手送人了，冀、察两省借"亲善提携"的美名，实际上也归别人统制了。然而，绥省军事当局却不是不抵抗主义者那么柔顺，不会无代价的去满足别人的欲望，满足别人的要求，也许他们干脆不懂的屈服、投降等等妙术。据傅作义先生（绥远省主席兼三十五军军长，过去以守涿州成名）对人民表示"即剩一兵一卒，亦不能放弃寸土尺地"。这两句话是绥省主席在人民面前宣示的誓言，我们相信绝不是欺哄老百姓的空话。事实上自去冬"华北五省自治"的论调唱出以后，绥东一带即在加紧的进行各项防御工事，如公路、地道、粮栈、地窖等等，大体已经布置就序。最近匪军（？）犯境，三十五军和赵承绶部爽快的偿〔赏〕赐他们一个不客气的回答。这事实证明绥远省主席的誓言不是欺骗老百姓的假话，同时也证实了绥省军事当局不知屈辱、不知投降是真实的事实。但是我们不要过于乐观，应当仔细检查一下自己的军事实力及后防供给等等，再做最后的判断。

常川驻扎绥远的军队，有三十五军及七十师两部，合计实力，约两师有余。绥东五县及归绥一带，由卅五军担任防务，包头、五原、临河即河套地方，由七十师驻守。以幅陨〔员〕讲，绥远并不比内地各省狭小，以县份讲，则仅有内地八分之一或七分之一，因此每一个县份所属地域，约有内地县份七八倍的广阔。绥东名义上虽然是数县，实际上却是半个省区，以三十五军一师兵力防守偌大区域，实不免有势单力薄之憾。自从匪军进犯以后，赵承绶部骑兵增防丰镇、兴和等地，绥东约有两师兵力，防务似较前巩固，实际上欲固守绥东，困难仍然很多。

防守一地，绝不能单看现时驻扎军队的多寡，我们还应当注意到援军及钳制匪军的力量。将来遇到军事吃紧时期，晋军增援绥东，当然是最可能、最便利的。一方面，因地理关系，晋、绥易于取得联络，他方面，在事实上，绥军、晋军乃是整个的统一体，晋、绥合作，自不生问题。不过，晋方帮助绥军的力量，恐怕也是有限的。我们知道匪军大规模进攻绥东的时候，敌人绝不能坐视晋、绥军合力剿除，甚至全部消灭，这一点由近来某方供给匪军大批军火、飞机等事实即可看出。晋军一旦调往西北，晋省东界是不是仍然平静无事？只要考量一下制造"华北五省自治"、"经济提携"及建筑沧石路内在的真意，这问题便不难得到正确的回答。不但晋省东界必然要分散山西兵力，就是晋、陕边境，在"剿共"的策略正改变以前，防务亦不能放松，因此在东西钳制之下，晋方对绥远究竟能有多少帮助，自不难预测。

那么中央军能不能援助呢？这也恐怕是很难的。陕、甘、宁数省本来与绥远地土相连，中央军由那边增援，自然比较容易，可是陕、甘、宁数省的军事一直不曾停止，且需常有援兵增加，欲将中央军调开，应援绥东，乃属不可能之事。倘由豫、鄂、皖方面抽调大军，因交通阻塞，事实上的困难又不易克服，况且绥东问题，某方认为系地方事件，倘使中央军直接予以援助，某方恐怕不再承认那是地方事件了。那时沿海口岸、京、沪等地，必然要遭受敌人炮舰、飞机的轰击。在举国一致对外的时期没有到来的时候，中央当然不能因边疆问题引起更大的更严重的问题。

进攻绥东之匪军，原出自察哈尔，按理察省当派兵追剿，与绥军前后夹击，以期一鼓歼灭，即不能立时歼灭，亦可收互相钳制之效。然而察省背后，犹有人在，自顾尚且无力，哪有余暇干涉匪军之行动。

各方不能积极援助，将来绥远的局面，无疑的只有"苦撑"一途。

不论防守或进攻，战争不是凭空可以取得胜利的，须有人力、物力彻底合作，方可奏效。关于财政收支，就个人所知，绥省全收入中，太原每月约提取二十余万，而本省各项开支（包括生产、建设、行政、教育）共计约八万元。开支多寡与一省的建树和各种事业的发展，中间有着非常密切的关系，而绥远用于省内的开支是如此微小的一个数目，由这种事实，我们很可以推知内部能力薄弱的情形。

谈到生产事业，同样也找不出什么可乐观的地方。矿产方面，煤炭蕴藏较富，可惜现在还是利用土法开采，每年产量尚不足供给本省应用。其次尚有盐、碱一类的物产，但数量甚少。工业方面，简直可以说毫无建树。小手工业原来就没有值的注意的地方，利用新式机械者，全省只有小规模的毛织厂一个、面粉厂两个，一般的可怜程度，由此可见。

最大多数人民赖以谋生的还是农业。二十年以前，绥远尤其是西部数县，的确是丰衣足食的地方，那时没有兵匪扰乱，人民得以安居乐业，且河套平原，土壤肥沃，地面广阔，黄河自甘肃东行，水流比较缓慢，故河套一带，多得灌溉利益，每年产量多供过于求。平绥铁路未达包头以前，交通运输极感困难，过剩农产品不能向外运销，因此或作饲养牲畜之用，或作肥料散于田野。一人出外旅行，向不需自备费用。自从民国五、六年起，匪骑遍地，而官军只知向人民征草征粮，对于匪众却视若无睹。扰攘十数年，人民东奔西颠，流离失所，老在动荡之中，灾荒叠出。十五年国民军西退，粮草竟被搜劫一空；十七、十八两年，连遭荒旱，草根、树皮尚不可多得；民二十二、二十三两年，居于著名米粮川（河套）的人民，亦不得不向外方购买食粮。在此情形之下，往日优美的田园，近年多已变为荒芜区域了。

除农业以外，牧畜事业与民生关系最大。这是因为内蒙区域是蒙汉杂处的地方，蒙人原先即从事畜牧，汉人移居内蒙之后，看到内蒙地广人稀，从事畜牧较从事农业尤为适宜，后来调和两种事业，畜牧、农业并重，即演化至今日，尚有数区（东胜、包头、临河、固阳、武川）显示着这种情形。至于畜产，以马、牛、羊为主，这些牲畜最怕夏、秋改移牧场，不幸十数年来，永无宁日，不论夏季、秋季，东迁西移，几成农〔牧〕民日常生活。牲畜随人迁徙的结果，死伤数目年增一年，每逢土匪骚扰一次，牛、羊被杀者，难以数目计算，牧马逃避不及者，即全数被匪抢夺，处于如此境地，人民真是痛苦难言。

不论农业、畜牧，近年均在加紧的破产，甚至有些地方又回复到了以物易物的状态。可惜关于破产的实在情形，向来少有详细的调查，使我们在这里不能拿数字作为上述各种情形之左〔佐〕证，深为遗憾。

农业、畜牧的破产，即是主要生产事业的破产。物资基础既已根本动摇，对于军事上的需求，人民当然无力供应。一点也不错，这是千真万确的事实，这是让我们起恐慌的地方；但是，我们不应该，也用不着因此悲观，在任何情形之下，我们都应该设法打破一切难关。倘使能将动乱的原因破除，使人民各归本业，再就农事、畜牧方面力求改良，社会原气还不难恢复，对外也用不着害怕力量薄弱，最值的注意的是采取何种方策去改变这个恶劣的环境，应用何种方法来培植真正的实力。

绥省人口，农民占最多数，而农民一方面因生活关系，思想非常守旧，一个一个都是宿命论者，几乎懂不得自卫自救。直到现在，他们还在等待着真龙天子出来统一天下，造成太平盛世。另一方面，因为职守的关系，平日彼此很少往来，组织更谈不到，近数年虽有民团设立，实际也是非常散漫的。设〔没〕有严密的组织，行动不能一致，力量不能集中，生产无一定计划，工作效率不能增高，一切难关，不能合力冲破，外敌侵来，抵御难以操取胜算，这是很明显的。至乡间所筑碉堡，于抵御最大敌人时，实在毫无用处。东北四省丧失所给与我们的教训及东北义勇军告诉我们的经验，使我们深深感觉到确实整顿民团、训练民众、组织民众，乃是当前最迫切的要务，将来的防御，主力就是有武力的民众，是随时随地都有的民兵。现在的常备军宜于作大规模的战争，而在大规模的战争中敌人有坚甲利兵，有最新式的器械，我们的军队在一条固定的阵线上，很有被人打散或解决的可能，很有一蹶不振的可能，民众武装起来，却不会有这种危险。将来的新环境谁都知道，仅只现有军队绝不能应付，民众才是最后的、最强大的武力。但是我们的民众目前仍然散散漫漫，没有组织起来，这才是可忧的一点。

组织民众、训练民众的工作无疑的需要知识分子来担任，可是现有的知识分子多留恋于都市生活，很少有人愿意到民间去。急需而且最重要的工作无人去作，可担负重任者，群集都市，或流浪失业，或趋于宦途，为生活所驱，若不担当应作的工作，即有替别人效劳的危险，这又是可忧的一点。

关于组织民众的事，已往在这方面即便用过一点功夫，但还没有多大成效，努力还是不够。我们知道近代的国际战争，不仅是军队与军队的对抗，而〈且〉是两个国家全力的对抗。离开民众去谈准备，谈御侮，那简直有点近于滑稽，想早具决心的绥省当局还不至那样吧！

以上所说的是内部的情势，再由外力方面考察一下，绥东情势的危急与问题的严重性恐怕显示的更清楚、更明白些。

过去五年中先有东北四省的被占，继而又有冀东伪组织的出现，冀察特别区域的划定，及察北六县的失陷，直至最近，绥东也生问题了。这种的演变，难道是偶然的吗？绝对不是的，步步进攻，侵略中国，独占中国市场，乃是某方必然的出路。

某国的资本主义发展最晚，待十九世纪中叶，世界殖民地早已分割完尽，所以军事侵略便成了她的资本主义发展以来生而具有的特征。最大的侵略对象，就是我们中国。中日战后，某方才奠定资本主义的基础，日俄战后，取得中国满洲资源，遂有进一步的发展，欧战期间，强迫中国承认"二十一条"，独占中国市场，使重工业开始发展，总之，某方图谋重工业之发展，不能不支配中国煤、铁，欲求轻工业之发展，又不能不掠夺华北棉植区域，及独占中国市场。且苏联自完成第一次五年计划之后，势力渐次强大，某方欲对付苏联，更需要及早获取满蒙为其根据地。所以侵略中国绝非偶然的、个人的，乃是资本主义演进的过程中必然的要求。故明治以来，政局屡有变动，而对侵略中国的根本精神，始终不变，并吞中国的阴谋，早已决定，绥东问题乃是实施这阴谋的一个必然结果。

去冬某方制造华北五省特别区域之际，一方〈面〉有伪满军向察北六县进攻，另一方面德王不时往返于长春与加普寺间，西蒙古各王公看到德王行动暧昧不明，不久即脱离其支配下之白灵庙蒙政会，另组绥境蒙政会。本年初，果然东蒙在某方指挥之下设立了蒙古军政府，同时开始收买土匪、流氓，积极从事扩充伪军，严〔俨〕然有所图谋。七月间，复有藏匿天津之绥远著名匪王英，受某方收买，潜往张北组织匪军为其先导，进犯绥东的企图终在事实上败露了出来。这样在某方有计划的指挥之下，便产生了绥东问题。这事实也告诉我们绥东问题不是偶然的、凭空而来的。

据近日各报所载，某方有大批军火、武器运往商都、张北一带，而飞机若干架，陆军六联队先后开抵加普寺、商都待命；热河伪军张海鹏部已开入察北；王英部下，已派大批匪首潜往宁夏召集旧部，图谋进袭绥西，扰乱后方。九月十日，天津《益世报》有一段消息，谓蒙伪匪军统属于蒙古军政府指挥之下者，已达五万人，现在正向商都集中，大举进犯绥东，月中可成事实。由这些消息我们可以看出绥东问题是怎样严重，绥远是怎样的危急。

西公旗事件，表面上似乎解决了，其实祸根依然存在。边境的祸患是愈来愈严重了，内部的引火药却未见得除尽。

　　绥远内部的军力是那样薄弱，民众是那样的散漫，物力是那样的贫乏，呼援求救，又为事实所不许。再看看外边，伪军、匪军不断的抢劫察省民众，广招匪徒，扩充实力；某方的军队、飞机、坦克车继续西开，军火、枪械整批整批的在运送。在这样的关头，以我们预料，将来只有两个可能的途径，即不是将绥远整个的断送，便是从此开始民族解放的战争，除此而外，没有第三条路可走。

　　不幸走了前一条路的话，绥远民众不用说和东北同胞遭逢到同样的命运，要受外人驱策；河套的沃野肥田，不用说外人要利用我们廉价的，甚至无代价的劳力去开发。但是外人的贪欲能因此满足吗？即三岁小孩，大约也只能给一个反面回答。我们的物产、我们的民众不能作为自己的力量，反而得供人利用，受人驱策，作为他人进攻中原的凭借、惨杀我同胞的工具，那是多么痛心的事。东北失地未收，西北又将沦为他人所有，这样下去，领土主权如何能够完整，中国怎么能够不亡！

　　绥远的存亡与邻省的存亡，整个中国的存亡密切相关。假使绥远失守，山西东有驻屯军危〔威〕胁，西有匪军、伪军进攻，左右受敌，朝夕难保。陕、甘、宁夏同时失去屏依，丧失沦亡之期恐亦不远，甘、陕不守，中国的最后防线是不是又要从四川移至康、藏呢？

　　我们常听到政治家、学者们说：一个国家不能孤立。可是绥远丧失之后，中国的国际路线只留东南一道，遇有战事，东南海岸尚有被人封锁的可能，现在不积极起来抵抗，那么要等待一个什么时间呢。我们应该明白，绥东问题不是地方问题，而是整个的国防问题，要求民族国家的生存，现在已是最后抵抗的时期。我们不能等待着让敌人步步进攻，层层包围，也再不应看着国土一块一块让人割裂，终至束手待毙，在这里让我们重说一句"现在已是最后抵抗的时期"。

《长城》（季刊）

归绥绥远长城出版社

1936 年 2 卷 2 期

（李红权　整理）

绥远抗战与民族前途

口外　撰

自从匪伪的进犯绥东，国军的北克百灵庙，进收锡拉木愣召——即大庙子——以及匪军的溃散、反正，各地援绥运动的踊跃，这种种事实，一面可证实了目前西北的危机，他方面十足的表现出民族抗战的决心，及举国上下爱护国家的热烈。虽然在敌人的飞机、炸弹巨烈的轰炸下，而我们忠勇卫国的战士，为了中华民族光荣的生存，不惜牺牲一切，来克服敌人，保我疆土，确实令人钦敬万分。处在这种情境下的我们，应当彻底的了解敌人的所采的手段，以及敌人的实力究竟如何？要解决这当前的困难，必先明白这次抗战的前因。兵法云，"知己知彼，百战百胜"，因而抗战的前因实在是很值的我们重视的问题。

1. 抗战的前因　任何事实的发生一定有它的原因，或是发生的背景，我们为了要有正确的认识，系统的清淅〔晰〕，于是把这次抗战前因，简略的分作三项来讨论：

a. 敌人侵略的决心　谁都知道所谓匪伪，完全是被我们的敌人所驱使，所利用，可是敌人为什么要这样做？简明的说，这便是敌人打算实现它的一贯政策，利用匪伪是最好的妙计，以少数的金钱，驱使匪徒使你自相残杀，敌人则操纵指挥。已往朝鲜的沦亡，东北的失陷，暂先不论，单就这次在绥北，指挥匪伪敌人的特务机关首领，在二十年前便入庙当喇嘛，并且娶下了一位蒙古人做夫人，他对于蒙古人的人情、风俗、政治、经济各方面的明了，恐怕是〈比〉任何一个中国人、外国人，以及蒙古人本身都明了的多。据说除了他的名字还保留着点外洋气外，谁也看不出他不是一个蒙古人来，真是闲时制，忙时用，二三十年前的喇嘛，如今便是大陆政策的先锋。由这种地方，我们可以看到敌人用心的深刻，侵略决心的坚狠，真不能不使我们惭愧，真不能不使我们惊心。

　　b. 敌人侵略的方式　敌人侵略我们的方式，可以分作二个不同的阶段，而"九一八"便是这两个不同阶段的分界。东北事变之前敌人的侵略，是利用它的强梁横逆的军事作中心，继续他蚕食渐进攻的战略：威胁我国政府，干涉内政，攫夺政治上的优越权利，掩护其阴谋，作更进一步之压榨，使今后中华民族，永无结集抵抗的意识，分化地方政府，割据背叛，牵制中央，使整个中国不独毫无实力对外，且将内战不绝，散布浪人，驱使汉奸，造成日本随时可以灭亡我国的情况；更利用我国愚妄的同胞，昏庸的官吏，登居商〔高〕位，为敌人作走狗，深入民间为敌人作先锋，造成敌人随时可以安稳统治我们的实力。"九一八"事变之后，敌人的侵略更行加紧，不顾一切，以迅烈的手段，环攻速决的战略：海军则进犯我国长江下游之都市，于是在上海有"一二八"事件的造成，陆军则西侵热河，进据长城各要塞，终使察北"特殊化"；更利用殷逆汝耕，遂有冀东傀儡的出现，以及进犯绥东的迫急，再再〔在在〕都可表现出来敌人的心毒意狠。这种军事的侵略，固可破坏我们的国防，强占我们的领土；可是敌人还有更毒、更狠的侵略方式，较之武力的施行，利害十倍，实在是我们民族的致命伤。

　　i. 经济的侵略　冀东傀儡未出现之前，敌人利用关税特惠垄断我国内之市场，攫夺原料，兼并我国资本薄弱的各项工业，操纵金融，破坏财政，及至冀东傀儡出现之后，则更明目彰〔张〕胆，大批运行私货，破坏交通，强驻军队等等无法无天的事实，一天多似一天，而我们全民族的血汗，在直接间接的欺凌压榨下，剥夺殆尽。这种致死了你的性命，而使你自己还不明白是怎样死的淫险手段，较之那强劫硬霸的策略，高出多多。

ii. 政治的侵略　敌人凭据了过去种种不平等条约为护符，干涉我们的内政，豢养政党，分化政权，篡夺我们的主权，意在使我们抵抗力的分散，如是敌人则乘虚而入，任意苛求。

iii. 文化的侵略　上边所论到敌人侵略我们的几种不同方式，虽然是毒狠、淫险，它的最大极限，也不过是仅能毁灭了我们的国家。而现在所论到的这种侵略方式，不但可毁灭了我们的国家，简直可毁灭了我们民族的整个生存，恰似打入十八层地狱，使你永无翻身之日。单就目下的伪满而论，敌人利用它的宣传方式，麻醉一般国民的思想，明明是杀人越货，乘火打劫，偏偏说是锄暴济弱，王道乐土。进而限制教育，更换书籍，强制信仰，终则语言文字的限制及废除，再辣不过的是血统的消灭。敌人利用种种政治的，或法律的税捐，使婚娶受极端的限制，更用经济上的压迫，使人民生活拮据，婚娶更形困难，加上勒做苦工，迫逼为娼妓，纵作流氓，使行毒化，等等毒辣的手段敌人无不极尽其能，意在使我们的血统消灭，民族灭亡。

c. 匪伪的来踪去迹　匪伪的进犯绥东，这种企图，由来已久。我们深知道敌人垂液〔涎〕这块广大的土地，也不是自今而起，尤其是为贯彻它的大陆计划，谋夺我们国防的要地，因而敌人才驱使匪伪，经过相当的训练，周密的计划，布置与商讨，这才大举进攻。幸而我们前敌的将士英勇抵抗，击退敌人。自〔至〕于匪伪军的进扰绥境，可分作几个不同阶〈段〉。

i. 察北的失陷　自从去年十二月察北六县失陷后，绥东的情形可就日形恶化，同时敌人嗾使德王，招军买马，聚草屯粮，于是实力便一天天的膨胀，同时百灵庙可就成为进犯绥北的主要根据地，而商都方面之飞机场亦急积〔激〕建筑。一直到今年的七月初，察、绥边境之匪伪军队，总数超过万余人，商都之飞机场亦竣工，并有最新式之武器，若飞机、炸弹、坦克车等等，而以逆贼李守信为伪军司令，并由张北方面，开到敌军两联队准备进犯。

ii. 匪伪之前哨战　经过了周密布置后，于七月底，匪伪军打着"防共自卫军"的旗面在前，敌人的联队督后，由察北进扰绥东陶林境属之土木耳台，经过巨〔剧〕烈的抵抗之后，匪不支退至商都，自后屡出小股游击匪伪，到处骑劫。八月初旬复攻陶林境属之红格尔图，为该地赵承绥部之骑兵接战，时内蒙正黄旗总管达密凌苏龙率部前往助战，匪伪连攻二日，不支而退。

iii. 匪伪之大举进犯及国军之克服百灵庙　匪伪军数度失败后，仍谋再进，绥东匪首王英，察北匪首颜东召，于张北、典〔兴〕和、密〔宝〕昌、康得〔保〕等处设立招募处，扩充匪军。而伪满游击司令于此时密赴天津，殷逆亦由通县赴津，密商将战区保安队张庆余、张砚石、李元声、赵雷各部一律改编为八个游击队，并准备一部人员赴察北协助战争。敌方特务人员更往来于张北、商郁〔都〕、百灵庙等地之间，热河之张海鹏部亦全部开往察北增援，蒙古〈军〉多集中嘉卜寺加紧准备，锐意布置。故自九月初至十一月底，这一个时间内，匪伪军数度大举进犯，其间战况之紧张，冲突之巨〔剧〕烈，伤亡之众多，以及平绥路之数次被炸，几使交通陷于停顿，战事的激烈，可想见矣。

匪伪于绥东，屡不得逞，乃思由绥北直下绥远，在这种局势下，国军骤出奇兵，夜袭百灵庙，敌、伪、匪猝不及防，遂形溃散。百灵庙形势险要，国军既克进收锡拉木愕〔愣〕召，敌机虽不时轰熔〔炸〕，然亦无济于事。加之，匪军中之石玉山、金宪章、苏和义、张效援等等觉悟，不甘为敌人之利用，群皆率部投诚。王匪势力日孤，敌人之猜疑日甚，匪徒之觉悟亦众，若最近之尹宝善、王子修等，由此可见匪军中，并不是甘心附逆，有的是因意志薄为敌人利禄所诱，的确有许多实是因饥寒交迫挺而走险，除去了一般丧尽天良，认贼作父无耻的汉奸而外，中国人终竟是中国人，只要我们贤能的政府，能为这些误入歧途中的同胞们，找出一线光明的途径，我敢武断的来说，我敢大胆的来说，不久的将来，所有的匪军、伪军俱都是杀敌的英勇将士，收复失地的精锐先锋。

2. 抗战中吾人应有之认识　我们既知敌人侵略的坚决，侵略的方式，以及敌人所倚仗的实力，我们当更进一步的认识这次抗战的意义，了解这次抗战的重要，因而任何人都当确实的明了以下所述的几个问题：

a. 绥远在国防上的重要　在日前的环境下，绥远除外来的危机以外，还有内在的〈一〉个大危机，这内在的大危机，较之外来的危机更迫切，更重要。尤其是前方紧急万分，而后方的危机爆发，张逆学良劫持统帅，率众叛变中央，这阴谋背后的主动，即系共党的煽动。共党自入晋计划失败后，即集中力量力谋甘、陕，嗾使东北将领及杨虎城等，逞兵作乱。共党这种祸国映〔殃〕民，丧心病狂，认贼作父的无耻行为，较比那敌人，驱使汉奸、走狗、伪匪等的手段，一个是半斤，一个是八两①。处在内外急迫、双重压迫下的绥远，在国防上的重要，任人皆知。论到我国的国防，本来是很好，可是自从康熙二十五年以后，每次和外国订立条约，无不是丧土失地，一步一步的把原有的国防向后退缩。

---

① 以上文字属诬蔑之词，请读者注意。——整理者注

为了彻底的了解绥远在国防上的重要，笔者仅把我国过去北部和东部国防的丧失，与现在的关系简单的叙述如下：

（1）清时所失之东北国防：

ⅰ．黑龙江以北之国防丧失　自黑龙江以北，以迄外兴安领〔岭〕，元时即在我国版图之内。清咸丰初年，俄人屯兵其间，并在黑龙江中自由航行，清廷无法收回其主权，遂于咸丰八年与俄订立《瑷珲条约》，尽弃黑龙江以北一百四十余万方里之地。惟江东六十四屯之域，明定为我国领土，及拳匪之乱起，俄复据归己有。

ⅱ．乌苏里江以东之国防丧失　自吉林之东起，迄日本海，面积约一百三十余万方里，清咸丰十年，因英法联军之役，俄借调停之功，强索而据该地。

有了以上的领土丧失，我国东北的国防，遂形成自鸭绿江口起，沿江而上接图们江至下游，向北沿长白山地，东达兴凯湖，沿乌苏里江达江口，自江口起，向西沿黑龙江、萨彦山、萨扬山，转向南沿阿尔泰山。

（2）近二十五年来所失之东北国防：

ⅰ．蒙古的独立与国防之损失　民国初年，蒙古活佛受俄人之煽动，乘机独立，妄称君主，政府即许其自治，而置都护使于库伦。民国八年，以俄乱取消自治，仍内属于我国。活佛旋又勾结俄之旧党，夺取库伦，组织政府，而实权则操诸俄人之手。俄之红党复起援助蒙古，恢复库伦，改建共和政体。民国十三年中俄协定成立，苏联政府承认蒙古为中华民国领土，俄兵退出库伦。然而条约究属具文，俄兵始终未澈〔撤〕。二十二年十二月，我国与苏联于日内瓦正式宣布恢复邦交，蒙古的宗主权当然是属于我国，而蒙古的实际操纵者，仍然是苏联，这是无可讳言的事实，因而四百十八万八千余方里的山河操诸于外人之手。

ii. 东北的失陷国防尽丧　民国二十年九月十八日，日人据沈阳，其后东并吉林，北吞黑龙江，四百五十二万九千余方里尽失，国防的屏障由此击毁。逾年余，热河恭〔拱〕手让人，长城血战，要塞亦失，自此华北的危机，是趋紧张，而绥远在国防上亦更重要。

在目前的形势而论，绥远不但是国防的最后防线，同时也是收复失地的策源，由绥东东下察北，进收热河，收复东北，皆和这最后的国防有深切的关系。今就国防地理的背景，把绥远在国防上的重要分条论述：

（一）国防线　国防线有两种，一种是自然的国防线，是依自然的景象，如山脉、河流等等来分界，谓之天然的国防界，其他的一种是依政治区划，并没有天然的界限，谓之人定的国防线，这两种比较起来，当然是前者较佳。绥远的国防，实赖有天然的屏障——阴山山脉，阴山山脉横贯绥远之中部，南接宁夏之贺兰山，主峰曰大青山，东行绵延于陶林境，南折横亘于集宁、丰镇之〈间〉，东行入察境，平绥路即沿阴山山脉之阳，曲折而行。有了这天然的险要，相当的准备，所以伪伪〔匪〕几度的进犯绥东，全归失败。

（二）国防区　国防区就是指我们可以自由布防的区域，虽遇有国际战争的爆发，有国防区可独档〔挡〕一面，不致使整个国家的经济、政治中心，受敌人的威胁与损害，所以高山、深谷、沙漠等，平常我们总以为是不毛之地，没有什么紧要，然而在国防区里，却占很重要的位置。意阿之战，以两国的实力论，悬殊过甚，然而能延长七八个月之久，这就因阿国占了地形的便宜。现在的绥远正是我们国防区的要地，进可攻，退亦可守，设若绥远失守，华北半壁，也就无法保守，收复失地也就等于"痴人说梦"。整个的华北，无论是在经济、文化、军事、物产等等，在我国都是非常重要，可是因为地势平坦，全系平原，并且是一个旱农区，正是新式兵器最好的用武地，因而仅就绥远的地形而论，只要能好好的利用，定可和敌人相拼。

（三）国防资料 国防资料是包括一个国家整个的出产，不论在平时或战时，最为要紧的便是衣、食、行三项，这三项中食的问题，尤为重要。绥远是国防的最前线，赖有"唯富一套"之后套平原及黑河流域之归绥平原，都是食粮的丰饶产地，只需灌溉及雨量适中，岁入收获，足可供国军的给养，与全绥人口的生活。此外若皮毛、马匹、煤炭，绥远出产的为数亦不少，用来做国防的资料，当亦能地尽其利。

（四）担的起国防工作的民族 我国的民族能吃苦耐劳的特点，为他民族所不及，爱护国家的热忱，虽就是边陲的土民亦极浓厚。例如这次匪伪进攻红格尔图，当地民团协助国军，奋勇击贼，最著者若齐心宽君，以手溜〔榴〕弹塞入土炮，伏阵地两日夜，致令敌人不知何种炮，火力竟若是之强，卒败匪伪，力守国土。这种吃苦耐〈劳〉的精神，爱护国家的忠诚，怎不令人钦佩。绥远民众秉性强悍，只要有新式的训练，编成正式的军队，无论敌人的兵器如何精良，我们借着自然环境的帮助，尽可和敌人决最后的胜利。

总之，绥远在国防上，确实重要，我们认识了它的重要因素，即当沉着的应付现在的局势，积极的准备未来的战争。

b. 绥远的地理形势 绥远的境域东接察哈尔，南界山西及陕西，西与宁夏毗连，北与蒙古接壤，东西距约二千里，南北距约一千四百里，面积一百万零〔零〕七千余方里，地势高度大部皆在拔海二千公呎左右，北跨阴山，南凭长城，西包沙漠。黄河自宁夏沿贺兰山，北行至绥远作回环形，形成河套，河之南为黄土高原，河之北即河套平原，土地肥沃，东南行至登〔磴〕口，筑有民生渠，引黄河之水，东至高家野场村，流入大黑河，长一百四十里，继循大黑河东南行，经托克托县入黄河，长五十里，全长一百九十里，可灌溉农田一百三十余万亩。气候纯为大陆性，冬夏温度变迁剧烈，阴山之此〔北〕尤寒，山南较为温和，每日温度较差甚大，立春之后有大风，立夏之后则渐减。交通，铁路则有平包通车，可直抵平、津，公路则有新绥汽车可直达新疆之迪化，南则自包头经东胜可抵陕北之榆林，东南则由归绥经和林格尔、杀虎口入山西，东达大同，南抵太原，西南则可循黄河上达兰州。黄河自发源地至兰州皆不宜行船，概因所流之地多山，水位高约一万三千八百呎，至兰州则降至五千二百呎，至河口降至三千三百呎。再者，水源至兰州，河深每哩变化，平均八呎八吋，自兰州至河口，已降至每哩二呎七吋，故自包头乘小汽轮上达兰州。北则出武川可抵蒙古之库伦。物产以牧业最盛，输出之皮毛、马匹甚夥，他如煤炭、石炭等矿为数亦巨。

　　3. 抗战的展望　　在国军英勇抵抗，节节胜利的时候，张、杨率众叛变，劫持统帅及前方高级将领，引起全国各界的苛〔呵〕责，前方战士沉痛的劝告，终而全国的最高领袖安然无恙的于十二月二十四号安抵洛场〔阳〕。当晚全国各地闻讯后，无不燃放爆竹，欢呼庆祝，这种举国上下，拥护中央，爱护国家，庆祝领袖，正表现着全国民众，确实感觉到领袖的重要，统一意志的坚强，同时象征着中华民国，正是走向民族复兴的途径上。现在的匪伪进犯，在我们整个国家的抗战中仅算是牛刀小试，并不是了不起的大战。抗战的最终目的不计胜败，不惜牺牲，随时随地与敌人抵抗到底，胜则确保生存，败亦与敌偕亡。

　　a. 抗战的先决条件

　　i. 拥护中央服从领袖　　在论到抗战之前，我们知道没有统一的思想信仰，绝对没有统一的力量，统一的意志；国家组成的要素是土地、人民、主权，没有力量的政府，怎能使它的人民有了组织，土地有了保障，主权能得着实际的运用呢？国家内部还未能有俱〔具〕体安全，共党到处煽动，利用无耻青年，利禄薰心的军人，欺骗民众，到处造谣，破坏政府，倒行逆施，内祸不除，怎能御敌，正如病势沉重的人怎能做剧烈的运动？共产党口口声声的是打倒日本帝国主义，督促政府立即对日宣战，表面上看这群家伙的言论倒还好似爱国的志士似的，其实满不是那们〔么〕一回事，只要中日一交手，共党好乘机活动，毁灭了中华民族的生存。前边也曾说过，敌人武力的侵略固可恨，共党的破坏我国统一尤其可恨，因而在抗战之前，必先有统一的意志，统一的力量，收复我们失去的领土，实施我们的主权，组织我们散漫的人民，最有效的方法，只有拥护中央服从领袖①。

ⅱ. 抗战的先制原则　抗战已经是限〔陷〕于被动的地位，因而往往发生疑惧畏缩心理，放弃了主动先制之利。所以在抗战的展望中，先制的原则，乃是求心理的主动，预先侦察，知彼知此便不疑惧，发觉敌人的错误，加以迅速攻击，以得物质的先制，压迫敌人的意志，以得心理的先制。设若遇有行动不得不居于被动的时候，心理上亦必不可甘居被动，仍当提起精神，振发士气，时时作主动的企图，使心理上的××格外坚定与安全。

b. 抗战的集结　精诚团结的力量愈大，抵抗敌人的力量也愈强，因为千人同心，则有千人之力，万人心异，则无一人之力。众心不一，此推彼诿，进退疑二，怎能同心戮敌？在抗战的展望中重要的关键，就要看我们集结的精诚如何。古语常说："精诚所至，金石为开。"由这我们可就知道，只有同心御侮，集中全民族

――――――――――

① 这段话中满布诬蔑之词，后文也有同样的文字，请读者明鉴。——整理者注

的实力，无论是政治、经济、文化以及社会生活，都当在政府的统筹兼施、集中指挥下，才能在抗战中获得最大效果。

c. 抗战展望中〔与〕忍耐的确要　在正式和敌人对垒的时候，敌人是倚凭军备的优越，兵器的新颖，利在速战速决，而我们抗战的目的，则在歼灭敌人，利用坚壁清野，游击别动，务使敌人疲敝〔敝〕，断绝敌人交通，致使敌人之给养、器械无法补充，出奇匿伏，以便乘隙反攻，因而必需要忍耐物质的缺乏及情〔精〕神困苦，以便作持久的抗战，坚持苦撑，迁延时日，疲敝〔敝〕敌人。所以在抗战的展望中，惟能大忍耐者，才能得最后的胜利。

5. 民族的前途　"天下兴亡，匹夫有责。"我们处在国家危急多难之际，我们的当前任务是什么？究竟该当怎样来尽我们的天职？这确是不可忽视的问题。许多丧心病狂的青年，忽略了国家的重要，民族的前途，成日高唱"人民战线"、"联合战线"、"民族解放先锋队"等等荒谬的言论，不论被一般学者，解释的如何迷人，如何好听，说穿了，所谓"人民战线"、"联合战线"，实是共产党阴谋中灰色的外层组织，利用一般盲目的男男女女，打着"爱国的金字招牌"，声声是救亡运动，实际则造谣惑众，破坏国家的统一，危害国家的最高领袖，这都有铁一般的证据。"两广异动"，这群没良心的冷血动物，主张欢迎两广北上，"西安事变"，复通电拥护张逆，这种破坏国家的统一，减少对外的力量，违反全国民众的心理的举动，决无苟延残喘的道理。根据数年来以及最近的事实，全国民众的意志，民众的信仰，惟在拥护政府，挽救危立〔亡〕，同时我们也深深的感觉到，要保持国家的生命，完成民族的复兴，只有拥护政府，巩固统一，才可以产生伟大的力量。因而，我们的任务便是要担负起这艰苦的巨责，勇往直前的迈进。

任务是如是的艰巨，我们当此大战的前夜，应怎样来锻炼自己，充实自己，养精蓄锐，准备抗敌御侮，分条说明如下：

ⅰ.体格的锻炼　坚强的精神，寓在坚强的身体，有了健全的体格，才有健全的精神；既有健全的精神，才可运用我们的知识、技能和敌人决胜负。没有健全的体格，怎能对抗强暴的敌人，因而体格的健全与否，在我们的任务中实占重要的位置。

ⅱ.任重致远的精神　国难的严重如是，我们的任务又如是重大，如果没有任重致远的精神，遇事萎〔畏〕缩不敢向前，不能持久，虽有强壮的身体，及国家观念、民族意识，亦是无用，非有任重致远、坚〔艰〕苦耐劳的精神，才能实现伟大的目的。

ⅲ.军事训练的切需　处在这科学进步，物质文明极端发达的时候，枪、炮、子弹以及化学药品的突飞猛进，世界各国为延长本国寿命，皆深深注意到这层，例如德国的国社党、少年事务所，俄国的少年先锋队、少年团，英国的青年军军官团，意大利的巴利拉少年团，日本的青年训练所，美国的预备军官养成团等等，都是培养青年军事知识的证例。列强尚且如是，我们身负复兴民族的任务，更该当有军事的知识，战斗的技术，不然仅是纸上谈兵，怎能御侮杀敌。

以上草草所举的几条，仅是较比重要的几项，如能确实的做到，我们的任务虽然是艰难也终可达到。

4.我们的任务　鲁登道夫说："今后战争，是再不会有投降，以及屈辱求和，因为绝不仅是投降和求和，便算了事。"同时我们更要认清，世界上最巨大的财产，是我们领有的国土；最自由的权利，是我们能以拓殖这领土；最深烈的仇恨，是侵略我们国土的敌人；最尊荣的事业，便是抵抗我们的敌人，以热血来防守我们的国土。敌人因物质力较优，器械充足而新颖，于是志气旺盛，行动活泼，横行直撞，耀武扬威。为消灭敌人的企图，民族的生存计，一定要先转移失败的心理，变成胜利的心理。至于怎样才可使心理转败为胜，今就情感、理智，与意志三方面并进。

"人非草木，孰能无情"，敌人虽然是张牙舞爪，气势汹汹，我们抱定了与国土兼存亡的决心，共同发生热烈的抵抗情感，揭发敌人的阴谋，而使全民共愤。情感得到满足的方法，便是理智，遇有畏缩的行为，即有羞耻的情绪，当立即纠正。增加抵抗的理智，最有效的手段，便是教育与训练，使我们杀敌卫国的志士，俱皆有卓越的智识，充满的心力，用实际的势力，使敌人知道我们的利害，自动的放弃了侵略的企图。意志的抵抗，也可说就是人格的抵抗，有坚强的意志，来卫国家的生存，便是那流芳千古的伟人，例若岳飞、文天祥、史可法、孙中山诸先生。没有坚强的意志，仅图目前的舒适，这便是那遗臭万年的汉奸，例如秦桧、吴三桂、郑孝胥、殷汝耕诸贼子。因没有意志抵抗的力量，最有效的方法，便是人格的领导。若是而行，自可使懦弱不前的心理，变成胜利的心理。

敌人贪而无压〔厌〕的侵略，和我们民族生存的前途已经是形成了势不两立之局，终久得决最后的你死我活，欲想绝对免除牺牲，根本就不可能。我们的国家在物质上，虽有不若敌人的地方，只要精神能够充满，赤手空拳，亦可抵抗。乌鹊护雏，能以击退鹰准〔隼〕；慈母孝子，能与猛虎格斗；一夫拼命，万夫莫当，我们虽弱，亦当运用这种精神，誓予〔与〕敌人相拼，使敌人不得不预计利害，中止侵略。

我们为了全民族的整个生存计，因而和敌人战争的性质是全民的，决战的主力，在乎全国的人民。拿破仑说："决定战争胜利的要素，由于三分精神，一分物质。"由此我们可以断定，只要我们全国的民众，一心一意的拥护我们的政府、我们的领袖，在政府的组织下，领袖的指挥下，坚忍不拔，奋斗到底，定可获得最后的胜利，而我们民族的前途自然是灿烂辉煌。

一九三七，一月一日

晚于爆竹声中脱稿

《长城》（季刊）

归绥绥远长城出版社

1936 年 2 卷 3 期

（朱宪　整理）

百灵庙收复后之绥战形势

《秦风周报》编者　撰

蒙伪匪军之侵犯绥远，在军事上，原分二路，一以察北之商都为根据，向我兴和、陶林进犯，目的在攻下平地原〔泉〕（集宁），截断平绥铁路，使晋、绥之联络中断，如近日南壕堑、红格尔图诸战役，均为达成此一目的而进犯者，所谓绥东一方面也。一以旧蒙政会所在地之百灵庙为根据，向我武川、固阳进犯，目的在越大青山以直趋归绥，如果形势不利，则西犯包头，以侵入河套，所谓绥北一方面也。现在绥东方面，李守信之伪军、王英之匪军，已被我国军击破，绥北方面之伪蒙军包悦卿、卓什海等部，已于本月二十四日，受我剧烈之袭击，百灵庙根据地，同时已被我军攻下，绥战全部，得到初步之胜利，国人之欢欣鼓舞，可以预知。吾人比较两方面之胜利，以为百灵庙之收复，在今后之战争形势上，实较兴和、陶林方面，尤为重要。收复以后，宜如何善守而固持之，更不胜其悬念也。

百灵庙之在绥北，不特关系归绥、包头之存亡，由此以西，经河套以入宁夏，直可与阿拉善、额济纳各蒙旗，打成一片。年来日人以反共防俄之故，不特视华北五省，为其囊中物，即远在西北沙漠之阿拉善与额济纳，亦百方诱胁，使之供其驱遣，飞机常常往还，特务机关，亦设于该处。而运筹调遣，又无不以百灵庙为其总枢。故百灵庙之得失，关系整个华北，关系整个西北，且与日方之防俄、蒙（外蒙）策略，侵陕、甘计划，皆有极密切之联系。今以绥远剿匪之故，收此重镇，重隶版图，不惟有影响于目前之战局，且可绝以后无穷之祸患，此吾人于收复之后，对我冰天雪地中之牺牲将士，应致最大之敬意者也。

吾人观察百灵庙收复后之绥远战局，在我方之防攻上，今后或将稍趋于简单，即此后之战事，只注全神于绥东一面，不必再计绥北方面敌人两面之夹击是也。惟是百灵庙附近，为阴山北麓之一大平原，无险阻之可守，而蒙旗各地，人烟稀少，粮食缺乏，又不足以屯驻大兵；庙地东北，经四子部落旗，直通滂江，为通外蒙库伦之大道，日方为侵略外蒙，侵略华北，以及侵略西北，似乎不能不争此一隅，即目下为侵绥战争，为囊括内蒙旗地，尤其不能不争此一隅，是百灵庙在攻下之后，究竟能否久永的保守，更为吾人之所殷虑。今后或因此一地域之争夺，招来日伪方面之大举进犯，使战局延长而扩大，在事势上，尤其不能不预为筹划者也。

吾人之愚，以为我中央当局，我晋绥将领，智珠在握，对此方面之形势，定已筹之烂熟，原无须乎吾人之过虑，不过以百灵庙与各方关系之巨，直可谓与我整个国家民族之存亡有关，吾人心所谓危，不能不直言而道。今日犯绥之各部，虽系蒙伪匪之混合组织，而操纵卵翼者，实为野心国家之日本。百灵庙收复后，蒙伪匪军虽受相当之打击，而日方之鼓动激励，使其反攻，要在人人意中。吾人以为今日由西北方面增援绥远之部队，宜兼程前进，在包头、百灵庙之线速作防御工作，以为死守之计，腾出晋绥各军，使以全力顾全绥东，因战事之胜利，且可进一步收复察北，以绝匪伪侵绥之根源，如此，则百灵庙可守，而绥远全局，亦可日趋于巩固，惟望我军事方面之领袖，实利图之！

《秦风周报》

西安秦风周报社

1936 年 2 卷 4 期

（朱宪　整理）

绥边战事开展与中华民族之兴亡

罗保吾 撰

自察北事件发生后，察境蒙政，乃受到加大的外力袭击，德王的态度不明，接着便是伪匪的恶劣酝酿，十月中旬，绥边便感到祸乱的威胁了！十一月初，德王给绥主席傅作义的电报，无异哀的美敦书，紧接着大批蒙军、伪匪，在中旬向绥东进犯，绥东不逞，又犯绥北，于是傅作义主席为尽军人守土之责，中央政府为扬剿匪靖边之威，乃有绥边战事的开展。

事件的表面，德王似乎只是与绥境之争，伪匪王英等部，则号称"大汉义军"，用黄帝纪元，似乎也只是革命反正的味儿，但事件的底里，则是三尺童子，亦不可欺！当事件开展之初，英外相艾登，曾在下院郑重再说明英政府拥护《九国公约》、保障中国领土完整之意，英国《泰晤士报》对此事件曾为文评论过，说："今探讨蒙人目前所处之地位，而不能不对之加以忧愤，盖彼等已为象棋中之卒棋，纵稍有所获，亦确非彼等所有也！"这证明在国际间也深深认识到此事件中的蒙军、伪匪，只是象棋中的卒子，主使发动的是另有外力的作怪，所以有重提出《九国公约》的声明。

当然，我们都能认清犯绥边的蒙军、伪匪，只是象棋中的卒棋。惟其我们，而且无论谁都能一眼看清绥边战事的发动是外力的操纵，于是绥边战事的开展，其严重性乃关系中华民族的兴亡。中华民族，自九一八事变后，得着的空前危机，已临到存亡的歧途。今也，土地已不容再削，国权已不能不求合理的重振，自中央布中日亲睦之旨，以至最近作国交根本的调整，我方最低要求，即为"冀察领土行政之完整"，川越大使与张外长叠次交涉，不幸终无结果，而绥局之开展，又带来中日国交间一最大之暗影。我们知道，如绥东、绥北又成为察北六县之续，是不特冀、察完整，尚不可得，绥境河山，又遭破坏，中华民族的将来，还可问吗？反过来，我们既感到危犯绥边的匪类，是致我中华民族死命的毒素，为维护最后的生机，拼力予以扑灭，以至贯彻我民族生存的最低要求，于此可表示我民族图存之决心，中华复兴，庶乎有望。

中国的最高当局，本中华民族和平特性，曾说到"不到最后关头，绝不轻言牺牲"，因绥边战事的开展，将使我们发现我们的"最后关头"，"置之死地而复生"，绥局的严重，可以说不是中华民族的灭亡，便是中华民族的复兴。

中日外交途径中，已闻到"交涉已逢最后关头"的声浪了！但如今外交已侧重绥局，那么绥局是不是中日关系的最后关头呢？是不是中华民族兴亡的最后关头呢？

绥战一起，国内同胞在不旋踵间，一致奋起，对守土将士作物质上精神上的援助。绥主席傅作义以及所有现在绥边的将士，都慷慨激昂，坚决以死卫国，海外的侨胞，政府的官吏，都竞相输将，如阎主任且若毁家抒〔纾〕难，赵戴文先生且愿滴最后之血，甚至前线士卒，除了在冰天雪地浴血拼命之外，还愿捐出国家所给与他的饷糈，以应军用，种种现象，昭示我们的是中国国民都有了救亡图存的最后觉悟，全俱〔具〕着救亡图存的最后决心，每一个同胞，莫不在准备着"最后关头"，争取这"最后关头"，一致地要求国家民族最后的生命。

民心不死，自然士卒用命，在乌烟瘴气中的百灵庙，匪军根据地的百灵庙，已被国军克复了。这开展，当然予以匪方幕后极大的冲动，将引起未来更大战争的展开，亦未可知，那么是更会迫近"最后关头"的事了。但，同时这开展也予以我全国同胞一极大冲动，是我们只要有争取"最后关头"的决心与准备，是无往不攻，无攻不克的。不但我们要贯彻最低要求，是不难的事，从此寻求出民族复兴之路，也是不难的事。

所以我们应深深认识，绥边战争的开展，是中华民族兴亡之机！

当绥局开展紧张声中，日德协定恰于此时成立，在世界政局占重要地位的英国，注意此协定者，于其反共的精神之外，更深切注意的是今后日本在远东的更大自由。日本与中国国交的调整，关系于中华民族的生存很大，目前调整交涉，又侧重绥局，倘日本运用在远东更大的自由，或者绥局又更加严重，中华民族的生机，便只在我们的最后奋斗了！未来的事势，是会如此的逼近我们的，国家民族已踏到这样的境地，自然不容我们再麻木不仁，我祈祷我的观察没有错，我们的政府与民众，也并没有麻木不仁。

美国的某名记者，前次来华，归国途中在马尼剌曾说："中国这睡狮醒了！"他说："以地域论、以政府论、以民众论，中国现在都在趋于一致。以前长城战役，人民献与将士的是大刀，如今献与领袖的是飞机了，以前对国事是叫嚣，如今知道苦干了。"我们希望他观感的不错，更希望我们这睡狮是真醒了！在外力不侵犯我们最后生命之时，埋头苦干，力求更生，走建设复兴之途，在外力逼我们走灭亡之路时，沉着！奋斗！万众一心！坚持到底！更是我们在今日要切彻操守的啊！

政府是坚守着"冀察领土行政完整"，"绥匪类绝对肃清"的最低要求了，同胞们要坚守的是：

长期的国防献金！

加紧的援绥将士！

忠诚的督促政府！

加强地趋于一致！

《实报半月刊》

北平实报半月刊社

1936 年 2 卷 4 期

（朱宪　整理）

绥远战争与学生界的活动

作者不详

自从绥东五县发见匪伪的军事动作以后，绥北方面跟着也就紧张起来了。前线的将士在冰天雪地抗战，坐在高楼大厦底下的学生，当然首先问不过良心（因为是智识分子），所以大家便嚷着绝食省火，以节余之资拿来慰劳前线的将士。热血衷肠，究竟比他人不同，不过学生界的绝食省火，当然是抛砖引玉的办法，换言之，即是想以学生为中心来发动各界一致起来募捐。事实表现得还算不错，这几天全国各地无论士农工商各界，都在热烈的捐款慰劳，这种事情，虽然是每个不能上前线的国民最低度应尽的责任，但，始作俑者，总还是由学生发动的，所以我以为如果说中国人心还没有死尽的话，学生界还算是一个活的细胞。

《实报半月刊》

北平实报半月刊社

1936 年 2 卷 4 期

（丁冉 整理）

察、绥在我国国防上的地位

刘世仁 撰

近日以来，伪军李守信及匪部王英在日方源源接济之下，向我国察、绥两省边疆肆其无厌的侵略。其目的在于夺取两省地盘，以为北制苏俄、南征华北的企图。此种野心，不但近月来中、日问题的紧张而日趋尖锐化，并且在"九一八"以前，日本早已把察、绥和东四省视为日本"大陆政策"之生命线。这是日本帝国主义者一贯的主张，自不能不加紧其侵略，以达到"囊括华北"、"侵服支那"之最后的目的。本文的目的，在阐明察、绥在我国国防上的重要，现在只就察、绥两省的形势，及其在军事上、经济上、交通上的地位各方面，加以简括的叙述。

×××××××

察哈尔、绥远两省均位于长城之北，据阴山而跨河套，当蒙古高原的尾闾，为塞北边防之地，在历史上常居重要地位。秦汉时，匈奴据有其地，为患边疆，盖非一日。到了东汉时，匈奴势衰，其地遂被乌桓、鲜卑所有。汉末乌桓又衰。晋初，鲜卑族拓拔氏代领其地，进逼中原，遂成五胡乱华之局。后因拓拔势衰，为北方柔然所据。隋唐时代，突厥崛起，灭柔然而有其地，嗣又被东突厥所据。唐先后平之，置云中都护府。至唐中世时，突厥别部回纥崛起，尽有突厥的故地。到了唐末，回纥衰亡，至五代时，其地又被契丹所据。后来契丹改国号为辽，都其地，叫做西京。

宋末，金崛起，遂灭辽。至金亡元兴，称其他〔地〕为上都、兴和等地。到元亡明兴时，仍为蒙古所据，其后为鞑靼的属地。明中世后，元裔打来孙据此地，号插汗儿部。直至清初为清太宗所破，于是遂入清代的版图。

从历史上看来，可知察、绥两地，虽为我国边疆，可是自秦汉以至于清初，所谓夷狄，如匈奴、契丹、辽、金、元、清等，无不以察、绥两地为进窥中原的根据地。现在的日本，即师匈奴、鲜卑、契丹、辽、金的旧智，既占据了东北四省，尚不能满足其帝国主义的侵略欲，还要进一步，不战而胜地蚕食察、绥，以遂行其大陆政策的大企图。这种野心，由于近来日人不断地向内蒙输送军火，接济军需，供给粮食，委派大批军事人员，公然深入内地从事指挥策划，已经得到事实的证明的了。

我们晓得察、绥在地理上的形势是非常雄伟的。北控蒙古，南俯河北、山西，东邻热河，通东北三省，西拊宁夏以扼陕西、甘肃、新疆西北等省。故两省的地位势若辅车之相依，唇齿之相接，屏藩内域，俯视汉〔漠〕北，实是筹边的要区。民国初年俄人唆使蒙古独立，借图蚕食内蒙，窥视华北，也是以此地为根据地。现在的日本"九一八"事变以后，并吞东三省及热河，伸张其势力于察哈尔。数年来积极扩充铁路，自锦州至承德之锦承铁路通车后，利用李守信伪军及察哈尔土匪王英等侵占多伦、沽源、商都等地，一面怂恿蒙古德王独立，脱离中央关系，成立所谓"蒙古国"。所以数月来伪军李守信及蒙军包悦卿等，不断地寇边，完全是日人一手造成的。时至今日，内蒙和察哈尔，早已名存实亡。近月以来，因华北形势日益紧张，日人更唆使一般土匪侵略绥远边境之丰镇、兴和、集宁、陶林、凉城等县，虽经我国驻防军队严密防范，无如伪军及土匪在日人源源接济及指挥之下声势极为浩大，意图窥取平地泉一地，扼着平绥铁路的咽喉，南下山西的大同，对华北之北平、天津取大包围之势，西进归绥、包头、五原以拊陕、甘之背。其野心所在，不特以察、绥两地为对象，是欲囊括整个的华北，以遂行其大陆政策，这是谁也明白的。

×　×　×　×　×　×　×　×

就交通方面说来说，察、绥在地理上是我国国防上的重地。自东北四省失陷以后，变成了国防上的第一防线。因为他有很便利的交通，所以在国防上更负担了重大责任。横断察、绥两省的平绥铁路是我国华北的生命线。由北平西北行入境，经怀来、宣化、万全、大同、丰镇，经集宁而直抵包头，全线约长四百公里。此外未成的尚有：（一）包宁铁路，东起包头，西达宁夏，全线长五百四十余公里。（二）平滂铁路，从平地泉起，至滂江止。（三）包石铁路，从包头起至固阳县的石拐沟止。在公路方面，察省已成的公路，计有三、〇九一公里，在计划中的公路，计有三六〇公里。已成的公路计有：张库路，张家口至库伦一，三三三公里；张百路，由张家口至百灵庙六〇一公里；张多路，由张家口起至多伦二七七公里；张贝路，张家口至贝子庙六〇一公里；张平路，张家口至北平一七七公里；宣蔚路，宣化至蔚县一〇二公里。至绥远省之公路，已成者，亦有一四九，一八四公里。归绥至张家口的绥张线三一，一〇四公里。归绥至蒙古境的绥蒙线五〇，六八八公里。归绥至山西偏关的绥晋线一七，二八〇公里。包头至宁夏的包宁线二九，九五二公里。包头至陕西榆林的包东线二〇，一六〇公里。我们从两省交通现状看来，可知两省在我国边疆上是占如何重要的地位。北达蒙古，而入苏俄，西接宁夏而入甘肃、新疆，东通热河而抵东三省，南贯河北而通山、陕。将来包宁铁路及平滂铁路完成，则两省的交通，益臻便利。不特在军事上可以得到运输的便利和迅速，即在经济上所有山、陕、甘、新等省物产，亦以此地为吞吐的所在。所以最近日人为完成军事交通网起见，已将多伦经沽源至商都的轻便铁道完成，与锦承铁路相衔接。其目的即在于便利军事上运输，使伪军及匪军得以互相呼应，借以夺取绥远之平地泉，进可以进窥平、津、秦、晋，退可以实行屯垦，以为北制苏俄、南进中原之计。其处心积虑，不待我们分析是可想可〔而〕知的。

××××××××

再就经济上来说，察、绥两省虽为塞北边疆，可是农产物侥〔饶〕富，不亚于其他各省的，所谓"黄河百害，只益一套"，而河套就是在绥远境内。套内农田肥沃，水利向称丰饶，农产物如大麦、小麦、黍、谷、高粱等，出产极多。而豆类、胡麻、白菜、萝卜等，亦极丰富。据确实统计，察省小麦产区为一，六四〇，〇〇〇亩，年产一一四，六六七，〇〇〇斤。绥远小麦产区二，六七九，〇〇〇亩，年产二三〇，八八九，〇〇〇斤。近来日人在宣化、张北、怀安、阳原、延庆、涿鹿、赤城、龙关一带收买民田，一面种植棉花，改良农产，一方面实行屯垦，以为久住之计。并在张北等地，开辟广大农事试验场，强迫农民出卖良田。这样有计划的行动，显然地是欲囊括察、绥全境以为占据华北的张本。且最近中、日问题紧张以后，日人更在察境建筑大飞机场，添设兵舍，扩充轻便铁路，强迫征工，一般农民在日人淫威高压之下，不得不听命。这种痛苦，非笔墨所能形容于万一的。

再察、绥两省，均产有良马。据统计，察省每年可产马五二，三〇〇头，绥省年产六一，六〇〇头。牛产亦多，察省年产牛约一〇三，〇〇〇头，绥省年产一〇五，〇〇〇头。此外如羊、骡、绥驴为大宗的出产。如丰镇、沽源、张北、归绥、包头等地，均为产羊主要的区域。其放牧之法，辄以五六百头为一群，用大小二人管理之。繁殖甚速，其肉乃为边区人民的主要餐品。即河北、山西一带，亦赖其供给。至羊毛之输出，尤为大宗，计每年约为数千万斤以上。现在日人在察省收买大量马匹，编为骑兵，一面贱价吸收羊毛，以供本国毛织工业之用。牛、骡则供耕田。总之，日人夺取察北，不特在军事上可以窥取华北，即在经济资源中，亦得到大量的补充。

就矿产方面来说，察、绥两省蕴藏煤、铁甚富。就察省来说，如三叉口、辛窑、庞家堡、烟筒山、狮炮山、马峪山等处之铁矿，总计约在五千万吨以上。如宣化蔚县之煤产，亦蓄积甚多。再就绥省来说，如大青山一带的煤矿，多为无烟煤，每年产十三万吨，此外如铅、银、石墨、石绵等出产亦富。总之，察、绥的煤、铁，是久为日人所垂涎。其积极企图，除实现其国策外，并且经营开发煤铁矿，以满足其军需工业的需求，这是谁都可看得出来的。

×××××××

最近伪军李守信及匪军王英因内部分裂，虽暂时停止向绥东进攻，然而彼辈的后台老板，对于华北领土的野心，早成了预定计划，是绝对不能放松的。所望我前方守土有责的绥军，务抱着不失寸土的决心，和敌人拼一个你死我活。不然的话，绥远再失，则不但平、津失了屏藩，即秦、晋亦将唇亡齿寒。连日敌人在平、津一带大规模演习，竟把北平当做争夺的目标，是可忍，孰不可忍，国人对此夹攻下的华北形势，一致起来，驱逐鞑虏！就是在这个时候。

复据张家口四日电讯：日本在绥东每日均有日机侦察。察北匪伪军队调动颇忙，民间牛车一千五百余辆，强被征发调用。李守信伪军部移设大青沟至嘉卡〔卜〕寺，蒙军日来调动甚忙，各部多向百灵庙一带开拔。王英等匪军亦极活跃，小组骑队连日向兴和、陶林等边区不时进犯。这样看来，匪军在日军接济之下，已开始问〔向〕绥东进攻。据一般军事家的观察，大战的爆发，不出一星期内，好在绥军现已严阵以待，各将领亦存抵抗的决心。

据五日报载：蒋委员长对绥东形势极为关心，已严令阎锡山、傅作义、赵承绶等将领，妥慎应付，决不容匪部侵入。不过我们要知道敌人大举来犯，是有整个的计划，吞并察、绥的决心，我们亦应在我国整个的国防计划之下，予以痛击，同时对日军演习下之华北形势，不可不集中全国的力量，予以深切的注意。在恢复我国的主权，保持领土的完整原则之下，争取我国民族的自由和平等。

《众力》（半月刊）

上海众力半月刊社

1936 年 2 卷 4 期

（朱宪 整理）

国人对于绥战的认识

寿天　撰

最近伪军李守信、匪军王英因窥图绥东未遂忽向绥北方面移动。据路透社电讯称：李守信、王英、金瑞山已于本月二十日先后开到百灵庙。而蒙军包悦卿、卓什海等部所统率的满蒙军队，共有三万余人，声势极为浩大，并有坦克车、铁甲车数辆逡巡边境，形势极为紧张。同时日人在察北、绥东一带，军用汽车有百余架；由承德、多伦、张北等地，运来大批粮食，接济匪伪军需。在绥、察天空不断地出现日机，耀武扬威地侦察我方的军事行动。这种形势的紧张，已由蒙伪军向我边境进犯，而与我驻防军发生接触了。匪伪进攻的目的，在目前虽然是试探绥省防守的力量，然而因为"满"伪、匪部［及］粮食极为缺乏，并且在日人急欲攫取绥省的地盘形势之下，似乎总攻的期间，是距离不远的。

我们要知道绥远是我国国防第一线。匪伪所以敢于公然大举来犯，乃恃有日本帝国主义为其背景。日本帝国主义者所以急于攫取绥远者，乃在于完成"满蒙政策"，以为囊括华北、并吞中国的企图。所以近日来中日外交的谈判，在表面上，似乎是日渐缓和。所以"华北特殊化"以及"共同防共"问题，似乎日本方面已不坚持，然而在实际上中日外交的谈判，在日本外交政策不变原则之下，只是显示华北问题的尖锐化，尤其是绥东战争的严重化。所以我国外交当局询及日本使馆书记官松村：如果绥战发生时，中日的谈判，是否停顿。他虽答称绥战是中国军队与匪部相对抗的问题，与日本无关，然而满蒙伪匪之犯境，事实上是由日本予以公然接济，是无可为讳的。彼虽极力否认，然事实昭彰，其不能掩耳盗铃，已属显然。

所以我们现在对于绥战所应该明了的，须有以下各点：

一、绥战是中国对日抗战的开始。所谓"满"军、蒙军、匪军等，都是日本的前锋队。她利用以华制华的政策来灭亡中国，要想在"满"军、匪军的烟幕之下，夺取我国的领土。这事实，日本虽图内〔回〕避，我方岂能任其躲藏，应揭真相，责令负责。

二、日本发动绥战是企图与华北"驻屯军"、满洲"关东军"采取密切之联络，对我国整个之华北领土作大包围之势，以遂行其蚕食鲸吞之企图。所以在绥战未交战前，"关东军"早已布置就绪，其计划有二：（一）"满"伪、蒙匪的军队，对于图绥之战事，一本积极计划，向前迈进，务必达到夺取平地泉、包头、归绥等目的地，以为西进南征的根据地；（二）倘"满"蒙军队犯绥，不幸失败，则以华北驻屯军为主力军，对冀、察两省取包围之势，以平、津两地为战争的决死场。

三、日本在目前如果正式向中国宣战，必引起世界各国的干涉，和国际的纠纷。为避免各国注意计，倾注其全力于绥远，以伪军、匪军的名义，向中国进攻，可以卸责于中国内部之事，彼得从中渔利，以坐享其成。因为这种策略，是日人的惯技，在过去数年来，她老用这种方法，而竟奏了很大的效用，因此这次也可如法泡〔炮〕制。

四、日本发动绥战既是实行吞并中国的第一步，他数年来备战的狂热和决心，将以绥战为导火线，而肆其侵略狂。同时华北驻屯军、满洲"关东军"，在这时也急急于建功，自是加紧其侵略政策，向平、津进攻，先在华北五省内造成恐怖的局面，如利用汉奸的暴动扰乱社会的治安，使中国政府忙于应付，然后用了炮舰政策的协助，不宣而战夺取华北，一方面再派大批军舰分赴沿海及沿江一带，肆行骚扰。于是全国在日本暴力威胁之下，加紧其侵略行动，使中国于既成事实之下束手就范，然后再来开始外交的谈判。

基于上述几个的认识，我们别看绥远是边疆，别看绥战是我国军队和土匪交战的不关重要小事，我们要切实认识绥远是我国国防的第一线，是我国华北的锁钥。绥远一失，别说晋、陕、甘、宁，要根本的动摇，即冀、察、鲁、豫黄河以北的国土，也将陷入敌人的四面包围之中。到了那时，我们要想实行自卫，但在敌人大军控制之下，是要丧失其抵抗的力量的。所以在此绥远岌岌可危的今日应鼓起全国民众的勇气，全国国防的力量，来捍卫这个垂危的国土。

我们更要认清绥远的危殆，不是我国局部的问题，是关系整个民族存亡的问题。它的危殆，也就是整个中华民族的危殆，所以捍卫绥远，不光是傅作义、阎锡山、赵承绥以及其他负责守土的几个将领的责任，而是我国全国人民应该共同担负的责任。前方守土有责的绥军将领，固然要死心抵抗顽敌，然而站在后方的民众，更应牺牲一切来接济军需，使前方战士得到物质充实的援助，可以痛下决心勇往直前地来杀敌。我们切不可把绥战认为局部战，更不可认为剿匪战，再听其孤军转战，重蹈"一二八"沪战的覆辙。我们应确认绥战是大规模民族战争的开始，我们应推动整个国民的力量来抗战。

据报载，连日日机多架自商都飞至陶林及武川一带助战，百灵庙且有日军数千人及坦克车数十架开到，日军以伪匪军之不可恃，故已由热河方面调来大队正规军及犀利军械，以资协助进扰。日来伪匪各军首领，与日军官不断地在德化举行会议，讨论进犯绥远策略，就一般的观察，绥远局势的紧张，将愈演愈烈。日方现已明知只予蒙伪匪军以物质上之接济，而实行进犯，殊不足以有为，故当此中日外交陷于不快之际，决将放弃原有之导演地位一变而为主演。这样的大举侵犯的计划，显然的，是以整个的国土为争夺的目标。所以在此形势之下，我国已临到国土再到〔遭〕削夺的生死关头，是不能再为容忍下去了。要挽回这种危机，惟有全国国民全体总动员起来，采取断然的手段和敌人断绝一切往来，不但国防第一线的绥远，要严密的防范敌人进攻，即沿海沿江一带以及冀、察等处，都要划入战时警戒的区域。在政府方面，应即中止外交的谈判，拒绝一切的讨论，一方面集中全国的兵力、财力、资力，借以捍御国土以防万一，在民众方面，亦应即激起抗战精神和决心，牺牲一切，尽量贡献精神上、物质上的粮秣和金钱，以为战时物质的补充。国人乎，时急矣，勿退缩，勿徘徊，急起救亡，万众一心来歼灭此顽敌！

《众力》（半月刊）

上海众力半月刊社

1936 年 2 卷 5 期

（李红菊　整理）

扩大援绥运动与国民动员

在申　撰

绥东大战已爆发了，而民族战争是开始了。

近日来敌人公然地派了正规军队数千人，向绥东、绥北进展。在陶林、红格图等处，有大批日军官在伪军中指挥作战，并派大队飞机及坦克车、大炮向我阵地猛烈轰炸。计数日来在各地所掷之炸弹，不下数百枚。现已运到各种毒瓦斯，亦将在阵地实行使用。双方的大战，据一般军事家的观察，必因日方的参加而日形扩大的了。

日人这样的大举来犯，是欲在短时间内占领我国军事中心的平地泉，进而侵犯大同，断绝平绥铁路，对于冀、察取大包围之势，以遂其囊括华北的企图。近几天来因为绥远局势的危殆，平、津、京、汉、沪各界已纷起作援绥运动。有的实行绝食，有的捐助薪俸，有的扩大募捐，有的停止煤火，将所得的物质资料，悉数汇往前方，以为慰劳抗战将士。这种爱国精神的表现，发为援绥运动，固是我国民族不亡的象征，是值得我们称颁〔颂〕的。

不过我们要知道敌人侵犯绥远是有整个的计划的，他不但以我国的绥远为对象，即整个的国土，亦为敌人的目标。所以我们要扩大视线，来注意全国的国防。我们预料敌人于扰乱绥远失败之后，势必转移其目标，由局部的侵袭，而变为全部的攻击，使我们的力量分散，而不易于应付，他便利用飞机、炮舰行使其威吓政策。所以我们在此严重时期中，要全国国民一致总动员起来，实行国民自卫，我们要把全国的境土，当做警戒区，要把全国国民当做战斗员。这样一来，一旦敌人来犯，我们准备抗战，才不至于手忙足慌的。

民族战争是开始了，我们应存有敌无我的决心。学生们要全体武装起来快上火线去来捍御国土。工友们要积极加紧生产，制造粮食与衣料，以充实军需。妇女们要担负后方看护工作。将士们要鼓起中华民族的精神，努力杀敌。商人们要踊跃输将，毁家纾难。是时候了，全国国民总动员起来，全国学、农、工、商、兵、妇女，一致联合起来，来抵御帝国主义的侵略，以挽救中华民族的危机。

《众力》（半月刊）

上海众力半月刊社

1936 年 2 卷 5 期

（丁荣　整理）

绥远劳军纪要

马成学　撰

一、带了同学们火热的心迈向西北去！

十一月二十二日的早晨，在清冷的月光下，为了劳军，别去温如故乡的学校。

这次保定教育界的劳军代表团共有五人，由段校长巍霄率领着。学生代表中，除去白君永淳和成学特别代表培德中学校全体同学外，其余两位是保定院校馆联合会的学生代表，同时段校长既代表院校馆联合会，又代表培德中学校全体教职员。

因为时间尚早，车站上不过寥寥几个人，白君守着行李，我独自徘徊在站台上，回忆着二十一日晚间，为了援绥所开的师生联合大会。

紧张严肃的空气，充满了礼堂，一副副充溢着兴奋的面孔，对着立在台上的学生自治会主席。

"主席！"一位同学从人层中站起，"我提议，我们学校应当有特别捐款，因为绥远的战事，攸关于整个中华民族的兴亡存灭，凡属国民，都应当群起援绥，以维护我们领土的完整与神圣的主权，绥远各将领与我们学校又有特殊的密切关系，我想我们除去已经实行过的节食一日以外，应当更有特别的捐款。”

主席重述提席〔案〕，征求全体的意见。“通过!”宏大的呼声，从每个人口里发出来!

“主席! 我提议”，呼声刚过，又有一位同学站起，“我们既然有了特别捐款，我想我们顶好也派代表跟随校长一同到绥远去，一方面慰问在冰天雪地中抗敌的战士，一方面也能详细的见到绥远现在的实情。”

没有等到主席重述提案的声音落下去，“通过!”的喊声又勃然冲出。

接着主席正式宣布了大会决议案，并且宣布因为时间的迫促，需要立即实行，于是不到半点钟，由自治会的职员，统计出五百元的捐款总数，最后推出了两个代表，“中华民国万岁!”的欢呼中，人人浮着真诚的微笑，从礼堂走回宿舍里。

血红的太阳，渐渐由东方出现，我一面走一面想，我真不知道究竟用什么语言，什么方式，才能把同学们这一片心，供献给前线的战士们。

在开车的十五分钟前，五个人都来齐了，买票、上车，铃声响过，火车开始北驶，我们带了仅仅一点点捐款——不，还有，还有七百颗同学们火热的心，迎着寒风，迈向西北去。

二、平绥间的一路上

十二点半到北平，在百忙中吃过午饭，从三十五军驻平办事处得悉，傅主席已经由平地泉回到绥远，所以我们便决定下午六点，登平绥通车，一直到绥远去。

平绥路是我国著名的工程师詹天佑先生所统领建筑的，揭开车窗，借着山隙间透过来的几缕月光，可以看到群山怪石包围着这条伟大的铁路。火车换上特大号的机车，走上去，退下来，退下来又爬上去，在山石的怀抱中，慢慢的进行着。尤其是在夜间，更显得高山的险峻与铁路工程的庄伟！青龙桥车站上耸立着詹天佑先生的铜像，在苍茫夜色中，隐隐约约似乎看到他对着自己完成的事业微笑，然而他早已死于非命了！

夜八点到南口，南口是平北重镇，在这里可以见到万里长城的一部分，据说山上石间还散遗着当年南口战役的白骨未掩，可惜正在夜间，未能凭吊这些死于内战的冤魂们！

张家口、大同都在我睡梦中溜过去了，天明到丰镇，从此以后，便能略略尝到所谓塞外风光。

即便是铁路沿线，村落也很稀少，居民多有就着土堤挖成洞穴居住的，在车上可以偶然望见几个身穿皮衣的孩子们，站在洞口，张望着飞驰的火车。成群的骡马，自由自在的奔驰在旷野里，交通大道上也可以远远看见连续数里的车队和驼队。说来也奇怪，常见有一个极脏的男子，后面跟着一位油头粉面的女人，在路上走着，或者这也是一种风光吧！

因了一位新闻记者的介绍，在平地泉见到同车赴绥的中央外交部特派员段茂澜和中宣部代表程沧波两先生。段先生身着西装，一副和蔼的面孔，十足表现着他的诚恳和温柔，他对我们说："外交部这次派敝人来绥有两种意思。第一要昭告世人，绥远事件是整个中华民国的事件，决不是任何一部分的事件；第二要代表外交部慰劳绥远的各将士。"程沧波先生一再恳告我们，傅主席有抗敌的决心，中央有整个计划，当然任何国人都希望是这样。

因为在车上时间过长的缘故，人人都有点头晕，有一位同学竟至吐了好几次。二十三日十二点左右，我们急想到达的归绥城，才慢慢呈现到面前。

三、欢宴席上傅主席慷慨陈词

下车以后，省府交际处派来的汽车，把我们从车站送到旅馆，午后三点钟便接到了傅主席宴会各慰劳团体的通知，因为前方战事的紧张，后方公务的繁重，傅主席实在没有时间分别接见各处的代表，所以才在宴会席上一同见面。

与会的慰劳团除去保定教育界以外，有天津南开中学校、绥远旅平同乡会等团体，同时段茂澜、程沧波、大公报社记者长江诸先生，以及省府秘书长、各厅厅长均在席。傅主席到会时全体起立致敬，主席一一答礼，从他和悦安祥的脸上看来，决想不到绥远正处于战时——一个非常的时期。

席至将终，主席起立致词，向在座者用极真诚的口吻，作了下面一篇慷慨的讲词：

在此国难严重期内，国人心理最近发生一很大变化，就是深知中国是弱国，不应有轻躁行动，但为生存计，须做到最小限度之不分割，不失土，不丧权，以建设新国家而已。绥远近数年来，外人来往甚多，日人尤夥，我们本中央睦邻之令，一年来尽礼招待保护，以诚恳态度，力维交谊，尽周旋之苦心，乃绥东事件，仍不幸发生，殊使人十分痛心。近日谣诼甚炽，群疑国际背景复杂，昨经友邦负责郑重声明："绥东事件无国际关系，而是中国内部问题，但其中仍不免有非中国人在内。"我们以为，中国莠民甘作汉奸，固然可恨，假使以文明大国国民，亦竟违背其本国之方策，加入其内，不惜破坏东亚和平，更可惋惜。国家官吏各有职责，守土保民，为边地军人天职，在此国土发生危险之际，就本国言，自当铲除莠民，就东亚言，亦应去此破坏和平之障碍。但战端虽启，仍不变睦邻之本旨，决非逞强好名。作义向来主张"不惹事，亦不怕事"，"生平不说硬话，亦不做软事"，以期无亏职守。近来国人对作义同情援助，极可感愧。惟绥东防守大计，悉奉上级官长命令办理，而躬冒炮火，厕身锋刃，则前线士卒，较作义尤为劳苦。慨自国家多事，各地袍泽，情愫常通，关爱至切，其环境之难，与爱国之热，谋国之忠，均十倍于作义。区区剿匪，本军人天职，今虚名如斯，益倍惭愧。此次全国慰劳绥远将士，热烈异常，尤其是学校青年，不□□□□□□□□□□□□□□□□□□□□□□□□□□□牺牲者，更为感动。大家要知道，复兴国家，是长期斗争的事，非五年十年不能达到目的。青年为国家民族生命之继续者，责任重大，轻作牺牲，固非所愿，受饥受寒，亦所不忍。希望诸同学以后多加精神智能的帮助，分工合作，以报国家。各方捐助慰劳款物，拟即成立军民联合委员会，由各军派员及士绅公开保管，对此项收款，除伤兵慰劳外，全数储存，听候上级官员命令之支配，将来或作奖赏，或补充战器，都有正当用处，以不负同胞捐助之热诚，希诸君返校转达此意。

最后，作义认为我国家必能复兴，民族必可自救，其复兴与得救的理由，不是军人能流血，敢打仗，而是中国人心不死。换言之，我土地虽可侵占，人民虽可屠杀，而此救国心理，则任何人不能改变，凭此一心之诚，即足克服一切环境，希望全体一致努力。

一片掌声随着主席的最后一句话冲出来，接着程沧波先生阐述傅主席的"不说硬话，亦不作〔做〕软事"，是救国的新途径。段校长报告保定各校减食运动时，情绪的沉痛激昂，以及培德中学校全体师生援绥捐款的热烈。八点钟左右，宾主尽欢而散。

四、到伤兵医院里去

绥远的气候非常干冷，特别是平地泉一带，拔海高度四千五百公尺，寒风一吹，假如不是在那里住惯了的人，连呼吸都会感觉到困难的。在如此恶劣的环境下，爬在战沟里的志士们，体格健壮的，固然可以凭着一腔热血，为国家为民族奋勇的支持着，但是一旦不幸为敌人的炮火所伤害，满身创痛，躺在冰天雪地里，情形的惨酷，还哪堪设想！

消息不断的送来——前方极急需要救护的工作，但是后方的伤兵医院又是如何呢？

刚到绥远，我们便打算立刻到伤兵医院里去，一方面为了慰问不幸的受伤同志，一方面也急于明白医院的情形和伤兵的多少。

车子在一家大门口前停住，下来以后我很有点茫然，本来是要到医院的，这个门里既不像个医院的模样，而且门口又没有什么明显标识，细细找了半天，才在门上发现一张新贴的小白条——"三十五军军医院"，恰好军医处处长走出来招呼我们，这样才慢慢的走进去。

"这本来是民房，我们临时借用当作医院，楼上楼下都算作病房，现在仅仅四五十人，已经住的满满的了。"处长在院子里对我们讲。

"那么再来了人怎么办呢？"人们不约而同的问。

"事实上困难的很，这里并没有什么大医院，所以实在很难找到合适的地方，民房、旅店虽然也可以凑合，但是人家正住着，我们强行占用既与情理不合，实际也是办不通的，只好找到些闲房子暂时维持，再来人呢，当然还得另想办法。不但地方成问题，医务人员更是缺乏。这里医官不过四五人，看护多是临时抽派的普通士兵，受伤的同志，性子是急燥〔躁〕的，你想没有一点训练的看护，哪能有济于事呢？"处长一边说一边领我们到疗治室里去。

两位医兵正在用擦布擦洗放在屋里的一张方桌，靠着墙有两个药橱，里面陈着药瓶，除了这再也见不到什么。接着走上楼去，见到为国牺牲的受伤同志们。本来我们有预备有许多安慰他们〔许多〕的话，但是一进去连一句也未曾说出来，默然，我〔我〕战栗，不自主的流下几点同情泪！

从楼上下来又走遍楼下，人人带着一副凄惨的面孔，聚集在院子里。

"代表全体伤兵向诸位致谢！"军医处长向我们深深一鞠躬，慢慢的送我们到门外。

值得注意的一点，医院里的伤兵都是腿部或手部等处的轻伤，我们很怀疑红格尔图那样剧烈的战事并没有伤到重伤的人，但是重伤的同志走向哪里去了？

据说中央已经派卫生署大批医务人员到绥远去，同时全国各处都注意到前线的救护工作，当然这是受伤同志的福音佳报。

五、绥远的民众训练

绥远的民众实在可怜的很——思想简陋，习惯恶劣，穿着一身老羊皮衣，戴着一顶大皮帽子，棉鞋的大，亚赛一对小船，手脸肮脏，或是一生就没有洗过，走起路来，纽扣不扣，两脚尖向左右张开，弯着腰，驼着背，蹒蹒跚跚，活像一只笨牛。最可惊人的，甚至十二三岁的小孩子，都有吃鸦片烟的嗜好——这样的民众，住在国防最前线的绥远，急需严格的训练，可想而知了。

其实训练如此的民众又谈何容易，可是他们现在训练的成绩，的确是出乎我们意料之外的。

十一月二十四日，从伤兵医院出来以后，便随同各慰劳团体，到所谓"绥远省常备队训练部"——这个民众训练的大本营里去。该部副主任李大超先生首先便把训练的情形，大略的介绍给我们，他说：

"这里的队兵，都是十八岁至二十五岁的壮丁，召集的方法是把各县民户，按着当地的情形以及各户殷实的程度，分为甲、乙、丙三等，第一二期所召集的大半是甲、乙二等户的子弟，他们的衣食都由官家供给，四个月毕业。毕业时，傅主席特别召开恳亲会，把他们的家长，统统用汽车接到省城，热烈的招待他们，使他们亲眼看到自己子弟的毕业典礼——从前一个不成样子的孩子，居然也变成一个英挺的武士，改了嗜好，有了技能，并且还认识了字。特别使这些父老欢喜的，就是当行毕业典礼时，由队兵演习守卫村庄，并且由队兵代表报告他们受训期内美满的生活，完毕以后又统统把他们一同送回乡间去。因为这样，第二期的召集便特别容易了。

"现在在此受训的，便是受训不到两月的第二期，共有四千人，编成四个大队，因为这里吸食鸦片的特别多，为了迅速禁绝计，每当编队之初，把吸烟的编成一个大烟队，早饭喊口号，等到每个人都不吸了，这个大烟队便告解散。因为官长的告诫，口号的刺激，戒烟的速度使人有相当的满意，不到两月全队都可以禁完了。

"关于训练的方针，特别注重精神教育方面，每中队都有政训教官，是担任精神教育的推行，至于技术、教育、术科等，反处于次要地位。精神教育的实施，分为四个节段。入伍之初，首先推行新生活运动，什么'走路要靠左边走'，'不要在街上吃零食'，'不要骂人'等等日常生活上的琐事，以改善他们恶劣的生活习惯。第二期为社会常识的灌输，也可以说就是公民的训练。第三期为帝国主义侵略的认识。第四期为民族自决心的启发。四期分配在四个月是恰恰合适的。

"教育材料大别有口号、标语、漫画、壁报等项目，当队兵入伍时有入伍誓词，同一乡的队兵更有连座誓词，统统都贴在内务班的墙上。同一乡的又共同举出一位首领来，回家以后，负监督指挥其他个人的责任，这位首领是选举者人人必须服从的。此外队部有半月刊，按期寄给回乡的队兵，报告给他们国家大事以及本队的情形，以资取得联络。在队兵方面又有自治会，每星期六开会，检举每个人的长处和短处，这个会是别有一番趣味的。

"民众训练的确是极关重要，但是我们限于人力，又限于物力，恐怕无甚好处，希望诸位指导!"李先生用一句很客气的话，把他的谈话结束了，于是我们开始见到在操场上操练着的英雄们，精神焕发，神情庄重，在绥远的那样老百姓，真是难能可贵了。

我佩服训练者的精明干才，同时又感谢他们费尽苦心。

在此地我愿意写几句题外的话，或者说是对于绥远民众训练的感想吧：

我国的危弱，固然由敌国外患的压迫，国内社会情形不协调等等，恐怕一般民众的漫无组织，要为极大的原因，无论就清乡"剿共"，移风化俗，增加国家实力，以及充实边防等各方面来说，民众的训练实在是刻不容缓的了。

没有组织，就没有伟大的力量，所以"千百共匪能够到处烧杀掳掠"，二三流氓便敢在乡间横行无忌，政府虽然严令剿拿，毕竟不能直捣其穴。假如能够把全国民众都加以军事训练，给以相当的组织，民众有了充实的武力，不费国军一弹一卒，"共匪"必能尽数扫灭，不肖之徒亦必立即敛迹，乡不清而自清了。

按教育民众移风易俗来说，青年人没有受过教育的，在中国约占大多数，施行短期成人教育，实际上既难于普及，的确也不容易立见功效。国家如能举行大规模的民众训练，在训练期中，教以识字、卫生、公民常识等科目，文盲自然少，善良的民风，时代化的中国农村，可以在极短期间见诸实现。

再就增加国家实力来说，世界列强，或是增加兵役年限，或是实行强迫兵役，都积极的准备着应付当前的危难。中国处于被压迫的地位，而仍然保存着募兵制，尤其是"好汉不当兵"的观念，深印在人们脑子里，普通兵士的程度，和世界列强相比，实在悬殊太甚。然而为了实行征兵制，对民众的训练，则不得不首先推行。

又按充实边防来说，中国边区各省不作中土的屏障，反成了外人内侵的根据地，推其原因，不能说不是边省民众离心力的增加和向心力的减少。如果想充实边防，从内腹调军外出，非但事倍功半，而且中国这样大的面积，交通不便，运输不灵，恐怕也有难行之苦，那么训练当地民众，因地制宜，可以说是唯一捷径了。

总之，民众的力量是国家的根本，民众力量愈大，国家的基础愈稳固，它可以抵御任何外侮，可以毁灭任何有害于国家的乱臣贼子，在中国今日危急的局面下，只有民众全体的力量才能转危为安。

至于训练的方法，当然由国家统盘计划，用训练军队的方法训练民众，改民以兵，寓兵于民，中国的复兴可以指日而待。

其他地方的民众训练，作者限于环境，未曾看见过，至少如上面所说的绥远的民众训练，是可以作为榜样的。

六、参拜烈士公墓

绥远城外，铁路的北面，有一个特殊的公园，里边没有什么奇花异草，更没有什么假山怪石，不过人们称它为公园——称它为烈士公园。

九一八之夜，敌人的枪声一响，东北四省相继在不抵抗主义下丧失了。然而在长城，曾有一次血战，曾有一次壮烈的牺牲，这个公园，便是当时死于战场上一部分爱国志士的墓地。

对着门口，有傅主席所建的纪念碑，碑上刻载着烈士们的芳名。碑的前面，有一个已经冻冰的水池，太阳照在冰上，四散出银白色的光辉，象征着烈士们死难的精神，永垂于天地间，普照着黑暗的中国。

纪念堂在园的中央，里面满悬着烈士们的遗像，我们静默默的行过礼后，人人含着两眼热泪，一语不发的面面相觑着。

堂的背后，林立着无数小碑，那便是烈士们的坟墓了。一位和我们同去的军官说："不久的将来，恐怕要有无数新魂来和他们同住在一起。"这是如何悲惨的一句话啊！

七、回到平地泉

本来所有到绥远去的慰劳团，都希望能够到前线去参观，然而因为前方战事的紧张，军事运输的忙迫，多被事实的困难阻挠了，尤其是当我们在那里时，百灵庙正在激战中，更不允许有人去参观，所以在绥远把捐款呈献给省府以后，便决定二十五日午后，回到平地泉去。

平地泉是平绥路最靠北的一站，也是绥远最冷的地方。平绥路由大同北来，到这里转而向西，一直通到包头去，东北到兴和、陶林方面的战线上，不过一百三十里路，当然是东线一重地。

到平地泉时已经是午后六点了，北风吹到脸上，尤〔犹〕如刀割一般，记得出发时，同学们嘱付我不要丢了耳朵，来到这里，确是有点担心！

每个旅馆里都大告人满——实在并没有一个客人，而只是我们武装同志们——在街上找了不下一点钟，仍然得不到寄身的地方，结果只得又在暗中摸索了约有一里路，投宿在×部里。

我们实在觉得惭愧的很，在绥远就受到各方，尤其是苗蓝波先生（培德中学董事，现任绥远省"防共自卫团"干部训练所所长）、李聘之先生（培德中学董事，现任绥远民政厅第一科科长）以及民政厅袁厅长热烈的招待，到平地泉又有当地驻军长官在百忙中找出时间照顾我们，本来是来劳军的，反而处处受到人家的慰劳！惭愧！

第二天早晨（二十六日）吃过早饭，蒙当地警备司令允许我们到附近去参观，整整跑了一个上午，十二点以后，才载了满腹欣慰从山上回到×部里。

根据我们的经验和想像，平地泉一带差不多每天总有敌人的飞机光临，势必呈现着十分的紊乱与不安，其实决不是那样儿。两个戏院昼夜不停的唱着戏，市面上仍然和其他地方的都市一样，毫无特异的表现。诚如当地长官所说："人民既然司空见惯，政府有充分的准备与决心，上下一心，齐心合力，当然是不必慌，也不可慌的！"

一位长官说到前方的战情，他说："我们的老总们没有一个怕死的，他们虽然受了伤，仍然不愿意离开战线。特别是红格尔图那一次，我们打落了敌人两架飞机，全线士兵鼓掌欢呼，情绪的热烈，我从来没有经验过。"

八、携着战士们胜利的微笑回到我校来

蒋委员长说："百灵庙的收复是民族复兴的起点。"诚然，百灵庙是伪匪的根据地，是德王的巢穴，这次伪匪犯绥，固然出于某方的指挥，而德王的野心，也是一个主要动力，至于王英、李守信不过为他们的附庸而已。德王是一个稍有新学识的人，在各王公中，要算最精明能干，同时因为他用奸诈手腕得到蒙民热烈的信仰，所以势力也最为雄厚，当蒙政会成立以后，大权都握在德王一人手里，其他王公不过徒有委员的虚名，其实也许很少到百灵庙去，结果蒙政会分家以后，德王便在百灵庙揭出了叛变之旗。

百灵庙收复了，大庙子正在猛攻中，政府有抗敌的决心，绥远有充〈足〉的准备，全体将士决意把血肉供献给国家⋯⋯最后的胜利必归于我们。为全中华民族所敬爱的战士们啊，我们已经把诸位胜利的微笑，从绥远携回保定来了！

《培德月刊》

保定北关培德中学校

1936 年 2 卷 8 期

（朱宪　整理）

国防前线之绥东

黄致　撰

一　绥东形势鸟瞰

自绥东形势告紧以来，严重之绥东问题，颇为国人所重视。但是我们要知道绥东这个范围，系包括着兴和、凉城、集宁、丰镇、陶林五县，再加入正黄旗、正红旗、厢〔镶〕红旗、厢〔镶〕黄旗四个蒙旗土地，相合而成的疆域。绥东的五县四旗，本为察哈尔省的土地，当民十七年冬季，将察、绥两个特别区建设为行省，按照地域上的系统关系，于是将旧有察哈尔兴和道所属的五县，划归绥远版图，另划河北口北道属十县，划入察哈尔省，此系绥东五县经过的沿革。至于察西四旗，亦系察哈尔界十一旗群一个组织而成的。去岁冬季，察北发生变故，于是察北区的牛羊群旗、厢〔镶〕黄旗、正白旗、厢〔镶〕白旗、正黄旗、商都牧群、左翼牧群、右翼牧群等八旗群，均随着察北的变故而发生隔绝关系。于是在绥东五县区域内的四旗，亦感岌岌可危，当经蒙藏委员会与行政院会商，再征求察、绥二省府同意，因察西四旗既地属绥境，乃按照地势上的系统，划归绥远省政府管辖之蒙旗行政区域，与绥境之土默特旗，暨乌、伊两盟十三旗，同享绥省府之待遇与保障，此为察西四旗划绥之情形。

自察北失陷，绥东门户开放，其危急之形势，犹如多伦失陷、察哈尔门户开放。然察北之沽源（今取销此县，余一、三区之残余者，划入宝昌县，二、四区划入热河丰宁县）、宝昌、张北、康保、商都等五县，及以后设立之崇礼、尚义、化德（近称德化，因此地毗近德王府也）三设治局，地方之出产，均不及绥东五县土地之肥沃，粮食之丰饶，是则绥东五县，占绥远省之重要门户，尤扼绥省经济之枢纽，其关系整个绥远之存亡，至为重要。绥东丰镇、凉城、集宁、兴和、陶林，均为产粮区，每年出产之谷、高粱、豆类、菜籽等，除可供给察、绥民食外，兼能运输于平、津两市，冀、鲁各县，其余调剂民食之经济上，竟〔亦〕占重要地位。绥东当民十九以前，本为匪徒啸聚之所，各县均有匪踪潜伏，彼时行旅裹足，视绥东为畏途。自傅作义主绥后，施以极严厉之搜剿，求根株铲除办法，继施清乡办法，绥东匪徒乃告绝迹，近一二年来，发现小股窜扰察、绥边区者，只有苏美龙数十名之残部。

自乌、伊两盟十三旗王公，暨土默特旗、察西四旗各总管，奉命成立绥远境内蒙政会，百灵庙之蒙政会，改为察境蒙政会，以符组织规程，并着今〔令〕百灵庙之蒙政会移迁察境之嘉卜寺为会址，然以移迁困难，迄未迁移。百灵庙蒙政会对于绥境之蒙政会，双方之感想，不能趋于一致。总之，绥、蒙两方误会之由来，鉴于绥东形势之起源，德王之骑虎难下之局面，大有随风飘荡之势。嘉卜寺之组织是否完善，是否能为一有系统蒙民之代表，未可逆料。卓特巴札普自就任察哈尔盟长于张北后，徒负虚名，扼有察北六县土地，暨察北八旗区域，卓先是与德王感情尚洽，近自任盟长后，双方已不能合作，各趋一途。吴鹤龄自从德王府到嘉卜寺后，担任该处财务署长兼生计会长（生计会等于经济委员会），在德王方面，除了能得信任的敦王补英达赖外，则为包悦卿、吴鹤龄二人。包虽系东蒙人，久在西蒙一带充军职，与德王关系至深，吴为一内蒙头脑新颖者，德王与之早有关系。

近伪军王英招集察、绥一带匪徒，冀图绥以逞其野心。王部在察、绥、蒙边一带，地理熟悉，近已啸集五千余人，名为"满"蒙联合军。察西四旗之正黄旗总管达密凌苏龙，负绥东蒙旗保卫重责，渠部又扼赵承绥、傅作义部保守前方军队之先锋，曾对于匪军王英部加以痛剿，使其锐气大受挫折矣。

二绥东中心之平地泉

平地泉即集宁县，最近平绥路将平地泉车站亦改为集宁县。集宁县设治不久，其地颇高，故气候极凉爽。绥远本年颇热，由绥至集，骤觉凉爽，彷佛已入深秋。

至平地泉之第一印象，即为当地之安定情形，足以打破许多悬想与揣测。社会人心，安定异常，驻军步、骑、炮兵，均有相当数目，较平时稍觉增多，但军队行动，均在夜间，故人民毫不感觉紧张。此地分桥东、西两区域，火车横贯于中，桥西居民均为土著，商业亦均为"本地人"所经管；桥东则冀、鲁、豫人为多，本地通称"东路人"。东路买卖亦均在桥东。桥东、西界限划开异常分明，商民无形中有对峙形势。绥远全省，有都市雏形而比较繁荣者，除归化、包头以外，即为平地泉。集宁之与包头，在绥东与绥西，正可遥为辉映。

桥东、西各有戏园一。桥东之戏园，系新建筑，其宏丽壮观，在绥远首屈一指，夜间戏园中之观众极拥挤，一种雍雍平靖气象，可以概见。当地驻军眷属，傅作义严禁迁移，而所有军官亦极乐观，无人作迁移眷属之想，社会人心安定，此亦一因。集宁粮商最发达，现有粮店四十家，规模最小者，亦有五千元之资本，终年除尽一切花费，尚可得纯益万二千元。规模较大者，盈余可以概见。因粮食在此地大量出口，于是市面极为繁荣，就绥远全省税收上言，此地亦为重要地带。

目前平地泉为绥东军事重心，亦几成国防最前线。过去经营此地者，令人不能不念及冯玉祥氏。老虎山屏障集宁县城，山虽小，却极险要，民十三年，冯玉祥氏即开始经营。当时建有极大之营房，可驻军十师以上，冯意并图围老虎山于县城之内，故当建设之初，集宁县之规模颇大。其后冯失败，营房渐毁，迄于今日，则此最大营房之建筑，倾圮坍塌，已无余迹，当日包围虎山之建筑亦渐坍毁，于是县城乃为之缩小。现在闻虎山已划出城外，驻军在〈山〉头筑有碉堡，扎有帐棚，此次王道一匪部窜扰绥东，外传与驻军在老虎山作战，实则距老虎山尚远。集宁年来经绥远当局之经营，军事上有所准备，已在意中，当地驻军极为沉着，此种精神及心理，作用甚大。现在，在集宁之军事领袖为步兵旅长曾延毅、骑兵旅长彭毓斌，蒙兵方面为正黄旗总管达密凌苏龙。

曾延毅坐镇绥东有年，剿匪成绩甚佳，极为绥东人民所钦服。曾氏在绥东，正如王靖国之在绥西，不啻傅作义之左右臂也。王道一匪部未出动之前，即有匪徒三十余人在兴和境内窜扰，曾部围剿，一网打尽，匪首于某，仅以身免，此三十余匪徒，悉数伏法，绥东人心大快。

彭毓斌学科最佳，有儒者风，阎锡山对之颇器重。本年阎在并训练所部军官，曾令彭担任教官，最近绥东吃紧，彭始返防。此次剿匪，彭深夜率众袭匪，直达王道一匪之伪司令部，以少胜多，沉着应战，阎、傅、赵极为嘉慰，绥地方人士亦多慰劳之。

达密凌苏龙虽为绥东四旗总管之一，而无形中实居领袖地位，平日剿匪最力，匪甚畏之。达今年五十许，颔下蓄一绺长须，约有二尺，平时结成一辫，极为爱护，匪均呼达为"长胡子"。达对绥东地理最熟，此次王道一匪伪司令部设于土城子，彭旅往袭，达为前导，深夜越匪步哨而间道以入，致匪猝不及防，遭受最大之损失，此役达功有足多者。近传达有被掳讯，嗣经中央社电讯证实，此长胡子蒙古英雄固犹健在，且此后仍为匪之劲敌可知。

此次匪攻红根尔图两次，均未得逞。当地驻军及民团人数本不多，因红根尔图地势险要，且军民团结，故能以少胜多。当地一般人心理，亦足注视，人人皆认为红根尔图有如金汤之固，绝不致有虞，正与集宁军民，认为绥东不至有失之心理相同也。彭旅此次剿王道一匪司令部，得有各种文件，其中有王匪致某顾问之意见书，及就职文告等件，措辞极离奇，令人阅之，哭笑不得。王匪称所谓某高等顾问为夫子大人，而自称为门生，匪军则称"西北防共自治军"。

现在东绥之形势，仍是一紧一弛之现象。蒙伪杂军对于绥东并未稍灭其觊觎之心。倘绥东不保，则西北国防之最前线，既为敌人所据有，从此我黄河以北之民，势未能安枕矣！当此国家存亡、民族危急之秋，幸望中央以劲旅保障此国防最前线之绥东也。

《西北刍议》（月刊）

南京西北刍议社

1936 年 2 卷 8 期

（朱宪　整理）

"九一八"事变后日本对于蒙古之侵略

锋 撰

日本自夺我东北以后，对于蒙古侵略，益为迫切。日军计划先占内蒙，形成包围外蒙形势，北拒苏俄，南侵华北，以完成其田中内阁以来满蒙政策之迷梦。余去冬视察西北各省，对于日人侵略情形，耳闻目击，不胜感慨，爰就见闻所及，略述一二，以告国人。

（一）日人对我蒙古同胞之诱惑　日人侵蒙之第一能事，为对蒙古同胞之诱惑。彼等惯用其利诱威胁之手段，所谓大源国、蒙古国、满蒙帝国等，均系日人诱我蒙古同胞之香饵，大抵欲以演满洲傀儡戏之惯技，使蒙古王公入其圈套耳。日人屡以蒙古独立之三种方式，游说蒙古诸王公：（1）与外蒙联合，成立大蒙古国；（2）内蒙独立组织所谓大源国；（3）与满洲伪组织合作，成立所谓满蒙帝国。一般蒙古有识之士，多腹非之。顾因受环境之压迫，多不得不虚与委蛇。余在百灵庙曾与德王谈日人统治台湾后，对于我同胞压迫之情况，渠颇为动容，谓余曰："蒙古王公所以徘徊歧路者，非中央宽仁厚泽之可恋，乃日人毒辣手段之可畏耳。"旋参观百灵庙九龙口新建之会址，德王对于该地之山川形势及风水等，言之綦详，并在备建大礼堂之处，指一堆岩石告余曰："此龙头也，鄂尔泰山即为整个之龙身。"种种谈话中可见其思想倾向于皇帝者，日人所用之诱惑手段，可谓对症下药矣。其他常用之手段：

（1）施行小惠　日曾高唱救济蒙民，计划每旗贷金十二万元，或六万元金票，年息六厘，其分配办法以地亩多寡为标准，每十亩约二十元，然亦口惠而实不至。对于各旗总管、王公等，均允以物质及军实援助，但除一二忠实走狗外，尚未见如何实行耳。

（2）饵诱蒙人　日伪将热河及卓索图、服〔昭〕乌达两盟划为三省，并以不关重要之职务位置蒙人，拟收买我蒙古优秀之同胞。

（3）宣言括免苛杂，实行倡吸鸦片　热河自汤玉麟主政，苛捐杂税，名目繁多，日人为收买人心计，迭宣言括免苛杂，冀以收拾人心。同时对于蒙人之吸食鸦片者，予以提倡，谋以毒祸消灭蒙人。其居心之很〔狠〕毒，可谓极矣。

（二）挑拨离间　日人之惯于挑拨离间，亦为大和民族特有之性能。彼等常捏造种种事实以挑拨蒙、汉之感情。又以所谓新蒙古思潮〔有〕，麻醉一般青年，使其发生独立运动。彼等一方提出成吉思汗，一方后〔又〕倡蒙日血统相近，以毫无根据之谬说，勉强附会，以证明其谬论。其次更将内蒙古分为东蒙、西蒙，力行反间，使各王公自相猜忌，以达其目的。

（三）蒙古通之活动　日本侵略蒙古，苦心积虑，垂三十余年，彼所训练之蒙古通，据查已达三百余人，平日旅行、调查、测量工作极为紧张。据蒙古王公告予，彼等常见日人乘坐汽车，出入蒙古草地，只凭地图与指南针，在此茫茫草海中，未尝下车一询土人，丝毫均未错误，可见其对于蒙古地理之熟识，与到处活动矣。日本蒙古通，对于蒙语大都甚为流利，故易得蒙人之真情。吴鹤龄告余，渠某次在百灵庙见有西蒙贵族装束及喇嘛服装者若干人，与之谈话，颇为欢洽，一日在某日本代表处，忽见日前所遇诸人，与该代表操日语会谈，乃悟彼等盖日本之蒙古通所假扮者。多数蒙古人士对于日人改扮喇嘛长期住在蒙古从事间谍工作，均有所报告。闻日人近又聘蒙古通儒多人，赴日教授蒙文、蒙语，其待过〔遇〕甚优，故应征前往者，甚为踊跃。

余于廿四年九月间抵察，以口外情况必须亲往视察一周，故商诸省府，乞为代定旅行路线，以免发生危险，以便周历各旗群，往返磋商，乃决定仅走西部各县及旗群，盖东、中两部宝昌以东久已被日军占据矣。而所谓浪人与蒙古〈通〉者终日奔走内蒙各地，并在张家口、归绥等地设特务机关、刺探消息、收买汉奸、供给军火……等无所不为。在察、绥等地，不独大摇大摆到处寻衅，省府尚须代备汽车，派员招待，陪赴各地调查测量，国际侦探如此公开活动，可谓别开生面矣。

日本特务人员在察、绥两省，横行霸道，已有喧宾夺主之势。察北各地，在未占以前，已有大多数地方，日人往来巡逻，不准省府人员通行，张家口特务机关松井住宅所在地，布防严密。日人迭由平、津运大批军火供给卓世海、王英等匪军，往往小题大做，照会省府，派军警、军用汽车代为护送，并沿途戒严。余某日访某某诸人，适彼等往迎平津日特务机关长，偕余同行之某君叹曰："往迎上司矣。"其语甚幽默中肯。日本间谍之在张、绥诸地挑衅行为，笔不胜述，参谋本部某某调查员在察工作，日人竟限令省府加以拘捕，施以非刑。某日余寓包头饭店，大批日本浪人携带汉奸多名，包住该店前部各屋，并设无线电台，日夕机声札札，令人难堪。一日余因事过其地，偶加探视，日人及汉奸怒目视余，几至动武。

（四）收买汉奸　日在内蒙各地，收买汉奸，不遗余力，对有枪阶级或匪军等，又极力拉拢，优其待遇，崇其名位，以供驱策。故王英、李守信等，均为其忠实走狗。其对于无知愚民，则利诱威胁，无所不用其极。康保县政府某秘书告余，渠在宝昌任内亲见日人发给愚民每人大洋一元，领袖二元，愚民则在日人压迫与领导手下〔下手〕执白旗，大呼"拥护日本，打倒县政府"，大闹县政府，将县长拉出，敬以熊掌。县长电报省府，结果只有忍辱负重而已。

（五）勾结不肖蒙人　不肖蒙人之中卓世海（察省府委员兼蒙军司令）、包悦卿（驻平办事处者〔长〕）等，早已为日人所勾结，余曾聆其语论，简直主张投降敌军，直不知廉耻为何物。余于廿四年双十节抵百灵庙，适开蒙政会，余对各旗代表多所劝导，各代表亦表示拥护中央，其空气颇为浓厚，迨翌日某日人抵庙，大加煽惑，重要委员密告余，形势已去，余乃匆匆离庙返绥。可见日人之无孔不入矣。

（六）训练蒙古军队　日在兴安岭顿〔屯〕垦区王爷庙设立兴安军官学校，或称蒙古军官学校，专收蒙古青年，施以特殊军事教育，校长虽系蒙人，而实际负责者为日人松本七郎。其设立之趣旨书内有云："对于蒙古人，施以特别军事教育，以为将来蒙古军之骨干，以谋蒙古民族之复兴。"又谓："从东亚大局观察，应有调和日、满两国亲善之必要，以不违反与他民族协和之精神为限度，应助其强化对日信赖之倾向。"彼等计划在数年以内，养成蒙军下级干部，而由日军人统率之。故前在百灵庙所训练之新兵及军务处军官，多为该校出身之学生。

（七）设特务机关及无线电台　日本自前年迭在张家口、溽江、贝子庙、绥远、包头等地设特务机关，公然租占民房，正式办公，此项特务机关，内容极为充实。闻与华北国际军事侦探部，直接发生关系。日飞机每星期由平飞往察、绥两次。并在锡盟之乌珠穆沁旗索王府、阿巴哈纳尔左旗贝子庙、归绥、包头、宁夏之阿拉善旗等私设无线电台，以通消息。各地派遣测量调查人员，如绥远、丰镇、集宁、和林、萨拉齐等县，均据县长面告，随时均有日人前往调查。近则张北、商都一带已电台林立，敌军如鲫矣。

（八）建筑铁路、公路以控制全蒙　日本自占我东北后，一方消灭东三省及热河之义勇军，一面积极布置多伦，并积极修筑铁路，其成绩颇为惊人。其已建者，有吉会线、拉滨线、哈讷线，尚正积极建筑者，有图们江宁古塔线、朝阳承德线、讷河黑河线及热河境内支路，此外由赤峰到多伦、承德到多伦、怀远索伦线，以及热、察边境及多伦、沽源、察北各县旗内修筑的公路，在在都是预备着占领全蒙。

（九）军事之布置　日军［本］除在热河驻以重兵外，并于多伦设第七师团司令部，并划开鲁、朝阳、凌源等县为若干区，每区各驻伪军数千名，随时换防。热河已设有飞机场多处，并在察省之张北、沽源、商都、嘉卜寺等筑有大规模之飞机场。此外在未占察北各地时，已派汽车队巡回察北各县及各旗。去冬占领以后，即大事布置，张家口大境门以外，均已为敌军所占领，张家口通内蒙要道之大坝早已被占，敌军随时可以入城进占张垣。近来察北各军如李守信、王英、卓什海及包悦卿等所招之匪军，均由日人担任指挥。最近进攻绥东匪军之大部分，迭据各方报告，均为日军。又查王英为绥西匪军，去年集晋、绥两省兵力，予以痛剿，方告肃清，近日方又加以利用，其势必占领西套蒙古，实属毫无疑义。查日军于去冬占领察北后，即已在商都作军事布置，亟谋进占绥东，所幸绥主席傅作义，精明强干，真诚爱国，故严阵以待。七八月之交，虽由匪军李守信、王道一等二度进袭陶林，掀起所谓"绥东事件"，幸被绥军击退，所以无机可乘，暂行停顿。乃派人向正黄旗总管密达凌苏龙（绰号红胡子）等连络，所幸绥蒙王公、总管，均深明大义，竭诚拥护中央，赞助省府，故尚能维持现状耳。傅主席及其左右告予，渠誓不使敌军踏入绥远一步，敌军如侵入绥远，渠必迎头痛击，其爱国热忱，令人［领］钦佩不已。近闻日方鉴于三袭不逞，已由热河调张海鹏部二千余人，开赴商都，又增调日军一混成旅进驻张北、康保一带，负责推动匪伪各军西进，以便由日军填防。据八月二十二日《申报》所载：蒙伪以及日方代表，近来连日在百灵庙会议，对于军队编制，决定三种：（一）满蒙自治军，下辖三师，军长为王道一（最近报载已被杀），由马子谦、马子荣、金甲山分任师长；（二）满蒙防共军，军长为王英；（三）蒙军计编四军，由李守信、卓什海、包悦卿等分任军长，每军辖四师。总计以上各军，号称十万左右，此数虽属张大其辞，但因受日方供给，其器械颇为新式，故实力亦不可侮。一俟内蒙全部占领，即着手包围外蒙。日人用心之毒，设计之周，尚望全国人士，共筹良策，以资应付，俾垂亡之西北，得以保全，斯则作者所馨香以祝。

《中国新论》（月刊）

南京中国新论社

1936 年 2 卷 8 期

（朱宪　整理）

察北匪军活动

日方军运往来极为频繁

作者不详

1. 张家口九日上午一时发专电　察北伪匪积极活动，热河匪军数千已窜至察边，闻继续西进至宝昌与多伦间。

2. 北平通信　关系方面消息，德王现在嘉卜寺，态度似趋鲜明，闻已致电中央当局，报告就任国大选举锡盟总监督职，并已按照规定名额指派代表，届时出席。中央方面近亦有电致德王，有所商洽。卓世海前在张北一带有所活动，现已返回牛羊群原籍，最近情况不明。日人方面，近在察北颇多布置，承德、多伦间，日方军运极频繁，惟察北地方现尚极为［为］安谧云。

3. 包头通信　日方侵扰绥西，分为两个计划。第一计划即为利用西公旗内部之不和，助叛部打倒石王，拥伊喇嘛之侄某为傀儡，然后以该旗为根据地，整军经武，以图进展。不料事归失败，于是第二计划出现，即利用匪首王英在绥西固有之势力，助其进犯，以期假手王匪而达到掠夺之目的。现在王匪进犯绥西之企图，已日见显著，其工作活动，亦日趋紧张。顷据确息，王匪之侄（名不详），于数日前奉派潜至杭锦旗、达拉特旗，向蒙民活动，为避人耳目计，昼则匿居其亲戚家，夜则出外工作，闻已有相当成功。当地保安队于前日侦悉后，曾派便衣队往捕，不料被其闻风逃逸。王侄以前系在陕北榆林一带活动，谋联络该地土匪，以为犯绥策应，闻亦有相当成功。此次逃逸，众料其复返陕北。又据固阳来人谈，王英本人亦于本月五日绕后山草地（此路为昔日匪徒往来之大道，官兵势力不能达），经固阳入绥西。按王匪数年前，被王靖国部解决，王匪远逃，其部众多随杨猴小以去，而留隐于绥西者亦不少。此次西公旗乱后，一部分随叛党投往百灵庙，其有留余〔绥〕者，王匪业已派人前来号召，故王匪此来，众料其或有其他任务，然吾人甚愿为道听途说，终非事实也。又按河套一带，迩年因晋绥军从事屯垦，乡村组织，渐臻完密，日〔日〕屯垦队，纯为现役军，每日除农事外，必从事操练。其所建新村，约有二十处，村之周围，均筑有巩固之围堡，星罗棋布，田舍相望，防守极为便利。其附近旧有之乡村，亦相率仿效新村办法，组织亦较前完密。本年当局为防共计，复令各乡广筑碉堡，训练壮丁，曩昔河套之散漫情形，已不复见，倘使匪军来犯，亦恐徒劳。七十师师长王靖国，鉴于迩来谣言之盛，为防万一计，派该师副师长徐席儒，于昨日由并到包，对部队训话，并于今日转往五原视察防务，并对各军官面授防守机宜。据徐氏表示，决尽军人守土职责，倘匪军来犯，即予痛击云。

《中国新论》（月刊）
南京中国新论社
1936 年 2 卷 8 期
（朱宪　整理）

外蒙古与日俄之未来战争

张凯　撰

一　导言：外蒙问题告急

自一九二一年，中国西北等〔筹〕边使徐树铮被思〔恩〕丹巴库驱逐出库伦以后，外蒙古即与中国本部完全断绝关系，不独在政治上［不］防止中国内地人势力之侵入，〈不〉受中国政府之支配，即在经济上亦采取锁闭主义，排斥中国内地商人入境贸易，同时与世界上其他诸国（除苏俄外）亦不相往来。除苏俄所派遣之指导者以外，无人能窥知其内容，外蒙于是遂成为世界上神秘之境！

然而，九一八事变以后，日本已决意长驱直入外蒙，以为侵俄之捷径。于是神秘的外蒙，又复呈现于世人之眼前。东京外务省某发言人答新闻记者之访问时，曾云："外蒙为神秘之幕所笼罩，目下'满洲国'（？）（注一）正叩其门户，其情形与八十年以前，美国海军武官率舰迫日本与之通商情形，颇相类似。"日本叩外蒙之门，其目的是否与八十年前美国叩日本之门相似，兹暂不论。然自一九三二年起，日本侵入神秘外蒙之尝试已非一次矣。据《读卖新闻》之消息，自一九三二年二月起"满"、"蒙"边界共发生事件四十四件，而此四十四种争议，皆未解决，日后且有续增之势。满铁机关报《每日新闻》亦载称，苏俄及外蒙之"不法"行动，仍继续不已，自一九三二年以来，此种事件之发生，已不下二百五十五次之多。至于外蒙方面，亦正在秣马厉兵，准备抗敌。最近外蒙首揆一行在莫斯科访问时，宣称决不让敌人占领外蒙领土一尺，外蒙政府抗敌情绪之〈高〉，由此亦可想见一般。此外去岁"满"、"蒙"满洲里会议的破裂，以及最近日本政府故意宣传"满"、"蒙"边境发生激战等事项，在在证明外蒙已不能和过去十五年那样，采取锁闭主义，反之，外蒙今日已成为日俄必争之地。日俄未必马上开战，但是日蒙的正式交战，为时恐不很远了。外蒙于是遂成为全世界视线所注意的地方，外蒙在远东政局上也占了极重要的地位。外蒙的将来不独与日俄有密切的关系，且和中华民族的存亡也发生了攸〔休〕戚的关系。所以当外蒙问题告急的今日，中国的青年对于"外蒙的现状"和"外蒙在日俄未来战争中所占的地位"等问题，实有了解的必要。作者曾于一九二七年到外蒙，并由外蒙到苏联，今愿以客观的态度，本实地考察之认识，和年来搜得之材料，对外蒙现状，作一公正的叙述，并对于外蒙在日俄战争中所占之地位，作一"根据事实的估计"。

注一："满洲国"下之（?）为作者所加入。

二　外蒙的现状

A. 外蒙的地势与人口

外蒙古在戈壁大沙漠以北，面积约一百五十万三千五百平方粁。全境总延长及七千俄里，其中三千俄里接近苏俄领土，又三千余俄里接近中国本土，其余则与"满洲"为境。然而在这庞大的沙漠山岭地带上，人口仅七十六万（一九三〇年调查），密度每平方粁约七人。在革命前，外蒙乃划分为若干部，如杰赛伊特汗部、绥钦汗部、赛茵诺扬汗部、绥赛特汗部等。今则全境划分为十二个区域，即东部地方、肯德地方、中部地方、农业地方、柯索柯尔地方、亚尔盘凯地方、乌尔范倍地方、记尔伯德地方、哥布德地方、南哥比地方、东哥比地方、亚尔泰赛布宾地方等。居民中约有百分之九十为游牧民族，彼辈最主要之财产为家畜，根据一九三四年的调查，外蒙全境共有家畜二千二百五十万头。其余百分之十的人口，则为旧王族与喇嘛僧，至于从事于耕种的人口则几乎是只有偶然的几家。更就人种而言，喀尔喀人为其骨干，约占全部居民百分之六十，此外居住西部科布多地方的额鲁特人约有六万，居住北部地方的布利亚人约有三万，居住科布多地方的阿烈特人约三千，居住蒙古诺尔泰伊山脉中的查玩庆人约五千，此外散居外蒙各地的中国本部人约有五万，苏俄人三万，其他西藏人、英国人、德国人等约合一万左右。

游牧生活的蒙人

外蒙古共和国的首都为库伦，今则通称为乌兰巴特尔（Ulan-

Bator），意即赤色的英雄都城。

B. 外蒙共和国成立的经过

当一九一七年俄国发生大革命时，中国想乘机恢复其在外蒙的宗主权，所以遂于一九一九年十一月宣称废弃一九一五年中、蒙、俄间缔结的条约，取消外蒙的自治权。同时为镇压因受俄国革命影响而产生的外蒙统一运动起见，复派徐树铮为西北筹边使，出发征蒙。徐树铮的远征队起始着着胜利，卒将喇嘛活佛科笃特所管辖的首都——库伦陷落。于是外蒙又在中国西北筹边使徐树铮的管辖下。但至一九二一年，曾为赤俄军队所驱逐之思〔恩〕丹巴库联合白俄将军温梧〔格〕林率领军队二千，突然侵入库伦，将徐树铮的驻屯军完全驱逐出境。

恩丹巴库将徐树铮驱逐以后，即唆使哲布尊丹巴活佛为君主，赋与宗教上的支配权，自己则把握新政权，想建立一个独裁的国家。但是因为自身的种种弱点，这个企图终于没有成功。

而在别方面，倾向苏俄的外蒙青年，在苏俄的援助下，皆欲推倒恩丹巴库，计划外蒙的独立。于是遂组织外蒙国民党，并成立义勇军。一九二一年二月即在俄蒙国境买卖城开第一次蒙古国民党大会，并于同年三月组织外蒙古人民临时政府。复于七月进兵库伦，将白俄将军及恩丹巴库的军队击退，于是外蒙遂入外蒙国民革命党的掌握中。

临时政府因鉴于哲布尊丹巴一派喇嘛的势力尚甚大，为着缓和与喇嘛冲突起见，所以在表面上仍采取君主制，推哲布尊为元首，然而在实际上一切大权皆操于国民革命党之手。该党领袖堡德自任新政府之总理兼外交部长。

外蒙人在沙漠中集市

　　然而当时曾在苏俄受过新教育的急进主义者，对于新政府所采取的君主制度，及对王族及喇嘛僧的妥协态度表示不满，于是遂组织外蒙古青年同盟，乘着一九二四年活佛逝世的机会，向国民革命党中的稳健派作激烈的战争。结果，青年同盟激进派得胜利，将哲布尊丹巴的剩余势力尽量消灭，并于同年六月宣言成立外蒙古人民共和国，并参加苏维埃社会主义共和国联邦，作为该联邦组织的一员。所以今日的外蒙古人民共和国是在苏联的领导和支配下，不论在外蒙的政府、军队和政党中都有许多苏联的指导者参加其中。就是外蒙古政府的对内和对外政策，也都是受苏联的指导和监督的。

　　自一九二四年，蒙古国民革命党青年同盟派推翻王公和喇嘛政权，建立赤色的人民代表会议政制共和国以后，王公、教徒们在日本的暗助下曾几次组织暴动，企图夺还政权，然而均归于失败，因此外蒙共和国的基础遂愈益巩固。

C. "外蒙共和国"的政治组织和一般对内政策

自一九二四年六月"外蒙古人民共和国"宣布成立后，即于同年十二月召集全国代表七十七名举行全国会议，制定《外蒙古人民共和国宪法》五十条。该宪法第一条规定："蒙古为独立共和国，一切权利皆属于劳动群众。"复于一九三一年将全国划分三百二十四个小行政区域，由十二大行政区统一之。各行政区得派遣代表组成外蒙古国民代表大会。该会为国家最高执行机关，通常每年开会一次。为行政上的便利起见，国民代表大会得互相推选，产生中央执行委员会，执行国家的权力。其下更设置干部会，掌握国民政府的主权。

行政机关的中央政府，是由国命〔民〕代表大会任命的。其组织如下：总理一人（现任总理为甘腾，Gendum），副总理二人，军务总司令一人，复有外交部、内政部、军政部、畜牧部、农业部、教育部、卫生部、司法部、工商部、交通部、财政部，此外尚有军事委员会、经济委员会、国务检察院等组织。根据宪法的规定，凡在革命前享有中国政府爵禄的旗长和喇嘛僧侣，皆没有选举和被选举权，此外皆有选举和被选举权。然而在事实上得被选为州、郡、村长者，大半为实质上掌握外蒙政权的国民党和革命青年同盟派的会员。宪法复规定土地国有，国民皆有纳税义务。赋税中有职业税、营业税、印刷税、车力税、房屋税以及所得税等。所得税系采累进税率，即视贫富而定，贫者税率底，富者高。此外尚课外国人税。

所谓外蒙国务总理甘腾

左为甘腾之妻，右为"陆军部长"狄米德之妻

　　"外蒙人民共和国"成立后，内政上的一般施政方针，大体上是仿效革命后俄国的例子。消极方面，从事于肃清旧政权的势力，废弃领有土地〔王〕的〈王〉族、压迫封建势力的喇嘛教徒，依高税压迫富有牧民。积极方面，组织集体的牧畜事业，对外贸易由国家经营，组织强大的革命保护军，立刻计划交〔文〕化建设

等。这些政策在初行的时候，依赖外蒙自己的军队和红军的援助，甚得相当的成效。但是外蒙究竟是一个产业非常落后的游牧民族，并且还有王公阶级余党及喇嘛僧侣的存在，所以经过相当时期后，在各部就发生以旧王公、喇嘛为中心的旧特权阶级的反革命暴动。特别在日本的暗助下，这些暴动大有［之］蔓延之势。所以在一九三二年蒙古共产党中央委员第三次临时大会，并第十七次全蒙代表中央执行委〈员〉会临时大会中，政府的负责者报告人民对于激进改革政策的不满，并认着外蒙目前尚在资产阶级社会民主共和国的过程中，因此过去的政策未免太过分一些。所以当时大会决定以反宗教、反帝国主义为目前施政的方针，以渐次帮助反资本主义的成长。同时对于个人的自由和权利亦与以相当的扩大，国营事业或合作社的独占反与以相当的限制，借此以收服人心。直到目前为止，外蒙的一般施政方针仍是在这个过程中。这个政策的改变，很明显的是因为外蒙尚没有达到社会主义革命的阶段，外蒙的经济和生产缺少实现社会主义最主要的条件，所以最初的政策有修正的必要。

D. 外蒙的产业

1. 畜牧　外蒙古最重要的生产事业为畜牧，家畜是他们最主要的财富。全境共有十六万五千家的人口从事于畜牧事业。所以畜牧事业的盛衰可直接反映其"国"情，而"政府"的对内政策亦常表现于畜牧事业。

外蒙古"政府"成立后，即着手于"国"内畜牧业的改革，一方面派遣政府所培植的兽医到各地去，指导并帮助农民改善其畜牧的方法。他方面又奖励国民建筑牧舍、贮藏牧草等。自一九二四年青年同盟派掌握政权后，政府复模仿俄国的集体生产方法，奖励畜牧业的集体化，将九万二千户贫农和小农的零星牧场，集合而成为若干大规模的集体牧场。因集体牧场发展的结果，畜牧业的生产量即有突飞的增加。譬如一九三〇年全外蒙仅有八百万头的家畜，到一九三三年已激增至一千一百五十万头，到一九三四年又复增至二千二百五十万头。

外蒙之骆驼群

2. 农、林、狩猎业　外蒙境内虽有十六万五千家的农户，然而这些农户，差不多全是畜牧业者，而不是从事于耕植的农家。外蒙古因地质及人民历来不食蔬菜的关系（极大多数的人民仅食牛、马、山羊等及其乳，而不食谷物或蔬菜），所以从事于农业的人极少。仅境内的汉人和布利亚人大多从事于农业。农业区域是在北部，附近鄂尔运河、哈拉河及科布〈多〉一带。耕地面积共计四万三千海克〔格〕特，其中汉人的耕地，达三万九千海格特（每海格特约合二英亩半）。农业生产的种类仅限于大麦、小麦、裸麦和豆类。新政府在产业五年计划中，企图将外蒙农业化，在科布多及其他地方设置"国"营农场，又在各地经营集团农场。

狩猎业　外蒙的狩猎业是比较重要的，毛皮及羽毛是次于畜产的外蒙主要输出品。此外各河川鱼类极丰富，因喇嘛教禁食鱼类，所以大部输出境外，供给外人食用。

林业　在外蒙西北部山岳地带，森林极为茂盛，如落叶松、枞、桦、榆、白桦、白捞、杨柳等树木，随地皆可看见。"政府"为保护森林起见，严禁人民任意斫伐。

3. 工业 在一九二四年以前，外蒙只有原始的皮工业。激进派执政后始设法将出产的原料加以改良，并着手振兴境内各轻工业，现在已设有呢绒、茶食、面粉、肥皂、羊毛外套、蜡烛等工厂。大工业如矿业、电气厂及皮革工厂等已开始创办。一九三一年这种大工业的生产价值，总额已达二百八十万七千元。依照他们的计划，到一九三七年要增至一千二百万元。

外蒙的矿产极为丰富，例如煤炭、金、盐是主要的矿产，此外白金、银、铁、石线〔绵〕、铜、铅也是很有名的。可惜从前因为采矿方法的不进步，所以产额比较稀少。但自"政府"施行五年计划以后，矿产区域内有极大的飞跃，各项矿产的数量都有突飞的激增，即就煤炭一项而言，一九二八年所采掘的煤炭价值七八，〇五六元，但自五年计划行施后每年产额可达三十万元。

沙漠中旅行〈的〉外蒙妇人

E. 外蒙的商业和对外贸易

外蒙的商业，自革命成功以后，就禁止个人主义的贸易，而积极提倡消费合作社的组织。所以一九二一年即于库伦创设所谓外蒙古国民中央消费合作社，总管全蒙的消费事业。这个消费合作社的资本约万元，由"政府"供给。然而当时外蒙的人民多系文盲，不知怎样利用这种进步的合作机关，所以必需品的流通，反因此而陷于停顿，国民对之多表示不满。于是，在一九三四年第七次"国民代表会议"时，就决定在某限度内仍旧允许个人主义的商业，并将"国民中央消费合作社"改组，以期适应人民消费上的需要。

外蒙人之工艺

外蒙人民贸易的方法是非常的原始，大部分是实行物物交易，所谓提倡合作，也不过是抑制个人主义的物物交易团体，而组织国家企业的物物交易联合机关。不过近年来这种物物交易，已逐渐为货币所替代。外蒙"政府"已于一九二四年设立一近代式的商工银行，资本总额约达三百二十一万卢布。复于一九二五年发行纸币，一九二六年发行辅币（银与铜货）。银元系集中于银行，市面上所流通者，仅纸币与辅币而已。

至于外蒙的对外贸易，大部分是操纵在"国营"对外贸易机关（蒙谦科亚布）的手中。不过也有一部分系为苏联国营机关

（苏蒙贸易股份公司）和少数汉人及英人等所经营。因农畜业及工业的迅速发达，所以近年来外蒙的对外贸易也在迅速的发展中。例如一九二九年，对外贸易的总额为一，○四六万圆〔元〕，到一九三二年已激增至四，一三九万圆〔元〕。

F. 外蒙的交通和运输

在革命以前，外蒙唯一的交通和运输工具为骆驼。凡是到过外蒙的人，在辽阔无限的沙漠上，不时可以看见成群结队的骆驼和商人，载运着笨重的货物。但是在革命后，汽车已逐渐代替了骆驼的任务。在今日的外蒙，已布着许多长距离的汽车网。兹将以库伦为中心，将完成的汽车道，列举如左：

（一）库伦——张家口（一，○六○粁）

（二）库伦——买卖城（三七○粁）

（三）库伦——乌里雅苏台——科布多——苏联亚科西喀（二，三八○粁）

（四）库伦——克鲁伦（七二○粁）

（五）乌里雅苏台——赛尔乌苏达——张家口（一，七○○粁）

就水上交通而言，在色楞格河及其支流鄂尔运河间，现在有"国"营楞格轮船公司的定期航行。至于空中的航行，最近已开辟一条自苏联的伊尔克格经买卖城而至库伦的定期航空路。

目前在外蒙还没有铁路，不过自一九三五年五月起，已在伊尔克格开始建筑铁路。这条铁路敷设于伊尔克格与库伦之间，由苏联承包建筑，工人多系苏联赤塔区铁道工人，及中东路的熟练工人。

至于电信事业，则尚称发达。在外蒙各主要的都市里，都有电报局。库伦除设有普通电报局外，复设有一架强有力的无线电台，专供军用，由苏联的技师管理。电话仅设于库伦及由库伦至"国"境间的地方，以为军事上之用。

G. 外蒙的教育和宗教

在革命前，外蒙古的人民也和中国一样，大多数是文盲，而其文字又系复杂的阿拉伯字。自一九二四年外蒙青年，即同盟激进派执政后仿效苏俄的文化政策，实行大规模的扑灭文盲运动，在库伦及其他主要都市里，皆实施劳动者的教育和义务教育。现在外蒙人民共和国共有学校六十一所，其中有小学五十一所，中等学校一所，大学一所。在校学生凡四千一百余人（一九三四年数字）。外蒙在校的学生人数虽不多，但是如果我们注意到的人口只有六七十万人的话，那么人民正在受教育的百分率，要比中国任何一省好得多。此外，外蒙自一九三〇年九月起，已将复杂的阿拉伯文字废除，而代以简单的拉丁文字。这个措施，对于促进教育和提高人民的智识水准，是非常的有帮助，所以在不久的将来，外蒙的教育和一般文化程度势必有更大的进展。

外蒙之贵妇与儿童

除学校教育外，外蒙政府复注意社会教育。目下在外蒙全境，共设有流动电影院二十一所。

外蒙古是一个信奉喇嘛教的地方，喇嘛庙在库伦及其他都邑里，遍地林立。不独人民多信喇嘛教，就是喇嘛僧俗也要占外蒙人口百分之十五（一九三〇年统计）左右。革命以前，喇嘛教的势力是绝对的，数千年来活佛在民间的权威，也是牢不可破的。但自一九二一年革命政府成立以后，活佛的权威就变成有名无实。一九二四年国民党左翼执政后，喇嘛教即被新政权视为共和国之正面敌人，遭受政府之种种压迫。例如，一切僧侣只有负担纳税的义务，而不能享受市民的权利，许多僧侣的财产，亦和王公的财产一样，皆被政府所没收。新政权复于一九二九年颁布彻底铲除喇嘛的命令，禁止儿童入寺院为僧，并令已入院的喇嘛儿童全部还俗，使其从事手工业。当时经行政处分而还俗的儿童达一千二百多人。

H. 外蒙的军备

外蒙古的军队是采取普遍的征兵制，凡是壮丁皆有服兵役的义务。军队的编制、训练和兵器等，都仿照苏俄的样式，军队的教官，亦多系苏俄红军的干部和布利亚红军的将士。军队中最主要的为骑兵，因为蒙古人善骑术，所以外蒙古的骑兵亦颇悍练。除骑兵外，尚有步兵、炮兵、工兵、航空队、特别"国境"警备军和特别国民军等。据日本方面一九三四年的调查，外蒙红军的构成如左：

骑兵	二师
步兵	二旅
炮兵	一团
特别"国境"警备军	二四，〇〇〇

续表

特别国民军	五，〇〇〇
机关枪队	不详
飞机	一连
飞机场	四处
大炮	四十二门
高射炮	七门
轻机关枪	二四〇架
重机关枪	一三〇架
坦克车	二，四二四辆

此外，尚有铁甲车队及载重汽车队。在库伦有化学兵工厂二所，所内之技士多系留俄之青年。各地红军兵力分配如左：

一、库伦　有兵三师，约七，四〇〇人，战车十四辆，飞机场二所，铁甲车队一队，兵工厂二所，无线电台一所。

二、克鲁伦　该地为外蒙东部要隘，有骑兵一团，约千名，山炮六门，大型野炮三门，重轻机关枪各一队。

三、乌科姆拉　有兵一支队，骑兵五百，野炮一门。

四、科拉芬巴西　有兵一支队，骑兵六百，炮兵一大队。

所谓外蒙之军备纪念邮票

外蒙青年军官打靶之姿势

I. 外蒙的复辟运动

自一九三〇年以来，外蒙曾不断的发生复辟暴动。最初次是在政府颁布命令严禁儿童入院为僧的时候，旧皇〔王〕公阶级曾乘机煽动各寺院的僧侣，举行反政府的暴动，然不久即为政府所镇服，并将主谋之皇〔王〕公及僧侣三十八人处死刑。政府自此以后决以更严厉的政策来对付喇嘛教，拟将寺院的一切家畜收为国有。所以翌年在东西各地复发生以旧皇〔王〕公喇嘛为中心的复辟暴动，一九三二年在科尔阿尔巴克布、阿巴加伊等处所发生的暴动，不下二十余次。一九三三年在东京桑贝子发生大暴动，一九三四年暴动者在西部曾树立反革命的政府，然不久皆为政府所消灭。政府当时深恐暴动层出不穷，对于革命政权诸多畏吓，同时又感觉历来的宗教政策未免过于激烈，所以在一九三四年底开第七次国民代表会议时，为扫除人心的不安，曾通过若干关于宗教法令的修正案，撤回破坏一百三十个寺院的命令，允许四十岁以上的人脱离僧籍。

然而最近几年来外蒙境内的暴动，不完全起因于宗教政策的过激或皇〔王〕公企图复辟。据闻有若干次的暴动是在日本的暗助下组织起来的。日本吞并满洲后，即在伪满洲国内设一新〔兴〕安省，以为旧皇〔王〕公及僧侣等之居住，并拟利用该地以为策划暴动的根据地。幸得，这些反革命的暴动，在先进的蒙古青年大众之前，皆先后失败而消灭了。

三　外蒙在未来日俄战争中所占之地位

A. 外蒙是冲突之摇篮

自九一八事变发生以后，满洲已不复为远东之火药库，代之而起者为素持"光荣独立"之外蒙。目前外蒙在日俄关系中所处之地位，犹如九一八事变前满洲在中日关系中所处之地位。在日本之心目中，外蒙和满洲是"并蒂莲花"。今满洲已落其掌握，内蒙亦受其控制，进攻外蒙自为急不容缓之任务。所以自伪满成立以后，"满"蒙关系顿形紧张，日"满"军队越境射击之行为，时有所闻。据日本《读卖新闻》之估计，自一九三五年二月起，"满"蒙边境所发生之冲突事件，迄今已有四十四起之多。外蒙当局虽于去春向"满"方提议组织边界会议，会同解决"满"蒙边界间的纠纷，日方对此建议，始则置之不理，继则借故拖延，最后虽表示同意，并遣代表出席满洲里会议，然深恐"满"蒙边界纠纷从此和平解决，失去进攻外蒙的口实，所以当会议正在进行中，日方故意以最后通牒之方式，要求外蒙允许伪满派遣军事和外交代表永久驻扎外蒙，并得享受自由旅行和交通之权利，俾其势力得伸入外蒙之腹地，此外复要求外蒙承认伪满。日方虽明知此种苛刻条件，外蒙当局决不能接受，然非如此，则无法使会议破裂，无法将会议破裂之责任加诸外蒙当局。易言之，非如此则今后将失却进攻外蒙之极好口实。于此，吾人不难窥知日本对外蒙之居心矣！

　　满洲里会议之破裂，虽将日本侵略外蒙之决心暴露无余，然日本对外蒙之企图，尚不止于此。自伪满成立以后，日本即将旧黑龙江省大兴安岭以西与外蒙古交界处，特设一伪兴安省，用以招抚亡命国外之白蒙势力（如旧时王公、喇嘛及富有者），并作为日后进攻外蒙之根据地。去年日本驻沪领事馆武官室所发表之英文《外蒙实况》一书，曾将日本此种用意完全供出。该书中有一段曰："日本觉吾蒙古民族之重要，已非一日，自〈为〉'满洲国'建立以后，即采取步骤，创造半独立性之'兴安省'以'满洲国'内蒙人之自治共繁荣区。内外蒙人对此种措施已有良好之影响，即蒙古运动恐将再现于世界。……既有此种事情存在，统一蒙古，即可以此为根据。"复据英文《密勒氏评论报》载称："日本计划之最近发展，为嗾使'满'方之蒙古军队，自十二月中旬，经过察省南部，往绥远西部前进，并将察东六县割让于满洲国，将自北平及张家口至库伦之通商大道，横加切断。并在内蒙东部，创立一真空性质之国家。……此次侵略察东之军队，大半系自满洲国之兴安省招募而来。"观此，吾人不难窥知日本在伪满创立兴安省之用意矣。

　　此外，日本为进攻外蒙起见，对于伪满境内之军事交通，正在积极准备。已完成者有拉宾线和吉会路，限定在最短期内完成者，有由齐齐哈尔和哈尔滨直达黑河的铁路，由鲜北至宁古塔的铁路。其他正在计划中之铁道，以及已完成和未完成之公路尚不下五万公里。此类路线，大部系为军事目的而建筑。至于满洲驻兵的增加，退伍军人之武装移民伪满，呼伦贝尔蒙古军校之设立，蒙兵之训练，以及嗾使内蒙自治等，在在皆足证明日本正在企图夺取外蒙，以实现其一贯的"大陆"政策和进占西伯利亚。

　　然而，九一八事变后之苏俄，对于日本之企图正在严密注意中。为抵抗日方之进攻起见，已在外蒙方面作有种种之准备。据日方之调查，自一九三一年远东风云紧张以还，外蒙各军事要塞皆驻有苏俄之红军及飞机队，库伦与苏领伊尔夫奈钦斯克之铁道已在建筑中，库伦与伊尔库次克间已有定期航空，每日往返一次。此外库伦至苏领之亚科西喀已有二三八籽长之公路。当去秋"外蒙独立十周〈年〉纪念"时，苏联政府曾派遣外交人民副委员长加拉罕到库伦作长期之勾留。加氏在库伦之活动，局外人虽不得而知，然正当日俄关系紧张的那时，苏联外交重要人员之赴外蒙，在政治上显然有着很重大的意义。至于苏俄保卫外蒙的决心，可见于最近史达林接见美联社社长霍华德氏之谈话中。霍氏问史达林曰："倘若日本对蒙古人民共和国果行重大军事侵略时，苏联之态度如何？"史答："如果日本果攻击蒙古人民共和国，而图毁灭其独立时，苏联决帮助蒙古共和国。"霍又问："日本侵夺库伦的企图，果使苏联采取积极动作吗？"史答："然。"史氏是今日苏联唯一之领袖，彼在谈话中所发表之意见，不啻代表整个苏俄一国策，亦即代表苏俄保卫"外蒙"之决心。

　　外蒙既为日俄必争之地，且双方为此皆有相当之准备，则今后日俄为争外蒙势不得不出以一战。美人披却龙氏近著一文讨论此事，其中有一段曰："在俄国正与日本国内相同，人人皆以战事为不可幸免，彼等在外蒙方面，更进一步，已有战争之准备。苏俄虽在白来哥、维青克及海渗〔参〕威〔崴〕三地，举行军事操演，然日后战争，不在东西比利亚，而在外蒙古，人民明知此事，皆不忍说明之，此为二国必争之地，因其为东亚争霸之关键也。"披氏所见，正与吾人相同，即"外蒙是未来日俄冲突之摇篮"。

日俄情势紧张中海拉尔骑兵队之检阅

B. 外蒙在日俄未来战争中所占之军事地位

据很多人的观察，日俄如果发生战争，因双方战争目的之不同，日方势必采取攻势，而俄方将注重防御。日方对俄用兵，可自西伯利亚之正面和侧面攻袭。正面攻袭之路线如下：（一）由堪察加角起，沿海岸向南，经库页岛、黑龙江口至海参威〔崴〕，直抵苏、鲜边界为一线。（二）从图门〔们〕江口起向北经绥芳〔芬〕河达兴凯湖，再沿乌苏里江直至伯力为一线。（三）从伯力西向溯黑龙江经同江，再溯江直至黑河为一线。（四）由黑河再沿江而上抵满洲里为一线。（五）由满洲里经呼伦贝尔池、索伦山地带至热河、察北境为一线。这些战线中有几个攻防之重心，如库页岛、黑龙江口、海参威〔崴〕、图们〔们〕江、绥芬河、伯力、同江、黑河、满洲里、呼伦贝尔池等。但是苏俄在沿海及"满"鲜边境各要地，近年来均筑有坚固之防御工事，和准备了一切军事上之设备。这种要地是利于防守而不利于进攻，所以日本的海军是不易从这些地方上陆。而况在俄、"满"、鲜边境，除了绥芬河南北之短距离以外，都有图门〔们〕江、乌苏里江和黑龙江之天然险要隔离着，日方不论自任何一方面进攻皆非易事。所以采取攻击的日本必然会避重就轻，而着重于侧面之攻击，侧面攻击的路线乃是多伦至库伦的大道，因此多库大道便成为日本进攻西伯利亚最好的路线。日本如果能占领外蒙，则苏俄防守西伯利亚之困难即大形增加，因为一方面苏俄防日的战线必须自满洲里附近扩张至西经二十五度地带，他方面，统治西伯利亚之贝加尔湖要隘也将受日本之威胁。如是，日本可以外蒙为根据而截断苏俄和西伯利亚之交通。

未来日俄战争中，日方最大之弱点为俄方以伯力为根据，以续航力二千五百公里之重爆炸机，轰击相距仅一千一百公里半径以内之日本各重要中心城市。所以战争一开始，日本必须集全力来毁灭敌机之根据地，以速战主义将敌人迫退至贝加尔湖以西，然后才可灭〔减〕少俄方之威胁。但是势均力敌之二军，在攻防之势下，日方欲从正面攻击，不易操必胜之券，所以由张库路以陆军直捣贝加尔湖之企图，在日方之战略上是有着充分之可能和重要性。从日军霸占察东不退，伪军李守信部之占据察北六县，和朝承及朝赤二铁道，承多、赤多、通赤等公路之积极建筑，和蒙军之练训等事件看来，日本确正在企图占领外蒙，以为进攻西伯利亚之根据地。

外蒙在日俄战争中既占着如此重要的地位，难怪日俄双方皆欲以全力而获得与保守之。近年来伪满军队之继续向外蒙挑衅，乃是日方企图占领外蒙之前哨战。而最近之《蒙俄互助协定》，乃是苏俄拟出全力以保卫外蒙之最明显和具体之表示。

外蒙已成为远东之火药库，在不久的将来也许会因此而掀起滔天的战祸。

《中国学生》（周刊）

上海中国学生周刊社

1936 年 2 卷 9—14 期

（朱宪　整理）

绥战救护问题

——供各界参考

庞京周 谈

中国红十字会救护委员会庞京周氏，自绥战发生后，迭次往返赶办救护事宜，业经成立中国红十字会总会救护委员会华北临时分会，因筹集医药材料，返抵上海，庞氏缕述观察所得情形如下：此次本人先留平，后赴绥，返经卓资山、集宁、大同等处，实地考察，兹贡献意见如次：（一）关于物品方面，宜多量供给，俾普遍均沾，否则不敷分配，难免搁置，且品质但求实用，不必精细：（甲）食物只要果腹，不用细致，若饼干一类，似不甚配胃。（乙）手套以绒线结成者不甚耐久，最好以皮革制成为佳。（丙）防毒面具现由清华大学工学院院长顾毓琇与傅主席接洽，已定制一万具。（丁）丝棉背心应改制丝棉衣裤，如能以厚皮制成，尺寸须大，尤为耐寒受用。（戊）被褥前方既不用，后方亦因多设火炉，似无需要。（二）关于救护者：（甲）药品不宜凌乱，应照军医署规定之主要药品。（乙）担架，前方置备不易，深盼各界捐输，现红十字会有质料不同之样品数种，陈列会内，备捐输者参考。（丙）救护人员，非经训练，不能在前线服务，须一律军医化。（丁）医院在晋、绥极少适宜处所，现在大同城外云冈石室（风景区）附近，前经蒋委员长等捐建平民住宅三百间，尚未住人，每间宽一丈，深一丈二，可作伤兵医院之用，但因每间中置土炕一座，占去全室之半，故全部房屋，至多可容伤兵一千二百人，且病床尚难布置也。

《西北导报》（半月刊）

南京西北导报社

1936 年 2 卷 10 期

（朱宪　整理）

对于绥远战事之报告

刘盥训　报告　孚若　编

立法委员刘盥训先生，此次代表立法院慰劳前敌抗敌将士，不辞跋涉，远出塞北，爱国热忱，老而益壮，举国同钦。兹录先生在立法院纪念周《对于绥远战事之报告》原词于后，以饷国人。

编者

各位同志，本席新从绥远回来。这次往绥远，系代表本院全体慰劳前线将士，想各位极关心前线情形，现在就分为三点报告。第一点，报告关于慰劳经过。第二点，报告关于战事情况。第三点，报告战事意义和影响。

本席系上月三十日，由南京动身的，本院所捐助之慰劳金五千元，系直接汇到绥远的。本席路过北平，住了两天，因为冀、察与绥远有密切关系，颇欲探知冀、察当局对于绥远战争态度，所以住了两天。听说冀、察将士，闻绥远抗敌有功，极为兴奋，但当局持深稳态度，大有相机行事之意。本席遂于本月四日，到了绥远，正是敌人大举反攻百灵庙的时候，在军事上说，是非常紧张的，就市面和人心上看，是非常镇定的。始信从前各报纸所载绥远战事极紧张，社会极镇定的批评，实在不错的。在四日将黄昏时候，得到前线报告，已将反攻之敌人击溃了。步兵追至三十里，骑兵追至六十里，零星散匪，多被民团缴械。此时国军即往大庙子推进，王英密派其参谋长寇子扬到绥，向傅将军请降，因王英眷属在天津被某国监视，请缓两日再降。傅将军言，降即降，若缓二日，兵已在途，不能中止攻击。寇子扬正拟再面王英，而石玉山、金宪章等，先期反正，大庙子遂不劳而获了。这是七、八日的情形。本席到绥之日，即慰劳傅将军及其部将，次日携带点心、罐头，分赴各医院慰劳伤兵。除重伤不能言语外，其余各将士，身虽伤而气甚壮，个个皆言伤养好，即再往前线杀贼，为弟兄报仇去。但是绥远对于伤兵之设备，太不完备了。（一）无救护车。伤兵具系运输车捎载回来，当然迟慢，且不免格外受冷冻及颠簸了。（二）无大医院。绥远仅有比国人所设之医院一所，其余皆临时借学校住室，即此亦不够用，故伤兵分送在大同、包头等处就医。（三）药物不完备。如绷布一项，闻有用之而肉反腐溃者，其不完备，可想而知。本席曾电晋绥旅京后援会，告以注意此三点。盖欲海内慈善家，就此三点加以援助也。本席又因各方捐款到绥远者，傅将军谦让，不欲作主分配，须待蒋、阎二公作主，当时即提议立法院之慰劳金，如何惠及士卒，以资鼓励。经军民联合会各委员深赞成其言，嘱本席指定一范围。本席即言以红格尔图、百灵庙两役为限，伤兵按二千元，前线出力将士按二千元，死亡者按一千元，由该委员会本此范围，详订一发放办法，此事已登在绥远报纸了。十一日公葬阵亡将士，本席前往参加。十二日随傅将军及赵司令、王军长往百灵庙慰劳将士。十三日，归途，闻西安事变，各将士甚为忧惧，本席当勉以积极防御，不可灰心。然亦急欲一观太原情形，并完成慰劳使命，遂于十四日赴太原，十六日晤阎主任。阎主任对于抗敌极有决心，并嘱本席转告京中同人放心云云。本席又因北平情形不可不一往探询，遂复由晋往平，颇闻某国政府声言对我国改换政策，有禁止浪人活动及断绝军械接济之意。本席料定绥远军事，当暂为和缓，遂于廿三日南下。此报告第一点之概略也。

　　绥远此次战事之起因，固甚复杂。单就最近之原因言之，与其说是德王的主动力，无宁说是某国的主动力；与其说是某国的主动力，无宁说是某国人驻察北名××××者主动力。这是甚么缘故，因为××是某国大学毕业生，号为中国通，驻在察北，专愚弄蒙古，捣乱华北，从前德王之种种举动，如组织蒙政会之类，皆其计画。自云继先等反正，不啻将德王台拆了，虽号称四军，德王自兼第二军军长，其实人数不多。××知到〔道〕德王再号召不起，于是转勾引土豪王同春之子王英。王英因家产被晋绥政府收没，怀恨于心，遂弃其在察哈尔之地位，受伪第六军军长之命，大肆号召。××又秘密向某国暴阀告奋勇，请其派人运械相助，并订明期限，进占各地。暴阀信其言，允其请，而战事遂告紧张矣。红格尔图在绥远东北，其地最足威胁平绥路中间要害之平地泉，现名集宁县。傅将军原派一连兵守之，下令死守，不许退却。王英于十一月十四、十五〔日〕，率大队屡攻之，不能下，决定十九日总攻击，期于必得。而傅将军先发制人，于十七日晚，派董其武两团，配以骑兵，连夜往援。红格尔图有南山、北山，两山中间，有土城，王英司令部驻之。而以大兵扼南山险要，傅将军先派骑兵，绕出北山，断敌去路，而以董团正面进攻，死战不能取胜。董密派兵一支，间道袭攻土城，王英仓卒大乱，自相蹂践。王英乘间乘汽车逃至北山，又遇骑兵阻之，王英转一汽车冲出，乘马惊之际逃去。敌军死伤无算，国军亦多死伤。有一连长姓赵，战酣时已受伤，仍奋身不顾，追敌人退去，始倒地不能起。此人现养伤医院，本席曾亲慰之。然红格尔图，虽未入敌手，而百灵庙及大庙子各地，敌人占领如故，傅将军遂下令孙兰峰旅并调骑兵及钢炮队向百灵庙推进。百灵庙本某国经营蒙古之根据地，守备既严，储胥〔糈〕亦富。其地势四周皆山，一河蟠曲，极为险要。驻庙之特务员为某国××，多年在蒙古放牛羊，充喇嘛，蒙古人多为之耳目，绝不料晋绥军敢于进攻。而傅将军仰承中央抵抗之意，下令廿三日晚进攻，于廿四日早九时以前，必须占领。双方猛烈冲击，至廿四日早六时后，只夺取东北、西北、西南三个山头，而东南山头，尚顽抗不下。孙兰峰遂令张连长密派铁甲车数辆，载敢死士直冲而进，不顾死伤，遂冲入山内，包围东南山而攻夺之。国军死伤固多，而敌军尸积尤多，衣上之标志，有高级军官多人，盖即指挥者，所谓督战官也。迨某国飞机至，而百灵庙已完全占领。钢炮队曾击落飞机二架，即在此时。此后飞机不时来炸，所得军实，略有损失，要无大碍。查此次战利器〔品〕，物质方面，固属不赀，而秘密文件，运载满车，有关蒙、回之大计画及军事地图等等，实为无价之宝。傅将军此时一面令马存仁旅向大庙子推进，一面谨防反攻。反攻之最剧烈者，在十二月三、四日，毒炮、飞机，一齐使用，敌人之凶猛，可以想见。幸我将士奋勇抵抗，天气亦巧，适起大风，毒炮、飞机，无大效力，遂被我军击溃，不能成军。王英此时复恐蹈王道一覆辙，派其参谋长说降。金、石各部不及待而反正，俱在此数日内。此层前已说过，不必再赘。诸君想犹记得金、石反正通电，有"骈诛敌人以自效"一语，这都是实话。〈敌人负伤〉约有三十余人，合之战死者，约在百人以上，但无由确计耳。大庙子因金、石反正而完全占领，绥远境地，可谓完全收复。傅将军非不想乘机作进一步事业，而种种牵掣，未能如愿，惟有赶造各地工事，训练各部队伍，补充各部阙额，以待时机而已。自百灵庙战后，晋军、中央军，陆续开来，现在驻绥各军，共九万余人，兵力较前雄厚。某国亦略有变计，试看德王通电，即可略知端倪。固此电系××代拟，以××而代拟此电，必有作用及原因，而绥远战争，遂可暂告和缓。本席于此，尚有加入报告几句话，就是绥远全省，无论官与民、民与兵、主军与客军，皆有一致团结，向敌拼命之决心，尤其是训练民众，甚为得力。其训练民众之法，普通的，是每乡每村，皆派一有军事知识者为指导官，辅助乡长、村长训练民众，故一般民众皆有军事技能。特别的，是调各地十八岁上，四十五岁下之男子，到省城受军事训练，每次三千人，每期六个月，以民政厅长袁庆荣为团长，下分为大队、中队、小队，各设队长，一切一切，完全军事化。现在第二期将毕业了。有此普通、特别两种训练方法，故绥远民众，不仅能自卫，且能助战。红格尔图、百灵庙两役，得力民众不少，但敌人亦恨民众甚深，遇有小村落，一经攻破，辄肆屠杀，绥远之抚赈民众，即此受兵灾者。全国对于绥远战事，热烈慰劳，不知绥远民众，亦大有功于国家也。此报告第二点之大略也。

此次绥远战事，虽不能称为大战，而剧战、苦战之精神，实可比于光武昆汤〔阳〕、谢玄肥水之功。因敌人背影，非常强大，且有全力搏兔之气势，傅将军当头一棒，挫此凶锋，其意义及影响，实值得全国热烈之颂美。试略分为六点：（一）使敌人知中国人能勇于公战；（二）使敌人不敢再利用中国人杀中国人；（三）开汉奸一条自新之路；（四）揭破敌人捣乱西北阴谋；（五）发扬民众力量；（六）证明本席平日主张"抵抗可以解决外交、内政种种困难，并可以救出汉奸"各语，为不错误。然则就意义及影响言之，未必不等于汉兴昆阳、晋存肥水矣。此报告第三点之大略也。

至于傅将军为人，亦值得注意。本席此次细察傅君为人，可当得纯、洁、沉、勇四字。傅君存心行事，以爱国救国为目的，知爱国救国，非抵抗不可，故全副精神，纯用于抵抗二字，不可谓之纯乎。傅君不惟无发财心，并无升官心，谓之不洁不得也。傅君在绥，穷干苦干，而口中未尝有一牢骚语、不平语，屡经危险，皆以镇定处之，而妙用在心，好整以暇，真沉之至者。此次战端初开，他军有告奋勇者，傅君总以所练基本队六团人为主力，固由于有牺牲精神；亦由红格尔图、百灵庙两战，皆可胜不可败，而自己基本队训练有素，较有把握，可必胜也，非勇者，孰能之？傅君之存心行事如此，何怪绥远人民之一致爱戴耶，又何怪全国人士之热烈赞扬耶？赵司令承绥其豪勇，王军长治国极精密，皆与傅君融洽无间，相得益彰。其部下将士，亦皆深明大义，努力不懈，前途殊可乐观也。以上报告，皆本席观察所得，果否遗漏与错误，尚待诸位指教。报告完了。

《西北导报》（半月刊）

南京西北导报社

1936 年 2 卷 11 期

（丁冉　整理）

绥远抗敌血战发动了

秉仁　撰

英勇壮烈的抗敌血战发动了

我国英勇而壮烈的抗敌血战，已经在塞外绥远的冰天雪地中发动了！几年以来，全国的大众们，受到敌人不断的侵略、凌辱，胸头早已感觉到万分的苦闷，"吃耳光"、"陪笑脸"的奴才生活，再也无法容忍，一听到抗敌战争爆发的消息，谁都禁不住透露出激昂喜悦的情绪来。老的、小的、男的、女的，做小买卖的，靠汗血度日的，无不自动地节衣缩食，把钱省下来，拿去援助在血斗着的战士，有些还渴想上前线去，直接和敌人拼死，谁都想替国家、民族尽一份力量。这样热烈的爱国心理和行动的表现，真可以说是"中国复兴的预兆"，是"未来新中国诞生的第一声英啼"！

绥远地理位置的重要

这一次绥远的战争，不用说又由凶狠的敌人的侵略阴谋所酿成。我们曾屡次说起过，敌人的侵略我国，是有一贯的政策的，那就是所谓"大陆政策"。"要征服支那，必先征服满蒙"，田中义一的奏折里早就这样明白地写着。敌人依据着这计划，整个"满洲"早被攫夺过去，内蒙的一部——热河和察北也已到手，他们要继续实现征服"蒙古"以及华北的步骤，贪婪的目光自然要落到与察哈尔毗连着的绥远上面来了。绥远所处的地理位置，在目前敌人的侵略观点上，军事意义显然是重要无比的。敌人并吞我国的中心工作，目前还在蚕食华北的阶段中。对于华北，他们虽然已经在冀东及平、津一带培育成"不可轻侮"的势力，可是对于山西和陕西等省份，因为有绥远这篱笆拦阻着，一时却未能下手，而且因此连带使在河北所已占到的优势，也还难以确保。至于要往西向甘肃、宁夏等地去谋发展，更非通过绥远这一个关口不可。敌人对于绥远是期在必得的。敌人要夺取绥远，除了在并吞我国北部和西部外，同时在国际局势上，也有着深切的意义，那就是他们要建立从朝鲜起，经"满洲"、内蒙直达新疆延长万余里的进攻苏联的包围线。反之，就我国的立场来说，自从察北继东北、热河失陷之后，绥远已成为"国防的第一线"，绥远如果再不能保守，晋、陕、宁夏以至甘肃都将难于扼守，其势黄河以北，东从沿海的河北、山东起，向西直到极西的新疆止，都将受到敌人势力的严重威胁。简单一点说，如果绥远失守，整个华北以至整个西北，就将有继东北而沦亡的危险了。

敌人侵绥的策略

敌人要攫夺绥远，原是整个大陆政策里安排着的一个步骤，敌人想实行对绥远开刀，也不是最近几个月来的事情。去年入秋以后，有名的浪人首领土肥原导演的"华北五省自治"傀儡剧的时候，就把绥远列在五省当中。这一幕傀儡剧虽然没有演成，但到十二月中，察哈尔北部终于被伪军所占领，而所谓"绥东问题"

也就紧随着产生了。敌人所谓"绥东"是指着绥远东部陶林、兴和、凉城、集宁（平地泉）和丰镇等五县地方而说的。敌人（表面上是伪军）再三向我们要求五县地方划归察北的理由，是这五县原来是察省的蒙境。这当然不能成为理由，凶馋的狼，要吞噬绵羊，"理由"原可以随口胡诌出来的。敌人的一厢情愿，当然恨不得一口气把绥远并吞过去了事，可是限于事实这样干脆的做品他们却又不敢。他们知道这样将会激起中国大众的愤怒，自己至少也要遭受严重的损失。他现在所采用的进攻中国的方式，已经与先前不同，他竭力避免自己直接用兵力来出面，他所用的是"各个击破"的策略，是制造汉奸实行"以华制华"的策略。因此他对于绥远，到最近为止，自己的武力还不曾公然发挥过。他们把侵略绥远的部队分做三层，使王英等率领着匪军做先锋，使李守信、卓世海、包悦卿、张海鹏等伪军做中枢，自己的正规军队则列在最后。他们又把这些匪军插上什么"防共自卫军"、"边防自卫军"等等旗号，为蛊惑蒙人起见，又说是要替蒙人建立一个什么"大元帝国"。

敌人侵绥的现阶段和我们的应战

以匪军王英为主力侵扰绥东的活动，本年七月间就开始了。幸而都为当地的驻军所击败。此后敌人一面厉兵秣马，一面积极修筑军用公路及飞机场，在晋、绥、宁夏等省进行"特务工作"……这样又经过了几个月的准备工作，到上月中旬，伪军李守信、包悦卿等部队，也与王英的匪军一齐大举出动了。这次敌人在军事上以察东的多伦为总兵站，以商都和张北等处为根据地，分两大路向绥远进攻。一路攻袭绥东的陶林、兴和、集宁以至丰镇等县，向集宁、丰镇的一支，目的在截取平绥铁路，以断山西

与绥远间的联络。一路从绥北百灵庙（那里在几个月前，就入敌
人势力范围）南侵，企图夺取归绥、包头、五原等都市。幸而绥
远的军士们在傅作义将军指挥下，奋勇抵抗，山西军队也出动防
守，结果不但阻止了匪伪军的进展，还把已经在敌人控制下的百
灵庙克服了。这真是令人万分兴奋、欢忭的事情！

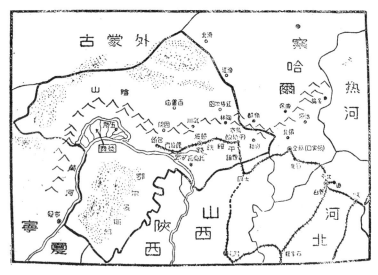

　　绥远抗战我们得到了胜利，当然是值得庆贺的。可是我们应该
知道，战争刚才开头，我们所获得的不过是初步的胜利，更艰苦
的斗争着实还在后面。攫取绥远既是敌人的一个预定步骤，敌人
当然不肯轻易罢手，即使把目前侵绥的匪伪军全部歼灭了，可供
驱策的伪军着实还不少。到"以华制华"的毒计行不通时，敌人
更不惜放下狰狞的面目来，与我们直接相周旋的。因此目前的局
势，决不像有一些大人先生们所说那样："绥东问题……是一件小
事……"，"绥远方面问题很小。"我们要保证绥远不为敌人所算，
非用全国的力量来对付不可。如果仍旧像过去淞沪抗战和长城抗
战那样当作局部事件来看待，让绥远的军队去单独应战，前途的

危险是不堪想像的。再退一步说，敌人因为此次攻绥失利，认为时机还未成熟，为避免牺牲起见，居然暂时停止活动。就事实来推断，未始没有这样的可能，但敌人对于觊觎绥远的企图，在根本上决不会放弃的。假定真正放弃了，我们也不能认为最后胜利已经到手，察北、冀东都是我们的领土，东北四省都是我们的"老家"，我们决不能任令永远沦陷在敌人手里；那里的人民都是我们的同胞，我们决不能永让他们过着奴隶生活的。

谈谈绥远的经济地理

绥远所处的地理上的位置像上文所说，在目前的时局中是十分重要的，其实绥远境内本身所包藏着的富源也不可忽视。那末就让我们来谈谈绥远的经济地理。

绥远在国人向来的心目中，多以为是一块寒冷而荒瘠的边地，只宜于蒙族人牧羊放马，此外在经济上是无关重要的。那里的产物，在现时的确还以牛、马、羊、驴以及皮革、毛皮等为大宗。可是西部后套以及中部归绥、包头间黑河沿岸一带平原，土质都很肥沃，只因雨量稀少，缺水灌溉，无法耕种，如果水利问题能够解决，都可使成为上好的农田。尤其是后套五原、临河等县属一带，那里自从清朝末年以来，经山东、河北等省移民垦植之后，原来的荒漠，已有不少成为河渠纵横、豆麦遍野的富庶景象，谚所谓"黄河百害，只富一套"，当是指后套区域而说的。但直到现在为止，未曾开辟的荒地还一望无际，如果应用新式水利工程广辟沟渠，则不难把那里筑成一座"西北的乐园"，可供东南过剩人口的移殖。说到后套的水利事业，就要使笔者记起一位开辟后套的功臣王同春来。王同春原是河北的一个农民，很有经营水利事业的天才，后套黄河本流和五加河间的支渠，大部分是他开辟成功的，因此才确立了那里垦殖事业的基础。可是说来痛心，现在正受敌人利用在冲头阵攻绥东的匪首王英，据说就是王同春的第三个儿子。父亲辛辛苦苦开辟起来的土地，儿子竟想拿去献给敌人，真是可说是"不肖"了。至于黑河附近一带的平原，民国十八年时省当局动工开凿民生渠，引黄河水入黑河。渠身全长一百九十余里，如果工程全部告竣，就可灌田一百三十余万亩，可惜因为经济力量不足，至今还未曾完成，而且有一部分已经被洪水冲毁湮塞掉了。

匪首王英

绥远除农业以外，矿藏也着实富足。包头附近大青山、阴山的干脉一带，向来以产煤出名的。百灵庙北一百二十里白云鄂博附近产磁铁矿，储量大约有三千余万吨，矿石含铁达百分之六十以上。矿床暴露，宜于露天采掘。如果交通相当发达，把这里的矿石运到包头，就可利用大青山的煤来炼制钢铁。

《新少年》（半月刊）

上海开明书店

1936 年 2 卷 11 期

（朱宪　整理）

绥远通信：抗敌战下的绥远

宗亮东　撰

绥远省政府的正门

一

自从上月十四日绥战爆发后，不仅是在国防战线下的前方民众，坚决地要拼命抵抗，而且激发了全国民众抗敌的义愤，大家一致地表示了抗敌的决心。

绥战的胜利，证明单抱"敌来侵犯，我决抵抗"的态度，完全不够，必须还要取攻势，才能保证胜利。绥远是西北的门户，其战线非常之长，若是只取守势，那末横贯绥远地域东西数千里的大青山，和西北食道的平绥路，必至形成守不胜守的田地，所以从民族的整个生存上讲，从绥远国防战线的形势上看，我们都必须取攻势的。

绥战的胜利，给我们全民族一个更深的信心，就是说，只要我们全国军民有抵抗的决心，有抵抗的实力与准备，我们恶劣的环境，马上可以改善的。我们在绥战未爆发之前的三五个月，有一次和傅作义将军的三十五军士兵随便谈话，提到敌人的企图的时候，他们都咬牙切齿的说："××鬼子，欺侮得太利害了，非杀个痛快不可。"这句话我仿佛还能想像当时那样义愤填膺的情景，事隔数日，现在果然如愿以偿了。

二

绥战爆发以后，倘使从过去事实的推理而论，必然是未可乐观的，可是事实恰恰与此相反，在全国的民心，都一致的作援绥后盾，捐钱，捐药品，捐御寒品，没有一个人表示丝毫悲观；而在前线的民众，也丝毫没有躲避畏难的现象。傅主席曾表示过"死都要死在绥远"，民众们所有身家财产都在地上，谁不愿做政府的后盾呢。

当红格尔图一役，我方反攻克服后，可以说我们的军事态度，有一个显著的转向，即是前述"取攻势"的观点已见诸事实。十一月二十四日匪伪军的绥北大本营百灵庙的被攻克，就是一个例子，据说这次攻克百灵庙的计划，在事件的前三日，就由蒋、阎、傅三领袖商定，蒋委员长命令廿四日晨六时就要攻下来的，到七时有电报问傅主席，傅主席急得连夜策划，督促前方将士，决定如八时尚不攻下来，决以死治罪，因此居然在廿四日九时攻下来了。这次的进攻，敌方只以为我们在南路，哪知后路北面也有精旅袭击，可是此役为时虽速，而双方死伤却很惨，后来朋友们到百灵庙去慰劳，只见满山满壑都是人马死尸。百灵庙是一块大漠地，四周都有山环抱，我们现在的驻军，白天都到山上去，直到夜晚才下来，以免敌方的空袭，然而每天都在零度下三十多度的气候下，冰天冻地之守备警戒的苦况，真是不容易呵！可是据我们慰问前方回来的伤兵，即使是伤势很危险，没有一个现出一点痛苦的样子。一个伤了臂膊的士兵，他曾有投弹杀敌百余，生擒俘虏十几名的英勇战史，他对我们说道："谁要把我载回来，我已打死几十百倍于我的敌人，死在战场上也够好的了，我还得去杀！"

三

关于前方将士的英勇战史，真是说不胜说，这里且再看绥远省垣的救亡御侮的情形吧。

当绥战爆发之后，省垣先有"学生救国会"，接着又有"教育界同人联合会"，贡献一日所得，慰劳伤兵，后来又有各界抗敌联合会，团结绥省各界所有的力量，组织救护队、慰劳队、募捐队。同时为表示民众与政府合作起见，又组织一个"晋绥剿匪军总指挥部军民联合会"，这个组织，各界代表人员都有，而且工作是顶繁忙的，所有关于军事上的运输，粮食的供给，伕役驼马的摊派，慰劳民众及团体的招待，各省市人民、团体的慰电的收覆，各地捐款的保管等都是他们所要做的，会中共分总务、招待、宣传、慰劳、保管、救护等股，他们都是捐时间捐精力，整天东奔西跑，每日收覆电信就要几百封，至于各地来绥慰劳者的招待，更是使人感激，从车站迎接起，以致住宿、行旅、赴前线慰劳、视察的接洽等，无不款待周至。

特别使我们注目的是各地来的学生，他们都愿意在战区作长时期的战地服务，有的到武川，有的到集宁，有的到百灵庙。这种精神是以前所少见的。绥远的小学生，他们竟也用童子军的精神来组织许多救护团体，分别到各后方医院去服务，替士兵换药、送物、写信等等。由这些事实看来，我们知道全国人民，尤其是青年学生，已经由口头的爱国而进至于行动的爱国了。

四

绥远的战事是在继续胜利中，从百灵庙克服后，最近在庙东北离商都不远的大庙子，又被我军收复了，所以我们对于战争胜利是很乐观的。傅主席也曾有个极乐观的表示说，绥战已可暂告一段。这种信心是我们应该有的，不过，我们还没有遇着真正的敌人，那些匪伪军大部已觉悟到"中国人不打中国人"的意义，而相率反正来归，不过敌人的企图不小，他们还没有用自己的力量来侵害我们，所以我们还要继续不断的备战，为民族的生存，为世界的和平而战争！

《新少年》（半月刊）

上海开明书店

1936 年 2 卷 12 期

（李红权　整理）

《苏蒙协定》与日俄纠纷

罗保吾 撰

自九一八事变后，日俄纠纷，自然趋于滋长，以双方各自实力之估量与充实，故虽每形紧张，亦终成间歇性之发展，时至今日，固未曾稍现缓和之象，反如治丝之愈治愈棼！今也苏俄赤军，已二十余万陈阵蒙边，日军亦有相当之数，成卫所谓“满洲国”境，日俄纠纷间歇症之是否即达转变，颇堪注目矣！

以军事言之，外蒙边境之西自车臣汗，东迄蒙古包，此约千余英里地带，以日俄在东亚之行为而论，均为日俄所必欲取。当“满”蒙互讦，越境事件纷纭之际，倘日“满”军果长驱入蒙，占取上述地带，俄兵虽欲抗之，然师出无名也，于是苏俄为谋东边防守巩固，乃有苏蒙协定之举。

《苏蒙协定》之效力，在使外蒙边境，苏俄赤军可自由活动，在上述地带，苏军可遂意据守，同时苏俄之援军，可排除一切障碍，由自国迅速以达蒙边。

外蒙固中国之领土也，其宗主权俄方亦始终承认之，今苏蒙签订协定，事前既无预告，事后则如通知第三国而通知焉！法律上《苏蒙协定》应失其所以凭据，苏俄之侵中国主权，日本竟在中国之先发现之，且以此而疑中俄有密约，致使外蒙与苏俄携手，兹则中国对俄已一再抗议矣！

倘今日之世界，法律、公理，在国际间能保其尊严，则中国之外交可胜，苏蒙之协定可无效。奈何今之尊严为实力！自民国十年俄国白党恩琴叛据库伦，武力驱出华军，中国对外蒙，事实上失其统治之权，虽一九二四年《中俄北京协定》，苏俄仍确认我之宗主权，然事实仍事实耳！民十八年，中苏绝交，汉蒙通商关系亦绝，九一八后，中国腐心于对日外交，外蒙问题，不暇谈及，且亦无力谈及，旧创新痕，均以医药乏术，空诅病魔，亦徒增咨嗟也！

事实上中国如难阻止《苏蒙协定》之发生效力，则该协定适足以增进日俄纠纷之扩张性。观乎近日来电讯纷传，绥芬事件之呈急遽紧张，日俄增兵之互趋激化，东京挑俄之愤情溢扬……可以证之。

日俄纠纷扩张之结果，厥为两途：一则仍任其间歇，各取南进，以谋将来战线之广，得势之优。一则触发战机，即决雌雄。当此欧局未定，苏俄西方巩固可虑，日本国内财政与对外军实尚须扩充之时，倘能遏制情感，是皆应取南进，然则中国不特外蒙问题已矣，华北问题以及中日、中俄整个问题，均有难言之痛者于未来者也。

东亚祸难未已，吾人而空言"主权"！"主权"！何异蜀犬吠日？惟如何以谋生存于此无公理之世界，是吾人亟切所不容缓之时矣！

《实报半月刊》

北平实报半月刊社

1936 年 2 卷 13 期

（朱宪　整理）

蒙"满"冲突与日苏的前途

独秀 撰

因国界纠纷而形成的蒙"满"边境之冲突，表面上似乎日趋严重，一般神经过敏者，甚且以为日苏恐因而引起大战，其实，这完全是一种错误的认识与估计。

冲突的次数，双方的人数，冲突的实情，这种种问题，我觉得都不必十分加以商讨的。日军冲入蒙境也好，蒙军冲入"满"境也好，总之，无关宏旨，最重要的，就是日苏会不会因此而引起大战。

日本之以反苏联自负，及苏联之以"日本在，远东危"的难以忘怀，都是事实，而且日苏之开火，可说不成问题之问题，但今日所当深思者，就是时间问题，尤其在今日是否会因蒙"满"国境纠纷而引起大战。

先就日本而言，日本自从少壮军人之崛起，九一八事件后而"满洲国"之完成，土肥原氏活跃而造成今日中国华北之局面。表面上，似乎他们野心无限，方兴未艾，其实早就形成了"膨胀病"了。我们试看"满洲国"成立以来五年间的事实，非但开发富源、经济建设等谈不到，而且"满洲国"之土匪出没，地方不靖，并未因"皇军"而稍杀，此其一。日本于"满洲国"建立后，满拟移民，但一般日民因气候、地理、风土等种种原因，都不愿移殖，此其二。因地方之不靖，人民之不愿移殖，而日本之财阀，亦不愿轻易投资，而且也没有多少多余的财富来投资，此其三。所以

"满洲国"直到现在还没有上正轨。日本最近在华北，固然也建立了相当的地位，然而距离日本所想像中的华北尚远，而且这新地位之获得，仍有待于继续的努力与巩固。这就"满洲国"的创立，与华北新地位之形成而言，对于日本已患有"膨胀病"之苦了。何况日本国内最近经济之恐慌日益深刻，失业群之增加日趋巨大，社会内层之不安日益暴露。四五年来发展的结果，曾无补于国民生活之窘迫，倘再从事于亚洲大陆之战争，日本之军部纵可能，日本一般之军人其可能乎？日本之军人纵可能，日本之经济其可允许绝无限制之挥霍而不趋于奔溃乎？所以自从蒙"满"国境纠纷在近日严重化以后，虽然日蒙边防军互有死伤，而且日军似乎牺牲较多，但是日本却并不将此事严重视之，反提议设立日、"满"、苏的混合委员会，调查冲突真相，确定蒙"满"国界。不过假定这件事发生在中日，笔者真不敢想像日本所提出的条件是怎样的了。

日本对于此次蒙"满"国境纠纷所以如此平心静气的处理，不仅自身的缺陷逼他走上这条平和的路，而且日本的外交路线也感到相当痛苦了的原因。最近日本不是努力地策动那英、美、日三国的反苏阵线吗？本月一日，东京方面传出日本广田外相，拟进行对美亲善，有划分太平洋势力范围的计划。六日，又发表本年八月间将召集第七届泛太平洋诸国经济会议，而以远东经济为主要议题。日驻美大使斋藤且发表日美无多大冲突的论调，然而种种的努力，在日本，当然也深以为计得，然而所得到的，却是美国的冷视与淡泊。

自从李滋罗斯爵士来华，而中国又实行了新货币政策以后，日本便把大不列颠恨入骨髓，认为中国新货币政策是受了罗斯爵士影响，日本朝野，一致把英国攻讦不遗余力，思想较清晰的日本政论家，如室伏高信者，也斤斤以"大不列颠的诱惑"相警告我们中国人。然而在日苏邦交紧迫的时候，也感觉到"大不列颠的诱惑"有相当的可感了。于是所谓强化传统的英日亲善，又尘嚣一时，朝野居然为之大冲动，而痛恨罗斯入骨的日本官民，又希望他两度赴日重行交涉了。英国的态度，"大不列颠的诱惑"，也许不会像美国人那样的冷酷吧，但最多也不过是一个"诱惑"而已，这是一定的。

日本的外交形势，国内的经济恐慌，以后侵略中国而形成的膨胀病，不待说，不会有"三大原则"、"五大协定"来对付蒙"满"国境纠纷的了。

同时在苏联方面，更不致因边界纠纷而愿意和日本开火，这是很明显的道理。因为苏联知道日本急于跃跃一试，但更知道日本现在不会立刻一试，而且苏联在这险恶的远东波涛中，早计划就绪，希望中国赶快和日本开战，让他作一个老渔翁，享受"渔翁得利"之乐，这理由作者在本刊上期《钩心斗角中的远东危机》一文中，已详细说过了。假定苏联此次要与日本开火，法国决不会同意的，因为法国感到他们目前的大患，不在日本，而在德国。德国之重整军备，与奥国之独立，在在给法国忧心的打击。假定苏联不得法国之同意，而与日本宣战，那么日德同盟便可发挥效力，而法国决不会援助苏联而为之保护的。苦心经营之苏维埃，当然不会轻易作孤注之一掷，而陷于解体，由此说来，苏联也乐得接受日本的提议，和平解决蒙"满"国境之纠纷。

一切交战国的条件都已具备了，不论东方或西方，但是大家都在准备着自己实力最可能的补充，等待着最有利于自己机会的到临啊！

《新人》（周刊）

上海新人周刊社

1936 年 2 卷 25 期

（朱宪 整理）

绥匪情形及其背景

梅贻宝　讲演

燕京大学文学院院长梅贻宝，十一月十九日，同清华大学教授朱自清等一行五人，赴绥慰劳守土将士。梅氏返平后，应平市青年会之请在青年会大礼堂，讲演《绥匪情形及其背景》，听讲者约六百余人，咸受感动。

兹将梅氏讲词录次：

在目前"睦邻"的声浪中，来讲这个题目，很不好措词，不过在言语达不到的地方，还请诸位自己去思索。我不是一个新闻记者，也不是一位军事家，自然观察很浮浅。这次绥远的战事，性质究竟是怎样呢，是内乱还是外患，大家自然也明了，不过有人说："这是中国内部情形，和国军剿匪是一样的性质。"

我现在先讲绥匪背景，最后再作事实的报告。

绥远省的面积，比河北省的面积整整大一倍，共有一百三十五万余方里，可是人口稀少的很，全省只有二百万人，人民耕种、牧畜，全都在河套一带。出产以羊毛和皮革为大宗，麦子也不少。过去几十年，因政治不良，人民均贫困交加。民国以前，向用怀柔政策，民国成立，怀柔政策亦无，任意而为，可是自傅作义接任绥远省主席以后，大加改革，一切均渐上轨道。比较可惜的，就是捐税还没有到理想的地步，全省的税收，鸦片税占半数以上。

绥远变动，不自今日起，去年察北六县被占，绥远就感到危急，晋省防共，由绥远调出许多军队，尤感到万分的危险。今年七月，王道一率领二百余人，来攻绥远，但被击退，王道一也因为内部人不满，被刀砍死。

绥远目前的状况，匪方的实力，当然没有正式的统计，张海鹏部大概有六七千人，李守信部约六千人，王英约一千五百人，共计一万五千多。枪械都很整齐，但是没有作战的决心。确实有一次，七架飞机，在一个地方掷了二十枚二百磅的炸弹。匪军里边，自然全是中国人，但是也有不少不会说中国话的。我方军队，有骑兵第一师，步兵六十八师和中央军队等，在绥防守者，共有四万多人。

战事情形，和报纸上登的大致差不多。十五日红格尔图地方，有两千多人来冲锋，我方有士兵两连和民团二百多人，沉着应战。十八日那天，大举反攻，整个情形很好。据观察所知道的，受皮肤伤的有几十人，重伤者百余人，死尸有四五百。

我方的士气最好，官长们谈话都很痛快。都说这是青年人多少年心中的沉闷，出气的一个好机会。过去作战，长官多将钱搂入腰包，这次则不然，军人都首先自己捐钱，阎锡山捐八十七万元，其他还很多。士兵更难能可贵，他们的生活是很苦的。绥远那边天气冷的很，因为高出海面五千多尺，平常比北平多十三度。我们到的那天不算冷，但是已经零下五度，最低到零下四十度的时候也常有。兵士们放枪，以手放在枪筒上，有时黏上拿不下来，虽然这样受苦，他们都说这是值得的，丝毫不曲〔屈〕。有一个伤兵临死的时候，高呼"中华民国万岁"，最使人感动。傅主席对伤兵说："拿四万万人年来精神上所受的压迫比起来，这轻轻的微伤，算不了什么。"总之，兵士们都觉得这次的抗战，是有意义的，是有代价的。

民气方面，尤其可喜，我问他们："飞机来不害怕么？"他说：

"飞机天天来。"问他："敌人来了，怎样办呢？"他说："等着和他们干呢。"他们给前方烙饼，都说："这是给弟兄们吃的，烙熟点。"由此可见民众对抗战决心。据说民团、保卫团很多，有万八千人来攻，几个月也不碍事。兵士和民众都明白大义，知道吃苦是不可避免的。

后方民众，前往慰劳去，是很有意义的。捐助东西，据当局说以手套、耳套和鞋袜比较最需要。皮衣当然也需要，因为前面说过，绥远冷的很。其次感困难的是交通工具，粮草均以大车运，一二百里的路程，就得两天的工夫。因为我们代表文化机关，当局再三嘱托，请研究防毒设备，并制造防毒器，因为这种东西，不久就会用着的。前方最重要的还是需要医药，伤兵需要人的治疗。伤势经治好再到前线，作战的能力，更可加强。死伤的恤金，也是个大问题。

最后我们觉得现在无所谓后方前方，只有中华一齐抗战，不惜变为焦土才有办法。这点希望，不要使变为热气散了。我们现在担起的工作是：（一）节衣缩食，援助抗战将士；（二）鞭策政府，立定一贯政策。

（十一月十四日北平《世界日报》）

《绥远旅平学会会刊》（旬刊）

北平绥远旅平同学会

1936 年 7 卷 2 期

（李红权　整理）

积极援绥!

曾建平　撰

据报近日绥远的战争，日益紧张，受某方利用指使的匪伪蒙军，有李守信部约三千余人，王英部约二千余人，德王部约千余人，卓世海部约二千余人，包悦卿部约二千余人，张海鹏部以及其他什色部队等，合计共约二万余人，大举进犯绥东和绥北，而以平绥路一带为进攻的总目标。

我们知道此次匪伪之所以胆敢寇边者，无非是有个某方的背景。某方嗾使这些匪伪部队，系他利用汉奸的一贯政策的表现，而为侵略我国整个计划的一部分。所以这次绥远的战事，外表上像是中央对于匪伪的讨伐战，实质上是我国对于某方帝国主义侵略的抵抗战，而其关系的重要直是我国民族生存死亡的关键。因为某方自强占我们东三省后，继之以热河，更进而扰乱我冀、察，现在又进而图我绥远，这种得寸进尺的蚕食政策，非弄到我国全部被吞是不会停止的。且自察北被占以来，平绥路一带顿成了我们国防的第一线，此如不保，则敌骑深入腹地，亡国灭种之祸，就在眼前了。是以我们此刻非下最大决心，积极抵抗不可。

幸我绥远傅主席以及前方将士，都能善体斯意，奋勇杀敌，捷讯频传，举国欢跃。二十四日且有我军攻克百灵庙的消息，似此则不难一鼓荡平，灭彼朝食了。可是我们现在虽告胜利，然而敌人（某方）是决不会就此甘休的，不久的将来，他们的大举反攻是在吾人意料中的。据二十六日报载，已有某方军队一部，开抵商都联合匪伪军反攻，与某方高级军官飞绥指挥匪伪军的消息，似此则将来战事的展开，正方兴而未艾呀。

我们现在乘此战胜的余威，应该益加振奋，全国上下，一致总动员，增强我们的实力，以抵抗敌人的反攻。第一政府方面应加调大军北上增援前线，以期一鼓肃清匪伪。第二民众方面，不分界别，应在民族救亡阵残〔线〕上，团结一致，振起民族精神，全国各地赶速成立绥远抗敌后援会，并以鼓励前线抗敌将士。在物质上我们应尽量踊跃输财捐助，扩大募捐运动，以增厚前敌将士的物质需要。

同胞们起来吧！起来积极援绥！

《福建学院月刊》

福建学院月刊社

1936 年 3 卷 1 期

（李红权　整理）

绥远战事与国际现势

樊仲云 撰

一 中国存亡此一战

尝观四千年的中国史，自黄帝以降，都是南向发展，故能江南、闽、粤以及滇、黔，俱成为我中华民族的家乡，而于北方蛮族，则只取防卫驱逐的态度。因是无论何代，常苦边患，秦始皇筑长城，到底不能限止胡人之不南下而牧马，如晋、如宋、如明，甚至亡于异族。所以就历史言，今日斯拉夫民族之由西伯利亚而南下，以及日本帝国主义之由我东北而西侵，其意义实非常严重。

宋之亡也，情形最惨，而中国之受祸亦最烈。自五代石敬瑭割燕云十六州于契丹，于是今之北平（燕）、大同（云）等地，遂尽沦夷狄。宋太祖、太宗虽当建国之始，仍不能收回失地，真宗澶渊（今河北清丰县）之盟，只能与辽定兄弟之称，奉岁币三十万，始暂保和平。以后女真继兴，既灭契丹，遂乘胜南下，一路由河北，一路由山西。然而粘罕之军，以攻太原不能下，故斡离不之军，虽自河北渡河围汴京（开封），卒以孤军深入，不得不允宋之和而引兵以去。其后不久，粘罕破太原，于是河北、山西两路南下，而汴京不守，徽、钦二帝遂被掳北迁矣。

由这过去的历史及地理的形势，可知今日的察、绥、冀、晋诸省，实关系我国的存亡。察、绥为冀、晋的屏蔽，而冀、晋则中原的门户。无察、绥，不能保冀、晋，无冀、晋则中原亦将非我有。且不止如此，我们如欲退保江淮，成偏安之局，如东晋样，必须有淝水之捷，如南宋样，亦须有岳飞的胜利，而后秦桧乃能与金议和。否则如宋之襄樊不守，元军乘流而下，"小朝廷"遂播迁至于琼崖而卒灭亡；如明之以 [以] 江淮四镇，彼此交恶，清军乘机而入，史可法扬州失陷，明亦以亡。申言之，若北方诸省不为我有，则我们如欲偏安江南，亦须在江淮之间，获一巨大胜利，始能挽此危局。但今之日本，以其海军之强，我们欲守沿海沿江一带，亦事不容易。这便是说，因华北的沦亡，我们要退保江淮也以时势不同，甚为困难了。

但是绥远地方则尤关全局，因由绥远南可经大同而至太原，西可经包头、五原而入宁夏。绥远在一方面为山西的屏蔽，在他方面实通西北的要道。我们有绥、晋两省，则冀、察虽失，尚可以偏师拊其背，使敌军有侧面被袭之虞，不敢南下以窥中原。明代瓦剌据察北、绥远一带以窥中国，遂致英宗被掳于土木（今察省怀来县西），而李闯之陷燕京，即由大同以入居庸。这便是绥、晋足以控制冀、察的明证。今日者，平、津之郊业已满布敌骑，若绥远更非我有，则以敌人之一路由大同而南下，一路由河北而西侵，晋省便不可保；而晋若再失，则如金人灭宋的故事，河北、山西两路，并力而南，中原地方就将非复我有了。所以绥远战事，在我实生死存亡之所关，而敌人用意所在，也就可以不言而喻。什么"防共"，无非欲以绥省为根据，席卷北方及西北诸省，而谋征服我全国而已！

这次绥远战事，表面上是伪军、蒙匪的内侵，其实则发踪指使之者，另有其人，这已是周知的事实。据十一月二十七日长春电，日本关东军所发表的声明中有云："内蒙军此次敢于蹶起者，实为欲脱离中国共产党及与此相结托之军阀之压迫，为防共自卫之不得已手段，其目的乃在一致两国密切的国策，关东军对内蒙军之行动有极大关心，祝望其成功。同时，万一满洲国接壤地方，因受本战乱影响，治安发生紊乱，而累及满洲国，或发生中国全境濒于赤化危险之事态时，关东军不得不讲求适当之处置也。"（见二十八日《上海日日新闻》）同日伪满外交部的声明，辞意亦与此相同。是可知绥远战事，如美国名记者贺华特（Roy Howard）之所言，有发展为中日战争的可能。而以此故，我们在军事上必须死守绥远，恢复察北，在外交上，尤须洞识国际形势。盖足以阻止敌人的侵略者，在今日，国际关系其影响亦甚大也。

这便是记者执笔以草此文的用意。惟国际形势，变化万端，见仁见智，如有不同，读者诸君幸教正之。

二　英国之远东政策

英国之远东政策，向来着重于经济的发展，与日本之图谋武力的支配，怀抱领土的野心者不同，这也是因为帝国主义的发展阶段彼此殊异之故。因为英国政策着重经济的发展，所以与美国相同，对于中国门户开放主义有协力的可能。如欧洲战时，以日本的对华发展，致危害中国门户开放、机会均等主义，英国竟不惜废其二十年历史的英日同盟，而在华府会议中，宁与美国表示一致的态度。然自此以降，不到数年，因了共产国际在东方的活动世界革命，以及我国国民革命势力的兴起，英国之在东方，殊颇感孤掌难鸣之苦。故自兹后，为了镇压共产国际的活动及中国革命势力的发展，同时，并以牵制美国的行动，英国颇欲与日本交好，重温旧谊。东省事变发生以来，美国对于日本虽态度强硬，而英国则淡焉处之，似不相关者。诚然，自国共分家以后，英国对我的态度，已大改善，如经由国联对我之建设事业，不惜作技术的援助，退还镇江及厦门（十八年、十九年）之租界，并订约交还威海卫租借地（十九年）等，但亦只此而止，英国为恐引起日本的不快，始终不敢对我有积极的助力。综观此时英国的政策，大抵采集中上海主义，以谋旧有利益之保持；而于南方，则以香港为根据，谋渐进的发展，其退还庚款（二十年）完成粤汉路，可说就是这种用意的表现。

但自伪满建国以后，日本继着又向华北以谋侵略，日本大陆政策的野心，似非征服中国全国，达到独占中国的目的不止。因此之故，不仅英国在华北的利权，势非放弃不可，而在长江及华南一带者，亦深感日本的胁威而动摇不安。在这期间，英国虽一再表示与日妥协，然而仍不为日本所谅。一九三四年九月产业调查团之东来伪满，结果却徒劳往返，空手而回。三五年三月，英国之提议组织国际银团共同借款与中国，亦为日本所反对而无结果。同年九月，李滋罗斯取道加拿大经日本而来华，原拟对我国以美国白银政策而造成的经济危机，与日本采取协力援助的办法，求得英日二国的妥协，然而亦为日本所拒绝。于是最后，英国乃毅然决然，放弃对日的妥协，而单独行动，援助中国实行币制改革，使我国法币的价值与金镑发生联系。这是一个巨大的转变，可说是英国对于日本大陆政策的反击。

对于日本无所底止的侵略中国，列强如欲加以阻止，本来只有三种办法：一是英美联合压制日本，如华府会议的故事；一是援助中国，借中国自己之力，以为抵抗；还有则承认日本的既成事实，以中国为牺牲而与日本求得妥协。东省事变以来，英之与美，以对立关系，欲彼此联合以制日事为不可能，于是遂与日本以可乘之机，而在英国也宁愿采取后之二种办法。但是结果，英国眼见中国以日本之继续侵略，政治社会，动荡不安，而以美国之收买白银，甚至经济财政亦岌岌不可终日。中国的崩坏，对于英国之利益，自是巨大打击，而对日妥协既不可能，于是遂只好积极的援助中国，借以挽救自己濒于没落的利益了。今年十月间，英国对华成立信用借款一千万镑，这可说是援助我国货币改革以后英国对日的又一反击。

虽然，英国对日果已断绝妥协之念了吗？则由目前事实的表示，亦正难言。因为如援助货币改革，实行信用借款等，其性质完全为经济的而非政治的。质言之，英国还是欲与日本成立妥协。英国大使许芝森在九月下旬向我国林主席呈递国书时，其演辞末段即言："英国人民对于中国建设事业之成功，付以异常的注意与好意，希望贵国能继续努力，并愿凡在东亚有利害关系的各国，能深加谅解，以实现和平与繁荣。"而李滋罗斯在皇家帝国协会午餐席上的演说，则更明白说出英日合作的希望，其演辞前半，竭力赞扬中国建设之成功，对蒋委员长表示钦佩之意；继言中国目前的主要危机，实在外面之政治纠纷；末为其两次游日的经过，曰："吾人对于日本之困难，自当深表同情，其困难与吾人所遭遇者甚相同，即维持庞大之人口是也。日本主要实业家中，现有一种日见增高之趋势，承认其本国之困难，半由于生产过剩，半由于日人自己间之剧烈竞争，故主张统制生产与输出贸易之运动，呼声日高。吾人不能容许外人推倒吾英之产业，日本倘能承认此事，则吾人自亦不愿增加日人之经济困难。吾人今固切望能觅得一种英日合作之谅解也。"（见十一月二十四日伦敦路透电）

三　日本的大陆政策

在列强帝国主义看来，广土众民的中国，是将来最有希望的地域，故由日本大陆政策的发展，当然要引起其与列强间的对立。

而在日本看来，足以妨害其大陆政策之发展者，第一是中国的统一而成为现代国家；第二是美国对于中国大陆的门户开放主义，欲以此为其经济发展的地方；第三是苏俄在远东势力之增强，其共产主义的活动，且足以直接为日本的威胁；至于英国，则日本也认为是可以妥协的。而英日妥协之所以至今不能完成者，则由于日本欲独占中国，并英国在华之旧有利益，亦加排斥。其实，在华利益最为巨大者，正是英国，故日本对华的发展，势必与英国形成对立，惟英国以对俄、对美关系，并且欧洲方面又正多事，故其态度为消极的，保守的，宁对日妥协，与美、俄二国不同。

日本认清了这种形势，故当东省易帜，中国统一正告完成，美国资本开始向东省活动，苏俄正着手五年计划的建设，而整个世界陷于经济恐慌的时候，遂突然进兵东省，夺取热河，成立伪国，不顾举世的反对，宁退出国联，自陷于国际的孤立而不悔。以后，更退出伦敦海军会议，声明废除华府海军协定。日本此时虽知各国都无如彼何，但其心中却也未尝不知孤立之可惧，颇想由"焦土外交"转换为"协和外交"。可是逼于事势，日本感到与其在将来受"不承认主义"的清算，则乘此时机，宁更进而作对华的发展，借以确立其在中国大陆的支配的地位。故自伪满建国以后，更有华北特殊化与建立"大元帝国"的企图，相踵而至。于是结果致与英国亦形成了尖锐的对立。日本这样遂陷于中、俄、英、美的大包围中。

为了脱出这个包围，日本除一方面高唱"中日关系的调整"，压迫中国必须受日本的支配外，在他方面，也曾想到对俄、对英或对美的妥协。日美关系，自斯汀生之随胡佛总统而去职，暂告和缓，一九三四年春，日本广田外相与美国国务卿赫尔交换文书，表示一种和好的姿态，然而不久，即为四月的天羽声明所破坏无余。美国的态度是依旧固执"不承认主义"不变，只是因为鉴于外交抗议之无效，现在乃埋头于军事之准备罢了。所以日美关系，有如白飞《我们必须在亚洲作战吗?》（Nathaniel Peffer：Must We Fight in Asia）一书所言，实为不可避免。目前于日本之对华侵略，美国所以取静观态度，说起来还是因为英美的对立关系，不愿受英国的利用。

惟对英及对俄问题，日本内部如三十年前伊藤博文等主联俄，桂太郎等主联英一样，曾有一时，意见颇为纷歧。有的人因为苏俄最近建设的成功，在远东方面，无论产业、军备，都非以前可比，深恐日本之力，不足与敌，且日俄之间，本没有重大的利害冲突，故主张妥协。但是有的人以为不然，如陆军方面以对俄作战为日本大陆政策的一部分，所以苏俄虽一再提出订立不侵犯条约，卒为所拒绝。惟欲对俄，究不能单独从事，必须有与国的协助，于是乃有主张联合德国者。自去年十月，德国经济考察团之东来，今年五月成立德伪通商协定，到了十一月底，遂有德日《防共协定》之签订。这很明白是欲联合德国，以谋东西两方夹击苏俄的。

但是记者以为最可注意者，尚不在此。日本何以要联络德国，甚至意大利呢？第一是所以牵制苏俄，减少其在远东方面的压力；第二是所以牵制英国，使之无暇顾及远东；第三才为日本真正目的所在，即乘此机会，实现其所谓大陆政策，如协定第二条云：

> 缔约国对于由共产国际之破坏工作，威胁安宁之第三国，采取根据本协定旨趣之防卫措置，并共同劝诱参加本协定。

日本之意，乃欲利用"共同防共"的协定，劝中国套上他所造就的圈套，倘是不然，那末对不起，根据《防共协定》的旨趣，他要执行防卫的措置了。质言之，最近日德协定与日意协定之成立，可说是日本企图脱出孤立形势的表示。当此中日南京交涉正陷绝境而绥远战事又告紧张之时，不消说是关系非常重大的。

四　国际战线的形成

自九一八事变以来，东方形势是日本与英、美、俄的对立，然在英、美、俄三国间，亦非能一致成立对日战线者。至欧洲形势，则以一九三三年国社党的取得德国政权为枢机，造成法俄同盟对德的局面，继着东非战事，乃促成了德、意二法西斯国家的联合。至最近西班牙乱事，于是此人民战线与法西斯战线的对立，乃更明显。但在这其间，英、美二国固仍独行其是，无所隶属，因为他们都标榜民主，故可说是民主阵线。惟法国态度，由其对西国乱事之主守不干涉主义以言，则与英国相近，为民主阵线，而与苏俄之主援助西班牙人民战线的政府者，其趣不同。这可说是直至最近的形势，东方与西方之间，本来是彼此分离的，然而现在，由德日与意日二协定的成立，东西之间，形成了一致的战线，于是在这时候，其余各国的阵线，自然也非加改编不可。这改编的形势，我们目前可以看得出来的，大致如下：

苏俄因为日德协定的目标就是防共，所以反响最甚，日俄渔业条约本来已预备签字的，至此遂宣布延期，国境委员会的交涉亦骤告停顿。而为表示苏俄并非独裁起见，最近所宣布的新宪法，竟亦改为民主政治，采用参众二院的议会制度并选举总统。苏俄的民主化妆，自然，其用意是很明白的，欲把人民战线转化而成为民主战线，形成英、美、法、俄的大团结，借以增强其自己的力量。苏俄之与英国，近一二年来，关系本已大有改进。惟与美国，则自一九三三年底美国对之加以承认以后，迄未有何进展，推厥原因，实由对美债务问题未能解决。最近为了脱出孤立，交欢美国，据说已预备再行交涉了。

法国因为德国势力的增大，自然也甚感不安。为了对抗法西斯战线，于是愈主自由主义诸国有结合一致的必要。这样，他的政策，除联络苏俄、波兰、捷克外，并更要求英国亦能与之成立同盟样的关系，借以抵抗德国的侵略。而以此故，法国对于西国乱事，将更倾于不干涉主义，惟英国之马首是瞻。同时，以近来英、美、法三国货币协定开其端的法美友好关系，法国预备再进一步，使中止付偿的战债问题，交涉重开，由战债问题的解决，而获得美国的援助。

但是由日德、日意二协定所引起的反响，其最值得人注意的，还是英美的态度。这不仅使英美有妥协的可能，且使英、美、法、俄有结成民主阵线的可能。英国对于日德协定的态度，虽然没有俄法那样的露骨表示，但其不快，是谁都知道的。如向对日本表示同情的伦敦《泰晤士报》，亦于协定成立之次日（二十六日），在社论中加以批评，其中有云："协定之主要效果，在使希德拉在欧洲的活动，日本在远东的军事行动，更加自由，而日本的活动，影响英国最甚，即英国在香港、新加坡的地位，势将大受影响，日本的南进政策，将由此而更促进。"本来英德关系，相当和好，英国对于德法的对立，宁取调停的态度，有时且还抑法袒德的，现在这样，英国为维持世界和平起见，自不能再扶助德国了。这时欧洲方面，英、法、俄三国有结合一致以对抗德、奥、匈、意的可能所在。

至于东方，以日本之加入法西斯联合战线，自将使英国感到一国力量之不足，于是转而对美弃嫌修好。且如美国对于德、意、日诸国的联合，本感不快，若英国能表示对美的妥协，美国自亦可赞同。故如向来同情日本，主张殖民地之再分配的霍斯上校（Col. Edward M. House）亦谓结果将促进英、法、美的大联合。因为美国人民虽然反对共产主义，对于现今的苏俄政府，并无什么好感，但如德、意、日三国之结成联合战线，不惜破坏和平，挑发战争，则极表示反对。美国目前虽揭橥中立法案，主张超然主义，若一旦战事勃发，他是决不能置身事外，却是一定要追随于英法之后的。

由上所述，可知日本之加入法西斯阵线，实于己并没有什么利益。且若战事发生，德意远在欧洲，亦不能对之有何等助力。因此之故，日本今日的地位比之一九一四年大战时之有英国为其同盟，是大为减弱了。日德协定的成立，据十一月二十八日大阪《每日新闻》的记载，是由于驻德武官大岛少将及东省事变时的情报部长，现任瑞典公使白鸟敏夫的活动，外交方面本来不赞成对德接近，这完全是军部的主张。故自协定成立后，日本舆论，亦颇为冷淡，表示怀疑态度。而因深恐英国对此不能相谅，所以最近日本报纸，甚至外相谈话，都主疏通英国的感情而与之成立妥协。

×　　　　　×　　　　　×

当此之时，我们的态度将是怎样呢？则由国家统一事业之相当完成，我们是尽可无惧日本的侵略。我们要以不惜最后牺牲的决心，而后乃能保持我们的主权于完整。我们知道日本若再侵略不止，必使英、美、法、俄的结合，更有可能。这样，我们的战争，将激发成为世界的大战，这于日本是最大的不利，他必须要设法加以避免。而以此故，我们乃于日本更无所恐惧。虽然此时发生战争，因国家建设之尚未臻完成，于我亦大有不利，但就国际地位言，我们是已到了极底，不能再有什么损失了，而日本则为世界三强之一，若一不得当，便将失其今日的荣誉。这是他所不能不仔细加以考虑的。推日本之意，是希望欧洲方面能先发生战争，于是他可以在东方乘火打劫，但是今日的形势，也与前不同了，除非日本能把英国也使之参加法西斯阵线。而此则根本于事为不可能，所以我们亦无所用其恐惧。

惟在此时，民主战线虽已现萌动之象，但究尚未形成。故以我国之孱弱，此虽不失为有力的援助，亦似未到决定态度之时机，因英、俄、法、美各国之间，尚有多种矛盾须待清算，我们若如一般联俄论者的主张贸然与之取一致的态度，结果或反引起其他国家的顾虑而与日本妥协。况国家之统一新成，凡百俱待建设，以我弱国而贸然与人缔盟，必致成为战争的对象，受祸实不堪胜言。最近比利时之宣布中立，就是恐以法比同盟、法俄同盟之故，以对俄战争而无辜卷入漩涡。这是小国谋所以自保的态度，值得我们的参考的。因此，"共同防共"固我们所坚决反对，贸然联俄，亦殊于事无补，虽然苏俄不失为我国的友邦，我们亦不妨寄以友情，但是目前的关系，似只能至此而止。

抑我们更须明白者，所谓民主战线者，是维持和平的阵线，对于日本的破坏和平，虽或能加以压迫，但是日本若一旦能稍稍让步，他们是不惜与之妥协的。华府会议的往事，日本虽名义上交还山东，然而从此以后，山东毕竟成了日本的势力范围了。所以我们若欲恢复失地，求得独立，那末仍须有赖于本身能力的充实。总之，我们若强有力，则民主阵线可以为我之用，否则，虽尽世界各国都为民主阵线，也是无用的。

因之，我的结论仍旧是所谓老生常谈，我们要随时充实自己的实力，准备当前的危机，只有一分的力量，乃能有一分的成就，天下事决无幸致也。

十二月二日

《文化建设》（月刊）
上海文化建设月刊社
1936 年 3 卷 3 期
（李红权　整理）

绥远的防卫战

张迪虚　撰

自去冬李守信所部匪军在某方卵翼下篡据察北六县以来，绥远久已成为我北部国防之最前线。今年夏季，匪军已有半年以上的准备，加以西南问题尚未完全解决，因此我北部最前线，曾一度为敌人所侵扰，幸赖当地将士忠勇卫国，奋不顾身，终予敌人以重创，使其不得不退回察北老巢。然阅时不久，我西南问题解决，全国统一，我们的"友邦"认为这与"共存共荣"的原则有背，于是一方面借故向我中央要求什么"华北的特殊化"，分裂我的领土主权，一方面更企图在华北造成事实上的特殊化，除强逼冀察政委会给与多种经济利益外，复唆使察北匪军二次犯绥。

当匪军第一次犯绥的时候，绥远主席傅作义将军曾发宣言，决以全力捍卫国家，勿使尺土寸地有失。匪军败退以后，傅将军复不时激励所属，誓死保土。所以到了十一月，当察北匪军第二次踏进绥远境界的时候，就在我北部前线展开了自上海战役以来所未有的英勇的防卫战。

自十一月一日起，匪军已集中商都、南壕堑等处，分别向兴和、陶林等处进犯，与我驻守兴和、陶林附近之军队发生前哨战。十三日以后，战事渐趋激烈，匪军李守信、王英所部之骑兵，大举进犯，其攻击目标为陶林县属之红格尔图。先是某方鉴于匪军首次犯绥失败，由于实力之不足，故在二次侵绥以前，除极力扩充匪军军额，供以坚利的新式武器外，复由承德调到大批伪军，以为声援，此外并在商都建筑巨大的飞机场，存储大批军用轰炸机。十一月十五日晨，匪军三千余人挟山炮、野战炮多门，围攻红格尔图，并有某方飞机七架助战，前后共冲锋前次①，志在必胜，然以我守军沉着应战，至死不却，匪众终不得逞，纷纷退去。十六日，匪军三千余人，由某方军官指挥，再犯红格尔图，战况至为激烈，肉搏四小时，复被我守军击退。是役某方飞机掷弹百余枚，我军颇受相当损失，但亦击落敌机一架。十八日，匪军复以全力攻红格尔图，前后冲锋六次，亦无功而返。同日，我增援部队开到，对商都属达拿村匪巢猛攻，激战三小时，结果匪军大败，被击毙三百余人，被俘数百人。所以那天的敌机，只有沿村投弹轰炸无辜的平民以泄愤了。

匪众攻绥东不得逞，乃转变目标，移其攻击重心于绥东南及绥北。在绥东南者，其路线为由兴和图丰镇，意欲截断晋、绥的联络，在绥北者，其路线为由武川、固阳进窥归化、包头，意在一举而夺平绥线之西段。但是结果均告失败，进犯绥东南之匪军，既因我方防备之严密，未能越雷池一步，至在绥北方面，则我方不独将匪军击溃，且乘胜进攻，克复敌方在绥北的大本营百灵庙。

百灵庙，我们看了这个地名，马上就会联想起一段痛心的历史。这个地方是乌兰察布盟达尔罕旗政教的中心，民国二十一年一月，曾在这里举行内蒙自治会议。它的名字，实象征内蒙人的光荣。可是自从云王辞庙蒙会主席，德王继任以来，那个地方竟渐渐的成了容纳丑类的渊薮。某方卵翼下的伪蒙军，啸聚其地，我中央所核准的蒙政会，形同虚设。现在，匪军竟欲以那里为中心，进袭归绥、包头了，是可忍，孰不可忍！所以我方接得是项

---

① 原文如此。——整理者注

消息，立调曾延毅、孙长胜、孙兰峰步、骑各部，一面迎头痛击，一面并出奇兵，绕道袭击百灵庙，双方猛力夹击，激战终宵，我方将士奋不顾身，冲锋凡七次，卒将敌军突破，以二十四日晨九时半攻下百灵庙。是役共毙匪三百余人，伤匪六百余，俘匪三百余，残匪及某国人均狼狈逃入蒙古草原中，其屯积在庙之军火、汽车、粮食，为数不赀，尽为我军所获。百灵庙地势高亢，由武川而上，山势尤陡，守易而攻难，然我军以一日夜之攻击，即克复之，可见前线士气之勇。且我国向来对于某方主使之阴谋，只有消极之防御，并无积极之反攻，但此次百灵庙一役，已露我方主动战略之端倪，这是最可欣幸的一事。无怪蒋委员长最近在洛阳军分校纪念周训话中，说百灵庙的克复，是我中华民族复兴的起点了。

在此次防卫绥远的战争中，有更值得吾人欣幸者，全国上下一致奋起共赴国难之精神是。战事爆发之后，蒋委员长曾由洛阳飞往太原，晤阎副委员长锡山，指示剿匪机宜，并激励前线士卒，此外并挑选劲旅北上助战，最近听说已有数军到达前线，参加抗敌。又如负有保绥全责之傅作义将军，屡次对全国表示卫土决心。听说他已经立好遗嘱，将家事安排停当，誓以一死报国。蒋委员长和傅主席之赤胆忠心，堪与日月争光。而全国民众，对于此次绥远战事，亦已觉悟并非绥远局部问题，而是华北甚至整个中国的安危问题，故在绥远战事爆发后，募捐绥远的运动立即普遍了全国。北平、上海等处，各界踊跃输将，给予绥远前敌将士以物质上的援助。此种募捐运动，自开始以来，至最近止，据说已获极大之成绩，足征国人对于国事之热心，突过往前。而如阎副委员长的太夫人将遗产八十余万元悉数捐给绥远的抗战将士，以为全国有钱者倡，更为过去所不多见，值得特别表彰的。

是的，防卫绥远，防卫我北部最前线的绥远，是需要全国的力量来担任的。这是因为侵绥的匪军，并不是寻常的匪军，而是有某国的力量为其支持。倘若我们对于这次绥远事件，仍像以前对于热河事件、察北事件一样，只作消极的防御，而乏积极的应付，那末在明年此时，黄河以北而尚复为我所有者，才是没有天理。我们以为绥远现在虽幸免于匪军之侵入，但将来匪军三番四次的进扰，即绥远守军能永远抵敌得住，似亦无负担此种长时间麻烦之必要。侵绥的匪军，其根据地在察北，而察北则固为我国领土，我国有在其地剿匪的权利，故为一劳永逸根绝匪患起见，应立即调动大军往察北，大张挞伐。最近各方电请冀察政委会主席宋哲元将军转饬察省军队与绥远军队协力剿匪，或以为这种请求是在唱高调，但要保卫绥远，除此以外殊无他道。我们不必为东京外务省发言人屡次表示中国有在境内自由剿匪的权利而欣喜，也不必为最近关东军发表同情伪蒙匪军的宣言（见十一月二十七日上海日文报载大东电）而发愁。我们要贯彻我们所认为是者。我们所认为是者，是领土主权的防卫；而剿绝察北匪军以安绥远，则为防卫领土主权手段之一。

（十一月三十日）

《文化建设》（月刊）
上海文化建设月刊社
1936 年 3 卷 3 期
（李红权　整理）

一月来之中国与日本

顾锦藻　撰

壮烈之绥远抗敌战

绥远战事的爆发，酝酿已久，本是意料中事，今年的九月初即有日方驱策匪伪军向绥东和陶林一带进攻，试探实力。果然，在十一月中旬，抗战的血幕启了。无疑的，这决不是剿匪战，也决不是局部抗战，而是整个的中华民族解放的前哨战！自从敌人侵略绥远战争爆发以来，可以划分为几个阶段，最初的阶段是十一月九日到十七日，这是敌人发动进攻的时期。商都匪伪等杂军在李守信、王英指挥之下，向绥东、陶林一带进攻，同时匪蒙军包悦卿、卓世海等分路由绥北趋武川及归绥，屡次进攻，均被我军击退。但从十八日到廿四日，我军开始由消极的防御转变为积极的反攻，十八日，在陶林前方的红格尔图，绥军赵承绶部以英勇的进击，杀败了王英与李守信的匪伪军，王英等匪首因数度受挫，遂与日方军官开紧急会议，商量变更进犯办法。二十日，匪以犯绥东不得逞，乃变更策略，以百灵庙为中心，进窥归化、河套、包头等地，而形势骤紧。廿三日，百灵庙伪军数千，突分两路向武川、固阳方面出动，有分路进窥归绥、包头的趋势。我当局得报，即以迅雷不及的突击战略，由绥军曾延毅、孙长胜、孙兰峰等部分头迎击，收复百灵庙，匪乃全部溃退，这是第二阶段。自百灵庙收复后，截止记者草本文时，绥远战事，尚无变化。匪自溃退后，于廿四、廿五两日内，在大队敌机掩护之下，屡图反攻百灵庙，均被我国军队击退，日方飞机四架于轰炸阵地时，被我军击落三架，据谓此次百灵庙收复后，影响今后国防关系甚大，而日方阴谋组织下的"大元帝国"的计划，完全失败，所以百灵庙的收复是有极大意义的。

日方图绥失败后，阴谋未戢，除向热河积极增调张海鹏部伪军入察，由商都进至大青山，更接济李守信伪军飞机二十架，坦克车数十辆，会同张万庆、金甲三〔山〕等伪部，以察北、商都为根据地，大举反攻陶林、兴和，日关东军部武藤第二课长，小野寺参谋及热河第七师团高级参谋吉冈等在嘉卜寺召开匪伪首领会议，决定分两路，一取守势，以商都为根据地，由王英、李守信部担任；一取攻势，由包悦卿、卓世海及热河伪军王静修部担任，每枝军力约三万名，附以空军及装甲汽车队，企图大举。本月三日晨，又有匪军二千，在敌机掩护之下，分三路围攻百灵庙，激战五小时，卒被击退。匪已两日不得食，兵无斗志，反正者甚多，百灵庙周围六十里以内，匪伪全部已完全肃清，反攻计划惨败，匪退大庙整理。五日，匪机八架，至百灵庙掷弹百枚，惟我军无损失，匪于凄败后，不敢大举侵犯。无疑的，再度的大战开始，必然的要比以前更来得险恶，敌人的阴谋将格外的毒辣，狰狞的兽行，将暴露无遗。万一匪伪军不堪一击时，则某方的军队势必出来担任正面的作战，这是无可疑义的。看到伪满外交部与关东军出面公同发表一公告，据称如绥远局势危及"满洲国"的安宁秩序，则日本与"满洲国"当局不得不取适当办法，以防患于未然！该公告中详述日"满"军双方对内蒙军攻察表示同情，并述及中国政府仍不愿与日本合作"防共"。其结语谓："日军事当局盼望内蒙之成功，故对于足以妨害'满洲国'安宁和秩序或使中国赤化的事变，不能漠不关心。"因此我国外交部当局针对日本关东军与伪外部无理公告，于廿八日以谈话形式发表声明，大意谓："此次蒙伪匪军大举犯绥，政府负有保卫疆土、戡乱安民之责，不问其背景作用如何，自应予以痛剿，此为任何国家应有之行为，第三国无可得而非议。"并声明领土主权的完整，为国家生存必有之条件，不容任何第三者以任何口实，加以侵犯或干涉，万一不幸而发生此种非法之侵犯或干涉，必竭全力防卫，以尽国家之责。

绥远是华北的重心，国防的第一线，敌人为了实现他的计划，打通所谓国际路线，以完成他进攻第三帝国〔国际〕的计划，无疑的，必须占领绥远，便可控制华北，先驱策匪蒙军等进扰，以收以华制华的策略。所以不惜以大量的经费、械弹、飞机等供给匪蒙军，并由日军官指挥作战，我们鉴于敌人数年来的暴行，除了坚守主权和领土的完整必须发动整个民族的力量，全国动员起来，抗战救亡。我们鉴于过去局部抗战的失败，必须用全国的力量，保卫绥远，对于作战的计划，应由防御而采取积极的攻势，万不能坐待匪之再行进扰。苟不如此，逆匪形势，虽不扩大，亦必持久以肆其蚕食之计，所以宜于速战即决，捣其心腹，毁其巢穴，不宜徒以严防为能事。对于第三者之干涉，宜搜集证据，外交折冲，万不能再有所顾忌，以使焰滋蔓。更盼中央空军出动作战，果尔则我人殷忧可释，全国同胞，愈须毁家纾难，敌忾同仇，共赴国难。全国英勇的将士们，爱国的同胞们，为民族的生存，为国家的主权和领土的完整，一致起来，共同发动民族的解放战，战！战！战！宁死勿屈！

中日外交的现阶段

绥远战事的爆发，影响了中日外交谈判的进行。

自从十一月十日，日使川越与张外长作第七次谈判以后，八次谈判，迄今延未举行。中间虽有须磨和高宗武的侧面折冲，但内容和结果，则不得而知。中间又一度传说日本拟结束谈判，就双方已经同意者先解决之，惟日外务当局仍继续努力，力谋要求中国在原则上承认"中日共同防共"与"华北特殊化"两问题。后来因为绥东战事的爆发，我中宣部发言人于十一月廿日发表谈话，谓今日中日交涉的关键，完全系于日本。二十一日，日使馆秘书清水又访高宗武，再为中日交涉作前面的折冲，日方认为绥事不影响交涉，而我方却很悲观。本月三日，张外长以日海军陆战队借口保侨，突于青岛登陆，特约驻华日大使川越，于是日下午七时半赴外部面谈，要求青岛登陆水兵即日撤退，非法逮捕之人员及擅取之文件，即日释放送还，并保留我方合法要求。川越大使允报告本国政府，并请张外长继续商议中日调整关系问题，张外长随时提出绥远现状，告以其他之交涉问题，本日未准备商谈，而川越大使仍发表其意见而退。当时川越曾提出一种文件，据云内载中日交涉开始以来，双方谈话交点，于诵读一过后，递交张外长，张外长以其内容与经过事实不符，拒绝收受，川越大使坚留而去，但张外长即将该件派员送还日本大使馆云（三日中央社电）。又四日路透社电，日三相首脑会议，协议对华方针，并决定如中日谈判决裂，则日本当采取自卫之方法。五日晨，川越离京赴沪，当日下午又在大使馆二楼召集京、沪外务、陆海军武官举行联席会议，由川越大使报告交涉经过，继互相检讨以后策略。闻川越大使拟归国一行，与海陆军协议之后，决定适应现状之对华策，始终向贯彻方针迈进云。

中日正式交涉，历时几经二月半余，中间大小折冲，不下数十次，因为日本一贯的对于中国领土的完整和主权的保全，始终未加尊重，并要求我在原则上承认"共同防共"和"华北特殊化"两意见，致外交陷于僵局。又自从绥远战事爆发以来，日本公然援助匪蒙，日武官喜多已公然承认日军助匪攻绥，并发表公告，以为要挟。最近又在嘉卜寺召开匪军会议，指示匪军作战策略，而驻"满"日军第一四七三师团，也有动员察北、绥东的消息，日关东军又决议决派正规军三师协助攻绥，这些事实，都是以证明日方指使匪蒙军的证据。而日广田首相又谓："对华交涉，因绥远战争发生，暂时停顿，然绥远前途局势颇可乐观。"这话出自日首相之口，叫人听了，真要大为惊愕！

由于南京谈判成为僵局，日本帝国主义既以侵略绥远为造成华北五省独立的既成局面，也就是以侵略绥远为促进中日"共同防共"的有效办法，一举两得，何乐不为？无怪日本报纸竟公开袒护伪军，说伪军侵绥，是内蒙防止共产势力发展的必要行动，日本军部也表示日、"满"由于"共同防共"的见地，对绥远事件，不能不予以严重的关心。日本外务省又决定继续要求中国在原则上承认华北独立及"共同防共"的建议，并对各项悬案获得解决，获得明确的妥协。所以照这种局面看来，日方一面利用外交做幌子，一面竭力造成已成事实，以为借口威胁进退裕如，而我国当局往往因受牵制而不能运用全部的外交力量，这是非常遗憾的事！所以说现阶段的中日外交，系于绥远战事，希望用全国的力量，发动大规模的民族抗战，粉碎敌人的阴谋诡计，以收完全的胜利。

日德同盟

　　德国法西斯的领袖企图与日本建立相互关系，这不特是偶然的利益吻合，或一时的意气相投，而是一种计划周详并为整个历史阶段打算的外交政策观。在不久以前，这东西两大法西斯国家的缔结同盟条约，已经传过许多次数了。尤其是今年春间德伪商务协定缔成以后，日德同盟的消息，传得最广，不过那时日、德的关系虽很密切，但尚未达到政治合作的地方，也没有签订过正式的条约。到了最近，因为国际形势的开展，侵略者的抬头，这消息终于给一个美国的新闻记者从日本带到上海来发表了！全球为之震惊，日、德两国当局乃于十一月廿五日，由德国驻英大使里本特洛浦和日本驻德大使武者小路正式在柏林德国外交部签订两国防共协定。当晚同时在柏林、东京两处发表，谓德国政府与日本帝国政府鉴于共党第三国际的目的，在分离国际关系，及企图使各国归顺他，同时又觉容忍共党第三国际的干涉各国内政，则不仅危殆其国内之安宁，及社会之福祉，且确信威胁世界和平全般，为"防卫共产主义之破坏"，愿相协力协定下列条文：

　　（一）缔约国对于共产（国际）之活动，协议互相通报及必要之防卫措置，及密切合作。

　　（二）订约国将共同邀请国内治安受共党第三国际破坏的国家，实施自卫策略或加入此协定。

　　（三）此协定有效时期定为五年。

　　（四）设立常务委员会，考虑防御共产国际活动的方策。

　　此协定公布后，各国舆论均为不满，除已公布之协定全文外，据路透社二十六日莫斯科电："谓此间已获有证明之文件，发觉日、德两国，除昨日签字之反共协定外，更缔结一种秘密条约。"

又据《字林西报》所载，谓德、日另订有军事密约，已规定日本向德国购买飞机、坦克车等各项武器，使日本的陆军从速机械化，而德国则给予日本以六年长期赊欠的便利。可见在"反共产"的假名之下，还有军事同盟的内幕哩！

显然的，日德协定的目的，在造成一公开包围苏联的新阵线，这是毫无疑义的，这不单是思想上的反共产主义的同盟，而是另有秘密条约为烟幕的军事上的反苏联同盟。从协定的叙文上看来，"倘若容忍共党国际对于各国国内关系的干涉，则受重大的危险的，不只是各国的安宁及社会福利，即世界和平也非受到威胁不可"，这指示着，这两个东西法西斯主义的国家，借着反共的名义，准备干涉第三国的内政了！日本外务省又声明谓：今后日本国内与日本接壤之满洲、华北，其取缔共产党员，将随日、德防共阵营之强化而更加严峻（见同盟社廿六日东京电）。又谓："赤化的进行在远东方面于中国为特甚，中国本部共产军跋扈〔扈〕尤甚。"于此足见日本更欲威胁诱致中国加入其反共集团，逐〔遂〕其侵略之野心，漠视我国主权，加强侵略我国的阴谋。

日德同盟在国际政局上的影响，第一是对于国际的和平予以重大的威胁，德、日共同企求以反对苏联的政策来博取各资本主义国家的欢心，同情他们的侵略行为。因为侵略者的勾结，而和平阵线也格外的建立巩固，假使这东西两国法西斯的侵略国家，一旦分头向苏联进攻，则亚洲和欧洲有许多关系的国家，也必随之卷入战争的漩涡，同时对于我国民族解放的前途，也感到莫大的影响。侵略者如进攻苏联，就不能不夺取中国的领土，以为进攻的根据地，同时因为日德同盟的成立，德国将承认日本在华的侵略行为合法，则日本的亚洲的侵略行为，显然的又加了一重保障。我们鉴于过去数年来惨痛的教训，一任侵略者的蹂躏宰割，希望政府当局，坚决保守自主的立场，绝不容有第三者来横加干涉，同时应该联合一切爱好和平的国家共同反对。

日意协定

日德协定成立后，侵略势力日益嚣张，不出三日，日、意两国又正式宣布缔结协定，规定意大利承认满洲伪国，而日本则承认阿比西尼亚帝国为意大利属地。日外务省并决定废止阿公使馆，而在阿京重新设立领事馆。罗马方面，闻意国哈尔滨领事馆，不日将设立矣！又据罗马某数方宣称："意大利或将允许日本在阿比西尼亚有采办原料之特殊便利，如种植棉花，以供日本纺织业之用。"致〔至〕其间政治、政〔经〕济之成分，颇有待于衡量估定。

今日，国际集团与集体安全主义的对抗，已有随时导入国际政局陷于第二次大战的危险。德国在东亚既与日本缔结同盟，在欧洲又与意国互相勾搭。在日德同盟发表之初，愿〔原〕亦希望意国也参加，不过墨索里尼无意于此，然而他对于反波尔雪维克的结合，却极感兴味，至少应该说意国在精神上是德国〔日〕同盟的支持者。在目前现状之下，少数野心国家，不满现状，企图向外侵略，以打破国际现状，如意、日、德、奥、匈等国是，则侵略者的同声同气，而结成集团，原是极平常的事，而况国际政治上的结合，未有不以经济的互利为基础者，所以这几年一般野心的黩武主义者企图向外联合发展，是势不可免的。所以日意协定的内容含有商务的条款，也正是这个道理。

现在因了日、意的协定，意国竟蔑视我国主权，违反国际道义，而承认满洲伪国，这意义是何等的重大啊！数年以来，我国政府对于东北的失地，以及敌人的种种兽行，我们始终没有表示愿意放弃，而况国联会的决议，对满洲伪国也不承认。这几年以来，还没有别的国家，敢冒天下之大不韪，为远东的侵略者作声援，世界上的法西斯的侵略者，相互勾结，相互撑腰，这影响于国际的和平，至为重大的。无怪李维诺夫演说痛诋法西斯主义，谓德、意与日之勾结为和平之敌！

年来德、意两国与我国邦交日趋改善，如意国驻华外交使节的首先升格，德国对华贸易的飞速发展，在这样的良好邦交之下，本不应有侮辱我国协定的缔结。在德、意两国自身说来，上了远东日本的当，这笔生意是不值得干的。

无疑的，日意协定的缔结，毫无疑义的将更使法西斯的叛徒们推行他们的侵略政策，更无异于向国联集体安全制度投下一个猛烈的炸弹，现在，正是侵略集团势力高张的时候，我们为了坚守领土和主权的完整，对于凡是以损害我国主权的一切行动，应该坚决的表明立场，加以反对，以与侵略主义者相周旋，毋彷徨，毋畏葸，奋勇于迈进于民族复兴之坦途，转移国际视听，全在此一念之决心而已耶！

《绸缪月刊》

上海绸业银行

1936 年 3 卷 4 期

（朱宪　整理）

德王就蒙军总司令

壮伯　撰

"德王现在嘉卜寺就蒙军总司令，静观时局，再决定政治态度"，这算是蒙古事态演进的第二声。当首次谣传德王组织自治政府独立的时候，蒙古正闹着历史上罕见的大雪，蒙古包悉被埋在"雪平线"下，蒙古的宇宙，整个变成银白世界，雪深五六尺，地下草木无踪无影，马、牛、羊没东西吃，十天的工夫，饿死的数目无从调查，牛羊的死尸，堆积成山。立法委员补英达赖氏，家里原有一千只羊，只剩下十三只，因而大雪不停，蒙民生怨，百姓们说："这都是德王的外国飞机，无线电，'乌，乌，乌'把雪勾引来的。"同堪布喇嘛谓："我们的王爷不像先前了，先前有点小灾就赈米赈面，现在应酬外宾、养兵、开汽车、飞机，不管这些事了！"情势颇为严重，外交突现紧张，于是就有内蒙独立的消息传出，而一般注意蒙事的人谓："如果蒙古的雪灾问题圆满解决，则蒙古的外交问题，也有圆满的解决。"不然，真如德王的干部所谓：德王的衷心何尝想"应酬外宾"现在迫着他上梁山，不应酬外宾，只剩下和马、牛、羊同归于尽的一条路。是时适有内蒙独立的消息传出，这次报载日本军人对内蒙压迫愈紧，扩充内蒙军力，限七月十五前实现，并将内蒙直属军队，扩充为"蒙古独立军"二军，每军八千人，其第一军为李守信部，二军由日方组织，由日军官指挥，军火由日方供给，最近平绥路上日军官秘密押运入蒙之军火，络绎不绝，驻有〔在〕百灵庙之日本军官达数十人，德王之行动已完全失去自由，百灵庙、热河间有经常长途汽车行驶，每星期二、四、五三日，均有飞机通宝昌。此时，德王又在适嘉卜寺就总司令职。每次蒙古的外交紧张，每次蒙古即有异样的谣传。阅此之后，吾人于痛愤之余，不禁为德王叫屈。宋哲元委员长谓："谁不愿为强国之民，谁不愿自己的强盛，谁又乐意背叛祖国，把自己的锦绣河山恭送于人。"诚心同身受者之言也。孤立无援，内外煎迫中之德王，怎能不为外力所困所惑，希望中央当局，此后应切实注意蒙事，应把蒙古内地一视同仁，设法使其尽忠祖国，绥蒙政委会的措置，就是我们的好模样。

《西北生活》（旬刊）

西安西北生活旬刊社

1936 年 3 卷 7 期

（李红权　整理）

怎样来援助绥远的抗敌战争

——不是家书之九

姜平　撰

妹妹：

　　这几天使你焦急不安的，我想是莫过于绥远问题了。敌兵一天一天的在增加，从零星的变成大股，从一万增到两万，现在更是在继续的大量的增加中。敌人的武器是源源不断的，从机关枪、坦克车到飞机，前天更从多伦运来了十六辆汽车的毒瓦斯炮弹了。

　　在这里我们要注意的，我们的军队是不是增加了，我们的武器是否增加了。从报上看来，我们觉得是一点保证都没有的。

　　是不是察哈尔，那绥远的东边的邻省，真会听信"友邦"的劝告，认为攻绥是单独对绥，与察无涉，就不动呢？是不是我们其他许多军队也和察省一般见地，隔岸观火呢？这些，这些是我们不能想像的。

　　在谈怎样援助绥远之前，先谈一谈绥远的重要性吧！绥远是中国通外蒙的孔道，西面连宁夏，南面是山西、陕西，敌人得到，不但切断中俄交通，并可极方便的拿到山西、宁夏。中国失了绥远，黄河以北的地方都要失去了。

　　这是很清楚的，中国亡不亡国，与在南京的外交谈判，不论是怒目相视，或是叩头谢罪，是没有关系的，实际决我国生存或是灭亡，在绥远这一战。所以这决不是绥远局部的问题，而是整个中国的存亡问题。

在这里我要郑重向你说，就是外交到这种地步，不必想外交会带给我们什么，也许会比我们想像的恶劣到万倍。这种叩头式的、哀怜式的外交，在原则上就是屈辱外交。签订了条约我们固然不能承认，不签订条约的互相默契默契，我们也不能承认。我们要拿实力和"友邦"来干，现在正是政府该告诉我们到底是屈服了，还是没有屈服的时候了。

我们怎样援助绥远军呢？

第一，我们要要求察省立刻在敌军的后方，对敌军施以攻击，扣留敌军的枪械，不准敌军过境，要求中央军立刻援绥。要知道"友邦"各个击破的阴谋，要知道抗×是生路，不抗×是死路。

第二，我们要负起对全中国的下级士兵宣传的责任来。十九路军在上海打××人你记得吗？是一个士兵没有得到上面命令就开了枪的。千百万的有军器的、有训练的同胞，在军阀手里会杀民众，一时反过来会杀××人，会杀卖国长官的。也许你觉得这是太困难了，不，我告诉你，我们的士兵同胞心胸中，都燃烧着一团火，只等我们去点燃了。

第三，上面说的都是如何叫别人干，下面要说到我们自己如何干了。中央军、察军援绥，我们固然要这样干，倘是他们不援绥我们也要这样干，就是男女身体强壮的都做义勇军，体弱的做救护队。这些义勇军、救护队不必完全开到绥远去，全体的三分之一去绥远，三分之二留在各地，防止当地"友邦"人的骚扰和抵御"友邦"人的不时来犯。

你会说："姐姐，你这句话是再对没有，我们这班民众手里没有武器呀！"下面我们就要解答这个问题了，武器从什么地方来？

（一）我们向政府要武器，政府打××人，我们要武器帮助政府守地，用过还政府。

（二）我们自己设法筹钱买枪，买飞机（如何筹集的方法到下面再说）。

第四，我们除亲身北上援助绥远军队外，对绥远军队可做的，就是给他们以物质上的帮助。在这里你会对我的意见提出抗议说："你知道这几年我们百姓的穷吗？这次以政府之力征航空捐，成绩并不好呢！"

对你的第一个疑问，我要告诉你这次募捐给绥远的抗×军士，与上次的不同。上次虽说是贡献给国家，到底是用为私人祝寿名义募集的。第二，这次名义正大，号召力大，所以我们相信那成绩是会超过航空捐的。

给绥远军队以物质上的帮助，不但是钱、粮食，棉衣、皮衣都是需要的。北平的同学要来一次"万件皮衣运动"，在这运动开始的一天，要绝食一日来供献给卫国的绥远军队。这样的"一日运动"是非常伟大的呀！上海比北平富庶，同学人数也比北平多，环境比北平好，援绥"一日运动"固然可以做，同时，我想我们只要努力，"两万件皮衣"也是不难办到的。皮衣之外，棉衣也是需要的，我们从这几方面来努力吧！据说丝棉袄可以抵御子弹的穿入呢，这在"一二八"时是实验过的。

援绥的款子收到后，除给绥远的军队以衣食的资助外，要划出二分之一的钱出来买军器的。买来的军器的三分之二应送到绥远去，三分之一留着我们民众组织的义勇军用。

听说苏联的每个孩子的床头，有个扑满，那是他们在聚钱助西班牙政府军。我们为了我们民族的生存，为了支持这神圣的抗×战争，我想我们是什么都可以牺牲的，不但是糖果钱，平常一切用品，只要可以省的，就省下来救我们的国家吧！

从老伯伯到小弟弟，大家来为国尽一分力量吧。你，一个壮健的女孩子，现在有许多事等着你做呢！

致敬！

平姐

《妇女生活》（半月刊）

上海妇女生活社

1936 年 3 卷 10 期

（侯超　整理）

绥远战争的意义和民众的要求

汪源珍　撰

某帝国主义者的对华策略，是他世界政策的一部和初步。《田中奏折》里说得很明白，要征服世界，先要征服亚洲；要征服亚洲，先要征服中国；要征服中国，先要征服满蒙。所以某帝国主义者夺取东北三省，实现其征服满蒙的一步工作以后，又进而占领热河；占领热河以后，又继续侵略山东，组织冀东伪自治政府，占领察东、察北。由九一八以前，某帝国主义者对满洲、蒙古一带的布置，九一八以后，某帝国主义者对东北四省的政治的、军事的、经济的施设，以及继续不断地对华侵略看来，他为完成征服亚洲征服世界的野心起见，一定要想完全灭亡中国，在达到这种目的以前，只要不遇到障碍，决不能停止他对中国的侵略的。

在广田任外相的时候，曾经发表过所谓"协和外交"的声明，那时中国一部政治家和学者，受到他们的欺骗，发生一种幻想和错觉，以为某帝国主义者的对华策略已经改变，由武力侵略的策略改而为和平谈判的政策，此后两国间可以大讲其提携亲善。但是，事实上表现出来的，却不是一部政治家和学者所想像的和平。在我们对人讲和平讲平等，实行退让的时候，而敌人对待我们，却是步步进攻，时时侵略。在所谓"协和"外交里面，冀东、察东和察北通通失去了，这是我们对人客气退让的结果。这还不够，还来一个大规模地对华北、对华中、对华南的走私，和浪人的种种非法的活动。

他们对我们的侵略，华北、华中、华南三路并进，尤其是注意华北方面。他们所提出的华北五省的"特殊化"和"共同防共"的两个条件，前者是不用说，后者也是注重在华北。他们为夺取中国、布置包围苏联起见，在占领察北、察东之后，当然要向南和向西北进展。前几月华北的大批增兵和不断的示威演习等，以及最近向绥远这方面进攻，就是侵略的具体表现。这种事实的表现，实在对一部政治家和学者们幻想某帝国主义可以对华和平亲善的，给以一个有力的回答。

在某帝国主义者的对华武力侵略政策之下，绥远战争就爆发起来了。敌人这次对我们的进攻，和九一八、一二八和长城战争时的侵略方式不同。他们不是用的自围〔国〕军队，而是用的汉奸武力。不过某帝国主义者从来侵略中国不单是靠其本身政治的军事的力量，并且要靠汉奸的力量。九一八以来，和东北义勇军作战的有汉奸指导的伪满军，一二八时也有大小汉奸的活动，此外华北和其他各地在平时和战时不断的有汉奸卖国贼为某帝国主义者出力。

由这说来，某帝国主义者此次利用匪军、蒙军、伪军向绥远进攻，也不过是从来侵华政策的继续，和以前并没有甚么不同。尤其是这次敌人的进攻绥远，不单是利用这些汉奸军队（武器、军饷均由他们供给），并且有某国军官指挥和某国兵士的化装参加，虽然外表和以前有些不同，而其实际和以前根本上可以说完全没有区别。因此绥远的战争，在敌人方面是一种侵略战争，而在我们方面是一种自卫战争，所以能够得到全国爱国民众的同情与援助。此次绥远战争，在中华民族的观点上实在具有以下的意义与教训：

第一，这次战争在中华民族革命史俱〔具〕有伟大的意义，是防御敌人对我侵略的战争，同时也是保卫中华民族的领土和主权的自卫战争。自从九一八以来，因为不抵抗和退让的原故，东北四省和冀东、察东、察北相继失去，以致绥远、山西、河北等省变成了国防的前线，时时在敌人侵略威胁之下。此次战争，傅作义将军和其他军事长官所领导的军队，不止击退敌人的军队、阻止敌人的侵略，并且进而采取攻击战略，夺回了已被敌人占去的地方，这实在是对于中华民族革命的一大功绩与贡献，当然在中华民族革命史上是最光荣的一页。

第二，这次战争在开展中华民族革命上有重大的意义，与中华民众以重大的兴奋。自从九一八、一二八和长城战争以来，从东北义勇军对于敌人的不断夺斗以外，我们的军队只有对敌人的妥协和退让，并没有对敌人的抗战，所以敌人也都嘲笑中国官吏有"恐日病"，以致我们军人之中，也有人以为只有内战的英雄并无抗敌的将军。民众没有爱国行动的自由，以致对敌人的愤恨和爱国的热情无由发泄。这固然不能消灭民众运动，而对于阻止民众运动却起了作用，所以一部学者一时有中国民气消沉之叹。这次绥远战争傅作义将军的胜利，确实给中国民众和军人以很大的刺戟和兴奋，更加强了他们的抗敌心和爱国心。

第三，在这次战争中表现出我们的兵士为中华民族利益而战是英勇的，同时是得到民众拥护的。多年以前外国人常说："中国人勇于内争，怯于公斗"，现在也有些外国人说：中国军人勇于内战，怯于对外。这些观点和说法，都是错误的。十九路军在抗×战争之前不是参加过多次的内战么？在他们参加内战的时候，一般民众并不知有十九路军的存在，更说不上拥护。可是在一二八战争时，多次击破敌人大军，与十数万敌军作战，保持沪淞有一个月以上，十九路军的英勇不只全国皆知，就是世界各国也都是承认的。参加长城战争的二十九军，也同样地表示他们的勇敢。

这次傅作义将军所领导的军队在绥东、绥北的英勇行动，充分地表现出他们拥护民族利益的精神。现在全国普遍地自动地热烈捐款和其他物质上精神上的援助绥远，正是民众的民族意识的热烈表现，他们拥护的是民族卫士和民族英雄，反对的是内战。

第四，这次战争与不抵抗主义者以严重的教训。自从九一八以来，关外虽然有义勇军的不断血战，而关内除一二八战争和长城战争等以外，只有对敌人的继续不抵抗与退让。在不抵抗主义者方面畏惧敌人的武器和威力，以为不抵抗可以保守自己实力，在一定限度内可以停止敌人的侵略。但是事实所表现出来的，适得其反。不抵抗的结果，正是与进攻不已的敌人以开道让路的方便，不惟民族利益日日遭受损失，即自己实力，亦难以保存，同时还要引起民众对这些不抵抗主义者的愤怒和不满。而对敌人的抗战，却与不抵抗的结果恰恰相反，不只能够保护民族利益得到民众的拥护，并且已失的实力也可恢复。这是对于不抵抗主义者一个好的教训。

第五，这次战争更明白地指示出中国民候〔族〕的出路。从九一八到现在多年间的事实告诉我们，不抵抗不是中华民族的出路，对敌人讲亲善提携，也是做不到的幻想。这种办法，不惟不能阻止敌人的侵略，反倒给敌人以侵略的方便。惟独抗战才是中华民族的出路，才是我们民众应采取的办法。东北义勇军和人民革命军现在能够保持抗×区域，十九路军过去能够保持淞沪，二十九军过去能够保持长城一带，以及这次能够保持绥远，都是对于敌人拼命抗战的结果。

现在绥远前方的战事，非常紧张。敌人的军队，仍在向我们的阵地进攻，敌人的飞机、大炮、轻重机关枪、坦克、毒气炮，现在非常的活跃，继续不断地向我们的军队和民众轰炸。我们的军队以非常牺牲的精神和极其英勇的行动，与敌军血拼死斗，虽然一再将敌人击退，并夺回了一部失地，但是我们的军队和具有精锐武器的敌人作战，其能保持阵地以至获得胜利，需要较多的牺牲代价。尤其我们在报纸上都可以看到，我们的军队不单需要飞机、高射炮和其他防空、防毒的武器，并且需要军队的防寒用具和药品等等。换言之，我们的军队不只需要新式武器对付空中战争，并且需要种种给养。并且现在战时和平时不同，战费的开支特别甚〔巨〕大，军费的需要也特别多。

敌人是在军事上、政治上、经济上具有强大力量的，他们现在利用他们的力量来进攻我们，我们的军队为保守我们的国土不被敌人侵占，真需要坚决的血战。在敌人整个计划之下的大的力量对付我们的时候，我们也需要有全般的计划，用国家的力量来对付他们。这正是中华民族的紧急关头，民族的生死存亡的问题，决不是局部的地方的问题。所以我们站在中国民众和民族的观点上来讲，不只是需要在精神上、物质上与绥远抗敌战士以各种援助，并要求政府当局有计划的全力援助绥远，立即动员我们的陆军、空军开到前线，和敌人作战。现在为要团结我们全国一致的抗敌力量起见，在政治上全国人民需要有极其紧密切实的合作，建成铁一般的战线。并且为发挥民气，发扬民众的力量，必须给民众以爱国行动的自由。在军事上，需要立即动员陆空军开到前线驱逐敌军出境，并切实联络东北义勇军，进而收复察北、察东、冀东和东北失地。

《妇女生活》（半月刊）

上海妇女生活社

1936 年 3 卷 11 期

（李红权　整理）

北平学生集资援助绥军

北平通讯

文启撰

年来平、津学生，因为受了各种的压迫，外表上看来，轰轰烈烈的学生救亡运动，似乎是消沉了，然而内心的热潮，未尝一日辍废，大家只想充实个人的学识，锻炼个人之身体，他日再为国家效力，而且时局愈演愈坏，求学也愈加不易，于是学业也更可宝贵了。在他们看来，为学业而冒险，而受苦，固然很值得，所以在这沉寂的求学时期，并未一时一刻放弃了救国工作。

自从东北四省沦亡之后，继着又有"冀东"伪组织的成立和河北事件，最近"防共协定"和"华北问题"又甚嚣尘上了。为着这两个新问题，已经闹了一个多月，还是没有解决的办法，而所谓"匪军"的大炮与飞机，又成千成万地向绥省推进了。

连日报载："匪军受着某方的接济，大举攻绥，他们饷械充足，并皆有皮衣，而绥军物质方面，处处感觉缺乏，且绥省曾下雨雪，绥军对于皮衣最需要云。"于是平、津学生便有"不容坐视"的感慨，掀起了"援绥运动"的高潮。

早几天，清华、北大等校学生，大家联名向学校当局要求，自即日起停止火炉五天，省下来的钱，全部拿去援助绥军。有许多学校预备绝食，有的已经开始向教授与同学募捐了。

在这热烈的集资运动中，我们常常可以听到些慷慨激昂的故事，有些人所捐的钱，超过了他们的经济能力；有些人把吃饭的钱完全捐去；也有许多人大声疾呼地要求："延长不生火的时间！延长绝食的日子！"

据一般的推测，这次所集的钱，必定会有一个出人意料的数目，单就清华一校而言，每日可省出煤钱一百多元，以五天计算，最少可以集到五六百元。若是把华北各校所集的合起来，岂不是一个很大的数目吗？

因此我们可再进一步地着想，假使全国各学校一致行动，这个数目当然更大了。我们拿了这些钱，不但可以使绥军丰衣足食，并可拿了多余的钱，去供给为国而伤的生活费，去抚恤为国而死的遗族，使前方战士无后顾之忧，勇敢地效忠这受人凌辱的国家。

绥省为华北的壁垒，若一旦失掉，华北便成了唇亡齿寒的形势，不久的将来，就有被人占据的可能。那时的华北学生，虽不说同归于尽，至少也没有求学的机会了。这是华北学生应有的反省，也是集资援救绥军的原因。不过等到华北沦亡，华南的厄运，也只是时间迟早问题哩。

总之，中华民族是整个的，华北的同学，誓死要保全华北的领土，在压迫中作最后的挣扎，虽茹苦含辛，在所不顾。希望南方的同学，应该也要有相当的表示才好。

《中国学生》（周刊）
上海中国学生周刊社
1936 年 3 卷 13 期
（朱宪 整理）

绥远战争之面面观

西子　撰

　　蒙伪匪军进攻绥远的消息一天紧张一天了。这正是一个机会，谋民族出路的机会。前线将士已在为民族争生存而作殊死之战，全国民众也在为民族争生存而作热烈后援，我们对此事件，只有兴奋，只有愉快，一个成熟了好久的脓疱〔包〕，现在终于溃决了，谁的脑袋里都该种下了一个光明的影子吧！

　　此次敌人犯绥，并不是偶发的行动，是九一八、一二八以后已种下了根苗，而至今春，察北六县被侵夺后，即已开始积极准备了。伪满傀儡将军张海鹏与李守信部下的活动，德王的被收买，伪蒙军的逐渐扩大，以及敌人间谍的深入内蒙、西北，在一年以来差不多没有停止过。及至最近二个月来，敌人在绥边的活动，积极加紧，而我当地守军，也早已有了充分的准备，筑了坚固的阵地。

　　敌军攻绥，是在本月十一日开始发动的，以伪满军及伪蒙军为前驱，而其总兵站在多伦。侵略的进展分三路：第一路为包悦卿、卓世海等伪蒙军，由滂江向西集中于百灵庙，攻绥北趋武川和归绥。第二路为伪满军李守信部，除驻在大青沟、南壕堑外，并联合张海鹏、王静修等热河匪军进犯绥东以趋平地泉。第三路为伪蒙匪军王英部，由百灵庙沿阴山北面以取绥西固阳进取包头。这是敌军攻绥的策略。据报载，伪军各路合共三四万人。

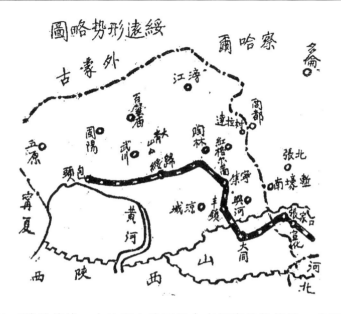

这三路的战线，在地理上我军是占有相当的优势的。武川方面从归绥出发，不过六小时汽车路程，接济是非常便利的。反之，攻武川一路的伪蒙军队，是在百灵庙，离武川有一百八九十公里，汽车须一日时间，而且百灵庙从归绥、武川前往，尚称便利，今敌军从滂江接济，由滂江至百灵庙除了飞机外，汽车需一日一夜，却十分的不便。至于滂江到商都那是更不便了，估计须二日路程。而我军有阴山、大青山之险要，所以该处的匪军目的在牵制绥东军事，而非主力攻击之区。在第二路匪军以攻陶林与兴和为目的。攻陶林的军队由商都来的，两地相隔比较接近，后方接济亦便利，且有飞机场等新式建筑，所以是伪军集结之区。但我绥军方面到陶林去的交通也是很便的，从集宁（平地泉）出发，不过七八小时的路程，集宁地位非常优胜，而且是平绥路之大站，有铁路交通，给养与接济都不生问题。至攻兴和的匪军，一部从商都出发，一部从南壕堑出发，南壕堑虽然仅是一个部落，但地方繁华，远过商都，距离兴和，有六七小时的汽车路程，亦是攻绥军的主力所在，但我军往集宁和丰镇出发都很便利的，所以在地理上观察，我军实占优胜。

故自十三日在兴和、陶林发生前哨战以来，至十四日夜匪向红格图猛攻，十五日增匪三千人再犯，肉搏四小时，复有日机七架助战，均被我军击退。至十八日匪军再以主力猛攻红格图阵地，前后凡六次，绥军反守为攻，全线大获胜利。至二十日，匪以犯绥东不得逞，乃改扰绥北，进窥归化，二十一日匪方伪热军增援，开抵察北，大举侵绥，飞机两队分炸兴和、陶林，百灵庙匪众亦向武川推进，情势现正紧张。这是自绥战发动以来，至发稿时止的经过情形。

自绥战发动以来，我全国民众热烈援助，军心大振，且蒋委员长由洛飞太原，与阎副委员长商谈军事，对绥省防战策略，已有整个计划。反视敌军系乌合之众，且王英所属苏美龙部发生叛变，以此观察，我军对于剿灭匪伪确有充分把握也。

《新人》（周刊）

上海新人周刊社

1936 年 3 卷 15 期

（萨茹拉　整理）

给绥远战士

敬业中学　李泰定　撰

战士们：

你们为了要消弭祖国的灾难，终究在冰天雪地中，和敌人肉搏了。这种伟大的精神，这种高超的意识，怎不令人钦仰呢！

老实说，敌人凶狼〔狠〕的枪炮，不能击破你们坚强的阵线，敌人奸滑的策略，不能搅乱你们卓越的思想，敌人的一切，都不能消灭你们的一切。

你们应该为了要挽救祖国而流尽最后一滴血，为了要复兴民族而断尽最后一颗头。你们的血洒尽了，不怕，还有我们的血；你们的头抛尽了，还有我们的头。

事急矣！愿我国防最前线的战士们，大家起来，和我们敌人作一个"殊死战"。

最后，请你们记着：只有你们才能表示出我大中华民族的精神，只有你们才能驱除我们当前的急难。

我们在这里，渴望着你们战争的捷报。

《新人》（周刊）

上海新人周刊社

1936 年 3 卷 18 期

（丁冉　整理）

绥东抗战将士后援会募捐结果大为可观

同学工作绝佳，全城腾沸响应，
二日募捐结果已达二千一百余元

作者不详

第一日（十八日）于北平市公开募捐结果，成绩极佳，其在前门外及少数他处，略受警察涉干，但大体尚称顺利。计该日参加同学达四百人以上，教职员有夏云及雷洁琼两先生，此种情形实为燕大自"九一八"以来学生运动未有之现象。以第一日募捐所得款项除尚有为数不少之一部未清算者外，已达九百九十余元，为全部交齐，计第一日总数当在一千二百余元以上。

各区情形

第一日工作区域包括北平市全部，大略分前门外，东单至东四，王府井，西单至西四，及以鼓楼为中心北城全部等五大区。按各大区情形，成绩最良好者为东西城及王府井等三大区内，缘该三区为北平市最富庶繁华区域，同时该处住户、商铺人士之文化水准较高，对于时局之危机认识亦较清晰，每一闻为援绥东抗战募捐，多即解囊输将；北城一大区，为北平最贫困地带，住户多为衣食堪虞之劳动阶级，同学将绥远抗战情形向彼等略事宣述后，彼等虽多愤慨激昂，表示十分同情，踊跃倾囊捐助，但多只能以铜元数枚，最多亦数十枚，故该区一日募捐结果，以金钱论，为数颇微，而以对彼等之影响，"有钱出钱，有力出力"之原则看来，将来之效果，亦必不在其他区之下；南城前门一区，为各区成绩最恶劣者，同学每将绥远抗战情形，虽尽解说之能事，而一般反应，皆以膜〔漠〕然致之，间有募者，亦皆掷毛票一角，或铜元数枚，挥同学出，其颟顸态度，实令人发指。有数同学于骡马市入某棺材铺，其长柜拒绝同学入内，同学稍作解释，彼即立通电话至公安局，甚至最后有欲通电话至□本兵营之概，此等情形实为最令人痛心者。

社会方面

该日募捐结果，参加之同学，有一种极足为吾人注意之结论：（一）劳苦同胞皆热烈激昂，勇于输将；（二）旧式商人，其头脑之顽固，对国事之淡淡然，为外界人之最甚者；（三）教育界及与教育界有关之人士为最热心者，商人中如电影院、西服庄、印刷局等；（四）所谓公务员，其态度以表示到不"干涉"，即为最高峰。

第一日（十八日）同学工作情绪甚高，截至晚间九时后，在城内同学仍有在各方面工作者，如娱乐场所及饭馆等，及多数同学当晚留于城内，次日继续工作。

伟大成绩

计第一日（十八日）募捐截至晚间结算，于北平市内公开募捐，共募得总数九百九十余元，其外尚有一部尚未报账者为数尚颇不少，兹将前日各小队募捐成绩分录如次：按此为第一次登记结果，负责人及钱数皆未免有不少不确之处。程应穆三十二元二角强，颜福庭十元正，陶荣锦十三元三角强，雷声烈四元正，曹秉冲五元弱，张新令三元正，林德常十四元弱，朱祥麟二十八元弱，张诚孙五元正，吴达人十元弱，夏得齐五十二元四角强，洪晶晶八元二角弱，王令娴十三元二角强，何巧生十七元强，王名衡三角弱，张德华五元正，杨英珍十七元七角正，李憨一元弱，薛慕兰三元弱，马蒙三元五角，王维明六元四角正，侯启明五十元四角三分正，谷世杰九元二角八分正，江晟三十七元一角正，王龙宝三十四元七角一分，王若兰四十七元三角六分正，周念慈二十一元正，张郁廉三十八元七元〔角〕六分，林莹十元弱，杨介田六十八元八元〔角〕，沈聿温十八元弱，马传宜十八元三角八分正，高雁云十元弱，赵春玲十二元七角七分正，沈文飞一百一十八元二角七分强，郑元英六元六角正，刘爱萍、孙惠畴二元正，李忠靖三十二元三角三分，贾元羹六十七元一角弱，徐观文二角五分弱，康映蕖、舒楷兆十六元正，黄萃庭四十四元三角四分，张郁廉六十三元一角七分，徐海超二十八元，张诚孙八元①，赵盛铎一元五角，高之企一元八角，唐理一元五角，吕钟璧二元，张希贤五元。

第二日（十九日）成绩比之第一日有过之无不及，计第二日募得之款截至昨晚结算已达一千一百〇九元余，其外募得未有报账者，约尚有数百元之谱。连同第一日募得总计，已超二千有余。

昨日出发募捐之同学总数，亦在四百人以上，其中：（一）分自〔自〕由募捐，即〔暨〕向亲友劝捐，所得总数约四百八十三元余；（二）旅馆；（三）饭馆；（四）娱乐场；（五）贫苦区域；

---

① 前已有"张诚孙五元正"，似有误。——整理者注

（六）西郊、成府、海甸一带，约六有百二十余元。

旅馆不利

昨日往旅馆募捐同学，于九时即出发，以二三人为小队，彼等皆着极整齐之西服，或较华丽之旗袍，较之日前街头募捐时，风尘满面之样子，迥然不同。缘昨日北平市社会〔会〕局，已向各处下通令，拒绝同学募捐，并于各旅馆派有便衣暗探，拦阻募捐，故同学每至一旅馆，皆被阻回，初时成绩颇劣；后同学改变策略，直入或找经理谈话，道明来意，因此始得有转机。

饭客慷慨

往饭馆募捐同学，多于晚六时至各大饭馆，彼等衣着亦多似贵gentleman 或 lady，燕京味十足。此组所至各处，皆甚顺利，并无阻碍，想彼等计划之周密，已超出社会局诸先生筹划阻碍之分布网外，同时暗探诸公，亦想不到同学会晚间尚会出动。同学每于彼等酒兴正浓时突然而入，时予彼等以一个摩〔摸〕不着头脑；但多数人闻为绥远抗战将士募捐，多慷慨倾囊，较之其他方面之人士，似易将钱出手，想此种分子多为较余裕辈。

娱乐场所

娱乐场所募捐，于昨日实不易，因各处之经理对于募捐者，严词拒绝，声色具〔俱〕厉，同时此等地方警察、暗探密布，结果同学在该数处工作者，无不怅然失望而返，或改变方向，别寻出路。

《燕京新闻》（半周刊）

北平燕京大学燕京新闻社

1936 年 3 卷 19 期

（朱宪　整理）

慰劳绥远守土将士

作者不详

本校以绥远守土将士，在冰天雪地下，奋勇剿匪，殊堪敬佩！爰于二十日由职教员暨学生发起组织慰劳绥远守土将士捐款委员会，一日间共捐得大洋三十一元，除将款交由《大公报》北平分馆转汇外（捐款清单见二十四日《大公报》），并电傅主席慰劳，兹将原电录后：

绥远傅主席并转前方诸将士钧鉴：伪匪不逞，窥我国疆，我公本忠勇之忱，率貔貅之士，义旌所指，强敌为摧，为国宣劳，曷胜钦仰！谨醵金三十一圆，交由《大公报》北平分馆转奉，区区之数，略志下忱！北平成达师范学校职教员、学生全体叩。马。

《成师校刊》（月刊）

北平成达师范学院成师月刊社

1936 年 3 卷 40、41 期合刊

（丁冉　整理）

日本对外蒙侵略之史的发展

M. ANATOLIEW　撰　　　翦伯赞　译

译自《国际通信》（INTERNATIONAL PRESS CORRESPON-DENCE）4TH，APRIL，1936。

这篇文章，历述日本侵略蒙古的经过，从一九一八年起，一直到最近止，日本的这一企图，还是在极积的进行中。中间兼述与日本侵略蒙古有关之白俄与苏俄在蒙古之斗争，以及白俄失败，外蒙独立之种种事实。这篇文章，虽不是站在中国的立场上写的，但总是站在弱小民族反帝国主义的侵略的立场上写的。在最近，内蒙的变乱，时时发生，很明显的，还是日本这一企图之继续的发展，因此，我觉得这篇文章，有介绍于国人之必要，或者可以当作解决我们边疆纷乱之一种参考的资料。

译者

日本对于并吞外蒙，已经计划了很久的时间了。在很早的时代，一九一八年日本对苏俄的干涉的时代，他就怀蓄着这样一个意思去建立一个国家，这个国家，是包括伯克力、苏俄的东部、蒙古的全部和满洲的土地。这样的一个"蒙古国"，是切断苏俄和太平洋的关系而且形成日本对整个亚细亚大陆的统治之基础。

在一九一八年的中间，日本人开始计划建立这个在日本保护之下的"大蒙古国"，这"纯粹蒙古人"谢米诺夫（Sem Yonov）——白俄的将军，就承当了这一傀儡国家的组织者，而且由日本人给与他以蒙古太子的尊号。所有谢米诺夫与蒙古的关系，在有一个时期，都是由乌尔加的保皇党的参谋部所支持的。

在一九一九年二月二十五日，日本人在赤塔（Chita）真真召集一个"泛蒙古会议"。这个"会议"已经变成历史上的趣事。他的目的，是要建筑蒙古国的基础，但是并没有一个蒙古人参加——出席于这个会议的十五个代表，都是谢米诺夫的命令所指派，而这些人选就是谢米诺夫及其同党，白俄的军官以及日本的官僚。

所有这些，都不足以妨碍这个"会议"去宣布蒙古独立国之建立。那是谁都知道的，他们已经择定了都锐亚（Qauria）作为都城，这个地方是靠近在通伯克力的铁道线上，而且也就是谢米诺夫的营寨。这个会议，更进一步讨论日本对于这个新国家的经济供给之诸可能性。

日本人对于在赤塔所表演的丑剧，非常满意，甚至努力想去得到凡尔赛和平会议的承认。

谢米诺夫除开具有那些日本人所给与他的重要的基础，为了威胁外蒙走上日本的路线，他又进行组织一师外国军队开向乌尔加。这一全〔企〕图，是没有成功，因为正当这个时期，苏俄的红军已经攻陷了哥尔恰克（Kolchak），谢米诺夫在日本的保护之下，退到比较安全的地带。

这种想把傀儡国在凡尔赛得到承认的企图，很无耻的失败了。而且这样，也就中止了日本人的冒险。

日本人于是又由于恩杰（Baron ungern）的帮助，而开始其取得外蒙之另一企图。但是白俄的军队，被红军和西伯利亚的义勇军所击溃而逃向东方，一部分逃到蒙古。在安勒可夫（Annenkov）的队伍集中于外蒙的西部，同时恩杰的队伍，则停止于俄国东部的前线。日本人送到了日本参谋本部的劝告，于恩杰，他鼓励恩杰接受建立蒙古国的意见。

在一九二六年一月六日，恩杰的军队侵入了乌尔加，而且屠杀当地的民众。安勒可夫占据了科布多。于是外蒙的全境，都落到白俄军队的手中。恩杰在他的宣言上建议恢复满清王朝，所以日本后来在满洲把这一问题实现了。

苏俄政府在一九一九年七月与蒙古人民接触以后，承认了蒙古人民有建立他自己的政府的权力。

"日本决不允许代表工农的政府，把莫斯科的使命带到乌尔加。现在胜利的红军，已经带到了这种使命。有一天苏俄政府会可感动的宣布'蒙古是一个自由邦，在这个国家，所有的权力，都必须在蒙古人民的手中'。"——文公〔件〕中这样写着。

十月革命使得东方的民族革命暴发起来，蒙古也在内。这种革命运动的表现之一，就是蒙古民族革命党之组成。这个革命党在一九一九年的年底才开始组织。他的首要的目的，是要从外的势力所给予的政治的经济的压迫之下，而获得其完全的自由，而且在人民的权力的基础之上建立一个国家的体制。

在恩杰统率之下的白俄军队，在外蒙之不法的行为——他们无数的屠杀，引起了外蒙人民之复仇的决心。由蒙古国民革命党所发动的工作，即刻就遍布于外蒙各级的人民。在恩杰的军队占领乌尔加没有好久的时候，蒙古国民革命党第一次大会，就于一九二一年二月召集了。出席于这个会议的，都是红军的重要代表，在会议中，决上〔定〕了派遣刚刚才组织的蒙古义勇军去抵抗恩杰的军队。

在一九二一年三月，第一次外蒙临时国民革命政府便组织起来了。蒙古的义勇军也从这时起，开始以武力去肃清白俄的军队。

恩杰集合了在他旗帜之下的所有的白俄军队，在红军的压迫之下离开了蒙古，而向西伯利亚铁道线的 Mysovaya 车站的方向移动。他是企图去毁坏沿着贝加尔湖（Lake Bailkel）一带无数的铁道的隧道，因而切断苏俄与远东的联络。

外蒙临时国民革命政府为了剿灭恩杰而与苏俄取得联系，曾经致苏俄政府一个申明书。因为白俄军队威胁西伯利亚铁道沿线，于是红军帮助外蒙的军队去剿灭恩杰。在一九二一年六月六日，恩杰遂被蒙古及苏俄的军队所俘虏。蒙古的人民热烈的欢迎红军。在一九二一年六月二十二日，恩杰遂判决了死刑。

在一九二二年，蒙古的国民革命政府统治了外蒙的全境。在一九二四年十一月二十六日，在蒙古人民共和国的利益之上，召集了外蒙工人的全蒙会议。但是，即使这样，而日本并不放弃其侵略外蒙的阴谋。他仍然抱着这一目的，去与外蒙的反革命分子联络作再度的尝试，他利用外蒙已经失败了的剥削阶级中之残余分子，以图消灭国民革命军的势力。这些日本的代理人，又重新组织了一个反蒙古人民革命的政府的阴谋机关。

日本的政客，关于侵略蒙古，最近又决定了许多计划。一九二七的《坦那加备忘录》（Tanaka Memorandum）对于蒙古之侵略，决定了一个有步骤的计划。日本陆军法西斯蒂〔蒂〕的干部，正在努力使日本在亚细亚的这种行动，得到舆论的拥护。甚至为了达到这个目的而"假造的科学"都已经发刊了。一个日本的教授落梭（Notsoe）在一篇文章上发表，他说日本的人民与苏俄边境中部西伯利亚及蒙古的人民，是存在有一种血族关系。在日本人与中国人之间，是值得我们教授分析的。不过所有这些地域的人民，现在都在日本的嫉妒的视线之下。追踪于希特勒的这位落梭教授，是预备制造一种为侵略而辩护的理论。

他这样说："日本国家需要一块广大的人口稀少的而且富于天然财富的地方。但日本向哪一个方向去发展是可能的呢？无疑的是向亚细亚大陆的北部和西部去发展。"

对内蒙的侵略以及向外蒙边境之煽动行为，显示了日本陆军的领袖之急于要实现这一计划。

蒙古人民共和国的内阁总理曾经这样宣称："日本之进攻我们的国家，是一件非常真确的事情。我们必需要预备抵抗。日本已经在极积进行封锁我们东部的边境。他正在向我们蒙古人民共和国和苏俄进军。他希望毁灭我们的独立，他希望把我们的国家变成像满洲和内蒙一样的殖民地。"

《边事研究》（月刊）

南京边事研究会

1936 年 4 卷 1 期

（赵红霞　整理）

绥远战争与中国

马裕恒　撰

　　中日国交正从事调整之际，绥东、绥北之战报突如雪片飞来，而交涉顿告沉寂，实两国之大不幸也。唯以日本之立策，总不变其向昔之传统思想，用最卑下而毒烈之手段，直欲置我民族于死地，以饱彼之兽欲，策动匪伪军队以攻绥远之东北。我民族之在今日，已深切觉悟，对彼狼子之心已洞察无隐，待旦枕戈，固早下决死之志，军民一致，上下同心，彼攻绥东之匪军屡战皆北，王英之主力损失泰半，匪部之计不得售，乃转攻绥北，集全力进攻，企图侵占包头，而进窥宁、晋。果如斯，则匪特绥省沉沦，而晋、宁、甘、青已将在彼手握中。唯我方防卫既密，士气颇旺，在全国民众援绥运动热烈进展中，奇兵破贼，匪峙〔恃〕为根据地之百灵庙被我克服。是役匪之损失至大，而扼绥北之咽喉既为我据，匪计遂全告毁灭，遂又不得不再图整顿，以图攻绥东，大战迫在眉睫矣。

　　此次绥远战争至足振奋人心，而百灵庙之收复关系我国前途者尤大，蒋委员长训示国人曰"百灵庙之收复为我民族复兴之起点"，斯至言也，故绥远战争即为我民族战争之肇端，中国欲图复兴，摆脱一切压迫，斯其时也。盖国际间固无所谓信义与公理，全视国势之兴替强弱为定，我能一德一心，上下合作，始终以国事为怀，不作奸不从匪，则消灭敌人非难事也。

由是吾人对绥远战争认为系中华民族求生存之战争，全国人士应一致援助，无论其为精神上、物质上，均须竭己力以报效国家；同时吾人更应抱最大决心，以求国家主权之完整，不作汉奸，不受敌人离间，凡侵我害我者，均迎头痛击，绝不稍让。尤以当此雪地冷天，朔风怒吼之际，吾人应积极热诚推进援绥运动，以勋劳我为民族而战争之斗士，则绥远得保而敌焰自消，我复兴大业自兹始矣，愿国人共起图之！

《康藏前锋》（月刊）

南京康藏前锋社

1936 年 4 卷 3 期

（丁冉　整理）

日蒙兵发生冲突

作者不详

据库伦十二月十九日电称，日军与蒙军在蒙边发生冲突，蒙古一军官及士兵二人死焉。据称日军乘载重汽车，上架机关枪，直入蒙境，蒙军奉命后退，避免冲突，但日军继续深入，遂致发生冲突。

日兵侵蒙

又据日本东京二十日电传：接苏联塔斯社讯，有日军二百名侵入贝尔池西南布隆德尔苏地方云云，日外务与陆军两省对于此讯，均未接有官报，惟据陆军省发言人称，所传日军侵入外蒙说，殊属不可思议。据指陈"满"方要求，布隆德尔苏系在"满洲"境内，该发言人又称"满"政府曾警告外蒙代表，满洲里会议之破裂将发生严重结果，但会议卒因蒙代表拒绝"满"方交换外交代表一举，而于上月二十五〈日〉破裂，嗣外蒙代表，在蒙总理领导下前往莫斯科，与苏俄当局会议。该发言人又称，因"满"蒙会议破裂，以致双方疆界不能勘定云。另据报载长春电讯：关东军发表公报，称"满"边防军于十九日晨在布隆德尔苏驱走蒙军七十人，彼等向南退却，遗弃军械二十支，有日军三十人在附近从事测量工作，曾予"满"军以协助，日"满"双方均无死伤。

该公报并强调声称，布隆德尔苏系在"满洲"境内云。

军部关心

　　嗣据东京二十四日新联电称：本月十九日"满"蒙边境贝尔池西方发生之双方军人纷争事件，外蒙外长已于二十二日向"满"方提出抗议，要求谢罪、赔偿、保障。然据现地向日军中央部之报告，谓此外蒙之抗议，完全与事实相反，且事件之非，实在于外蒙。即"满"方为防止纷争起见，并为确立外蒙、"满洲"之亲善关系，曾在满洲里会议主张，彼时外蒙以俄国之掣肘，使会议破裂，于是"满"方遂自主的调查边境，外蒙则向派遣部队作非法射击，致使双方发生冲突。"满洲"当据此事实以拒绝，然而外蒙方面如仍无诚意而协商边境确定，则指摘边境纷争频发事实，而促其猛省，于是中央部对此，由边境治安确保之见地，诚予以重大关心而注视之。同日莫斯科报纸发表库伦消息：外蒙古当局超依布尔桑于十二月二十二日，以电报向伪满提一抗议，该抗议叙述，十二月十九日，日"满"军队向蒙古边哨营房武装袭击之详情，并指出日"满"部队所杀戮蒙兵总数达十六人。其抗议书如下：蒙古政府兹宣布其对于日"满"连合部队之举动最坚决之抗议，该项举动包括日"满"部队之非法侵犯蒙古之边界，数蒙古边兵之被杀死，及属于蒙古之财产毁坏及抢掠，同时该抗议书要求"满"方立即释还所携走及拘留之士兵，并调查此次事变，以期将此次攻击人严厉惩罚，偿还在布朗迪桑掠夺及毁坏之财产。伪满关于此次事变，须正式表示道歉，及给与此种对于蒙古领土之袭击，将来不再发生之担保。抗议书复提及在满洲里会议时，蒙政府曾坚持设立一混合边疆委员会，以从事于所有边疆事变之解决及预防，而伪满拒绝此项建议，今又继续攻击边兵及企图强力夺取蒙古领土，蒙古为其义务应警告"满洲"云云。

傀儡抗议

长春十二月二十九日电通社电："满洲"政府已就二十四日之"满"蒙国境外蒙兵士越境射击事件，昨日向外蒙当局拍发抗议电文如左：十二月十九日，事件发生后，当"满"军之一部，在沃拉火多加（译音）附近监视中，突于二十四日上午十二时，被乘坐汽车之外蒙兵士约六十名，越境来袭，致使伪满监视部队阵亡一名，又参加战斗之日军亦负伤三名云云。

拟勘边界

据可靠方面，二十一日传出消息：日"满"双方均准备与苏俄谈判，勘定俄"满"东境边界，并解决一切纠纷事件，但主张勘界委员会与解决纠纷委员会应联络工作，因其有相互性质也。满洲里会议破裂后，西境顷又发生不幸事件，据"满"方声称，其勘定西界之测量工作，已受蒙方严重阻碍，因蒙方无忌惮的派遣哨兵，深入"满"境云。据报载长春电讯：关东军当局与"满"方已共同决定推进西境测量工作，借以保障边境领土云。

《蒙藏月报》

南京蒙藏委员会

1936 年 4 卷 4 期

（朱宪　整理）

绥东近势

黄洛峰　撰

一

目前绥东的危局，是一天一天地越发紧张起来。"友邦"、汉奸合作下的大规模的军事行动，在以张北嘉卜寺的〔为〕基点的布置下逐渐展开了。

在未说绥东近势之先，我们有先讲一讲绥东地理的必要。所谓绥东便是绥远省东部所属的四旗五县的总称。四旗就是正黄旗、正红旗、镶蓝旗、镶红旗。五县就是兴和、丰镇、凉城、集宁（即平地泉）、陶林。这四旗的地域非常广袤，西至归绥，北达阴山北面的四子五〔王〕旗，东与察哈尔的嘉卜寺、商都为界，南连长城与山西为邻。至于五县，原来就是四旗的牧地。

因为四旗的旗地都是平原，所以凭借灰腾梁高原的陶林和据平绥铁路的平地泉便成为军事重心了。

在这样的一块地域上，展开了一个帝国主义与殖民地的新的搏斗。这一搏斗正在开始，抗战的大众们，我们留心它的发展和前途吧。

二

远在两年前，当汤玉麟的部队完全退出热河，逃到察哈尔，由宋哲元收编的时候，某方便派李守信由热西突出多伦；因为多伦是由张家口到库伦的要道，所以某方先握住这个咽喉，一方面截断内外蒙交通，他方面作为西移、南下的根据。

其间，李守信部伪军曾经几次下沽源、宝昌。一直到去年冬天，他的大本营才由多伦迁到张北，永久的占据了大半部的察哈尔了。

察、绥伪军调查表

番号	长官	姓名	驻地	人数	备　考
伪蒙古第一军	军长	李守信	张　北	约四千人	九一八事变后属热河义勇军崔兴五部
第一旅	旅长	刘　某	张　北		同右
第二旅	旅长	尹宝山	商　都		同右
第三旅	旅长	王　某	沽源、多伦		系收编延庆一带土匪而成者
伪蒙古第二军	军长		张　北		系在热河招募者，现正由某方积极训练中
伪蒙古第三军	军长	卓世海	张　北	约一二千人	系前德王所组之蒙古保安队改编者
伪蒙古第四军	军长	包悦卿	嘉卜寺		包原为德王驻平代表
伪蒙汉自治军	军长	王道一	商都附近	约千余人	即最近犯绥之先锋部队
第一师	师长	于子谦	张北附近	约五六百人	
第二师	师长	马子荣			
第三师	师长	金甲山	张　北		正谋收编热、察土匪成军

番号	长官	姓名	驻地	人数	备　考
伪蒙汉 防共军	军长	王　英	张北一带		王系绥远积匪，屡抚屡叛， 其潜势力甚大

这里我们所举的表，只是在报纸上得来的消息；所以关于这些伪军的实数当然难下一种确切的判断，不过，据一般的估计，这些伪军大约是有两万左右，而驻地也多为某方正在展开它的军事行动，当然有许多是已经变迁了。至于所谓"蒙古军"，其正式招牌是"蒙古边防自治军"，总司令呢？表面上就是察境蒙政会的委员长德王。

在某方豢养下的伪军，他的指挥权都是属于顾问、武官……的。所以这一批汉奸，名义上虽然尽管是总司令、军长、师长……但他们一样地只是机械的鹰犬，从来不能作任何微小的发号施令。

三

王道一匪部进攻绥东失败后，某方又助大喇嘛袭击石王府，虽然大喇嘛部队中有"友邦"武士四人参加，终于在晋绥军的帮助下，把此起彼应的夺王府事件平定了。

现在我们从某方最近的布置加以考察吧。

当王道一匪部进攻绥东的时候，某方立即调兵两联队开往张北；因为王军的败绩马上传来，所以某方又大批增军；最近张北一带已有某方部队一混成旅团，据传某方已决定在该地配备一师团，打主意大来一下呢。

察北一带的伪军，最近正积极扩充，人民所藏粮食，都为他们征发一空，不仅这样，他们还强征壮丁，编入伪军和组织防共自卫团，德王最近又把张北六县的保安队齐集嘉卜寺，想编一师。

在热河驻防的伪军张海鹏部（张部现由伪第五军区司令官王静修统率），最近已有一部开到察北宝昌县，大部队正在承德集中，准备经察开到绥边，参加攻绥作战。因为×伪军已有大规模的调动，所以德王于本月中在嘉卜寺召集伪军政要人包悦卿等，开急要会议，计划与王英、李守信、王道一、张海鹏等部全力进攻绥东。

一方面，伪军正在积极集中，他方面，"友邦"的文武大会议又在天津接二连三的出现；从他们已经公开发表的议题看来，我们可以知道他们是正准备：（一）充分协助冀察政委会实现华北政权明朗化；（二）要求严格取缔排×运动；（三）减低关税率以解决华北走私问题；（四）具体实行华北中日经济合作。至于他们没有公表的议题，尤其绥东问题，正不知道他们是如何处心积虑的准备夺取晋、绥呢。据传关东军对绥东问题非常强硬，这由关东军参谋长板垣行将乘机飞往察北与德王会晤的消息看来，是更可以确断其为有几分真确了。

四

绥东的形势一天一天的紧张起来。我们要保卫绥东，唯一无二的道路只有抗战；所以我们不仅希望绥远的大众起来竖起救国的旗帜，与×帝国主义抗战，我们还要求全中国的大众都起来为我们的民族存亡作殊死的斗争。

《通俗文化》（半月刊）

上海通俗文化社

1936 年 4 卷 4 期

（李红权　整理）

匪军扰绥之根据地——察北

袭公报　撰

此次扰绥之匪军，皆自察北而来，察北同为中国之完整领土，而竟听其成为攻击绥省之根据地，此为事实上、道理上所不应含容，亟有适当处置之必要也。察北六县之驻蒙人保安队，为去年以来地方特殊交涉结果之一，然其解释亦不过承认保安队驻扎而已，察省府对于该六县之统辖权，固依然存在也。中央及察省府应不能容此六县成为扰乱地之根据地也。

吾人以为中央当局应即与冀察当局协议，使察省府负责制止扰乱□肃清后路。夫冀察军队之忠勇，与晋绥军队初无二致，一令之下，即可捣匪军后防，而断其联络，此军事上事半功倍之策，而冀察军队建功立名之道也。若虑问题扩大，牵动外患，则中央、地方当局尽可声明此举纯为保安，清匪患，并无对外意味，事实如此，何虑误会？若并此而受干涉，则问题自身本将扩大，是虽欲避免而不能矣。夫既动军事，则须顾军事利益，此无他，牺牲小，时间短，而效果大，则为利益，反之则为失利。今全国人民只热烈鼓舞绥省将士之守御前方，为何不诚恳请求察省军队之直捣后路？前者多牺牲，后者极便利，前方数师人数不能解决者，后者数千人便足了之。吾人深信二十九军将士，将欣然尽此任务，甚或日在企盼上级之命令中。目前所需者，只望阎、宋诸公之紧急提携，协议办法而已。

《新建设》（半月刊）

太原新建设杂志社

1936 年 4 卷 4 期

（朱宪　整理）

绥远剿匪感言

绍易　撰

在九一八事变以前，我国与日本之军事事件，在辽、吉、黑等边防拆〔折〕冲，自东北四省相继失陷以来，淞、沪商埠，竟成战争之场所，平、津市区，作为演习之目标，不但冀东、察北，已为化外之地，而内地各省，亦几无处无日本飞机自由飞行，蚕食鲸吞，疆土日削，时值五载，边防之前线，已进入绥远。自我军抗剿匪伪以来，业将百灵庙收复，乌兰花一带大致廓清，大庙子附近之王英匪部，除石玉山旅反正外，现仅余一个卫队连追随王英之左右，是以表面看去，绥事已不难解决！要知傀儡登场，原有后盾，李、王进犯，尽人皆知，日本方面，虽曰绥远局势与（"满洲国"）有关系，与日本无关系，但匪伪军中有日本人指挥，与匪伪军之所使用军火器械，完全由日本人供给，实为不可掩之事实，故匪伪之不甘败退，不甘罢休，不能败退，不能罢休，不待智者而知之。今日之沉寂，正预备不日之狂攻，日本人利用以华制华之诡计，以中国人打中国人之毒手，将我中国非至灭亡不可，绝不以夺得绥远为满足。晋、绥两省，唇齿相依，绥军受逼，即山西被迫。晋、绥两省，为中国北方之屏障，晋、绥危急，即全国危急，故今日绥远之危机，不仅绥远自身，而实山西以及全国感受威逼。我前线将士，既能不惜牺牲一切，与敌人抗战，后方民众，又能踊跃输将，乐于捐助，此不特为予敌人以意外之打击，而实为我国前途有为之现象，吾人深信同归于尽之余，楚虽三户，事犹可为，民族运命，依然悠久。况我国虽已失去数省之地土，尚未至同归于尽之时，国人苟能努力奋斗到底，则收复失地，指日可期，强国之林，不难列跻，是以今日何日？实我国生死存亡之秋，我民族睡狮猛醒之时，救国之机，良会难再，望吾民族一致奋起，加紧结合，下乾坤一掷之决心，为全民殉国之壮举。不此之图，仍然部分受痛，部分抵抗，则淞沪与长城之血迹，虽在民族历史上留有光荣，而于国于家，毫无裨补，结果徒签订了《淞沪协定》、《塘沽协定》等丧权辱国条约而已！

《新建设》（半月刊）

太原新建设杂志社

1936 年 4 卷 5 期

（李红菊　整理）

伪蒙匪军侵绥开始大战！

作者不详

中日谈判将无段落之告段落？

中日谈判，前后经张、川会议六次，俱无结果，自十月二十二日须磨返日请训后，谈判忽告中止。日外务省与海陆当局，于二十四、二十六两日，以须磨总领事之报告为中心，开会讨论对华交涉方针。二十七日日内阁例会，外相有田提出致川越新训令交须磨携带来华，须磨于上月卅一日飞沪，据谈：日方于交涉方针，并无变更。更据东京二十八日路透社息，新训令，日方要求，仍以所谓华北特殊化及中日联合防共为核心，自须磨携来新训令后，中日谈判又将继续。乃日昨忽传有将华北特殊化，及中日联合防共二点，容后谈判，即以此次中日谈判，暂告一段落之讯。

吾人骤聆斯语，一则以喜，一则以惧。兹更从另一方面观察华北的情势，则又有如下者。《大公报》绥远七日专电：王英部将于十六日前，全部开到白灵庙，所遗商都防地，由吴虾庭部接替，李守信部正向商都开拔中，二三日内可开竣，由宝得勒额部接驻张北，俟各军调防毕，对绥取夹攻势，匪伪蒙各军窥绥北，热河匪军等分犯绥东、绥西。又据《申报》北平八日专电：绥当局近据报告，伪匪军对商都、百灵庙连日积极增防，确有由绥东、绥北双方来攻之企图。又据九日《中央日报》天津专电：武川、兴和吃紧，王英部骑兵与蒙骑兵，均向百灵庙集结，匪扰边策略，似舍正面转趋侧面，商都顷到某国飞机两队，不时回翔蒙绥边界侦察。又中央社十五日电：匪伪三千余众，附小野炮多门，围攻陶林、红盖图，并以飞机七架掷弹助战，云云。

由上观之，吾人可知日方在一面交涉，一面侵略。《塘沽协定》后，以为可以安枕矣，讵不久而冀东伪自治成立，察北失陷，而今日整个华北又在其蹂躏与威胁之下，以故日方之于我，无所谓和缓，质言之，在与我中央外交谈判之不能获得结果时，则或以其他方法谋地方解决，更或以军事力量企图贯彻，吾人一观近日绥东大战之勃发可知也。

夫蒙伪匪之侵绥东，内幕中为日方驻屯军主持，已属事实。绥东为华北各省安危所系，设一旦不保，则晋、绥交通遮阻，接济断绝，恐绥省亦难久持。而绥省如非我有，则藩篱尽撤，而秦、晋、甘、宁等省，咸感其威胁，而间接更与冀察当局之〔以〕压迫，故伪军积极进犯之时，平、津日军亦大举演习，借图扰乱，即可深长思矣。

本刊四卷四期，曾以《大时代到临之绥东问题》一文，以告国人，今不幸而果言中。惟吾人仍以晋、绥力量有限，非冀、察及中央乃至全国增援，以与侵略者周旋不为功。嗟乎！山河破碎，国亡无日，望大家团结，在中央领导之下，加强实力，以作整个之应付。吾人一观伪军李守信、王英日前到津与田代接洽军事，即深滋疑虑，夫田代何人？天津何地？乃均自由来去，所谓调整，所谓提携，三尺童子当可恍然大悟！所幸绥当局，在绥东积极布防，更在绥北增防，并与效忠中央之蒙古领袖议决，采取有效对策，死守国土，当此平沙无垠，塞外草衰，我忠勇健儿，竟能以鲜艳之血，在冰天雪地之下，誓死抗战，此种精神，殊堪钦佩！昔人诗云："落红不是无情物，化作春泥更护花。"我忠勇健儿，其勉为落红春泥，灌溉民族复兴之花，将于是役是赖！

《边事研究》（月刊）

南京边事研究会

1936 年 4 卷 6 期

（朱宪　整理）

外蒙退兵纪实

陈守谦　撰

自外蒙独立取消以后，徐树铮为西北筹边使，深知活佛（活佛即哲布尊丹巴呼图克图）权利之大，蒙人推戴之诚，与赤俄勾结之计，特派卫队，监视其行动，王公、喇嘛莫不俯首帖耳，就我范围，虽结怨甚深，而怵于威势，无敢携贰，俄人野心亦为之稍戢。九年陈毅往代，改为库乌科唐镇抚使，既不知兵，又习于风雅，忽视边情，并受活佛之愚，撤其监视，旅长褚其祥再四力争，告以蒙人之屈服而不敢发难者，以活佛在我掌握，投鼠忌器耳，一旦逸去，祸且不测。毅终不悟，而活佛果乘间脱逃，兵端以起。毅闻变，仓皇遁归，僚属之死难者，不下数百人，亦无从详悉其姓名。褚其祥奋勇抵御，卒以弹尽援绝，偕团长高在田退出库伦，时在十年十二月（库伦失守在旧历九年腊月下旬，张家口始于次年正月初得报）。正察哈尔都统张景惠、十六师师长邹芬，计划援库，专候中央拨款办装之日。当九年秋冬间，中央以库防吃紧，内阁总理靳云鹏商由东三省巡阅使张作霖派张景惠、邹芬为援库总、副司令，张以察哈尔都统坐镇后方，邹以副司令代行总司令职权，督队往援。一切军用物品及各师旅饷项，中央迟迟不发，一再催促，陆续购置，以致军运迟滞。先发部队王佐才、马龙骧、吴金声三团长尚在中途，邹副司令未及成行，而库伦已报失守矣。顾邹副司令志气奋发，誓必夺回库伦。十年正月间，由张家口督队起程，行近滂江，据报蒙匪（蒙匪内杂有俄人、日本人、朝鲜人，而以蒙古别种布里鸦子人为最多）用大炮环攻，我军仅有山炮，势实不支，当由邹副司令调大汽车四十辆，载运大炮赴前敌助战，预计行程，七日可达叨林，不图汽车均非坚实之物，途中动辄损坏，趱行七日，仅至滂江，我军在叨林者万不能支，邹副司令尚思赶赴前敌督战，以励士气，不图行近叨林，王佐才等已相继退却，只得折回乌得驻守，停止多日，炮车仍未到达，而匪势则日渐紧迫，遂全军退回滂江。运输之不便，实为用兵者莫大之障碍。所过多不毛之地，狂风积雪，冷不可耐，旷野千里，绝无人烟。时交初夏，始定计反攻，非至夺回库伦不止。四、五两月，连战皆捷，蒙匪已不敢正视漠南，仅有少数骑兵，时逾乌得侦探而已。其时张巡阅使兼蒙疆经略使，连电张总司令，不准邹再事反攻，如其不遵，仍前猛进，将予以严重处分云云。邹副司令乃痛哭班师，以失此机会为可惜。而外蒙亦从此为赤俄所盘踞，主权尽失，不知何日方能恢复。记者时在军中，与邹共卧起者五阅月，故援库一役，知之最稔，惟经略蒙疆者，何以甘于放弃，则不得而知矣。

　　按：此文成于十一年奉直战争以后，正库伦、恰克图备受红军蹂躏之时，以国家辽阔之版图，丰饶之物产，浑朴雄健之民族，而竟甘于放弃，令人不能无疑。有谓当事已与俄使加拉罕定有密约者，有谓奉直交恶者，战机已迫，如其深入漠北，恐仓卒不易调回者，重私利而轻国土，怀私愤而忘国誉，致贻大漠无穷之祸，而他族更得借口进兵内蒙，成今日不可收拾之局，不亦慎乎。二十五年六月守谦又志。

《河北月刊》

天津河北省政府河北月刊社

1936 年 4 卷 7 期

（朱宪　整理）

日本侵蒙的真正目标何在

译自美国《太平洋月刊》第九卷第一期

VictorA. Yakhotoff：Mongolia，Target or Screen？

Pacific Affairs，Vol. Ⅸ，No. 1

耶霍托夫　著　　　马润庠　译

历史前进的法则，正使蒙古变成了威胁世界和平的一座新的火山，同时，蒙古在国际关系间的日趋于重要，尤显得关于蒙古问题权威的著作太贫乏。这成吉思汗大元皇国遗留下来的一片和平的草原，仅仅统治了中国本部几十年，到十四世纪时就不再见有什么进步。从十八世纪一直到二十世纪，这蒙古民族仍然自足于初民游牧的生活。虽然因为俄罗斯同大清皇国御边的巩固，使得蒙古民族大规模的移民，已经不再可能，他们游牧的生活，因之不无若干的改变，但是大体而论，十九世纪西欧、美洲高速度进行着的机械文明，根本就没有影响到蒙古民族的生活。在蒙古的西部和北部，有一片广漠荒凉的西伯利亚，使得它极不易与俄国有何接触。另外还有一片戈壁沙漠，使外蒙古远离了内蒙古同中国本部。就内蒙古而论，虽然地域上邻接中国本部，但是两者之间仍然有一层由气候筑成功的疆域。内蒙古北部的气候太寒冷，在火车未通以前，中国本部大规模的移民，不易适应这一种环境。在十九世纪，当各国正在用铁道、轮船发展它们海路、陆路的交通，蒙古连靠骆驼与外部接触的路线，先前曾经赖此穿过蒙古与中央亚细亚而贯通东西交通的路线，也几乎保不住。

蒙古民族日后的觉醒，其最大的原因，还是由于俄国东进的政策。当俄国还在帝制的时代，蒙古曾经是俄罗斯的征服者，而从十六世纪的末年开始，却轮到了俄罗斯来侵略蒙古了。两国间的关系，最初是建筑在贸易上，同物品交换上，俄国并且还经过蒙古而与中国发生商务的关系。前后有好几百年，俄、蒙在贸易上保持着一种极和协的关系。在西伯利亚的蒙古民族，正如卑利支族（Buriates）一样，事实上变成了俄国的臣民，只是他们还仍旧说他们原来的语言，信奉他们原来的上帝而已。中俄的贸易，有一段极长的时间，集中在西伯利亚同外蒙古边境的恰克图。从恰克图，俄国的骆驼，在蒙古军队的保护下，常进出于蒙古的境内。这一时期内俄国在蒙古的利益，开始载明在正式条约内的，是一八八一年的中俄条约。在这里有一点应该提一提的，就是在这时期内，外蒙古的王公，或者因为他们不满于中蒙的关系，或者因为他们不满于满清的统治，在他们中间，有一种共同的趋向，主张他们要有对俄直接交涉的权力。这自然是内外蒙古根本不同的地方。满清政府在内蒙古的统治，可以发生一种积极的力量，而在外蒙古，却不能成为积极的力量，原因也在此。

同时，中国本部，虽然同蒙古发生关系前后已历几个世纪，有时是征服者，有时是被征服者，而中国却从来就不曾有显著的努力，移民到这一块以游牧为生的蒙古草原。在一八七〇年及一八七〇年以后，满清曾经移殖过若干汉人到外蒙古的北部靠近西伯利亚边境的地方，想用来防止俄罗斯的东进政策，但是这几次移民，并没有什么成绩。直到一九〇四—〇五年日俄战争以后，北京政府努力鼓励移民入满，中国本部，方有大规模的移民到蒙古。那时大部分移殖的区域是在内蒙古的东部和南部，在那里，有不少原属蒙古旗或盟的领域，被并入满洲的省份同中国本部边远的几省内，因之蒙古人口骤形减少，降而至于世人所谓少数民族的地位。内蒙古的西部和北部各旗，现在察哈尔、绥远、宁夏各省境内，那时所受影响较小，一部分原因，由于它们受铁路发展的影响较小，除了南部若干地方，因有平绥路经过那里，有若干汉人移殖去以外，居住在这些内蒙西部、北部各旗内的，差不多仍旧是纯粹的蒙古民族。

就中国商人贸易的方法而论，与其说他们是商人，毋宁说他们是重利盘剥者，他们到蒙古的目的，不仅仅在维持一个移民者的生活，并且想搜括一大批金钱，他们的行径，使蒙古的王公大为惊慌，担忧他们自己的利益，也会被中国商人抢了去。在外蒙古，反抗中国的压迫原来比较容易，因为他们一向就嫉视中国。固然他们在当时非得屈服在满清政府下不可，但是他们认为满清政府同中国国家是两件东西，他们从未自认为中国的一部分。因为这一种特殊情形，所以在一九一一年八月，当外蒙古请求圣彼得堡的援助，对抗中国的侵略时，在国际间并不曾引起十分的惊异。同年秋天中国本部发生革命，尤其使蒙古害怕中国的侵略，因此随即宣布独立。俄国跟着马上就正式承认这个新国家，一九二二年，在乌尔加地方，俄蒙正式订约，视蒙古为一个自治的民族。

十九世纪下半期最重要的事情是俄国在亚洲势力急剧扩张。一九一二年俄国与外蒙所订的条约，可以说是这一时期内侵略的极峰。俄国势力侵入满洲，自后引起一九〇四—〇五年的日俄战争。俄国侵入满蒙的计划，原有一种连带的关系。譬如，在一八九七年，俄国在满洲设立了一个华俄道胜银行，经营中东铁路，这个银行同时也补助一个开发蒙古矿产的公司。到一九〇〇年这个银行经过一次改组，俄国人始终没有得到过一点赢利，帝俄在亚洲冒险事业的纪录上，因此又添了一件耻辱。

　　同时，日本在一九〇五年战败帝俄以后，也成为分割蒙古势力的国家之一。后来为了避免与俄国再起冲突起见，日本深觉得两国间需要规定一个明确的界限，划定彼此的势力范围，在一九〇七年，日俄两国因此缔结了两个条约，一个是公开的，一个是秘密的。在这两个条约里，日本承认俄国在外蒙古和满洲西北部巴格（Barga）诸盟的特殊利益。俄国在上游区域的所谓特殊利益，在一八九九年《英俄协定》里也早已予以承认。其后日俄两国，为巩固彼此的谅解起见，在一九一〇年，又订两个条约，约定两国"相互尊重彼此的势力范围"，两国并得"为保护此等利益起见，采取适当、必要之步骤"。

　　日本所分到的一份势力范围，是满洲的南部和西部，但是因为以前曾有一部分蒙古地方，并入了满洲各省，所以到底满蒙的边界起点在哪里，终点在哪里，始终没有过明确的规定。一九一二年六月，正当中国本部发生革命，帝俄承认外蒙自治以后，日俄两国因此又订一新协定，延长彼此在外蒙同北满势力范围的界线，以之分割两国在内蒙古的势力范围。以北平的子午线为准，分内蒙为两部分，西部让俄国独占，东西〔部〕让日本独占。（《太平洋月刊》编者按：子午线大致与先前蒙古诸盟后来并入热河再后并入察哈尔的界线相合。）

　　俄国在蒙古的侵略，第一次曾经被抑于一九〇四—〇五年的日俄战争，第二次又被抑于一九一四年的世界大战，所以在一时期内，中国政府所最忧虑的只是如何对付日本。一九一四年蒙古的改组，其最大的目的，无疑的是在抑制日本的侵略。第一步，中国政府先镇压蒙古的自治运动；第二步，再改内蒙古为行省，以之代替以前蒙古部落、旗、盟的制度，以前满清政府之所以设置这一种制度，目的只是在防止蒙古各部落的统一，现在中国政府把蒙古各旗盟直接并入中国各边省，另一部分则改组为特别区域，其后这些特别区域，再改为普通的行省。

自从蒙古改制以后，中国在那里的移殖，也加速度地进行着，不过外蒙古还并没有受到什么影响。等到帝俄发生革命，外蒙古丧失了保护它自治的政府，中国就利用这个机会，在一九一九年，派遣一位专使到乌尔加，这人就是著名的小徐树铮将军。徐树铮他入蒙的使命是在绥靖外蒙，并且使之回复到，或者可以说使之划入中国一个行省的地位。徐树铮的远征军，无疑的曾经得到日本方面的默认，因为在反苏联的立场上，中日两国那时的政策是一致的。远征军出兵外蒙时，并没有遇到任何抵抗，因为他们声言他们的目的是防御外蒙的北边，防止苏联的内乱影响及于外蒙内部的安宁。后来徐树铮把乌尔加的活佛，外蒙宗教的领袖，活捉了起来，作为对蒙谈判的抵押品，跟着就在外蒙实行一种恐怖的政策，因此引起白俄领袖恩格斯特命堡，号称疯男爵的武力干涉，这位疯男爵，他是在苏联革命中，被红军所击败，被逼逃入蒙古的。

待疯男爵在外蒙得势以后，他也开始压迫外蒙人民，甚至比已经驱走的中国的军队还要残暴。直到他被苏联红军捉获枪毙了，恢复了当地社会的秩序以后，外蒙的人民方才喘过一口气，而因此对于入蒙的红军，也竭力欢迎。在那时候，旧的政府制度已经摧毁了，建立一个有革命倾向的政府，自然比较容易。一九一九年在西伯利亚境内合开的全蒙革命大会，可以说是筹谋设立这一种政府制度的开端。在全蒙会议里，并没有采取任何过激的步骤，乌尔加的活佛制度，仍旧保持下去，使他成为政府里名义上的一位领袖。此外，下层的民众，也给予一种选举权。后来苏维埃红军又自外蒙撤回，因之新政府更加强了它对于苏联的信心，认为红军的撤回，可以证明苏联进兵入蒙的目的，是来帮助外蒙，而并不是施行一种新的帝国主义。在这时期，只发生了一次变乱，想要反抗苏联，那一次的运动，由曾任军政部长的唐善所领导，但是结果还是失败了。

乌尔加的活佛逝世以后，外蒙政府不再指定别的继承人，新政府就愈趋于进步的革命的形式。一九二四年新政府并且颁布了一个新宪法，在蒙古人自己看来，蒙古的独立，因了这新宪法，就又增多了一件保障。同年，中苏缔结了一个恢复正常邦交的条约，在第五条里，载明："苏联政府承认外蒙为中国不可分之一部分，苏联并应尊重中国在外蒙之主权。"不过这一种解释，从未得到过外蒙新政府的同意。因为各种事实上的原因，外蒙至今还仍旧是一个独立的国家，与苏联有一层同盟的关系。实在这一种同盟太密切，所以在苏联与外蒙以外的国家看来，尤其在日本人的眼里，外蒙古在事实上是苏联的一部分，自然这一种解释，苏联同外蒙两方都不会承认的。

一九三一年九一八后，日本占领了满洲，并且在满洲树立了一个新的所谓"满洲国"，这一件事实，使蒙古又生了一种新的情势。一九〇三年来日本对于蒙古原有的野心，因为这种情势的变迁，实现自较容易，如果我们不说是实现得更早一点。一九一七〔五〕年著名的二十一条就是并没有忽视了蒙古。在日本人的鼓动底下，内蒙古的蒙古人民始终不断的在争取独立，这一种煽动，在一九一六年后进行得尤其显著，虽然日本方面供给了不少军火，若干蒙古军队并且受到日本军官的训练，但是这独立运动并无多少成效。在这时期里，日本方面，仅仅屡次宣称帝俄政府曾经派遣了不少俄国军官到外蒙古。入蒙的日本军官，后来又多离开内蒙，有时甚至帮同中国军队，镇压独立运动。举最近一个例子来说，一九二八年，曾经有巴尔格蒙古人的起事，反对中国政府，据谣传，这一次的变乱，与苏联不无关系，而据苏联方面传出的消息，说有日本人在从中鼓动，为的要给张学良以一种压力，所以等到日本方面放弃了从中煽惑的政策，这变乱不旋踵就失败了。

在中国政府的镇压政策与移殖贸易的双重压力下，加以蒙古王公同啦嘛的剥削，蒙古族的人数日渐减少，并且被逼得一步步向西迁移。中国政府的镇压政策，有时是得到日本方面的协助的。一九二八年至一九三〇年中国在蒙的移民发展到了最高限度，一九三一年后，中国在大陆上，被日本所侵略，所以自此以后，蒙古不必再怕中国本部人民的侵略了。先前曾经与张作霖、张学良合作镇压蒙古人的，现在自称是蒙古人的朋友同保护者了。

好几年来，日本的军人同学者，不断的到内蒙古考察那里的土地，那里的人民，并且测绘地图。日本以前内阁总理田中将军，无论他著名的奏折是否是全部确实的，至少他总曾经有一种先见，认定这些入蒙调查的军官、学者，当日本武力入侵蒙古的时候，他们可以用做日本皇军的耳目。在九一八事变几个月前，蒙古又发现独立的运动，据苏联方面的消息，主持这独立运动的总机关设在日本关东租借地的大连。紧接着"满洲国"奇异的诞生以后，日本方面就想到要在"满洲国"边境内建立一个自治的蒙古省。这个计划，其后就实现了，"满洲国"建立了一个兴安省，想利用这个策略引诱蒙古人来拥护日本，做日本侵入外蒙古的先锋。

日本人阴谋的策略，在历史上显得极清楚。二十一条是在一九一五年提出的，在一九二一年至一九二二年华府会议中，日本被迫撤回一部分要求，到一九三一年国际情势变更了，日本就重新又坚持它以前的政策。在一九三一年，世界各国正被困于经济恐慌中，无暇干涉远东的事体，东京就抓住这个机会，一下子攫取了她几年来梦想着的权利，她所得到的甚至要比她以前可想取的还要多。过去，日本侵入蒙古的计划，从未十分顺利，现在，她有力向这个方向迈进了。

日本的侵入蒙古，有两条路线，第一是利用蒙古的王公贵族阶级，第二是利用高级的啦嘛，这些啦嘛正支配着无数有势力的寺院。日本人的策略是各色各样的。对于最有势力的人，用行贿的方法，或者供给他们军火，或者供给他们金钱，纵〔怂〕恿独立，鼓励民族主义，可以煽引蒙古人对于中国人仇视的心理。或者，从多方面着手，有些日本人也可以用来鼓动在蒙古的中国军阀横行胡干。最后，在一九三一年，日本终于达到了他们的目的，靠了日本及"满洲国"的军队，把原属满的内蒙各省，都攫取在自己手里，浸假面逐渐扩涨〔张〕他们的势力至热河全部同察哈尔的一部分。这一种一半和平一半武力的侵略以后还继续下去，一直等到内蒙古的全部都变为日本的土地，或者像"满洲国"那样的独立起来，只是并不并入"满洲国"，或者，简直就并入溥仪所统治的而受东京监督的帝国里去。

内蒙的独立运动，受一九三一年沈阳事变的影响，有急转直下之势，只是这个独立运动，倒并不是受日本的支配的，这运动一直向前发展，直到一九三四年德王与南京政府讨价还价的结果，在中日势力全不易达到的百灵庙，组织了一个内蒙自治政务委员会，才算告一段落。这个自治政委会是由南京政府命令设立的，南京政府并且还答应每月给予相当的补助费。只是，委员会的权力极有限，并且这样一个组织，正中了日本隔断中国与内蒙的策略。当"满洲国"初成立的时候，德王曾经亲自访问沈阳，表示他自己还愿与日本留一他日交涉的途经〔径〕，这差不多已经成为周知的事实。据传，日本方面近来还曾主张要把蒙政会从百灵庙搬到白施庙，白施庙位置在察哈尔的东部，地理上更接近"满洲国"。不过，在蒙古方面，直到现在为止，总还避免接受这一种建议。

无论"满洲国"与内蒙间已有若何程度的合作，无论在将来两者之间会有什么密切的合作，我们还找不到什么确证，说蒙古最后会并入"满洲国"。蒙古的王公或者会亲日，或者至少限度，他们不愿反日，但是就蒙古人民的全体而论，他们不再是无知的群众，会盲目的跟随王公与啦嘛了。而且蒙古的王公与啦嘛，并不是全体都愿意出卖给日本，现在正在蒙古酝酿着的运动，有好几种因素，于日本方面，并无任何好处，除了一部分人主张在强暴的日本的保护下得一点极脆弱的独立以外，另外也有一小部分人，他们为了财政上的原因，希望中蒙联合在一条共同的阵线上。譬如章嘉活佛，他就受了南京政府巨款的津贴，此外，有一部分蒙古人，他们与中国国民党，也有关系。还有一部分人，他们向北望望外蒙古，不禁发生一种感想，觉得像外蒙古那样社会秩序的安宁与和平，或者就可以说明真正的独立确实有他的好处。

　　蒙古民族封建制度的下层基础，我们也应该考察考察。内蒙下层阶级的潜在势力，现在要比任何时代要雄厚，因为外蒙的革命，已经给了他们一个好的榜样。内蒙的下层阶级，由两种人所组成，一种叫做"Arar"，一种叫做"Shabinar"。"Arar"就是平尼〔民〕，他们没有世袭的封号，不属于官吏一阶级，也并没有宗教的头衔。"Shabinar"是俗人而变为啦嘛的弟子，他们居住在寺院所有的领地内，既不属于哪一族〔旗〕也不向之纳什么税，而只是宗教国〔团〕体的一分子而已。除了上述两种人以外，还有一种人叫"Khamjilgha"，或称"仆人"，仆人的一阶级内，实际上，这就是奴隶，或者是部落酋长贵族世传下来的仆人。这一些人，从日本大帝国的制造者手里，在中国政客的手里，自然讨不到什么恩惠。总之，在满洲、日本势力下生活的蒙古人，他们所受地主的压迫也最大，而且比以前任何时候要大，因为这地方的社会秩序，是由日本人支持着的。

　　我们暂且撇开蒙古目前的情况不论，我们只提出这样一个疑问，为什么日本一定要干与蒙古，视之为自己极重要的利益？为什么日本以为她自己在蒙古有极重大的利益？自然，在经济方面我们可以找出好多理由。蒙古不仅仅有牲畜、有羊毛，还有各种的矿产，虽然这些矿产的蕴藏量究竟有多少，还没有经过详细的考察，但是据说那些矿产的蕴藏量，都是极丰富的。现在国际间的情势，正同先前一样，市场的争夺极尖锐化，日本也可以在蒙古开辟相当大的一片市场。有些观察者则认为蒙古之所以被日本视为一块重要的地方，主要的原因是战略上的。他们说，经过蒙古，有一条路，可以用来包围苏联。有一部分的观察者甚至说在日俄战争中，蒙古是决定两国最后胜败的一个要素。他们认为日俄战争在最近的将来就会爆发的，有些人甚至好像希望这战争就能爆发。这一种观察是正确的呢还是错误的？

满洲同华北的一部分，事实上已经完全在日本人的控制之下，我们如果从满洲同华北再来观察蒙古，自然我们可以知道，蒙古不仅仅是日本货物的一个广大的市场，蒙古同时是大批原料的贮藏所在，日本对外有战争时，可以利用它。但是所谓战争，到底是指什么战争？如果是对俄作战，那日本尽可以在国外购买任何各式各种战争中需要的东西。如果在太平洋上作战，情形也是如此。由此，我们可以知道以满洲、蒙古同中国为日本原料贮藏所到底是什么意思。

蒙古对于日本有战略上的重要性，这是不可否认的事实。田中奏折里有谓"日本如欲征服中国，先征服满蒙"，即使所谓田中奏折〈是〉伪造的，这一段话也自有其意义。前日本陆相荒木将军，田中将军的嫡派，曾著《日本问题》一书，说如果日本不能在满蒙建立势力范围，日本将无法实现其最大之理想。荒木他〔也〕承认在蒙古施行开化的工作，比在满洲要困难，不过他说："无论哪一种敌人要抵抗日本帝国的扩张，我们〈都〉得消灭它！"

有些观察者以为日本经由外蒙古袭击苏联的可能性，大于她直接从满洲或者从西伯利亚的滨海省进攻。他们预言日、俄间胜败所系的一战，其地点大概在贝加尔湖附近。日本如果占领外蒙古，则日本军队可以愈近西伯利亚大铁道，西伯利亚大铁道是苏联交通的大动脉。敌军如果从外蒙进兵，则贝加尔湖以东的赤塔、佛奴狄思克以及贝加尔湖以西的伊尔可次克，全容易被侵入。但是在日本真正决心计划要进攻苏联以前，为什么老早就要占据外蒙呢？这其中有〈些〉不可思议。

满洲已经属于日本的了，从满洲的西部，日本很容易侵入外蒙古，如果外蒙军队单独抵抗日军，日军也很容易的可以在短时间内解决了他们，再占领外蒙的全部。虽然外蒙古的军队，近年来不无长足进步，在数量上、在效能上总还经不起日军的一击。据我们观察，日军从满洲出发经过外蒙然后西进侵入苏联，这可能性远大于经过不属于"满洲国"的外蒙古并且要穿过内外蒙边界的大沙漠再向南进侵入苏联。如果经由后一条路，不仅仅行军时会感觉到困难，并且如果有敌人在中途进袭，在地理上也不易占得优越的地位。

近来日本方面的挑衅愈形频繁，这是确实的。外蒙古也曾捉到不少日本的间牒〔谍〕，有好几次，日军还曾侵入外蒙古的领土（譬如像加尔加河），借口说"满"蒙疆域还没有划定。因之，日本官方还坚持外蒙共和国政府该准许日军代表进出外蒙境内，并且可以驻扎在那里。但是，所有这些动作，并不能就此证明日本正计划要进攻外蒙，或者说日本正在计划占领外蒙。

日本在内蒙古的活动，日本对外蒙古的威胁，还另外有一层意义。日本可以利用内蒙古作为对抗中国红军的根据地。中国本部的红军现在正在西部向边疆方面移动。在内蒙古，日本并且可以利用日本势力控制下的蒙古王公，推倒外蒙古的人民共和国。中国的红军，"侵入"甘肃、陕西，近来已经著有成效，日本或者会发动一个反共的战争，或者发动一个先发制人的战争。如果中国的红军真能控制甘、陕等几省，日本一向在中国本部优越的地位，将要比较上难于维持下去。日本此后将要包围在苏联的领土中间，北面是苏联的边境，还有亲苏的外蒙古，南面同西南面有内蒙古、陕西、甘肃一直到四川，在这几省内虽然南京政府正在努力"进剿"，红军的根据仍旧固守得极牢。

我们承认，日本控制蒙古，尤其控制外蒙古是日本对苏准备作战一件重要的事体。但是仅仅准备作战，并不能就可以说是发动这个战争。日本控制内蒙的大部分，业已是已成的事实，不久，或者会扩张得更远一点。但是，是否日本真必需控制外蒙，甚至苏联方面抵抗的危险都不暇顾及？除非日本真已决心要对苏作战，日本并不必需控制外蒙。换句话说，我们有充分的理由可以相信外蒙仅仅是日本帝国主义向外扩张错综复杂的各种动作中一个次要的问题，与其说外蒙古是日本侵略的目标，毋宁说它是日本对华侵略的烟幕弹。

《时事类编》（月刊）

南京中山文化教育馆

1936 年 4 卷 8 期

（刘哲　整理）

发起全国读者以一日供献绥军抗战启事

作者不详

这几年来，我们始终相信，只有实行武装抗敌，才是挽救危亡的唯一出路。但是这一任务，决不是少数人可能做到的，一定要全国四万万同胞，有力的出力，有钱的出钱，在抗敌的共同目标之下，才能实现的。事实上，我们四万万五千万同胞，都相信不论我们的力量是怎样薄弱，我们至少总可以尽一点棉力来救国的。

现在，最重要的救国工作，当然是保卫绥远。因为敌人已大举进攻，绥远已危如累卵，而我们英勇的绥军竟不为所屈，敢做坚决的抵抗，这是我们一切爱国人民所当竭诚拥护的。我们觉得英勇抗敌的绥军实在最当得起人民的拥护，最应该接受人民的供献。而我们供献的最好的地方，也就是给英勇抗敌的绥军。因此，我们很诚恳地发起全国读者"以一日供献绥军抗战"的运动。

全国敬爱的读者，请你们踊跃参加这援助绥军抗战的一日运动。请节省下你们一天的一部分款项，供献给英勇抗敌的绥军，请大家快快担负起这最低限度的救亡责任！

发起者（以笔划为次序）：

《大家看》、《大众话》、《大众论坛》、《小学生》、《小姊妹》、《中学生》、《中流》、《中国农村》、《女青年月刊》、《文学》、《文季月刊》、《少年知识》、《生活星期刊》、《世界知识》、《光明》、《作家》、《儿童新闻》、《东方杂志》、《东方文艺》、《青年界》、

《青年文化》、《现世界》、《时论》、《教育杂志》、《妇女生活》、《新少年》、《新世纪》、《新认识》、《新中华》、《绸缪月刊》、《漫画世界》、《质文》、《礼拜六》、《译文》、《读书生活》。

收款处：生活星期刊社，上海爱多亚路一六〇号大楼。世界知识社，上海福州路三八四号。现世界社，上海爱多亚路中汇大楼五四七号。读书生活社，上海静安寺路斜桥弄。

《儿童新闻》（周刊）

上海儿童新闻社

1936 年 4 卷 9 期

（朱岩　整理）

上海杂志界慰勉前线将士电文

作者不详

绥远傅主席并转前敌将士同胞公鉴：

×寇嗾使伪军侵犯绥境，将军暨全体将士，奋勇抵抗，捍卫国土，薄海同钦，上海杂志界同人闻讯，尤为感奋。兹公决先由各杂志编者及作者，募集捐款，慰劳前方将士，并发起全国读者以一日所得为最低标准，作广大援绥运动，集合全国之财力、智力，共壮声援，务恳坚持到底，以一隅之抵抗，发动全国之抵抗，民族幸甚！

《大家看》、《大众话》、《大众论坛》、《小学生》、《小姊妹》、《中学生》、《中流》、《中国农村》、《文学》、《光明》、《青年界》、《时论〔礼〕》、《现〈世〉界》、《质文》、《译文》、《礼拜六》、《新少年》、《新世纪》、《生活》、《〈新〉认识》《新中华》、《新世坛〔纪〕》、《〔刊教〕〈绸〉缪月〈刊〉》、《慢〔漫〕画世〈界〉》、《读书〈生活〉》、《妇女生活》、《〈教〉育杂志》、《〔界〕东方文艺》、《儿童〈新〉闻》、《青年文化》、《世界知识》、《东方杂志》、《少年知识》、《文季月刊》、《生活星期刊》同叩。

《儿童新闻》（周刊）

上海儿童新闻社

1936 年 4 卷 9 期

（朱岩　整理）

保卫绥远发动全国抗战

凌青　撰

南京谈判，在种种恫吓之后，仍不能达到完全的最重要的目的，于是驱使汉奸军队，进攻绥远以图压迫我方最后屈伏，如终不屈伏，则以武力贯彻华北计画。

晋、绥将士已决心守土卫国，忠勇奋发，屡破匪军，全国民众已群起伸援，慷慨激昂，准备救命。局势发展至此，南京谈判，实已无继续的余地，应即宣布停止，俾可使当初为委曲求全，已在原则上承认的各项要求归于无效，使已坚决拒绝的各项，不致再发生动摇。继续谈判，更足以堕坏前方士气，摧折全国敌忾。

晋、绥将士在严寒风雪中奋勇杀敌，叠获胜利，令人感激无已，钦敬无已。然而我们一想到这一周来的进攻，只是敌人的试探战，日伪主力军尚未参加，我们不能不忧虑着，单是晋绥军能保障绥远吗？晋绥军合共只有六七万吧，装配、火力，是比较差的，新锐的武器，几乎是没有的，两省的人力、物力、财力，是绝不够支持战争的。仔细注意战事消息的人，都会感着吧，战线上有敌人的飞机、坦克活跃，却不见我们的飞机和坦克，中央的飞机和坦克呢？为什么还不开赴前方？敌人已准备化学战品，以毒杀我们的战士，中央所有的防毒面具和化学战品，纵然不多，但是否已送往前线备用了呢？装配、火力较优的中央军是否已充分动员应援了呢？粮饷、械弹及一切军需品，是否已准备源源供给了呢？中央当局对绥东剿匪军事，究竟采何种计画，并已采如何的实际步骤，事关军事秘密，自然不便公开，然而，在前线，我们大家都感着还没有飞机和坦克，我们要求中央充分应援。

过去历次抗战的悲痛经验，至今记忆犹新：局部抗战始终被限制于局部，不得全国响应，也不得全国应援，或有少许应援，也不是为的取胜，而是为的敷衍门面；前方正与敌人血战方酣，而后方，旁面则各与敌人默契，不相侵犯；作战部队则以孤军对敌国，敌人能集中力量击破局部抗战，于是热河踉踉跄跄的失掉了，"一二八"的英勇抗战，结果赔了《上海协定》，长城的英勇抗战，结果继以《塘沽协定》。这次绥远战事，我们敢肯定说：如果只由晋、绥独负其责，没有举国一致应战，这个战争的前途，是不堪设想的。

敌人的吞并华北计画，经过了制造"自治运动"，经过了外交谈判的勒迫，现在已决心操刀宰割，以图最后的贯彻。冀、察既已被它控制，绥远成为华北的最后的堡垒，绥远一失，山西即不易保持，河北的我军军事地位，将更加恶劣，将不可能作坚强的抵抗。敌人的进攻绥远，必将出全力以求达到目的。敌人战略，先由匪军担当攻绥前锋，不胜，则继以伪军，再不胜，则不惜自己出面，一俟关东军对绥远军事得手，华北驻屯军即实行向二十九军进击，华北征服计画，就可一气呵成。

敌人的谋略如此，绥远地位的重要如此，绥远的存亡，也就是整个华北的存亡，倘使绥远不幸沦陷，冀、察虽欲苟全已绝不可得。所以，目前形势，冀、察应与晋、绥共同行动，实属绝对必要。更从战略的需要看，察北为匪军的巢穴，张北、商都为匪军攻绥的根据地，假使我军能从张家口进攻张北、商都，则匪军的绥东阵线立即瓦解，绥北匪军受两面夹攻，亦绝不能支持，匪伪军队即不完全消灭，亦必非退出察省不可。难道保卫绥远不该这样保法吗？剿匪工作不该这样剿法吗？可惜的，直到今天还不能实行这一战略，以致绥东我军防战，成为不经济的浪费战，成为极不合理的战略。如果从统一的国家对这种攻势所应采的整个的战略的根据上看来，目前绥远的防战，实在是奇怪的，要被人引为笑话的。然而又为什么不能采取这种战略呢？说冀察当局还梦想苟全自己吗？这或许有一点，但这不是主要的理由，主要的理由是：华北驻屯军的牵制，他们不能行动，一行动，华北驻屯军就会蹑攻其后，平、津、河北就危险了，河北军队的行动，只有在中央的整个计画之下，才有可能。而且，进兵张家口，也不必定由河北守军担任，倒是应从后方征调北上。说到这里就要看中央对绥战作如何观察，剿匪军事已决定如何的计画，对局势前途的发展又准备如何应付。

在我们的要求，剿匪军事第一步，必须以肃清绥、蒙及察省的匪军为目标。在这一目标之下，我们的作战任务，不仅在防守绥远，并且须要反攻，以达消灭匪军或驱逐出境的目的。在我们的领土内剿匪，我们拒绝任何外国干涉。倘有某国实行公开干涉，我们也绝无退让的余地。我们要求中央及前线将士坚决贯彻剿匪目的，克复察北。

跟着我们剿匪军事胜利的进展，某国依据他的原定计画，公然出面干涉，似有充分可能。那我们只有不辞一战了。我们为保障察、绥剿匪的胜利，对于敌人的干涉，我们必须反抗到底，我们必须举国一致应战。

为保障察、绥剿匪的胜利，为反抗敌人干涉而举国一致应战，我们全国民众现在应立即开始加紧准备：

第一，全国不愿做奴隶的民众应组织起来。没有组织，一盘散沙的人，就没有力量。组织就是力量，只有千万万人组织起来，才能贡献中央，供献前敌将士以强大的后盾，才能推进他们的勇气，不屈不挠，抵抗我们的死敌；只有千万万人组织起来，我们就能实行短期军事训练，造成强大的后备军，随时开赴前敌；只有千万人〔人〕组织起来，我们就很容易筹画前方及后方的粮食、衣服、医药以及一切军需品的供给，我们就能够处理防空、防毒、救护、撤退、输送等等战时工作；只有千万万人组织起来，我们可以到处是义勇军、游击队，牵制侵入的敌人，扰乱他的四周，消耗他们的战斗力，阻挠他们的行动力，我们就可以不至被迫当汉奸、当奴隶；只有千万万人组织起来，我们绝对可获最后的胜利。组织就是力量，然而我们大众的组织呢？局势的严重到了今天，我们全国有组织的人，不到百分之一，这是万分火急的要求，我们不容再缓一刻，我们的救国志士，应立即全体动员去组织民众，同时，我们一致要求中央开放民众组织！

第二，我们应加紧援绥运动。前线将士在酷寒风雪中卫国苦战，衣单食薄，伤害缺乏治疗、看护，战壕生活没有娱乐、没有安慰，足以沮丧士气，减弱战斗力。我们目前尚在后方的每个人，应各尽其力支持战争，我们自己应劝每个人节衣缩食，减省一切非必需的消费，劝有钱的出钱，有力的出力，发动一日运动，一星期运动，以及长期募集，购置衣服、食物、药品、娱乐品，组织慰劳队，送赴前线，组织看护队、洗衣队、担架队到战地服务。

第三，我们应当及时发动各地军队请缨抗敌。东北军"打回老家去"的热血，久已在沸腾，西南军六月间就奋〔愤〕慨激昂，要求北上抗敌，中央军及其他各地方军队将士，悲愤国难，要求抗敌的，也普遍存在。现在是最后关头了，全国一切军队应该及时起来，一致向政府请缨抗敌。同时，我们更应该要求政府，让全国的军队开赴前线增援。

　　　　　　　　　　　　　　　　　　十一月二十五日

《通俗文化》（半月刊）

上海通俗文化社

1936 年 4 卷 10 期

（朱宪　整理）

北平学生的募款援绥运动
——北平通信

璞若　撰

　　由于伪匪及××帝国主义者军队，向我西北国防前线绥远之再度的进攻，和守绥将士之英勇的抗战，引起了北平学生的——不！全民的援绥募款运动。在援绥运动中，首先被人注意到并被人提出的，是万件皮衣运动，因为根据学联会派赴绥远前线视察的代表回来说，绥远一带，在数日前已经下了一次大雪，天气冷得耐不住，而守绥的将士们，却还大都穿着夹衣或单薄的棉衣。学生们为了凑成这一万套皮衣的代价，从学联会发下通知的时候，就纷纷绝食、节食、停火、自由捐助，甚至连小学生的糖果费，也都拿出来了。

　　学生们的绝食，大都是把一天的饭费估计出来捐了去。学生们的节食，大都是把饭食减低，比如从前吃的是上等白面，好西贡米，炒菜或炖菜，加白米绿豆粥，现在吃的是玉米面或小米面锅锅〔窝窝〕头，咸菜一盘，喝的是小米红薯粥或红高粱米粥。照这样计算起来，每人每日可省出一半以上的饭费，做为捐助援绥之用。如果全北平市的学生——再扩大到全国的学生，全国的国民——都这样做，那么省出的这笔款，倒也大有可观的。

　　学生为了怕自己这样还凑不够，不！是为了更扩大援助绥远，就除了自己尽可能的捐助以外，还议定向平市各界募集，为达到这个目的，学联会规定自十一月十八日起，到同月二十二日止为募捐周，在这期间内，各校得斟酌情形，自由决定（罢课或不罢课）到校外募捐。并且规定二十二日这一天（星期日），为总动员募捐的日子。

在决定后，首先出发募捐的，是十八日的清华、燕京、北大等学校，其次是十九日的北平大学法商学院。募捐的方法是三五个人，组成一组，拿着募捐小旗和募捐册，到街上截拦汽车、洋车，以及看着比较似乎"阔气"的人和商号，又是偶尔也拣着募一两家"住家主"和公寓。募捐的情形很好，除了极少数的人不可理论而外，大多数总是踊跃输将的。

然而，募捐运动的进行马上就遇到阻碍。当募捐运动发动后的第二天清早，报纸上就刊登出当局"制止"的消息，理由是说："（一）阻拦车马，有碍交通；（二）通衢募捐，是否学生，无从辨识；（三）随便捐款，无从考察；（四）难免不良分子混入，散放传单，淆乱听闻；（五）最易发生其他事端。"但也许是当局不愿担负阻止学生爱国捐款的罪名，所以同时还有一条消息是："市府宴请大学校长，交换学生募捐意见。"结果规定在（一）不妨碍交通，（二）不发生意外下，仍准学生自由募捐（见二十日报）。

可是，在当日（十九日）市府宴请大学校长，决定办法以前，学生的募捐并未因"制止"而停止，仍然继续进行着，遭到"干涉"当然是免不了的事。这里让我把亲身遭遇到的"干涉"募捐的事情，报告给大家一点，也许是大家乐听的。

我们所遇到"干涉"我们的人，不是值岗的警察，是一位什么什么小警官，他或许是专一为干涉我们向〔而〕在街上走走的，他看见我们向人募捐时，就上前问我们（当然是故意的）："唔！你们干吗啦？"我们很委婉的向他说明。他就说："上边没有命令呀！我不敢看着让你们干这事。"我们很知道只同他说这么两句话，是不成的，我们再恳切的向他说，于是他就说，等我打电话问问"上峰"。我们亦就趁这机会走开，到别的地方募捐——这是我们在出去时，就预备好的鬼计。

我们走到了另外一个地方，这位警官从后面又追来，他约我们再到他的"格子"里去谈两句话。他说："我实在不能让你们在这里〈募〉捐，因为'上边'没有命令。"末后他又加了两句：

"这实在是不得已。希望你们回去再商量个好的办法，捐得又多又顺利。"

我们从他的话里，听出他的意思是要我们向当局交涉交涉，允准后再来公开募捐，同时他好像亦在暗示我们："你们离我这里远点，我就不管了。"但是我们为了希望得到更满意的答覆，我们又向他说：

"你知道吗？你们的上峰，是永远不会公开明白表示让我们捐款的，即使他们本心是愿意的，因为捐款援绥就是爱国，爱国就是反×，你们的上峰，不让我们在街上捐款，是假的，是避免'人家'干涉，并非真不让我们募捐。"

我们这种逻辑也许不对，但叫他听了却很奏效，他说："我们现在真是……"

他没有说出"真是"什么来，他的眼里好像忽然闪了光，随后用手一指说：

"你们还是募捐去吧！"

这是当局下令"制止"后，尚未决定新办法前第二天的情形……

二十二日，是北平市全体学生，总动员出发募捐的日子。

早上九点钟后，北平城的每个角落里，就充满了好像去年"一二·一六"大示威时一样的三五成群的学生，同时警察亦好像全体出动了，每个街市的要隘，都添了岗位，自行车队来回巡逻着。不过这一天，一来因为学生们极力避免无谓的麻烦，耽搁自己的事情，不再在街上截拦汽车，而专在电影院门口、戏院门口、饭馆门口、浴所门口、洋货店门口、洋布庄门口、电车上、电车站旁等处等着募集，二来因为有当局的一章似是而非的"不碍交通，不生意外"的允捐命令，警察也不好再直接干涉了，所以除了一些小小不便外，大体总算是平安的度过了。

《通俗文化》（半月刊）

上海通俗文化社

1936 年 4 卷 10 期

（朱宪　整理）

怎样援助绥军抗战

——答本刊读者问

作者不详

先生：

　　自从绥远抗战爆发后，我们十分关心，而且早就想用我们全部力量来应援我英勇抗战的绥军。但是环境十分困难，我们中有的是学生、店员、家庭妇女、自由业职者、工人、兵士，请您一一指示应援的具体办法。专此敬颂

　　撰安

任锡礼等二十余人　十二日

诸位：

　　绥远的抗战是我们全民族生死存亡的问题，因此动员全国力量应援绥军是刻不容缓的了。我们应该用什么方法来援助绥军抗战呢？现在我们且不谈别的，只是直捷了当地解答一般的以及在每一个地方每一个团体中应该怎样进行应援的工作。

甲、一般的

　　一般的援绥工作，是大家都应该做的，我们提出以下几个人人能做到的办法：

　　一、扩大援绥宣传工作　宣传的目的是说明绥远抗战的形

势，研究绥远的人口、物产、地理、交通等等。解释×人侵略绥远的作用并指示我们抗战的前途，俾人人能了解援绥工作的重要，群起奋斗。

宣传的办法是：（一）文字方面的，在报纸、刊物、壁报等等上发表关于绥远抗战的文章。（二）口头方面的，有演讲会、座谈会、街头宣传、个别的谈话、家内讨论等等。即只要有同胞的地方，就应该用方法使他们明了绥远抗战的情形。（三）图书方面的，可出版各种摄影画报，以及漫画、木刻等等的画报，使大家明了绥远的情势。（四）无线电播音可用演讲、话剧、大鼓、歌曲等等方法。（五）演剧、电影等艺术的手段均可应用。……要之，宣传的方法是无穷尽的，我们应用一切创造的方法来扩大援绥的宣传。

二、推行一日援绥运动　　在每一个机关、每一个学校、每一个团体、每一个家庭推行一日援绥运动，决定至少在一日之内进行援绥的工作。这一日运动中应包括：（一）开讨论会，研究绥远抗战的情形，讨论援助的办法；（二）节衣缩食援助绥军；（三）劝导同事、家人、亲友参加援绥一日运动等等。除此之外，能够做多工作的，决不要只做这一点就算了，他们尽可多做。以上数点是最低限度的规定而已。

三、扩大募捐运动　　扩大募捐在各处办得似乎很有成绩，各种捐款的办法似乎是应有尽有，不用我们再提什么办法了。我们觉得在募捐中应该注意的有几件事：第一件，进行募捐须手续清楚，一切办理事物的费用决不可取之于捐款中，否则像过去捐捐〔款〕的办法，捐一万开销五千，那还有什么用处；第二件，款项的用途，应该明确归〔规〕定给绥军，任何人不得动用一文，而且要保证捐款真正送到抗战的官兵手里；第三件，捐款所得及用途应随时公布，报告给全国民众知道。为了要实现以上三点，我们觉得应该立刻成立一个捐款保管委员会和一个捐款监察委员会，前者为执行机关，后者为监察机关，两者都应由人民用公开民主的方法选举产生。在每一地方、每一团体、每一机关，都应成立此种机关，如某校有一募捐委员会，其捐得之款交保管委员会，账目由监察委员会审查，然后才解交一地方的保管委员会，而这个机关又受一地方之审查委员会监督，流弊自难发生了。我们并非不信任办理募捐事务的先生们，而是根据过去的种种经验，不得不想出许多防止的办法，以免弊端。

四、组织慰劳队与点放团　前线抗战十分猛烈，敌军炮火异常勇猛，我军虽英勇抵抗，然敌人凶残日甚，因此我们为了鼓励兵士抗战计，必须组织慰劳队赴前线鼓励作战。同时为了发放慰劳品及捐款的起见，我们更须组织点放团赴前线，将慰劳品及捐款直接授于作战官兵，使他们更亲切地感到人民供献的热诚，这对于鼓舞士气是大有作用的。

五、组织义勇军和北上抗战团　绥远的抗战更须要全国人力的直接援助，因此我们实有必要组织民众的义勇军北上抗战，这是刻不容缓的事，尤其是各学校、各公团、各工厂所应积极负起的。至于组织时，必须改正过去只讲表面不务实际的毛病。做事要有持久性，不可做做就停止了，或者受了一点点阻遏就灰心。今后的民众义勇军要抱着不到绥远抗战就不甘休的最大决心。

最后而且也是最重要的便是扩大援绥运动，也即是开展救亡工作。援绥就是整个救亡运动的一翼，为了救亡必须援绥，援绥就是救亡。在实际的援绥工作中，我们必须加强组织起所有的热心爱国的分子，那么援绥工作才能发展，才能扩大，以至于包含全国大多数人们，在绥远抗战的引导下联合起来，与敌军决一死战。

乙、个别的

至于个别的或特殊的援助绥远的办法更多，我们不能一一列举。现在只能根据一般的情形，做原则的规定，至于具体的办法，还希望大家根据各自的特殊环境来决定。

一、学校　在学校中，学生应该负起推动的责任，他们应该首先联合学校当局，因为要做到彻底为师生合作，才能保证校内活动的充分自由，现在要办的第一步是在各班、各系、各级中联络同学；第二步是派代表与学校当局接洽；第三步进行召开各种讨论会、座谈会、研究会等，使大家充分了解绥远抗战的情形，最后经过相当的筹备后，可召开大会成立各校师生合作的援绥委员会，进行募捐、发通电、宣传等等工作。但是如果大会因为种种阻碍不能召开，那么可先成立各种小团体，或者即由同学、师长出面进行援绥的各种工作。以上是指的校内活动。

校外工作学生也不应放弃，不过进行的时候要慎重罢了。街头募捐、宣传等工作固然要做，然而最好还是设法取得当地官厅的允可。这并不是绝对办不到的，即在北平当局也因为学生行为的正当不能不允许募捐，不过用许多方法暗中加阻罢了（如名为由社会局发证章而实际上防制学生募捐便是），但是学生如果能继续用正大光明的手段争取，仍可设法打破各种阻碍的。同时学生更应该联络各界共同进行援绥之各种工作。学生本身的力量还不能算十分大，而且受压迫特深，所以他们要胜利地负起援绥工作还不能不多方联络，以加强自身之力量。

至于其他团体、机关、企业中的援绥活动的进行办法，也可根据学生活动的方法进行，不过他们可因特殊困难的关系酌量办理罢了。

二、家庭　我们觉得值得特别提出的是家庭内的援绥救国工作。由于以往种种事实的教训，我们觉得救国工作中最困难的一点，便是怎样争取落后的群众。而落后的群众中，最落后的不妨说是被关在家中不能与外界接触的妇女、雇佣、老年人、小孩等等……，这些人不能到社会上来活动，向例被关在家里，连国家大事都知道得很少，自然无法接受各方面的新思想了。然而他们在救国运动中的作用是十分重大的，因为每个中国人都少不了家庭生活，即少数独身的人也常常到亲戚、朋友的家里享受一点家庭生活的乐趣。因此发动起全中国人的家庭来做救国运动的单位，推进救国工作，这是非常迫切的。我们相信如果全中国的家庭都能够爱国，那么不是四万万五千万同胞都知道爱国了么？

我们觉得要使一般家庭都来推进救亡工作，第一步就先要使每一个家庭中的先进的青年分子，改正他们过去轻视落后的家人的态度。他们总是嫌家人落后无知，而不去开导他们。现在他们应该努力使每个家人都起来爱国，这办法就是说服家庭中的每一个人，都应该在家中进行救国工作。

第一，我们应该说服家主和主妇，尤其是主妇的责任是很重大的，因为她们负有管理全家的责任，小焉者购物管账，大焉者训儿育女，哪一样不经过他们的手。如果她们热心爱国，至少家里可少买一点洋货，而她们灌输子女爱国思想的功绩是更为伟大了。

第二，由家主、主妇的努力，我们将改变全家人的思想，因为按照中国家庭的习惯，全家人的态度常是随着家主和主妇的而改变的。所以在完成第一步以后，第二步工作是比较容易了。

最后在家人爱国的热心逐渐提高之后，我们可进而组织爱国十人团等等的组织，这样一家一家地连络起来，声势自然渐渐强大了，而对于国家的贡献也能够增大。

在家庭中进行救国工作是比较没有什么阻碍的，只要讲的话有道理，家人总不会不理，即使他们以为不对，也不至于来陷害你，我们在社会上常遇到的阴险行为在骨肉之间至少是不会有的，所以我们可大胆做去。而且在家里讲爱国也不必拘拘于形式，饭后茶余的闲谈中，我们随时可灌输救国的思想，而对于"唤起民众，共御外侮"一点却大有帮助的。

以上便是我们给二十几位读者的答覆。要之，我们觉得援绥的救国工作要做得普遍和深入。要普遍，必须一般地展开；要深入，我们的工作必须做到每一个角落里去。不要出风头，更不求名誉，切切实实地随时随地去做，我们才能真正有效地援助绥远的抗战！

二十五日

《通俗文化》（半月刊）
上海通俗文化社
1936 年 4 卷 10 期
（朱岩　整理）

克复百灵庙后的感想

老实人　撰

一　前言

　　自从九一八事变以后，日本毫不客气的夺去了我们的东三省还不够，随后又将热河省抢去还不够，乃更觊觎乎冀、察，垂涎乎绥省，终于是想方法拨弄把戏，什么内蒙独立啦，冀东自治啦……等类的勾当，都是他们在后面转轮把舵直接间接的导演，而丧心病狂的汉奸们，也热中了做官发财的愚望，尽量的勾结敌人捣自己的乱。如殷汝耕这家伙间〔简〕直连狗也不如，因为一个狗若受了人的豢养，则必定知道所以报效之方，不但旦夕随从于他的主人以尽其守护的责，而且若有人来侵害他的主人，则必奋死力以卫护，直至尽粹〔瘁〕而后已。但殷汝耕生于中国长于中国，殷于中国，中国对他也未见得有亏他的地方，可是他竟昧于良心，宁愿做不如狗之走狗，不愿为胜于狗的人，真是自作孽呢。其实我们的国度里像他那些〔样〕的不如狗的人还多着呢，他不过是其中之一而已。

　　但是某国人为什么要这些〔样〕做作呢？在他们以为他们是为发展求生存，以冀实现其欲为亚洲主人的迷梦，可是在我眼中看来，这他们是自寻倒霉、自掘坟墓呢，因为我相信若要在世界上出风头，最要紧的是要从立己立人上做起，换句话说，须要抱定"仁"字之道去出风头，才不至碰到霉头，若他们现在的这种办法，不但不能找到出路，反而〔与〕为自己找下了死路，我窃为他们忧呢！

他们以为我们中国人除了不抵抗、忍耐让步而外，没有旁的办法，所以接二连三的和我们捣蛋，占去了察北的一片还不足，又唆使匪军犯绥，又要破坏我在西北上的国防线，岂知道这次竟会触霉头呢？进攻不但没有成功，反而被国军把匪伪军打了个落花流水，不但没有占到欲想的地方，反叫国军克服了匪军的根据地百灵庙，现在某国人居然明目张胆的承认帮助匪伪犯绥，而且调了三师团矮〔倭〕兵来加入作战。看呀！绥北的大战又将开始了，我相信这不但无损于我，而且我们正可趁此收复察北，收复冀东，收复热省，收复东省，这是我们的剿匪工作呀！因为这些地方都是我们的绵〔锦〕绣山河，凡是盘据在我国境地上的土匪，我们当然有剿灭的权，清除的权，谁也不能干涉的。

二 百灵庙在国防上的重要性

百灵庙这名词，在过去大家很少听到，提起，也没有几个人肯去注意，自从内蒙自治成立设蒙政会于此后，大家才天天看到听到它。

百灵庙在绥远武川县的西北，它的西南即是包头，所以百灵庙、武川、包头恰可联成一个三角形，这三角形的顶点，即是百灵庙，三角形的中间是大青山。从百灵庙向西南过包头，则可以从而往河套、宁夏、陕北一带发展。从百灵庙向东南过武川即为归绥，归绥为绥远之省会，有平绥路经过此处，西进可以到包头，东进即为集宁、大同，而大同又是山西北部之咽喉。归绥的南

〈面〉即为和林格尔与山西的杀虎口，平鲁遥遥相对，所以若果以百灵庙为根据地，发两枝兵南侵，向西南的一枝过包头后分向河套、宁夏进，攻进河套者可以由陕北下控关内一带，取宁夏者可以制三陇之地，与关内的一枝互相呼应，直可以钳制整个的西北。由百灵庙向东南的一枝兵可以取归绥、夺大同，进而下山西、扰关外，乃可以牵掣豫、鄂、冀、鲁，至于转而向它的北方一带，也是可以控察、热，制外蒙。实质上百灵庙的地势，或者没有我说的这样了不得，可是在它的四周的地方却都很紧要，因此它的地位也因而重要。犹〔尤〕其是自目下的情况言，更为重要，因为它已变成了西北国防线上的前卫，我们不想复兴中华民族，则可以已矣，若要想使此中华民族永立于世界之上，则不但要将此要地保守坚牢，而且要振刷起我们的勇敢的精〈神〉向前直冲，直到达到我们的目志〔的〕而后已。

再从整个的绥远说，绥远与热河、察哈尔三省为北方各省的屏障，它们南连冀、晋、秦、宁，北方是外蒙，东方〈是〉辽宁，我们欲要完成我们的总理给与我们的使命，欲要完成中华民国的大一统，这三省终究是居于重要的位置。现今热河呢已被人抢去，即察哈尔也只胜〔剩〕了一半，而昏懂〔愦〕的匪伪军犹不自知的〔道〕自己的地位，自己的结局，竟昧理的来侵绥远，为人成事，言念及此，实在不禁发指。我不知这些甘心为人走狗，为命〔敌〕效命，而自相践害的匪徒们竟何存心，大家同是中国人，他们却甘心摇尾乞怜于人以作狗，不肯轰轰烈烈的做一个人。

三　匪伪军的冀图

匪军的侵略绥远，当然有他们的目的。自蒙政会分裂的前后，德王的行动就有些那个，曾风风雨雨的传说，他们要成立什么大元帝国，这种冀图除了自寻灭亡而外，一点儿利益也没有，要知道我们大中华民族是整个的不可分离的，只有我们五大民族，同德同心的努力创造，努力奋斗，才能使大中华民族的前途日见光明，才能使大中华民族的地位日见高上，若果其中的任一个民族不照这样做，它不但不能自存，简直足以危害大中华民族的前进。须知道所谓汉、满、蒙、回、藏，仅不过是名目上的区别，实际上我们的血统早已互相混合，并分不出什么大的差别来，所以我们五族已经是整个的不可分的，惟有同心同德、团结一致，以实现三民主义，才是我们的目前急务呢！若存心分离，要独自去成立什么帝国后国的话，那除了自趋灭亡而外，没有旁的话说。请想想我们的敌人，是如何处心积虑的谋制我们，我们处到了这样的境地中，应当更加一心，更加团结，不〔使〕为〈敌〉人所离间，那才是正当的办法。孰知德王竟不如是之图，乃迷于一己的见，以为蒙古是蒙人的蒙古，蒙人当另外组成一个集团以脱离中国。哪知道这种见解是错误到了极点，可惜德王竟犹不悟，乃公然出兵侵绥，自己走错了路还不算，还要勾结某国人做后盾，欲想达到其大元帝国的迷梦，哪里晓得现今的局势，绝不是可以这样糊里糊涂干的时候，某国人正在那里愁没有人利用，像这样的机会，他们哪里会允许你妥稳的做迷梦呢！所以德王的梦没有做成，他们的机会先找到了。

我们晓得日本眼中所认为最可怕的，除了我国的日见振作而外，还有一个突飞猛进的苏俄，苏俄是他的仇人，他们俩终久是免不了一场大战的。日本占了东三省以后，和俄国的利益冲突更日见尖锐化，日本的计画，若果大战开始，仅从东海滨、黑龙江一带进攻，是不足以取胜，必须有一枝寄〔奇〕兵出而制苏俄之侧，使他顾此失彼，方可以操胜券，这就是日本积极侵内蒙的最大目的之一。他若得到内蒙，则一旦与俄国开战，则可以由此向苏俄的腰里直刺，再一方面他也晓得虽然平易地占了东北四省，但我们终究要恢复失地的，换句话说，中日之战也是免不了的。假若不豫先把内蒙拿到手，那时要吃亏，因为他有了内蒙，一方面从冀、热方面南逼，一方面从沿海一带进逼，一方面又可以自陕、甘一带牵制我后方，这样一来，使我首尾不能兼顾，那么胜券又可操之在他了。而匪军们不知道这一着，竟甘心为人利用，而来捣自己的乱，说起来实在令人伤心！

四　奋勇的国军终于赶出匪伪军于百灵庙

当绥远战事酝酿时，谁都怀着鬼胎，以为这次不战则已，若一开战，则必又有一场血战，而胜败谁属，此时尚难逆料呢。酝酿复酝酿，初则发生哨战，继而短兵接触，终则血战开始。在冰天雪地上的忠勇的国军与丧心的匪军作你死我活的大战，傅主席曾说："绥省被人觊觎，已非一日，身为疆吏，荷负守土卫国之责，御寇平乱，悉为责任分内之事，任何人居此职责，自然发生此责任心。本人受命主绥以来，平时深察彼此情形，夙有态度。一言以蔽之曰：不说硬话，不做软事，应付措置，力求合理。国家主权领土，最高决定之权属之中央，疆吏不能稍有主张。数年来，本人御寇卫土，如〔无〕不秉承中央意志，此次匪军进犯性质与屡次无异，本人秉承中央意志，以尽职守土，态度亦同。至匪军此次被剿，受创颇深，预想必继续进犯，我方态度简单明白，不使领土主权被任何人侵占尺寸，持我忠贞，待彼奸贼而已。"是的，在我们今日的处境里，固然是用不着说硬话，就是说硬话，也是无济于事，惟有本不说硬话、不做软事的宗旨埋头苦干，也用不着计功绩，更用不着计得失，逆来顺受的态度已是不能适用，只有在沙场上见面，才能有效果！真的不到几天为匪军盘据的百灵庙，竟为我们忠勇的将士克复了。请看中央社归绥十四日电：
"百灵庙方面，向我固阳、武川进攻之匪伪军，经曾延毅、孙长胜、孙兰封〔峰〕等步骑各部队于二十三日夜分头迎击，当夜十时将匪击退。百灵庙附近匪与国军激战终夜，肉搏十数次，国军以炮火猛烈，国军刘团长猛冲入庙，各部队相继迫进，二十四日拂晓，匪不支，纷纷向东北溃退，国军于二十四日晨八时将百灵庙完全占领。匪遗尸遍野，在三百以上，伤六百余，被俘三百余，国军并获匪步枪三百余枝，其他电台、弹药、汽车无算。"此次匪伪军犯绥，以为国军必不敢全力抵抗，即或抵抗，他们靠优越的接济，必能达他们犯绥的目的，其知忠勇的国军终不为彼辈所屈，且能奋勇杀贼，克复百灵庙，我想匪伪军也当为其丧胆而醒其迷梦吧。

五　还要前进

谁都晓得克复〔服〕了百灵庙，就不能算为守土的责已尽，须知我们的土地为匪伪所占去者实有百十倍于此者，今既开了杀戒，则当抱不鸣则已，一鸣惊人的〈意〉志，继续以勇猛直前的志气杀上前去，扫除氛腥，以恢复我光华灿烂的锦绣山河。可是我们今后作战须要剿抚并用，才不至被人所威胁者致投奔无门而妄送其命。

我们晓得在匪军的行为，固然是丧心病狂，甘心为人的走狗，甘心供人驱使，但其中也有大部分人一时为彼等的巧言令色所迷惑，而不知其所为，但其内心实在是纯洁的，并不愿如此自相残杀，第不过一时为所蒙蔽耳。所以我们当以忠言宣告，若肯飯〔翻〕然归来者，则皆尽量优容之，使之自新，使之赎罪。日来的报纸上，不是时常有匪军反正的消息传来吗？我们当极力使他们觉悟归来，予以自新之机，庶几不至于使他们将错就错而终不得悟。痛剿固宜，但是我们须要顾念到这些匪也都是中国人，犹〔尤〕其是被丧心病狂的匪首们所驱使的弟兄们，他们并不见得有何存心，只是为人所利用而已。我们痛剿，要严惩其凶，若对这些无知无识的为被利用者所利用的弟兄们痛剿，我心实有所不忍，应当极力开导他们，使有所悟而归来，也是超脱某人以华制华的方法。但我们决不偏重于此，而停止了痛剿的工作，更应当积极的向前进攻，不但把匪军赶出绥远境界以外，而且要超出察哈尔，收复察北被占的地，更要赶出……收复……这才算是尽了守土的责呢！

俗语说的好，求人不如求自己。我们的中华民族处于今日的境地中，已是忍无可忍，因为我若容忍，而人竟不知足，着着进逼，在在侵辱，似乎果以为我中华民族已无可为者，可任其所欲，而咨〔恣〕意施为。现在我们用不着再忍耐了，但也用不着张大其词、皇皇骄人，惟有埋着头本着不说硬话、不做软事的宗旨，必须将这些侵犯我土的跳梁小丑、魍魉鬼祟〔祟〕剿灭净尽方为已。

绥远现在固然已居在国防上的重要地位，但我们更要晓得在绥远的北、绥远的东，还有更重要的国防要地，我们若要复兴中华民族，复兴中华民国，惟一的道惟有本着大无畏的精神及苦干、硬干、实干的精神，先将我们的国防线完整起来，强固起来，使觊觎者断其欲，垂涎者绝其望。然后我们的民族国家自然一天天地复兴起来，然后大同之治也会渐渐的实现出来。须知大同之治，要以伟大深原〔厚〕的力量去推动，才能有实现的〈希〉望，若仅在那儿空喊，那就是喊三辈子也是不会实现的。此次克复百灵庙，是我们中华民族复兴的先声，愿我们的健儿，愿我们的同志，更愿我们的同胞，千万不要失此先声，跟着他冲上去吧！冲上去！最后的胜利终会归于我们的啊！！！

六　后话

同志们千万不要恢〔灰〕心吧！以为我国革新以来已有了二十余年的历史，而举观全国，仍然是毫无所成，而且时至今日，国难更加严重，外患更加迫切，似乎这老大古国，将有不治之厄，须知道革命大业并不是一件容易的事，也不是一天两天所能做得成的事。大家看到墨索里尼、希特勒，不几年的工夫，便将他们的国家复兴了起来，而我们还不能将一个中国治好，就以为我们无能，我们不智，岂他们的国家较之我们的国家还不到一省的大，假使要我们的国人一心也是很容易的，能够使之臻于强盛的地位呢！所以希望大家千万不要长别人的威风，短自己的志气，但"天下无难事，只怕有心人"，我们更用不着自馁自惧，只要我们有决心有勇气，我们的目的终会有达到的一天，终会有实现的一日。

《新青海》（月刊）

南京新青海社

1936 年 4 卷 10—12 期合刊

（朱宪　整理）

察北绥东危机与领土完整

作者不详

南京二中全会决心保障领土主权完整的宣言，墨沈未干，日伪军侵略察北、绥东的军事行动又开始了。一星期来"友邦"指使下的蒙伪杂军陆续开往察北、商都、德化一带，据外人方面消息，并谓日军两联队，已开抵张北，绥远、察哈尔交通，已被阻隔，北平日本飞机并向包、绥一带侦察，大有乘机囊括绥、察进攻甘、陕的趋势。敌人近来一方面扬言强化冀察政权进行经济开放等等来潜行地破坏中国的主权，和分割中国的领土，他方面竟又明目张胆地用军事侵略来建立进攻苏、蒙的后防，和侵占中国的土地；这一切都证明了我们历来主张的以肉饲虎式的退让政策的非计，和坚决地团结全国武力，用收复失地的政策来保障国土的必要。中央昭示全国民众的诺言是"中央对外交所抱最低限度，就是保持领土主权的完整"，那么，全国抗敌民众现在有权要求政府实践诺言，保持绥、察两省土地和主权的完整。现在对西南问题既已没有使用武力的必要，那么，我们希望政府立刻调回南下部队，集中全国武力，在争取中华民族生存这个神圣的号召之下，来执行全国民众所托付的责任。我们要求政府这次不可再使爱国的民众失望；更要求政府不可失此机会对天下后世表白忠诚。

《世界知识》（半月刊）

上海生活书店

1936 年 4 卷 11 期

（萨如拉　整理）

什么叫战略战术

长春　撰

　　学军事要进军事学校，这是一定的道理，但是在我们中国，这句话就很难说。因为我们中国军事学校就不多，而且也不是随便什么人都可以进得去。其次，可以说学军事不妨当兵。但是在我们中国有一句古老的偏见，叫做："好铁不打钉，好男不当兵。"这句话把人们想当兵的念头打进了冷宫，永不超生了。再次，也可以说我们中国在过去的若干年中，差不多年年都有战事，因此有人说：中国本身就是一个极大的军事学校，人们随时随地都可以学习。但是，因为过去的许多次战事，绝少与人民有利益的，甚且有害，人民讨厌之都来不及，哪里还有心去学习。但是这一次，绥远的卫国之战，引起了人民极大的兴趣，知道军事这东西是不可少的，是非常宝贵的。"假若我有军事知识，我一定上前线去作战，捍卫国土。那是一件光荣的事业啊！"作这样打算的人大概不在少数吧，惜乎军事知识这东西，好像神秘得很，也没有地方去学，怎么好呢？

　　其实，军事知识，至少军事常识，在这个时代，倒是人人必需有的，尤其在我们中国，设若我们人民都具有军事常识的话，那我们全国人民就可以参加卫国的战争，假使我们人民都可以作战，那我们中国在全国人民的捍卫之下，就不致于灭亡。所以说：卫国是每一个人民的权利和义务。既然如此，那我们就有把极普通的军事常识拿来谈一谈的必要了。

　　只要是每天看报的人，大概近来总看到了些关于军事的名词吧。比方这一次某方指使蒙伪军侵绥，预先是定下了一个"战略"的，这"战略"就是一个军事上的名词。什么叫做战略呢？空空洞洞地下一个定义是不容易明白的，我们拿事实来做一个例子。比方这次某方侵绥的战略是这样规定的：

　　（一）中国的冀察军（即宋哲元的第二十九军）与绥晋军（即傅作义、阎锡山的军队）同时迎击的场合，那么华北驻屯军（日军，司令名叫田代）就是作战的主力，伪匪军作为助力，战争的中心在察、冀、平、津成为决死场。

　　（二）假使只有晋绥军迎战的场合，那么华北驻屯军就坐镇冀、察，取监视宋哲元的态度，以伪匪军进攻绥北、绥东，取包围的游击式作战方略，使晋绥军疲于应付，兵力散开，再集中起来猛攻。

　　（三）目前作战，以不引起冀察战争为主，等两个月再看。倘形势顺利，再图发动。但目前的进攻绥远还是侦察的性质。其所以用伪匪军作侦察，因其有北方的耐寒性，作战在严冬的时候最为相宜，最得时利。

　　这是怎么回事呢？就是说：某方这次指使蒙伪军侵犯绥远，要使宋哲元的第二十九军只能坐视，不能应援。假若二十九军开赴前方去应援参加作战的话，那么华北驻屯军就兜屁股在后方与以攻击。那时候二十九军自然不能不掉转头来反攻，于是华北驻屯军和二十九军就战争起来，作战的地点当然就在冀、察两省和平、津一带了。从这里使我们想到某方在今年五六月间在华北大增其兵的用意了，原来是在阻止我二十九军卫国抗战，便于侵绥。

　　但是从这里也可以看出某方目前还不想引起冀察战争的意思来，这就是说：某方在目前至少还不希望战事扩大，恐怕扩大了，侵绥反而不利。虽然如此，但是却不能因为他不愿意扩大，就说他没有扩大的准备。他是充分地准备了的，目前只不过看侵绥的成绩如何而已。假若只以蒙伪军侵绥顺利得手，他是不劳而获。假若不顺利，不得手，那时他再亲自出马。

其实，在这里，他的战略只露出了一半，还有一半是没有给人知道的。现在我们再用事实来说明其他一半。

万一二十九军对绥战加以应援而引起了冀、察、平、津一带战事的话，因为河北和山东连接，两省关系至为密切，倘若河北一失，则山东便非常危险，所谓"唇亡齿寒"，极其显然，所以那时山东的韩复渠〔榘〕决不能坐视不救。假若韩复渠〔榘〕一出马应援，华北驻屯军就受到南北的夹攻了。因为这个原故，所以某方还有牵制韩复渠〔榘〕的一个办法，这办法就是近日日海军陆战队的登陆事件的发生。现在据说青岛事件已经"解决"了，日兵撤退了，那是再好没有。倘若不解决，据说日军不仅要占领青岛，还要派〈兵〉进据全部胶济路呢！倘若胶济一被占据，那山东全省就完全为他所控制，而韩复渠〔榘〕军队也将一动也不能动。

总而言之，某方的侵略计划，一步一步都是预先布置好了的，一处发动，则全部发动也不成问题。这种大规模侵略的军事计划，就叫做"战略"。现在我们可以得出一个简明的定义就是：战略是军事行动的一条总路线，总方策，在一个一定的时期内，它是轻易不改变的，不仅军事上，这种总的路线、总的方策叫做战略，即在政治上、外交上，这种总的路线、总的方策也叫做战略。比方现在的中日关系，中日外交，对方一贯的向我们侵略，向我们进攻，这也是一种战斗，而这不断的侵略，不断的进攻，也就是政治和外交上的"战略"。

同时，和战略一块儿常常被人提起的还有"战术"这个名词，这自然也是军事上的一个名称。那么什么叫做"战术"呢？举个例说，像前面某方所规定战略中有这么一条，即以"伪匪军进攻绥北、绥东，取包围的游击式的作战方略，使晋绥军疲于应付，兵力散开，再集中起来猛攻"，这一条虽然被规定在战略之内，其实这不属于战略的部分，而实在是"战术"。这是一种作战的技术，而不是作战的总计画。比方包围的游击式作战，若是失败了，那么他们可以变换一种方式，或是乘其不备，黑夜袭取，或是猛攻不下，用飞机轰炸，那不过是技术问题，无关乎总的战略。又比方在作战时，空军的飞机如何和地上的陆军配合行动，炮兵如何掩护步兵冲锋前进，怎样扰乱敌人的后方，怎样破坏敌人的阵地，怎样使得各种部队取得联络，空军在什么时候应该轰炸，炮兵在什么时候应该集中射击，骑兵在什么时候应该冲锋，什么时候应该袭击，化学部队在什么时候应该施放毒气，工兵应该怎样设法破坏交通、桥梁或其他工事等等，凡此一切都是作战的技术问题。解决这些问题，要看当时的条件、环境如何。一旦时过境迁，所规定的作战技术就得改变。这种作战的技术就叫做"战术"。它的定义可以这样简明地规定：战术是在某一时候某种条件下所采用的作战技术，若遇有新的条件产生或新的时势到来，则已经采用的战术应该放弃或变更。

同样地，政治上、外交上，也都常听到"战术"这一名词。比方一个国家内有许多政党，在野的诸政党对在朝的政党斗争，有时采取联合的战术，有时采取孤立的战术；有时用进攻的方式，有时用退守的方式，完全看情势来决定。又比方这中日的外交谈判，有时是川越和张群作正面谈判，有时又是须磨访高宗武作侧面交涉，这一类的交涉，有的叫"堑壕战"，有的叫"逆袭战"，无疑地，这也是一种战斗。

无论战略也好，战术也好，都必须仔细地，审慎地，分析客观的情势，抓取一切有利的条件，估量可能的前途，作周密的规定，以最大限的努力，争取胜利的结果。

《通俗文化》（半月刊）

上海通俗文化社

1936 年 4 卷 11 期

（李红权　整理）

绥远抗战与中日外交

葛乔　撰

　　三月多来的南京谈判，始终是在威吓胁迫的空气当中进行的。"友邦"为要促进谈判的成功，曾经用尽了一切方法，以图"国交的调整"。各地"不幸事件"的阴谋不断的发生，平、津原野上进行着大规模的军事演习，华北增兵与冀察政委会的改组，绥东的扰乱与长江各地的增防，这所有的一切事件，只要"友邦"所能用以威胁我们的，他们都已整个的用尽了。

　　我们的"友邦"要求承认华北五省的"特殊地位"，换句话说，就是要求华北五省的独立，他们要在这"特殊地位"的名义下，将五省整个的攫取，成立自治政府，自由任免官吏，随意征收赋税，实行大规模的军事和政治的控制。总括一句话，他要把我们的华北拿去，变成他们的殖民地，使我们华北全体同胞都变成他们压榨下的奴隶，然后，更以华北为根据地以进攻整个的中国。

　　同时，我们的"友邦"也要求"中日共同防共"，他们要中、日两国成立"防共协定"，在这个"防共协定"之下，将日本军队开入中国的任何腹地，将中国军队的一切都操在日本顾问手里，使中国军队在以后反苏联的战争中去充当炮灰，使他们在这种情形下，整个的控制中国。

　　这两种要求，是异常的毒辣和残酷，倘若我们对任何一项加以局部或全部的承认，都将使我们整个的中华民族变成×帝国主义的奴隶，子子孙孙都永不会有翻身的一天。

于是，进攻绥远的军事行动开始了。德王、王英、包悦卿、卓什海、张海鹏等叛逆，在"友邦"的指使和支持下，向着绥东、绥北进攻，而这个进攻，也正是现阶段中、日外交中一种自然的发展。

进攻绥远在目前外交谈判中之最主要的意义，便是"友邦"企图用武装的力量，造成一种既成事实，使我国在这种既成事实下去承认他所提出的"华北特殊地位"与"中日共同防共"的要求。

绥远是山西、陕西和整个西北的屏障，他总缩着平绥、同蒲、绥新、正太等各路的枢纽。在目前的形势下，"友邦"所要求的"华北特殊化"中，绥远占着一个非常重要的地位，他们要向西北发展，要完成他的"蒙古国"或"华北国"，绥远都是一个非常重要的构成部分。绥远的攫取，无异是整个西北锁钥的沦丧。因而，"友邦"在南京谈判中一再的提出华北问题，而在其中特别注意于绥远的地位，当然不是偶然的。现在，南京谈判既不能充分的满足，他自然只有出之以武力的夺取。

同时，"友邦"的进攻绥远，也就是隔绝中、苏两国，对中国加以封锁，企图强制中国参加"中日共同防共"的一种开始。根据《大公报》记者长江的通信："我们从过去一般情况的研究和判断，特别是从这一次百灵庙所获各种秘密文件中，我们看出某方的企图，是想在中国的北面，造成封锁中国的壁垒。"他们所预定的封锁线是一条长长的地形，东起东三省，西达新疆、西藏，而在这条封锁线中，绥远便是他的中心点。所以，目前"友邦"要求我们"共同防共"，共同去对苏联封锁、包围和进攻，则绥远当然站〔占〕着一个相当重要的地位，"友邦"要在事实上使我们成为他进攻苏联的助力，则他之进攻绥远，也可说是必然的。

所以，若就"友邦"对我国之整个的侵略上说来，对绥远的进攻，正是他大陆政策之不可少的一环。但就目前外交谈判的形势说来，则绥远的进攻，正是"友邦"想使我们在既成事实下，来承认他全部要求的一种企图。

绥远进攻与南京的谈判，其形式虽然是两样，但对于中国的进攻，却是不可分的。他是敌人一个进攻内容的两种形式。在他们看来，前者的发展，正可以帮助后者的成功，而后者的完成，也是须要于前者的助力的。

因此，敌人指使他所豢养的走狗、汉奸，在南京谈判最紧要的关头，不顾一切的向着绥东、绥北进攻，一切交通运输由"友邦"加以完成，一切军械弹药由"友邦"加以供给，一切军队由"友邦"军官指挥，而一切军事计划，更是出之于"友邦"之手，所差的一点只是中、日军队之公开的正式接触而已。

然而，这个时候，"友邦"并未放弃了外交的谈判，他正想利用这种局势来推动他外交的进展。所以，日外务省发言人一方面申明，"绥东战事，纯系中国国内事件，与日无关，纵使有日人参加作战，亦应认为个人行动，与日政府及日军不相涉"。但同时，外相有田又在内阁席上申明："绥远局势虽系中国内部问题，与日无关，但乱事蔓延苟直接影响于日本及'满洲国'权益，则日政府决不能袖手旁观。"他的这两种声明，是说明了日本的态度，他们一方面回避责任，继续外交谈判，而在另一方面，则以威胁的态度，并在实际上支持绥远的军事行动。他的用意，无非是网开一面，驱使中国能在绥远失败的时候，答应他外交上的要求。

可是，绥远将士忠勇的抗敌，红格尔图与百灵庙的血战，却使"友邦"的走狗节节败退，特别是百灵庙的攻取，我军"以徒步疲劳之兵当骄逸之马，仅果腹之备当山积之粮，涉平荒之地以攻环抱之险，以相等之兵力以袭有备之敌"，但终以前线士兵抗敌情绪的奋发，将绥北敌人军事、政治根据地的百灵庙加以收复。

绥远前线抗敌的胜利，不仅在军事上创造了新的局面，而且，在外交上也展开了一个新的形势。这个胜利，在目前使"友邦"的企图受了相当的打击，他们想使绥远进攻成为"华北特殊地"与"中日共同防共"之强制的承认，目前已证明绝不可能。

因而，中日外交现在不能不事实上陷于停顿，川越大使已由南京赴沪，并留一备忘录在外交部中，企图将过去的谈判告一段落，准备在某一时期以后，再启谈判之门。而另一方面，"友邦"的军队在青岛登陆，威胁山东，日内阁三相会议决定对华采取强硬政策，而关东军方面，更有积极出面，驱使伪蒙军队重新向绥远进攻的企图。

同时，南京方面发表了中日外交的经过，特别说明了我国对川越备忘录及五项问题的态度。因此，尽管川越声明交涉"并未破裂"，但是，南京谈判在目前除了很小的问题外之不能再有进展，已是无疑的了。

今后的问题，在"友邦"方面，已经不是交涉的问题，而是如何用军事行动以达到交涉目的的问题，所以，今后南京交涉的沉寂，也必然是绥远风云极度紧张的时候。敌人所给我们的只有两条路，一条是屈辱的投降，一条便是坚决的抗战，几月来外交的谈判，已经把这个真理向我们说明得比什么也更清楚了。

为今之计，我们只有尽力援助绥远，否则，我们冀图等待外交的好转，便无异是坐以待毙。

只有我们的抗战得到胜利，然后才能阻止日本的进攻。但是，要这样，必须使全中国四万万五千万人都像一个人一样的团集起来，动员全国力量对×抗战，以争取民族的生存。

从绥远抗战到最近南京谈判的形势，给我们指示出了一条光明的道路，我们只有继续绥远战士们的精神前进，然后才有胜利的前途。

《通俗文化》（半月刊）

上海通俗文化社

1936 年 4 卷 11 期

（刘哲　整理）

援绥运动在重庆

——重庆通信

鲁雨　撰

绥边战争爆发的消息传到重庆以后，有热血的人们，都疯狂地怒吼了！"看啦！帝国主义又在向我们侵略了，边区的战士们，为了要守卫我们的疆土，忍饥受寒，浴血枪林弹雨之中，不惜牺牲，向我们的敌人迎头痛击，我们同样是中国人，我们虽然不能到前线去抗战，我们要在精神与物质上，帮助前敌将士，使他们得到一点安慰，更勇敢地去作战。"这样的宣传，报纸上，电影院的字幕上，各公共机关的墙壁上，都可以看得见。

"捐！捐！捐！"到处是一片火热的喊声，中学的学生（尤其是女生）、各个学校的小学生也不让一般大人们专美于前，把他们每天吃糖果的钱，六百、一吊、一角、一块地自动地向学校捐出，就连那平民识字夜校的学生，每天光着脚板来上课，他们没有钱像少爷小姐们一样地读白日学校，只好来读这不要钱的夜校，他们也两百四百地把他们辛苦得来的钱，向先生捐去。

在公园里，街头上，娱乐场所，随处都可以看见"××校援绥募捐队"。各商店当然跑不脱，在街上兜风坐汽车的大人先生们，往往被拦在街上，迫不得已来出这种爱国捐。在戏院里面，星期天，他们也有把整天完全所售票钱，捐出来：往往在一场戏到紧张的时候，停了下来，募捐队便向各看客募捐，成绩很不错。

还有些女校和一些剧社游艺团体之类，准备以游艺来募捐，想来一定有很好的成功。

　　不过我觉得这次的募捐，非常失败，如果有良好的组织，成就当然不止这一点。事前完全没有宣传，一般民众，莫名其妙，到底是怎么一回事，昏昏梦梦，你一向他募捐，总感到不值一样，募捐队也没有一个全市整个组织，仅由各个学校自由组织，区域也没有分配，以致来一次又一次的，弄的怨声载道，许多商店都感到不堪其扰，认为大祸又到。很多学生对于这回绥事，自己都不明了，又不善于口词，有些完全强迫人家出钱，这是最失败的地方。有些出不起钱的人，或商店对募捐次数的多，感到不安，而报屁股竟骂这种人是汉奸，这未免错误。

　　这援绥运动，我们将不断地努力，在过去的三四天中，在重庆一市，竟能捐到五六万，全国各地举行起来，一定很可观，四川如成都各地，都在相继波动，让这反帝的战线，一天一天地更筑得坚固一些。

十一月廿六日在重庆

《通俗文化》（半月刊）

上海通俗文化社

1936 年 4 卷 11 期

（朱宪　整理）

乡村里的援绥捐款运动

——百侯通信

罗林芳　撰

在这岌岌可危的中国受着×帝国主义有计划有组织的侵略之下，国家的命运也就加速变的转向沦亡的道路上去了。最近绥远抗战的爆发谁都晓得是有利于中国民族解放前途的。所以凡是稍有良心的中国人听到这个消息，无不义愤填膺、怒不可遏的表示同情。同时闻到绥省前线将士如此的英勇杀敌，屡挫敌锋，无不表示十分钦敬而觉得无穷兴奋。目前全国各阶层的民众纷纷组织援绥救国团体，实行募捐援助，这都可以表现中国民众爱护国家的热忱是很浓厚的。

就是在我们这素称为"山高皇帝远"的百侯，这次对于绥战也特别注意起来了。此地是一个穷乡僻壤的农村，交通不便，文化程度也当然不高，幸得本地一般热心教育的人士努力，所以还得创办一所中学校来救济一般失学的青年，因此这学校的一切设施都比较其他各地的中学来得"平民化"，学生每学期除掉要缴四元学费，和自己吃饭外，其他什么费用都没有，因为同学家庭经济不好，上课时就是穿背心、着木屐学校里也不干涉。然而平时生活尽管怎样困苦，一听到导师在［在］纪念周中发动捐款援绥的事，无不愿意乐从，平时自己可省的费用固然节下来，捐助就是自己拿不出现款的人也把自己生活所需的食米省下来缴去，结果在这样艰难困苦生活当中，全体师生不到二百人，也能集得了将近百元的现金寄给前方英勇的将士。

我相信在这穷苦万分的农村学校还能集得这么一笔款，中国偌大的国土里全部发动起来定然可观，我们不要看轻自己抗敌的力量不够，我们希望全国我各阶层一致起来援助前线守土将士，拥护这伟大的民族战争。同胞们努力尊重！

《通俗文化》（半月刊）

上海通俗文化社

1936 年 4 卷 11 期

（朱宪　整理）

援绥运动在天津

璠坊　撰

　　战报从前方传来，各各人的脸上都充满了欣悦的光彩，图书馆、阅报处、马路上的阅报牌，到处浮动着人头的攒动，互相的拥挤，虽然他们因为看不到报纸而哀怨，但这哀怨我们能说不是为了心快而生起的吗？明白了这个，虽然是战报上登载着伤兵在两时内倘无人救护即冻死的消息，但他们也是快活的，快活的是疆土的未被某方攫得。另外的便是由于这而激起的募款慰劳，由腰包里尽量的往外掏铜子。

　　在报纸上，我们早已看到了，某某捐铜元若干（记住这是少吃省下来的钱），什么什么团体又出发了，哪个游艺场被借用募捐了，这风起云涌的事，是屡见不厌其多的。然而，有一件却应当特别注意：那便是天津各学校的学生沿街劝募，和津市的十几个青年团体假座中国大戏院的游艺会。前者，每日在街上、胡同口、马路边道，我们不期然总会碰到穿童子军服的三三两两的一群一伙，手里拿着捐册收据的小学生的，虽然大风凛冽，冻得小嘴巴多么红，多么紫，但他们还是依然的不辞其咎〔辛苦〕的发出了兴奋的光彩，在马路上他们有时募不到的时候，甚至于挨门讨要，到各商家门前去求经理，然而，他们并没有怨言。后者，已于本月四、五两日下午二时至七时举行过了，听说卖票还不坏，单看他们定的价目便可以知道——参加表演的团体很多，演剧的有青玲、孤松、春草、绿竹等，音乐除独人演奏外，并且还有南大、女师各小学校等学校的团体演奏，现在他们已经完毕，可是账目尚未结清。

　　谁说我们的中国的人心已死，那么，请他看看这种情形吧，请他看看这几天募款运动的成绩吧！

《通俗文化》（半月刊）

上海通俗文化社

1936 年 4 卷 11 期

（丁冉　整理）

绥远战事

炳藜　撰

酝酿经年，弓张弩拔，佯为匪攻，实则狡敌施行其一贯的大陆政策之绥远战争，已于上月爆发了。其进攻凡分四路：一由红格尔图至平地泉；二由兴和至镇丰〔丰镇〕；三由百灵庙向武川至归绥；四由陶林南进，而其根据地则为商都与百灵庙。百灵庙者，绥远之重镇，敌人能以此组织其所谓"大元帝国"之根据地。上月二十三日经我军孙长胜、孙兰峰、刘应凯步、骑各将领奋勇抗战，遂于二十四日晨，将此重镇完全占领。蒋委员长在洛阳纪念周上宣称，百灵庙之收复是我民族复兴的起点。诚然，百灵庙之收复不仅为吾民族复兴之起点，且为吾民族复兴运动之最初步的成功！

查敌人怂恿伪匪之进攻绥远，大约不出以下三个企图：一、施行其一贯的大陆政策。敌人自"九一八"以来囊括我东北，据我榆关，占我热河，近且窥图我绥远，以期由此西控甘、宁，南制晋、陕，东北以图冀、察，华北咽喉尽去，险阻毫无，然后敌人可以长驱直入，为所欲为。二、中日交涉正当吃紧关头，敌人期在华北造成严重局面，甚至造成已有事实，以便于交涉前途，尤其关于所谓"共同防共"问题，有所施展。三、敌人正与中欧二强国订立同盟，尤其日德同盟载有所谓"共同防共"字样，为欲施展其手法于远东，故发此祸，一以舒展其狂暴之气，二以邀同盟者之青睐。敌人用心亦良苦矣。

　　吾人由此次御侮剿匪之战可得三大试验：一、试验吾人之御侮战斗力。吾国扰攘数十年，自相水火，徒减国力。现在国人咸知内战之非是，全国军人尤能在一个领袖指挥之下，献身御侮。此次御侮剿匪之战，可以试验吾国军队的训练已至若何程度，其战器是否足为御侮剿匪之用。二、全国统一，幸已告成，然此统一是否坚固，是否能发生大力量，足以抗御强暴、肃清伪匪，此可为又一个试验。三、年来民族复兴的呼声遍布全国，并已成为普通的运动，究竟此运动是否能发生若何的力量，产出若何的效果，此次御侮剿匪战，可为又一个试验。凡此三试验，是三教训，由教训以资警惕，则此次御侮剿匪之战，其意义实深且长也。

　　于此战役，环顾国内，有三现象足为吾人喜悦者，即一、全国军队训练有极大之进步，且能在唯一指挥者命令之下而努力，"上自指挥者，下迄士卒，皆有热烈的奉公报国之精神，且纪律森严，恪守职分"（大公报社评语）。其在前方冰天雪地中浴血而战之英勇战士，同仇敌忾，莫不以一当百，奋不顾身，努力杀贼。二、全国民众，上自各界首领，下至苦力，闻兹战事发生而且迭破匪军（如收复百灵庙），莫不欢欣鼓舞，踊跃输将，以致劳于前方英勇之战士。三、全国万众一心，共同希望由战争中以打出民族的生路并保全领土的完整，且确信战争有胜利之左券可操，中华民族有必然复兴之希望。凡此现象乃最足使吾人欣慰者也。

　　吾人相信，吾国人民有此奔腾澎湃之民族抗战精神，吾国军人有此杀敌致果与克复失地之决心，际兹民族复兴运动风起全国，千载一时良机，统一告成，军事指挥若定，调动自如之时，狡敌虽然逞其强暴，伪匪虽然供其驱使，然绥远之战必然获得胜利。继"百灵庙收复为吾民族复兴起点"之后，绥东以及东北失地之收复，乃为吾民族复兴计划中之中坚工作。此中坚工作之如何完成，是在我全国民众、军士与政府之善图！

《前途》（月刊）

上海前途杂志社

1936 年 4 卷 12 期

（朱宪　整理）

日伪侵略绥东的透视

张健甫　撰

提要：日本自占领我东北四省后，已完成其大陆政策之大半，然因苦于庞大的军费之负担，与对外关系之恶化，故其国内之恐慌，反日益加深，而欲乘兹国势盛隆之际，一举以朝中国服苏联，以祛除其大和民族发展之根本障碍。本文题虽为《日伪侵略绥东的透视》，实即暴露日本之全部野心，颇值一读。

如果中国的领土还有一尺半寸未隶入日本帝国主义的版图，如果中国的人民还有一个半个未变成日本帝国主义的奴隶，日本帝国主义决不肯对中国停止进攻，这是每个爱国的中国大众所共同认识的。假如以为中、日关系还有调整的可能，中、日和平犹未临到最后的绝望，那么我不妨就最近发生的绥东事件作一明白的检核。

所谓绥东，是指绥远东面的丰镇、凉城、兴和、陶林、集宁等五县而言。自从察北失陷后，绥远已为吾国长城以外的国防前线，而绥东五县，因右翼四旗，原归察哈尔部管辖，陶、兴两县，又邻近商都、张北，故尤为国防前线的最前线。去冬伪军李守信部占领察北宝昌、康保、商都等六县，后即移兵绥东边境。德王叛国以来，绥东形势尤为严重，但因当时李守信、卓世海等逆部，实力未充，而日本亦正企图以不费一兵的办法，使华北五省从自治运动的方式下，脱离中国，故未暇在绥东下手。到了今年七、八月间，日本帝国主义竟三次指挥李守信等，率大股匪军由商都侵入陶林县境的土木尔台，经守军击退，绥东问题就日益严重起来了。

据连日报纸所载，伪军侵绥自经绥东驻军两度击败以后，大部退集商都，但绥东的危机并不少减。一面因为伪军侵绥是日本帝国主义实现整个大陆政策的必然行动，决不因一两次试探性质的哨兵败退，而放弃其在绥东的占领欲，放弃其在华北乃至全中国的占领欲。二则伪军刻在察北一带大事扩充：计有德王原有的蒙骑队千余人，卓世海部二千人，李守信部三千余人，包悦卿部二千余人，其他杂色部队约三千人，共有一万一千余人；加以"冀东政府"汉奸殷汝耕所属的保安队张庆余、张砚田两部，及驻热河的张海鹏逆部，都向察北出动，合计当逾二万余人以上。此外，驻承德的日军二千，也于十日左右开抵张北，并派有军用机二十余架，飞往张北一带侦察。又据天津华联电称：居留察、绥境内的日侨，最近突破五千余人，多数为在乡军人，且都携有武器，受当地特务机关指挥，从事侦探破坏工作。八月十五日，驻集商都的伪军，复向集宁进攻，与傅作义部发生重大冲突，一时平绥铁路以东各地，交通陷于停顿。日来各方盛传伪军将于九月中旬大举进犯，绥东危机，此后只有更加严重是不待说的了。

上面所征引的事实，不过用以证明绥东危机现象的一斑，而问题的核心，则不在此，我们应当认识的：

第一，日本的大陆政策，有其固定的步骤。自台湾、朝鲜相继被其吞并以后，其第一、第二两步早就成功了。"沈阳事变"和热河失陷以后，第三步的满蒙政策亦相当成功。不过所谓满蒙，从地理上和民族上说来，都不止限于东四省，察哈尔、绥远以及宁夏都属旧蒙古范围。如果仅是东四省地图改色，而察、绥、宁夏仍属中国领土，则日本的满蒙政策只能说完成一半，所以日军占领热河以后，早就移兵察哈尔，占领多伦及沽源了。去年春，日军借口驻察东的宋哲元部"侵入"热河，大举轰炸独石口一带，成立"大滩口约"，察东就继战区之后，成为新的非武装区域。去冬自治运动发生，冀东傀儡登台，李守信等部，复由察东而深入察北。当时国内人士，因为只注意于华北的分离运动，和殷汝耕的卖国求荣，对于察北问题很少注意，所以接连发生的绥东问题，更没有人顾及。当时日本所以没有深入绥境的原因，一面因日本帝国主义方集中全力于华北五省的自治运动；二则因日本既策动华北的分离，颇不愿马上在蒙境有何巨大武装举动，以激起苏联的反响。日本以为华北分离成功，则包围苏联与外蒙自不成问题。不料华北的分离运动，刚刚由殷汝耕傀儡登台的时候，"一二·九"的中国民族解放怒潮，就由平、津发动，普及到全中国，成了日本帝国主义大陆政策的绝大阻力。于是日本对华北的分离工作，表面不得不暂时表示放弃，企图以冀察政权为变相的"满洲国"。因此，日本一面决定对华增兵，加强其在华北的统治，一面移其分离手段于蒙古，先使蒙古脱离中国，挟德王为溥仪第二，然后以"蒙古国"的名义，出兵绥远——这样，日本就可不费气力的完成其满蒙政策了。

　　第二，日本的大陆政策，不但对中国存吞并之心，就是苏联的远东国境，也想把它装入大陆政策的荷包里，尤其自苏、蒙签订议定书以后，日本更不得不在中国的内蒙境内迅速地树立日本的坚牢势力，以为截断中、苏的联系。土肥原曾经谓苏联武装外蒙，意在包围"满洲国"，将日本的大陆政策根本推翻，主张日本应使内蒙坚固团结，包含于日本势力之内，以便对苏作战，取得绝对的优势。可知日军侵绥亦是为对苏作战的积极准备。近来日本已在阿拉善旗设立特务机关，日人借口贸易和考察，深入宁夏境内的事，时有所闻，并且大批收买汉奸、流氓，从事策动暴乱，可知日军侵绥目的，不在绥远一隅，和"九一八"占领沈阳目的不在辽宁一省是一样的。因此，我们如果把伪军侵绥事件仅仅看作绥远问题，甚至看做绥东问题，那是犯了非常严重的错误。

第三，绥东问题和最近华北问题，也有很密切的联系。尽管今井武官否认日军增兵察北，说什么事属中国内政，与日本无关，但绥东问题严重以后，华北驻军部也即召集重要会议，由绥远特殊机关长羽山报告绥东及德王和李守信两部情况，讨论应采取的方针。会后，羽山即飞返绥远，注视事态发展。另外军部又派和知赴绥东一带调查，连殷汝耕也秘密到津参加，并派所属伪保安队张庆余、张砚田潜由热境转往察北助战，连日华北武官会议、领事会议继续讨论华北政权明朗化及华北经济开发等问题。在绥东问题严重的今日，日本驻华当局这种紧张的状态，谁能说和绥东问题没有联系呢？绥东问题可以说正是日本驻军和关东军促成华北政权"明朗化"的另一手段，那么绥东问题的严重性就可想而知了。

基于上述三点，绥东问题是日本帝国主义实施大陆政策一贯的步骤，已经昭然若揭毫无疑义了。而此问题将来演变的程度怎样，也不难想像出来。我们鉴于过去察北六县无声无息的失陷，以及目前中国当局对此问题迄无任何积极的表现，很忧虑绥东未来的局势难免不继热河、冀东、察北之后，脱离中国的领土，使日本帝国主义得以从容实现其大陆政策。至于绥远地方当局，目前捍卫边疆的精神，敌来即打，而且已经三次击退进窥陶林、集宁的敌军，从事巩固边防的布置，我们是非常欣慰，而且极端拥护的。不过根据过去事实的教训，中国的抗敌战争，每只限于地方的局部行动，如淞沪血战，仅十九路军孤军苦斗，热河、长城战争，也只有少数中央军队的参加，以致先后都因援尽力穷，不得不为败北的退却，而领土就随之失陷。那么，绥东事件如果中国当局又悉委诸绥远地方，不为整个保护领土主权的斗争，绥远之必脱离中国领土，恐又是早晚间的事。这并不是我们否定绥远当局的抗敌力量，而是说敌人以整个力量图我，我只有以整个力量赴战，然后才可以决胜负于疆场。我国当局，屡次宣示不再丧失领土主权的决心，现在则是和平已到最后的绝望，牺牲已到最后的关头，当局维护领土主权的决心，也到最后表现的时期了。

《世界知识》（半月刊）

上海生活书店

1936 年 4 卷 12 期

（朱宪　整理）

绥战纪详

作者不详

李匪守信西开

中央社张家口一日电：李守信伪军近日由张北节节西开，大部均集中商都、南壕堑二处，就近监督王英匪部西进，匪军计划由洪沟尔图袭犯陶林，绥东形势近趋紧张。

绥东战幕揭开以前，傅主席忠告德王，应以国家为重，服从中央，立即摆脱现状，免受利用

在绥东战幕揭开以前，察境蒙政会委员长德穆楚克栋鲁普，曾于本月五日致绥主席傅作义一电，表示对绥省府措施之不满，傅主席当于八日复去一电，加以解释，义正词严，希以国家为重。现战事业已爆发，记者兹觅得该两电文，照录全文于次。

德王致傅电

转绥远傅主席勋鉴：概自蒙疆设省置县以来，盟旗之政权日蹙，蒙人之生计日窘，上年迫不获已，始有要求自治之举，当时中央以扶植为怀，特准设立蒙古地方自治政务委员会，经理自治

事宜，蒙众欣感，举国同情。惟贵省始终猜忌，屡加破坏，举其最显著者，即有下列五端：

（一）贵省各项税收，大都取之于蒙地及蒙人，按照中央颁行之蒙古自治原则，贵省有将各项税收，一律劈给蒙古若干成之责任。当时蒙政会以地方和协为重，深恐贵省感觉困难，故仅对于路经百灵庙等处之特税一项，要求劈分，中央亦为颁行劈分此项特税办法。乃贵省始而假借武力，变更特税路线，继而曲解明令，百般支吾，时经年余，终未劈给分文。彼时中央以贵省既应劈给特税，遂不另行发给事业费，以致蒙政会各项自治事业，均未能如原定计划举办。此系贵省消极破坏蒙古地方自治之事实，早为蒙众所最不满者也。

（二）上年西公旗事件，纯为蒙古内部问题，蒙政会及该管盟长，原可为之和平了结，偏贵省越权干涉，操纵石贝子一方，故令事能〔态〕扩大，纠纷不已，欲以此为分化盟旗，推翻自治之媒介，用心已不堪问。今春蒙政会遵照中央明令，撤回驻在西公旗之队伍，曾经请准中央转令保护梅力更召及大喇嘛等有案，乃未逾数月，而该大喇嘛及其家属、徒众等，竟为贵省派兵袭击，杀戮殆尽。此种危害自治，荼毒蒙人之惨剧，实为蒙众所最痛心者也。

（三）蒙政会保安队原系呈准中央所编成，只有保卫地方之功用，并无碍于任何方面，乃贵省于今春利诱该队三数不良分子，致有叛归贵省之事。上月又迫令该叛兵等阳假反正之名，遣返百灵庙，企图毁灭我自治发祥地，当经各旗驻在该处之保安队击退。后贵省复为掩饰计，竟将该叛兵等堵截惨杀至数百名之多。是已受贵省利用之无知蒙人，仍为贵省所不容，不知贵省仇视蒙人，何以如斯之甚也。

（四）百灵庙蒙政会，为我全蒙最高自治机关，不图〔独〕为中央扶植蒙古之实意所寄托，抑亦蒙古全民引为第二生命者也。凡稍具有人类同情者，决不忍加以危害。独贵省屡施阴谋，抱必推翻之决心，甚至捏造是非，耸动中央，并假借乌、伊、土各盟旗名义，淆惑中央观听，致有所谓绥境蒙政会者产生于前，复有察境蒙政会之明令发表于后，遂令我蒙古营求多年所得之整个蒙政会，完全毁灭。蒙古对于中央之好感，亦将由此而斩，贵省此种误国害蒙之举，实可为太息痛恨者也。

（五）前者破坏我整个蒙政会之顷，蒙古本拟与贵省一较是非，只以主谋者虽为贵省，而命令实出自中央，蒙古本其服从中央之素志，终于呈准在锡盟盟长公署所在地，成立察境蒙政会，并派兵清理百灵庙蒙政会债务，赶办结束。似此隐忍退让，并无丝毫不利于贵省，乃贵省愈迫愈紧，又在察西一带及百灵庙以南地方，掘战壕，筑炮台，作种种军事上之设备，以致该处蒙民备受骚扰，又为经济封锁，限制粮食、煤炭等物运入察地及百灵庙一带，以致锡、察两盟及百灵庙一带之无辜蒙民，俱感生活之重大压迫。似此情形，是贵省必欲将全体蒙古置之死地而后快也。总之，蒙古愈退让，贵省愈压迫，现在蒙古已退无可退，群欲诉诸武力以争最后之生存，惟本会同人始终以地方和平为重，但有一线妥协之可能，决不欲轻启战端，重累民众。用特提出下列之要求，惟希贵省谅察焉：

（一）察哈尔右翼四旗，原属察哈尔部管辖，现在该部遵照中央颁行之蒙古自治原则，已改为盟，兹为完整该盟盟土计，为锡、察两盟民众，向集宁、丰镇等处买卖粮食、煤炭、牛马、皮毛等物便利计，请将该右翼四旗即日归还察哈尔省，并归本会管辖，以符名实。

（二）百灵庙蒙政会结束事宜，尚未办竣，该处尚留有原有职员及保安队数百人，兹为安定该项员兵及附近居民之人心计，并为免除其生活上之压迫计，请将百灵庙以南一带地方之军事设备、经济封锁，一律即日撤销，完全恢复平息〔昔〕之状态。

（三）百灵庙保安队原有之步枪、手枪、轻重机关枪及其附件子弹，均为中央所发给，今春贵省利诱该队叛变时，均经掠去，并由贵省缴存归绥、武川等处，查有实据，应请即日将该项械弹如数送还百灵庙，以资应用。

（四）现在百灵庙蒙政会清理债务之结果，计欠员兵薪饷及商民货价共达二十万元，此项巨款，蒙地既无所出，中央谅亦不能发给，只好请贵省将去岁应行劈给蒙古之特税项下拨付二十万元，以便早将该会之结束办竣。

（五）今春百灵庙兵变为首各员，前经蒙政会通缉有案，现在该员等均在贵省担任要职，足证该次兵变确为贵省之主使，请将各该叛员一律拿解百灵庙，以便法办。再贵省袭击梅力更召，惨杀大喇嘛等之官兵，均为杀人凶犯，请贵省一律撤惩，以明法纪。并请对于以上两案前后被害数百蒙人之家属，一律发给赈恤金，以慰冤魂。以上五项，系为蒙古生存计必不得已之要求，贵省倘能反省以前种种压迫蒙古之错误，即应一一承诺，克期实行，否则蒙古虽弱，亦不能不作最后之挣扎，倘因此而演成任何事变，其责任均当由贵省负之也。特此电达，伫候明教。察境蒙政会委员长德穆楚克栋鲁普，副委员长卓特巴扎普等叩。歌（五日）印。

傅覆德王电

嘉卜寺察境蒙政会德委员长勋鉴：歌（五日）电阅悉。自来辩论事理，有强词夺理者，未有颠倒是非者。接诵大电，深惜尊处于各案之是非尚未明了，兹特分项撮要，答覆如左，幸详察焉。

（一）绥特税系代中央征发军费之税收，按自治八项原则劈分地方税收之规定，该税本在不应劈分之列，北平军分会特示优惠，派员调查，规定五项办法，贵会迄未实行，是贵会不肯按中央规定而劈分，并非绥方之不予劈给。至商骆改道，系因贵会拦路苛征，自断商运，具有事实可指。

（二）西公旗事件，第一阶段由于贵会派兵帮助叛逆曼头围攻王府，并有来历不明之飞机助战，致该旗横受糜烂，中央明令撤兵，贵会均置未理。第二阶段本年大喇嘛等返庙，与石王等已订约相安，不知何故当王道一扰犯绥东之时，该喇嘛忽勾结非本国国籍人，在梅力更召招兵运械，建筑机场，意图与绥东王匪相呼应，大喇嘛竟于八月八日攻击王府，而石王十三日始行反攻，当战事结束，确有非本国籍人在内。此事孰违中央，孰肇乱源，社会周知，勿烦曲解。

（三）百灵庙保安队哗变，系在察北改元易帜之后，时间事实，昭昭于社会。该青年等为执事平日所培植，其思想行为，度为执事所深晓，中途脱离，当自有故，云等通电对执事在察北行动表示惋惜，而誓不合作，执事更应自省，不尤他人。

（四）绥蒙易制，亦在察北变乱之际，尔时乌、伊官民既畏丧失国土贻蒙众之害，又不愿与地域不同者共此多事岁月，中央俯顺多数蒙人之请，始行分治，目下旗众相安，边防无恙，与察蒙相较，自有真正得失。

（五）分治明令既颁，贵会既不遵令迁锡，复在六县，易帜改元，组设军政府，接引伪蒙军入察。近又向庙会大批增兵，乃来电仍云本其服从中央之素志，以地方和平为重，且责绥方自卫之不当，似言不无矛盾。以上就见及数陈其要，至对来电要求及期待于左右者，即执事是否以国家为前提，察北今日成何局面，且查该四旗本多年隶察，相安无事。自张北六县脱离察省管辖，该四旗官民始惶然呈请中央颁定改隶之令，执事对义既有期勉，义敢不以诚反求于执事，倘执事以国为重，使张北六县仍归察省管理，恢复旧规，则虽中央明令在前，悬想四旗必仍愿还旧隶旧治，其他要求，自更不成为问题。盖今日边土安危，责在执事，而不在义。义服务国家，只知有公，不知有己，同在中央隶属下，向不存地方与私人之见。执事如摆脱现状，不受利用，翻然有所表现，则往日之罪，义当负之，愿即负荆以请，并立解职，以明心志。否则不但四万万胞众对执事怀疑，即执事左右亦难保不作爱国之事。刻所馨祝者，宁义谢罪以保执事令名，勿义免过而使执事有负于国。时迫事急，祈执事熟思而前图之，国家幸甚，边防幸甚。绥远省政府主席傅作义。庚（八日）印。

绥东开始激战

张家口十三日上午一时发专电：商都伪匪等杂军在李逆守信指挥下，十一日起由绥东北方进攻，下午二时至六时战况尤烈，商都附近听到极密枪炮声，同时并有某方飞机助战，迄十二日早未停。十二日早六时半，有某方飞机七架过商都西飞，赴战地侦察，并未投弹，八时许东返，停商都飞机场。又德王与某方及伪匪军等领袖十一、十二两日在嘉卜寺均有重要会商。又十一日由多伦、张北运到商都军用品等六十车，即分三十车运百灵庙，某方军队续到庙者七百余人。

伪匪重心移百灵庙

张北十四日上午一时发专电：察北伪匪军事重心已移至百灵庙，在庙集合军队总数现已不少，某方决俟热河精壮及其大部到庙后，二十日左右即全线向绥总攻。刻某方正在商都募工建筑飞机及汽油储藏库，十一、十二两日伪匪由商都犯绥，其目的纯系扰乱，情势仍颇严重。

匪被击受创而退

南京十四日下午十一时发专电：京某机关十四日接前方来电报告称，迩来伪匪图绥愈急。据各方报告，商都、南壕堑集中匪军甚多，百灵庙亦开到骑兵两团，约八百余人，匪军薪饷无着，每日只供两餐，逃者颇众，匪正准备大举进犯，战事不能避免。匪于十一日用飞机轰炸红根图阵地，十二日以商都所驻之某团及王英骑兵一团向我进攻，均被我军迎头痛击，受创而退。又据报匪方有王、李、尹、胡四司令，每人附大炮二十四门，准备同时侵犯，我军前线各部刻已集合，匪来即予抗击，决不轻弃寸土等语。

多伦已成热、察伪军运输重心

平讯：平市关系方面昨接归绥电，昨晨八时许，平地泉方面，突到某方飞机八架，低飞侦察，盘旋历一小时，始向东北方面飞去。多伦现已成热、察伪军军事运输重心。伪军张海鹏部三四千余人，连日由大阁向该地集中，顷已渐向商都推进，携重武器甚多。商都李守信部伪军时向兴和、平地泉作试探袭击。绥主席傅作义赴平地泉视防，已于昨晨四时离平地泉返绥。赵承绥留平地泉指挥前方军事。

绥东将士冒雪鏖战

绥远十五日下午十时发专电：十四日夜敌犯我平地泉东北一百八十里之红格尔图地方，发生前哨战，彻夜未停。十五日晨敌机于八时及十时两次侦察我地，某方由多伦运到张北毒瓦斯炮弹十七辆汽车，并有毒瓦斯放射器两具，恐将对我施放毒气。敌炮兵与飞机于前三数日皆曾演习投弹与射击。十五日上午十一时止，尚不见以重兵器对我进攻，但塞外天寒地冻，卫国健儿衣单被薄，在冰天雪地与蒙古寒风之中，为国守士〔土〕，望后方民众速筹应援之方。

匪军六次进犯，飞机七架并有野炮助战

绥远十六日上午一时发专电：十五日伪匪军攻红格尔图六次，下午六时卒被我军击退。

张北十六日上午一时发专电：察北、绥北匪蒙伪各军十四日均全数更换红色袖章，某方特务队二百余人，十四日早由张北开赴商都。

绥远十六日上午二时发专电：十五日晨，匪伪军三千余人，继续攻扑我红格尔图阵地，飞机七架助战，掷弹数十枚，山野炮多门，猛烈射击。我骑兵及当地保卫团分入堡碉应战，直至下午六时匪死伤甚众，卒未得逞，我团丁稍有伤亡。十五日晚大雪，夜中匪仍进犯，我军士气旺盛，准备迎剿，达密凌苏龙在前防率蒙军协同团队击匪，达部在红格尔图一带地理极熟，予匪打击甚重。

将士、民众异常兴奋，匪众猛攻红格尔图

平地泉十六日下午十一时发专电：本报记者十六日黎明到平地泉，此间将士与民众皆异常兴奋，坚决而镇定，为九一八以来罕见之可喜现象。敌军三千余人，十五日午前十时起向我红格尔图阵地猛攻，有野炮八门，机枪数挺，并有飞机七架，猛烈向我投

弹，激战至午后五时，被我击退，我方伤一人，敌方伤亡四五十人。今日敌方号称三师之众，一再猛攻我红格尔图，计有李逆守信骑兵第二师、尹宝珊〔山〕一师、王英全部，计骑兵石玉山旅及杨守诚旅，步兵金甲三旅，另有李守信部炮兵二连，并飞机七架助战，攻炸甚猛，闻嘉卜寺之特务机关首领亲任指挥，仍被我少数部队击退。今日我方死伤地方团队不过三人，敌方则在百人以上，我方士气极旺，愉快的战争情绪，充满于每个官兵眉目间。

绥远十六日下午十二时发专电：十六日武川境内平静，绥北无变化。伪匪军十四日夜及十五日在陶林、红格尔图失利后，十五日夜九时又图夜袭，当经我军击退，十六日我骑兵增援红格尔图，士气更旺。匪日来似集中兵力进犯红格尔图一地，兴和情势已渐转松。闻南壕堑地方之伪军撤退，兴和境内平静无事。日来津、沪各地汇款捐助绥前线士兵者颇多。省府接各地信款，日有数起。绥民众教育馆定期召集市镇长，商洽民众输将救国办法，为前线将士作精神及物货之有效援助。曾延毅十六日返平地泉谒傅作义、赵承绶。此次达密凌苏龙在绥东率蒙军抗敌甚勇。

绥远十六日下午十一时发专电：伪匪军于十五日夜犯我红格尔图失利后，十六日拂晓又猛扑，炮火甚烈，我阵地坚固，士兵跃出战壕追杀，匪众死亡甚夥，战壕外匪军死尸累累，残匪疲惫不堪。

某国军亦开前方督战

张北十七日下午十一时发专电：匪伪连日由商都西犯均失利，伤兵百四十余人，十六日由前方运商，由某方设医院代治，多半被刀砍伤。十七日由嘉卜寺调兵六百助战，某国军队五百人，十六日晚由多伦抵商都，十七日晨亦开前方督战。闻伪匪在前线商都、尚义、南壕堑一带者约达三万四千余人。

蒋飞太原商剿匪

太原十七日下午一时发专电：蒋委员长为与阎主任协商剿匪军事，特于十七日上午十一时许，偕钱大钧等分乘三机由洛起飞，午后二时五十分先后到太原，阎主任及赵戴文、徐永昌、杨爱源、汤恩伯、王靖国、孙楚并各厅处长百余人赴飞机场欢迎，沿途军警密布。蒋委员长下机后与阎等略作寒暄，即同阎乘汽车进城，下榻新民北正街四省剿匪总部，当与阎作长时间晤谈，对国事有所协商，旋召见各军政长官，垂询一切。

红格尔图激战

绥远十八日上午二时发专电：十六日晚十七日晨红格尔图均有激战，敌机投燃烧弹，我方阵地内房屋多被燃烧，今晚已有伤兵百余人运抵绥垣。敌方企图，大约不外两点：（一）截断平绥路交通，动摇全局；（二）强力护送王英赴绥北扰乱我方战略，故我方重大视之。

匪犯绥扩大，绥北渐紧

平地泉十八日下午六时发专电：与我在红格尔图对抗之匪，连日迭次向我进攻，前后增加至五六千人，企图继续向我猛攻，夺取该地，不料我方昨派步、骑、炮队，由赵承绥部骑兵师长彭毓斌率领董其武步兵旅，昼夜驰赴该地，今晨二时余对匪突施袭击，匪出不意，仓惶应战。我军向商都达拉村、土城子匪巢猛力进剿，激战三小时余，匪溃退，计毙匪三百余名，俘获汽车、马车、无线电台及辎重物品极多，正清查中。敌飞机本日大肆活动，沿村掷弹，猛烈轰炸，毙伤民众甚多。再兴和方面，十六日，匪首张万庆部四千余人由南壕堑向该方推进，昨午后县东北五十余里之民丰乡及附近头号、六号等村发现匪千余人进扰，与我当地保安队接触，其中一股有五百余名，被我保安队八十余名迎头痛击，毙匪数十人，俘匪十余人，内有排长一人，匪稍退，现正对峙中。

绥远十九日上午一时发专电：匪军十七日夜十八日早晨起，开始向兴和边境进犯，但人数不多，绥北渐紧迫，军事消息集中平地泉，十八日绥垣颇沉闷。

彭师向匪猛攻，匪向西北溃退

太原十九日下午六时发专电：绥署十九日接傅作义、赵承绥报告，匪伪军连日向我红格尔图迭次进犯，均不得逞。匪首王英率所部及伪军李守信部第二师尹宝山部共聚五千余人，向我大举进犯，经我骑兵彭师长亲率步、骑三团向匪袭击，匪受重创而退。我彭师十八日上午二时分向打拉村、土城子、七股地、二台地一带之匪伪军开始猛攻，激战三小时至拂晓，匪不支，狼狈向西北方面溃退。当我猛攻时，土城子有汽车七辆，开足马力，仓皇东遁，匪首王英似在其内，乘汽车而逃。是役毙匪百余名，获汽车、无线电、马车各一，我亦伤连、排长五，受伤士兵十余名，傅、赵以前方将士对匪异常愤慨，作战甚为勇猛，饬各部分路追剿，短期当可歼灭丑类。

《边事研究》（月刊）

南京边事研究会

1936 年 5 卷 1 期

（朱宪　整理）

苏联与外蒙竟擅订军事协定

问潮　撰

据莫斯科四月八日塔瓦斯电传：苏联政府与外蒙当局已于三月十二日在库伦签订所谓《军事互助议定书》，消息传来，我政府当局即向俄提出严重抗议，据俄方答覆照会，措词极为闪烁，且多于事实不符，吾人于此中苏邦交日趋敦睦之际，对此不幸事件，愿抒所感，为苏联政府及人民告。

综观《苏蒙议定书》全文，自始至终，则只有苏联政府与"外蒙人民共和国"相对之称谓，其视我地方政府之一的外蒙当局为一独立国家，已无待多辩，而将民国十三年亦即一九一〔二〕四年五月三十一日之《中苏协定》，一笔抹杀。窃查该协定第五条中，苏联亦曾明白"承认外蒙为完全中华民国之一部分，及尊重在该领土内中国之主权"，事实俱在，不难覆按。曾几何时，苏联政府竟抛却庄严之诺言于不顾，出尔反尔，一至于此。此在中国领土主权虽已被人侵犯，而在苏联竟甘心作此背违法理、破坏条约尊严之事，尤非光荣体面之举，所得未必能偿所失。此吾人所以欲向苏联政府及人民告者一。

又查苏联答覆我抗议书中居然声称"该草约未丝毫侵犯中国主权"，继又称"一九一〔二〕四年之中苏协定仍继续有效"，同文并提及所谓《沈阳协定》并未引起中国任何抗议云云。吾人于此，不禁重有感焉。未侵犯中国主权，固为吾人所愿闻，第不知国与国间之侵犯，究至若何程度，始能认为侵犯？苏联之外交词令，巧则巧矣，然在事实上置保有外蒙主权之中国政府于不顾，擅与无外交权之外蒙地方政府订立军事协定，铁证俱在，不容混淆，外交词令虽妙，要亦不能一手遮尽天下人耳目。吾人敢问苏俄联邦共和国任何联邦之一，如与另一独立国家订立一种类此之军事协定，而该独立国尚诡辩之曰"未丝毫侵犯苏联主权"，使稍明国家主权法理者闻之，亦必将同声斥其为妄。至所谓《沈阳协定》中国未予抗议一层，姑无论当时北京政府曾迭向俄使加拉罕严重抗议之事实俱在，即退一步言，援过去非法之例，以证明今日之非法为合法，天下宁有此滑稽之事欤？为维持中苏条约之尊严计，为中苏和好邦交之前途计，此吾人愿为苏联政府及人民告者又一也。

此不幸事件之发生，即在十八年中苏邦交断绝之后，两国常态未复之前，吾人均期期以为不可，何况两国自复交以来，互派使节，两国人民，方互庆中苏国交此后将踏入互尊互信日渐亲密之途，不期继中东路非法买卖成功之后，而又有此不顾国际信义破坏条约尊严之事实发生，未谂苏联当局，究将何以自解。

总之，苏联擅与外蒙签订协定，侵犯中国主权，已为无可掩讳之事实，吾人于此更痛感国难之日益深重，对于所谓国际正义，又有一番深刻之体认，同时更切望国人，痛自反省，国难虽深，只要努力振拔，将来不患耻不雪而主权不复，兴亡枢纽，仍自我操，同胞勉乎哉。

《蒙藏月报》

南京蒙藏委员会

1936 年 5 卷 1 期

（丁冉　整理）

察北伪匪军政及其动向

白君洁　撰

曾经一度酝酿进攻张垣之察北伪军，最近正忙于调遣。伪匪这次行军的动态对象，确使吾人有深切注意之必要。有人以为这是伪匪一贯的"声东击西"政策，佐证是张海鹏部队的新近开入沽源境内；同时，也有人以为是真的撤退，理由是商都和军事重镇张北的辎重粮抹〔秣〕、飞机和大炮——不单是军队——都撤向热、察交界的多伦集中了。我们撇开这两种揣测不论，仅依据年来日伪的军政行动，愿作一今后客观的推断。

前年冬天，某方嗾使伪匪进攻察北，放弃察南。按察省，北为荒漠，地瘠民贫，南有煤、铁，全省精华悉在，某方既非傻瓜，何以弃南取北，此中自有其深刻之意义存在，实非轻南重北，乃是侵略上之性质与手段之不同，直言之，侵略察北纯为军事性之占领，对察南则含有丰富政治性之奴化政策。

军事性质占领下的察北

某方进占察北，并非觊觎察北富源，不为移民，不为收税，甚至也不为获得蒙古的"盐池"与"毛皮"。其积极的目标是要完成"满蒙政策"，在军事上布置一条横断中俄联络的"大陆封锁线"。煽动蒙古，运用德王、卓世海同是"满蒙政策"的铺排；嗾使王英，挑起绥战，即是大陆封锁政策激化的表现。

中俄国情不同，这是事实，但对某种共同目标上，总有合作的可能，某方对之，无时不在焦心急虑。因此，某方之获得察北，即是要断绝中俄联络的初步工作。随着察北失守而举行的大滩议会刚刚闭幕，紧接着就是绥远、包头的某方特务机关的蛮强成立。在此阶段当中，冀察曾一度暂保平静，代冀察而发生国土动摇的是晋绥，自从某方"防共"的好意被山西当局谢绝之后，目标又转向宁夏，培植阿济纳旗的蒙古武力，派遣〔遣〕特务人员漫游阿拉善，修筑飞机场，和包头取得络联〔联络〕。久驻关东的某方中将曾经特意飞到定远营游说蒙古达王，请问："究竟希望要些什么？"去夏甘肃兰州也有某方的无线电秘密活动，且在省府花园内拾得有某大将发给特务人员的奖章一枚；同年青海也发现某国人化装番妇在西宁活跃的怪事。

某方从察北起始经过绥远、宁夏，想通行无阻的达到甘肃、青海，完成这条西北大陆封锁线，察北是这条线的起始，所以察北的占领完全着重在军事意义上。

说到察北，我们也只有从军事上着眼才能理解一切，察北是伪匪侵绥的根据地，张北做了这根据地的唯一核心，以张北为枢纽有三条军事路线：

（一）察东线——由热河大阁镇经过察东的黑鞑营子、大滩、沽源城、大囫囵，西至张北。

（二）察北线——由赤峰经过多伦、宝昌南下直达张北。

（三）铁路线——由丰台转平绥路经过张垣北至张北。

利用察东、察北二线，调动军队；凡物质之供应以及特务人员之行动，则利用铁路线，张北是这三条线的枢纽，为侵绥时极基础的大本营，在军事上之重要性当可想见。

政治性质奴化下的察南

某方对察南的暂时放弃，有一种绝大的政治眼光。表面上借蒙古人的招牌占领察北，将察南仍划在冀察单位，用"特殊化"、"明朗化"的口号，以求达到其既定目的。这样一来，可以减轻中国民众的愤慨，可以缓和有心对外的地方当局，进一步又可屈〔曲〕解"提携"、"亲善"。

在察南的政治工作，"恩"、"威"、"毒"三方并进："恩"是获得好感，如请张垣民众试坐飞机，馈赠察东民众鱼、干鱼、丝袜子等物；"威"是养成中国人民畏惧的奴性，如汽车在街上撞死行人，只要插着某国国旗，那便没事；"毒"是要根绝中国人民的抵抗力，如发卖白面，开设鸦片馆等都是。

至其对于张家口的地皮、房产，大而至于全省富源——尤其是矿产，说起来客气得很，在获取的方式上，永不亲自出头露面，一向采用间接收买政策。名义上乃归中国，还故意要敷衍中国人的面子，实际上早已攫得所有权了。

总之，对察南则由政治方面入手，要造成一个理想中"名存实亡"的局面。

自从去冬我方克复百灵庙，对某方在我西北的军事布置，给予一个空前无比的大打击，直接影响到宁夏等处某方特务机关的裁撤，如此经过常〔长〕时间惨淡经营的大陆封锁线，遂被百灵庙一战摧毁了。百灵庙克复，伪军大批反正，中国外交也随〈之〉强硬，民众高喊收复察北，察、绥的空气，马上为之一变。

某方对绥东的放松，则是一件不得已又不甘心的事，所以在本年二月初，突又传出伪匪进犯张垣的消息，当时有的人认为这是为掩护绥东退兵，有的认为这正是对察省当局的态度的试验。不防我察省当局已早有了准备，于是，所谓进兵张垣的事实，立刻就化为无稽的谣言了。

从绥战到今天，伪匪经过了种种失败的演变，使得察北的某方当局，就不得不在计划方面、技术方面，重新有所讲求变更了，因为：

一、占领察北，本是"大陆封锁线"整个军事政策的一部分，自绥战失败后，察北在军事上已失去其积极需要与价值。

二、占领察北，早就是一件赔钱买卖。尤因交通不便，一举一动耗费太重。绥战之后，此笔巨大耗费完全失其代价。

三、利用匪伪，本图以华制华，不料所谓一般匪军，多以骗取武器为目标，反正时，以杀戮某国人为手段，其培植匪伪的工作，完全失败。

四、新年前后，对侵绥计划，已有变更。二月初对张家口方面又作盲目进兵尝试，也遭残〔惨〕败，越使日伪军政方面，不得不重新改政。

根据上面几个理由，今后察北伪匪军政将要改变，已是毫无疑问。现在，吾人首应注意者，为匪伪今后之动态及其趋向如何。

就事实观察，今后察北在军事方面，可暂保一时平静，某伪重军将集中多伦，由某方委派下级军官积极训练整顿，待机而动，此乃进可以战，退亦不失老本之上策。先以全力修筑热河边境之防御，积极完成热、察交界之军用铁路。在政治方面，将正式开始技术工作，如鼓励种烟，提倡赌博等等。又凡人民财产以及一切经济动力，将悉受其统治，最近察北之油、粮、菜籽，一概收归官卖，不准人民私相交易。新近某方又与蒙古交换青年，想由思想方面入手，造成一条肉的长城。可惜某方对察北的政治工作，到现在才开始，已有点太晚了。

最后，盼望国人对"察哈尔"三字不要丢在脑后，察北人民虽然僻居边塞，文智落后，但对国事的关心，绝不下于内地的同胞，他们从百般困难中，还设法偷看内地的报纸，打问"西安事变解决没有"。现在成千成万的察北同胞，整天引领南望，他们虽然不晓得什么"外交"、"国际"，但总觉得如果政府要收复察北，现在正是再好没有的机会。

《西北论衡》（月刊）

西安西北论衡社

1936 年 5 卷 4 期

（赵红霞　整理）